U0574518

国家社科基金资助项目（11CZW023）

聊城大学学术著作出版基金资助

《国语》《左传》记言研究

宁登国 著

社会科学文献出版社
SOCIAL SCIENCES ACADEMIC PRESS (CHINA)

序

　　中国古代有着悠久的记言传统。在众多的古代散文文体中，议论文占了很大部分，而这些议论文大都可以溯源到古代的记言书写。从殷商时期的甲骨卜辞中，我们可以发现大量的记言内容。而与此同时的史官记载，更是由记言占据了半壁江山。据《汉书》记载，古代朝廷有各种史官，其中"左史记言，右史记事，言为《尚书》，事为《春秋》"。尽管这里所说的左右史的分工未必非常准确，但朝廷设有专门记言的史官则是没有疑问的。流传至今的《尚书》，就是一部记言的历史文献。《尚书》中已包含了典、谟、训、诰、誓、命等多种文体，成为后代议论散文的滥觞。春秋时期，记言的文章进一步发展，在《国语》和《左传》中出现了大量的外交辞令和谏议辞令，还有对人物和事件的各种各样的评论。到了战国时期，百家争鸣，处士横议，游说之风盛极一时，在这种背景下蓬勃兴起的诸子散文，或者采用直接记言的形式，或者在记言的基础上形成了各具特色的论说文，这些作品在中国散文史上留下了辉煌的一页。

　　近年来，越来越多的学者开始关注先秦记言传统和散文发展的关系，这方面的研究取得了长足进展。宁登国博士正是在这样的背景之下进行潜心研究的。2010年，他就以《左传》《国语》的记言为研究对象，写出了自己的博士学位论文；毕业之后，他又在这一领域不懈地探索，拓展研究的范围，深化和完善原来的观点，不断提出新的独到见解。这部著作，就是他十几年研究工作的结晶。

　　作为一部颇具功力的学术著作，本书学术视野开阔，创新性强，在多方面表达了作者的独到见解。书中首先从制度考察入手，结合文献资料，探讨先秦史官的记言行为及所记之言的性质。针对历代学者对"左史记言，右史记事"的不同看法，本书详细考察了西周时期的史官设置，探讨了《礼记·玉藻》中出现的"左史""右史"，认为这"仅是作者为了叙述或行文上的对称、精工而带有浓厚修辞学色彩的称谓，其旨意不是在于记述左史、右史的不同分工，而是重在强调天子'玄端而居'时，因受到史官监督记录其言行举止而不得自由随意，仍属天子礼容的重要内容。《礼记·玉藻》和《汉书·艺文志》关于'左史''右史'的记述有异，可能传闻错讹所致……如若执信此二句皆为史实，并力欲将此修辞意义的左史、右史和实有的史官建置建立起对应关系，则自然会流入牵强附会之嫌、'尽信书'之讥"。在此基础上，书中又进一步分析了史官所记之言的性质："内史所记的王命在很多情况下并非即时记录，而大多禀奉天子意志而事先起草拟制，后经君王同意后予以宣读公布而成正式文告。"也就是说，史官的记载并非与王同步传声，而是经过草创、宣读行为而形成的官方文献。作者这些看法无疑是允当而客观的。书中结合各个时代思想文化的特征，揭示了古代记言传统的形成和发展。文中指出，早期以册命训诰为主的记言形式是在天命神权观念下出现的宣示天意王命的行为，随着敬天保民思想和听政制度的出现，产生了君臣问对的形式，而到了人的价值凸显、立言热情日益高涨的春秋时期，对人物和事件的评论就成了史家记言的一项重要内容。这种看法相当准确地彰显了先秦记言的时代特征。

　　《国语》和《左传》是本书研究的中心。为了使自己的研究基础更加扎实可靠，作者首先从资料来源的角度考察了这两部典籍在记言方面的异同，指出它们既有共同的史料来源，又有记录者不同的取舍，还有一些来源不同的史料。这种考察不仅有利于了解两书在记言方面的异同，对探讨两书的作者也很有助益。与此相关联，作者还表达了对《左传》一书的性质的看法，认为此书和《公羊传》《谷梁传》不同，它不是一部解经之作，而是与孔子《春秋》有关的独立文献。这些见解，也有重要的学术价值。

　　书中深入探讨了《国语》和《左传》记言的各种文体，此为全书的重点；分析了这些作品在艺术方面的特征及对后代的影响。这些工作，对于先秦散文的研究，尤其是继之而起的战国诸子散文的研究，都有非常重要的价值。

　　近年来，研究先秦论说文的成果层出不穷：有的研究先秦时期的辞类文献，有的研究先秦的语类文献，有的研究言语活动与文章，有的研究话语方式与文体，有的专门研究《左传》中的文体，有的研究《庄子》中的"三言"。在众多的研究成果中，作者这部书有自己的角度和研究特色，有独到的学术见解，是先秦散文研究中不可多得的一部佳作。

登国早在硕士研究生期间就在著名学者熊宪光教授门下研究先秦散文，毕业后在大学里从事古代文学的教学，后来考入北京师范大学文学院，继续研究先秦散文。其学术积淀深厚，前期成果丰富。登国为人踏实勤奋，好学深思，非常热爱所学的专业，在这一领域力耕不辍。功夫不负有心人，长期的努力终于使他获得了丰硕的成果。从面前这部专著中，我们能够看到登国多年的心血，更能看到他在长期教学科研实践中形成的扎实的专业功底。

还值得一提的是，登国不仅有着良好的专业造诣，还有献身专业的热情，他喜爱古代文学的教学，由于教学效果好而深受学生的欢迎。在此基础上，他又走出校门，向社会公众普及国学，无偿地开设相关的讲座。在当前高校的管理体制下，大家普遍感到教学科研的压力很大，很多人都在拼命写论文、拿项目，希望多出成果、快出成果。在这种情况下，登国花费大量的时间，无偿地进行国学知识的普及，其精神难能可贵。这也是值得我们每一个从事古代文学研究的人向他学习的。

值此登国的大作出版之际，写出这些话，以表达对他的赞誉和祝福，祝他在学术研究和人生旅途上一路顺风，不断取得新的成就。

尚学峰

2019 年 8 月于京北龙泽

目　录

上　编

《国语》《左传》记言综合研究

绪　论

先秦时期，是一个注重立言的时代，也是一个善于记言的时代。从商周甲骨卜辞简单的人神对问、册命铭文和《尚书》中的帝王诰命，到春秋战国时期大量的君臣问答、行人辞令、百家争鸣、策士游说，可谓驰说云涌，多音齐奏。与此相应，镂诸金石、形诸简帛的记言体式则成为先秦散文普遍采用的表现形式。对此，闻一多先生做了一个生动的比喻："记言好比人物画，记事则如山水花鸟画，后者只是作为人物的烘托而出现，且作为偶然的点缀。"① 朱自清先生在探讨中国散文的发展时也说："中国的记言文是在记事文之先发展的。"② 金克木先生在同古印度史诗的对话体相比较后，也得出结论说："从文学形式的发展来看，对话体是很早就被应用于文学方面的。"而且认为在中国，这种对话体的影响可能比一般所承认的更大些。③ 因此，倘若承认先秦史传散文对后世文章的决定性影响，那么无论如何也不该绕开这些古代先贤的口语和"演说"。况且，两千多年前，在当时"既无录音之具，又乏速记之方"的条件下，先人的这些言谈话语能够得以载录并传播至今，尤显弥足珍贵。然而，历代对于先秦散文的研究大多侧重于这些言说内容的思想意义和艺术特征方面，而对于这样一种普遍存在且影响深远的记言文体形态尚未给予充分的注意，例如，为什么会出现如此众多且独立存在的人物言论？这些人物言论内部有何具体差异？言说背后透露了什么样的精神诉求？对后世产生了什么样的影响？等等。虑及研究能够更为深入、细致、切实，笔者仅拟择取先秦散文中记言最为集中且形态多样的《国语》《左传》两部史书作为代表，将文

---

① 闻一多著，郑临川述评《闻一多论古典文学》，重庆出版社，1984，第24页。
② 朱自清：《经典常谈·尚书第三》，生活·读书·新知三联书店，1980，第19页。
③ 金克木：《论〈梨俱吠陀〉的阎摩和阎蜜的对话诗》，见氏著《比较文化论集》，三联书店，1984，第108页。

本中的人物言论置于具体的对话关系之中，通过比较对照，对这一话语秩序的生成机制、存在形态、言说功能及言说类型等方面做较为深入的探讨。

一　"记言"的界定

从广义上来说，由于文字是记录人类语言的符号，是语言的书面显现形式，因此可以说，一切以文字方式载录人类言语活动的内容，均可称之为"记言"。但事实上，"记言"一词在先秦有其特定的内涵，而且，随着当时社会思想观念的变化，"记言"的内涵也不断发生变化。

"记言"一词，最早明确见载于班固《汉书·艺文志》："古之王者，世有史官，君举必书，所以慎言行，昭法式也。左史记言，右史记事，事为《春秋》，言为《尚书》，帝王靡不同之。"[①]这里，姑置"记言""记事"分属问题不论，仅就"记言"而言，就明确昭示了三层内涵：一是指史官具体的书录行为，此属动词，即记录言论；二是专指以"王言"为主要对象的记言类史籍，如《尚书》，此属名词，即所记录下来的言论；三是指该言论具有"慎言行，昭法式"的垂范功能。因此，先秦时期的"记言"最初是指以书录"王言"为主要对象，以监督、垂范为主要功能的史官记载行为和记载内容。此后，尽管言说和书录的主体有所变化，但言论的意识形态性质并未发生改变。验之史实，实际情形正是如此。如据《周礼·春官》"内史掌书王命"[②]，则知西周时期的王言大都由内史主书并"代宣王命"，《尚书》中涉及周王的大部分言论即内史书录的原始"档案"，"王若曰"则成为此类记言的最重要标志。它们都是周王"神道设教"的"讲话"，也是周初"制礼作乐"的重要内容，具有代天立言的意识形态话语性质，足以为世人昭立"法式"。春秋时期，伴随王权的衰落，王朝史官主书王命和主司典礼的职能也相应地衰落了，代之而起的是各诸侯国史官书录热情的空前高涨。他们承继"君举必书"的载录职能和代天立言的神圣使命，更多载录的却是一些贤君臣子的"嘉言善语"，因为这些言论崇礼尚德，为民立命，匡正君失，劝善惩恶，既代表社会的良知，

---

①　《汉书·艺文志》，中华书局，1962，第1715页。
②　（汉）郑玄注，（唐）贾公彦疏《周礼注疏》，《十三经注疏》，中华书局，1980，第820页。

也体现史官"昭法式"的文化精神，开后代士人"以道自任"的"道统"
之先河。① 至战国时期，"王官"学术进一步下移，士人兴起，私学日盛，
诸子百家纷纷以"弘道"为己任，著书立说，力欲重构理想意识形态，恢
复稳定的社会秩序，从而形成私家立言之高潮。对此"记言"的承传发展
过程，钱穆在《〈西周书〉文体辨》中曾做过精彩的总结："《春秋》为
体，始重记事。……然上世记言之体，则固不因此而遽绝。抑且踵事增
华，下散而至于列国卿大夫，如今《鲁语》《晋语》所收之类是也。更下
而散至于私家之立言者，如孔门有《论语》是也。即下至战国，百家著
书，仍不能尽脱古者记言之成格。刘知几谓战国以下，词人属文，皆伪立
客主，假相酬答（原注：《杂说》），是也。"②

　　因此，正如孟子所云"读其书"要"知其人"一样③，本书所说的
"记言"也包括这两重内涵：一是指涉史官的具体载录行为，以探讨史籍
的生成机制；二是指涉史官具体的载录"作品"，即历史档案或史籍，以
探讨每类人物言论的各自特性。不过，在第二层内涵中，本书更侧重于阐
发《国语》《左传》中那些崇德尚礼、具有明显经世致用功能的"君子"④
言论，这是"记言"的主体，也是"记言"的主旨所在。

　　"言"一词，在先秦时期不是泛指脱口而出的话语，而是带有特定的
内涵。《说文解字》："直言为言，论难为语。"对于"直言"，南唐徐锴
《说文解字系传》解释说："凡言者，谓直言，无所指引借譬也。"⑤ 意指
那些不需借助比喻就可率直传意的言说。那么，究竟什么样的言语是率直
传意的"直言"呢？对此，先秦儒家从语言哲学的高度给予了明确的回

---

① 余英时先生将"以道自任"视为中国士阶层最重要的"特性"。他说："从知识分子一方
　面说，道统与政统已分，而他们正是道的承担者，因此握有比政治领袖更高的权
　威——道的权威。"（《士与中国文化》，上海人民出版社，2003，第89页）但惜其将此
　"道统"仅自孔子开始立论，并未对春秋君子的言说予以充分的注意。
② 钱穆：《〈西周书〉文体辨》，《中国学术思想史论丛》（一），安徽教育出版社，2004，第
　157页。
③ （汉）赵岐注，（宋）孙奭疏《孟子注疏》，《十三经注疏》，中华书局，1980，第2746页。
④ 过常宝先生认为："春秋时期，是中国文化史上的君子文化时期，是国家宗教和士人文化
　的过渡阶段。"而且认为"'君子'的标志，一是礼仪修养，二是立言于世"（《原史文化
　及文献研究》，北京大学出版社，2008，第193页）。概括精当公允，本书所言"君子"
　即采用此说。
⑤ （南唐）徐锴：《说文解字系传》，中华书局，1987，第959页。

答。在《论语》中，孔子说："言忠信，行笃敬，虽蛮貊之邦，行矣。言不忠信，行不笃敬，虽州里行乎哉？"（《卫灵公》）"非礼勿视，非礼勿听，非礼勿言，非礼勿动。"（《颜渊》）"夫人不言，言必有中。"（《先进》）"子所雅言：《诗》、《书》、执礼，皆雅言也。"（《述而》）"古者言之不出，耻躬之不逮也。"（《里仁》）《周易·文言》也说："君子进德修业。忠信，所以进德也，修辞立其诚，所以居业也。"古人重行，学务躬修，沉潜静默，慎之又慎，故谨慎其言不敢轻出。若形于言，非忠信之言不敢言，非诗书礼教不敢言，非诚敬之辞不敢言。慎言，被儒者视为修身养德的主要内容。这是因为儒者深谙"诚者，天之道也；诚之者，人之道也"① 的宇宙法则，君子之德就是通过效法、体验上天的真诚无私精神来获得的，是故刘勰《文心雕龙·原道》云："为五行之秀，实天地之心。心生而言立，言立而文明，自然之道也。"② 人作为"天地之心""五行之秀"，其代天行道的最主要体现便是通过言说彰显天地之"诚"、天地之"仁"和天地之"忠信"。儒者们津津乐道的仁义道德就是牢牢依托和把握这个最宏伟、稳固而永恒的天地自然秩序，它是中国道德的伟大模板和终极依据，因此儒者道德的最高境界是"与天地合其德，与日月合其明"，犹如"天无私覆，地无私载，日月无私照"，最高的人格就是"顶天立地"，以这种人格贯彻这种道德于天地，这就是中国人之天命。从这个本源意义上来讲，人的言语便是这种天命之性的自然流露，也就是说，真正的"言"应是代天立言，"志以定言，言以出令"（《左传·昭公九年》）。立言，是君子、圣人的必然特征。君子不言则已，如一言一动，则应"动而世为天下道，行而世为天下法，言而世为天下则"③。"言以垂世立教，兴起天下而天下赖之，圣贤所以死而不亡。"④《国语·周语下》记晋悼公之事单襄公，"言敬必及天，言忠必及意，言信必及身，言仁必及人，言义必及利，言智必及事，言勇必及制，言教必及辩，言孝必及神，言惠必及和，言让必及敌"便是这种代天立言、"言必有中"、垂世立教的典范。因此，在先秦时期，儒家言语观始终围绕着言语与道德的关系展开，认为

① （南宋）朱熹：《四书章句集注》，中华书局，2011，第32页。
② （南朝梁）刘勰著，王运熙、周锋译注《文心雕龙译注》，上海古籍出版社，1998，第2页。
③ （南宋）朱熹：《四书章句集注》，中华书局，2011，第38页。
④ （清）王夫之：《张子正蒙注》，上海古籍出版社，2000，第188页。

言语不仅仅是言说者传意述志的工具，更是言说者自身德性的展现，知言即知德。春秋史官所记之言，主要就是这种"言主忠信"、能够垂世立教的王者和君子的德音雅言。

值得说明的是，春秋时期，由于史官所载录言论的来源不一（或为即时记录，或为传闻转录）以及后人在纂辑这些言论时有明显的增删、润色或重新组合的成分，我们判断其是不是记言类史料有了一些困难。《国语》中的绝大部分记言内容皆独立成章，互不属联，其记言特性甚为明显。但是，也有一部分记言分属于同一历史事件之内，而且各记言单元之间有着内在的逻辑关系，如《晋语四》皆为与重耳之亡及其回国执政相关的记言，《晋语七》皆为与悼公复霸相关的记言，《越语》皆为勾践灭吴的相关记言等。它们均既叙事，又记言。在以编年为体例的《左传》中尤为如此。对此，我们的判断原则主要是看具体材料究竟是以记言为主还是以记事为主：以记言为主、记事为辅的史料则视之为"记言"；以记事为主、记言为辅的史料则视之为"记事"。如上述《晋语四》虽历叙重耳流亡的经过，但重点还是在于突出流亡过程中相关的人物言论所起的决定性作用，而"重耳之亡"一事仅为贯串各类人物言论的主线而已，此为典型的"以事系言"，故仍视之为记言。其余材料依此类推。因此，《国语》中史官记言的原始史料性质仍清晰可见。

对于《左传》，由于其不同于《国语》的编年体性质和言事杂糅的史料性质，以及重在揭示某一事件前因后果的撰述宗旨，对它原始材料"记言"性质的判断则相对复杂。但万变不离其宗，以《国语》记言形态为参照，我们仍能较明显地甄别出《左传》中相似的记言史料近 600 则（见《附录表二》），它们共同构成了本书论述的主要对象。

二　《国语》《左传》记言研究现状

最早对史官记言予以关注并进行集中论述的是唐人刘知几。他在《史通》中特设《载言》和《言语》两篇对史官记言进行专门论述。首先，他继承《汉书·艺文志》将记言、记事视为两大史官载录体式的观点，并勾勒了言、事类史料在先秦由分到合的发展脉络："古者言为《尚书》，事为《春秋》，左右二史，分尸其职。……此则言、事有别，断可知矣。逮左氏为书，不遵古法，言之与事，同在传中。然而言事相兼，烦省合理，故使读者寻绎不倦，览讽忘疲。"① 其次，他分别列举《尚书》《左传》《战国策》中的相关言论，说明先秦记言的普遍性与重要性，即"盖枢机之发，荣辱之主，言之不文，行之不远，则知饰词专对，古之所重也"②；并且在《疑古》篇中指出"言"的首要地位："盖古之史氏，区分有二焉：一曰记言，二曰记事。而古人所学，以记言为首。至若虞夏之典，商周之诰，仲虺、周任之言，史佚、臧文之说，凡有游谈、专对、献策、上书者，莫不引为端绪，归其的准。"③ 最后，刘知几还通过这些言论与后世文章的比较，指出其独特的文学审美特征："寻夫战国已前，其言皆可讽咏，非但笔削所致，良由体质素美，何以核诸？"并进而揭示形成此特征的原因是"时人出言，史官入记，虽有讨论润色，终不失其梗概者也"④。

但在刘知几之后，有关史官记言的专门论述鲜有出现，仅有零星观点散见于相关的研究论著之中。南宋陈骙将《左传》记言分为八类："命婉而当……誓谨而严……盟约而信……祷切而悫……谏和而直……让辩而正……书达而法……对美而敏。作者观之，庶知古人之大全也。"⑤ 朱熹对《国语》记言风格批评说："《国语》委靡繁絮，真衰世之文耳。是时语言议论如此，宜乎周之不能振起也。"⑥ 清人崔述则将《国语》《左传》的言辞风格进行比较，说："《左传》纪事简洁，措词亦多体要；而《国语》文词支蔓，冗弱无骨，断不出于一人之手甚明。且《国语》，周、鲁多平衍，晋、楚多尖颖，吴、越多恣放，即《国语》亦非一人之所为也。"⑦ 近人梁启超也将《左传》之文分为记事文与记言文，并分别概括其言辞风格说："《左传》文章优美，其记事文对于极复杂之事项，如五大战役等，纲领提挈得极严谨而分明，情节叙述得极委曲而简洁，可谓极技术之能事。其记言文渊懿美茂，而生气勃勃，后此亦殆未有其比。"⑧ 钱钟书则以文学

---

① （唐）刘知几撰，（清）浦起龙释《史通通释·载言》，中华书局，1978，第33~34页。
② （唐）刘知几撰，（清）浦起龙释《史通通释·言语》，中华书局，1978，第149页。
③ （唐）刘知几撰，（清）浦起龙释《史通通释·疑古》，中华书局，1978，第379页。
④ （唐）刘知几撰，（清）浦起龙释《史通通释·言语》，中华书局，1978，第150页。
⑤ （南宋）陈骙：《文则·辛》，中华书局，1985，第28页。
⑥ （宋）黎靖德编，王星贤点校《朱子语类》卷一三九，中华书局，1986，第3297页。
⑦ （清）崔述撰，顾颉刚编订《崔东壁遗书》，上海古籍出版社，1983，第395页。
⑧ 梁启超：《要籍解题及其读法》，北京书局，1935，第120页。

家的眼光视《左传》记言为"拟言""代言"，"谓是后世小说、院本中对话、宾白之椎轮草创，未遽过也"①。徐中舒先生则认为《国语》史料来自"瞽矇传诵"，他说："瞽矇传诵的历史再经后人记录下来就称为'语'，如《周语》《鲁语》之类；《国语》就是记录各国瞽矇传诵的总集。"② 这些言论大都是就《国语》《左传》的文学价值及文本性质所下的断语，并且概括笼统，也未进行过多深入的研究。

　　对《国语》《左传》中存在的大量记言现象进行有意识的专门研究是近十几年来文体研究兴盛后产生的新的研究视角，如罗军凤《论〈左传〉的特殊叙事方式——记言》一文就通过比较《左传》言辞与叙事在表现全书主旨、句式特点、修辞方法、篇幅比重等方面的差异，认为记言是《左传》的一种特殊的叙事方法，在构制冲突、刻画人物、描摹场景等方面有着极为重要的作用。但她仅仅将"记言"当作叙事的一种方法或叙事环节的组成部分，而没有将其独立出来，视为一种重要的史学传统和文体形态。③ 戴振雯《〈左传〉人物言论的论述倾向》一文则较为全面地对《左传》人物言论，从总体上进行分类并归纳人物言说的方式，概括却过于简略且分类也不合理。④ 戴伟华《〈左传〉"言语"对战国诸子散文的影响》一文，认为在从佶屈聱牙的《尚书》到文词雅驯的诸子散文的演变过程中，春秋"言语"起到了一个重要的桥梁作用；并从擅长引用、援譬言理、说理明晰等方面探讨了其对诸子散文的影响。⑤

　　对《国语》《左传》中的"言语"研究最为深入、集中的便是针对其中某一类记言的专门研究。其中，针对《左传》辞令的研究最为充分，而这方面的研究又主要集中在对辞令语言的审美特色分析上。如胡安顺《〈左传〉外交辞令的语言特色》将《左传》辞令之美概括为"含蓄委婉、曲回有致；雍容典雅、辞简意深；刚柔相济、绵里藏针；雄辩阔论、辞锋犀利；幽默机智，妙趣横生"，可谓较为全面准确地概括了《左传》辞令的美学特征。⑥

① 钱钟书：《管锥编》（一），中华书局，1979，第 165 页。
② 徐中舒：《〈左传〉选·后序——〈左传〉的作者及其成书年代》，中华书局，1963，第 357 页。
③ 罗军凤：《论〈左传〉的特殊叙事方式——记言》，《西安交通大学学报》2000 年第 2 期。
④ 戴振雯：《〈左传〉人物言论的论述倾向》，《黄山学院学报》2007 年第 4 期。
⑤ 戴伟华：《〈左传〉"言语"对战国诸子散文的影响》，《江西社会科学》1985 年第 3 期。
⑥ 胡安顺：《〈左传〉外交辞令的语言特色》，《文史知识》1997 年第 5 期。

其他 10 余篇有关此主题的论文，其观点大都不出乎此；此外，还有些论文进而对行人辞令的形成原因进行了探讨。如郑大转《〈左传〉的行人辞令美：利、礼、德的和谐统一》将辞令的美学特征归因为利、礼、德的和谐统一。① 在辞令研究方面，用功最勤、研究最充分的莫过于陈彦辉《春秋辞令研究》一书，该书从礼乐文化的角度对春秋辞令的产生、形态、演变等问题进行了综合研究，揭示出春秋辞令的内涵。②

《左传》记言的另一大类型便是预言。对此预言类记言进行研究的论文也有 10 余篇，如王和《论〈左传〉预言》，就预言的作者、形成、应验情况进行了论证；③ 贾红莲《〈左传〉预言发微》对隐藏在预言背后的历史观、伦理道德观和劝善惩恶的史学见解进行了论析。④ 还有些论文则对此预言做了更进一步的细化研究，如薛亚军《〈左传〉梦占预言应验原因探析》一文探讨梦占预言应验的影响因素有三：一为做梦者乐于以现实附会梦象，以期冀获得应验的心理期待；二是占梦者丰富的知识储备和社会经验；三是《左传》编者本身的主观倾向。⑤ 此外，薛亚军《〈左传〉灾异预言》对《左传》中的种种灾异现象做了由表及里的深入分析，见解深刻慧敏。⑥

对于《左传》辞令和预言的研究除有论文专门研究外，在一些关于《左传》研究的专著中也有设专章节进行论述的。如潘万木《〈左传〉叙述模式论》⑦ 和张高评《春秋书法与〈左传〉学史》⑧ 都曾对"预言"进行了专章论述。

从文体的角度来看，《左传》《国语》中的记言内容存在很大的相似性，并且类型多样。遗憾的是，上述研究过多地注目于《左传》，而忽视了对《国语》同类材料的比较研究。除数量颇丰的预言、辞令外，二书中还有谏言、问对、辩论、代言、歌谣等记言类型，但这些内容尚未引起足够的重视。

———————

① 郑大转：《〈左传〉的行人辞令美：利、礼、德的和谐统一》，《现代语文》2007 年第 3 期。
② 陈彦辉：《春秋辞令研究》，中华书局，2006。
③ 王和：《论〈左传〉预言》，《史学月刊》1984 年第 6 期。
④ 贾红莲：《〈左传〉预言发微》，《安徽师范大学学报》2001 年第 1 期。
⑤ 薛亚军：《〈左传〉梦占预言应验原因探析》，《青海社会科学》2002 年第 4 期。
⑥ 薛亚军：《〈左传〉灾异预言》，《镇江师专学报》1997 年第 1 期。
⑦ 潘万木：《〈左传〉叙述模式论》，华中师范大学出版社，2004。
⑧ 张高评：《春秋书法与〈左传〉学史》，上海古籍出版社，2005。

　　除了对记言类型化研究外，对记言材料生成机制的考察也是近十多年来的一个关注点。如王和《〈左传〉材料来源考》认为，《左传》中的材料主要来源于春秋时期史官的私人记事笔记和各种传闻传说；① 过常宝师《〈左传〉源于史官"传闻"制度考》认为，当时各国史官私下交流的信息即《左传》的源头；② 廖群《"说"、"传"、"语"：先秦"说体"考索》则通过考索传世典籍和出土文献，推断先秦时期曾存在一种以讲述故事为主旨的叙事文体。③ 其中，重要的一点是，他们都将口头传播史料视为《左传》材料的一个重要来源，这在过去是很少有人注意的。

　　将《国语》《左传》联系起来进行综合考察，最早有顾颉刚《春秋三传及国语之综合研究》，该书为顾先生 1942 年在重庆中央大学任教时的讲义，其重点是考察《春秋》经传的关系和《左传》对于《国语》材料的改编，认为："（《国语》）为出于各国而不出于一手之原料，《左传》始为根据原料由一手造成之传。"从而证明"《左传》实在《国语》之后"。④ 其次有中国台湾学者顾立三《〈左传〉与〈国语〉之比较研究》，该书对《国语》《左传》的考察仍然放在二书材料的异同分析上，分为两个方面：一是《国语》《左传》撰写取材的比较；二是《国语》《左传》对于历史事件记载的个案分析。⑤ 美国学者王靖宇《中国早期叙事文研究》一书中也有两篇文章涉及二书的比较：《从叙事文学角度看〈左传〉与〈国语〉的关系》和《再论〈左传〉与〈国语〉的关系》。他择取二书中共有申生之死的史料，通过仔细比较，认为"《国语》比较接近原材料的原貌"，"《左传》编著者则不同……全书风格较一致，可以看出基本上是一个人的作品"⑥。这与顾先生的观点是一致的。而对《国语》《左传》材料比较最为精细的则是台湾学者张以仁，他分别从时、地、人、事四个方面详细对照二书同述一事而史实不同的材料，共 193 则，以说明"《国语》《左传》非一书化分"⑦。

① 王和：《〈左传〉材料来源考》，《中国史研究》1993 年第 2 期。
② 过常宝：《〈左传〉源于史官"传闻"制度考》，《北京师范大学学报》2004 年第 4 期。
③ 廖群：《"说"、"传"、"语"：先秦"说体"考索》，《文学遗产》2006 年第 6 期。
④ 顾颉刚讲授，刘起釪笔记《春秋三传及国语之综合研究》，巴蜀书社，1988，第 107 页。
⑤ 顾立三：《〈左传〉与〈国语〉之比较研究》，文史哲出版社，1983。
⑥ 〔美〕王靖宇：《中国早期叙事文研究》，上海古籍出版社，2003，第 188 页。
⑦ 张以仁：《论〈国语〉与〈左传〉的关系》，《春秋史论集》，联经出版事业公司，1990。

尤其值得注意的是，近年来开始有学者专就"语"类文体进行全面而集中的研究，并发表或出版了一系列研究成果。如过常宝先生于 2008 年和 2009 年接连出版《原史文化及文献研究》和《先秦散文研究——早期文体及话语方式的生成》两部姊妹新作，以文献生成的独特视角和理论构建的宏大气魄，通过翔实的历史考证和文本分析，对先秦文献生成的特殊思想文化背景和演变过程进行了系统而深入的探讨，"并在此基础上认识它们在先秦文化变革进程中的意义"。其中，设"春秋'语'类文献"一章，第一次从"春秋君子文化""君子立言风尚"等方面深入分析《国语》"语"料生成的文化背景和文化功能，并阐述了这对此后《老子》"箴诫体"和《论语》"语录体"的影响。① 俞志慧先生陆续发表的系列论文，如《古"语"述论》《〈国语·周、鲁、郑、楚、晋语〉的结构模式及相关问题研究》《事类之"语"及其成立之证明》《〈国语〉的文类及八〈语〉遴选的背景》《语：一种古老的文类——以言类之"语"为例》《古代言类之"语"的流传变异及其思想史意义》②，对以《国语》为代表的"语"类文献，从体用特征、存在形式、渊源流变及其在思想史、学术史和文献学上的意义等方面进行了较为深入细致的研究。夏德靠师兄撰有《先秦语类文献形态研究》一书，重在从文体的角度考察先秦"语"类文体的具体嬗变历程。③

三 《国语》《左传》记言研究的主要思路及方法

1. 研究思路：尽管近十多年来学界对《国语》《左传》的记言体式研究呈现出方兴未艾的势头，并取得了可观的研究成绩，但这些研究大多局限于记言文体的局部，而且偏重于《左传》的某一类型，尚缺乏对二书记言史料较为全面系统的研究。因此，笔者拟择取《国语》《左传》中的全部记言材料作为主要研究对象，对众多人物言论的生成机制、言说语境、

---

① 分别参考过常宝《原史文化及文献研究》，北京大学出版社，2008；《先秦散文研究——早期文体及话语方式的生成》，人民出版社，2009。

② 上述俞先生论文分别载于台湾政治大学编《"孔学与二十一世纪"国际学术研讨会论文集》，2001；《汉学研究》2005 年第 2 期；《淮阴工学院学报》2005 年第 4 期；《文史》2006 年第 2 辑；《文史哲》2007 年第 1 期；《绍兴文理学院学报》2009 年第 5 期。

③ 夏德靠：《先秦语类文献形态研究》，中华书局，2015。

言说功能及言说类型等问题进行较为深入细致的探讨。具体说来，全书共分三大部分对这些问题进行论述。

第一部分着重综合考察春秋前后史官记言制度、记言史料的发展过程以及记言的主要功能。记言制度的完善与否直接决定记言内容的丰富性和系统性。西周时期已形成较为成熟、完善的史官制度。周王的各类诰命，随时被陪侍周王左右的、主书和代宣王命的内史（即左史）书诸简策，从而得以保存和流传。这一记言传统至春秋时期也被各诸侯国史官继承，现存于《国语》《左传》中的大量记言内容便主要来自这一时期的史官载录。

言语为思想的产物。先秦时期思想的发展变化也相应地引起史官记言内容的转变。商周时期"君权神授"的宗教信仰和帝王为"天子"的独特身份，决定了此时帝王"代天立言"的神圣性和合法性，因而以人神问对为主要形式的甲骨卜辞和以"神道设教"为主要宗旨的周初诰命便成为这一时期记言的代表。春秋时期，面对礼崩乐坏、"天下无道"的社会现实，一大批有识之士凭借弘德崇礼、匡世济民的忧患意识和立言不朽的自觉追求，积极献言献策、规箴王阙、出使应对、纵论国是，表现出前所未有的对现实的深厚关怀和参政热情，因而为民请命、弘道干政便成为这一时期史官记言的主要内容，并收录在《国语》《左传》中得以广泛流传。

这些记言虽然是对过去人物言论的记载，但其旨意却是面向未来的，具有浓厚的劝善惩恶的史戒意识。首先，同"诗言志"的意识形态功能一致，春秋君子也已充分认识到"言以足志，文以足言"，并将其与立德、立功一起并称"三不朽"，作为对生命本体价值的不懈追求；其次，对主司载录的史官来说，能够在王纲解纽、诸侯逞欲的春秋乱世据事直录、原始要终、借言论断，也集中凸显了他们期待"耸善抑恶"、明德扬礼，力欲以史的审判逐渐代替神的审判的不懈努力和良苦用心。

第二部分着重考察比较《国语》《左传》的记言类型和特征，以及由此体现出来的相关学术意义。《国语》作为一部嘉言懿语的言论集锦，其记言性质不言而喻。《左传》"言事相兼"，也存录了大量语体史料。对这些记言史料进行详细分析，对于正确认识《国语》《左传》二书的关系、体例特征以及孔子在春秋学史乃至经学史上的地位都有着重要的意义。

第三部分分类择取了《国语》《左传》在春秋君臣关系言说语境中的四类记言体式逐一进行个案研究，并视其相关研究状况采取不同的研究视角，尽量避免叠床架屋似的重复研究。如君王命誓，将重在考察王命和盟誓在西周和春秋两个不同时期的不同境遇：随着王权的衰落，"王命"在春秋时期也已风光不再，这不仅表现在篇幅内容的简省、语言风格的平易上，更表现在命辞功能的无力上；而诸侯之间相互盟誓所产生的大量誓辞，不但在功能上取代王命成为维系邦国关系的共同行动纲领，而且在宣誓对象和行文风格方面也有其新的特征。君臣谏对，将重在考察臣下与王侯之间"对问"和"谏言"所呈现出来的艺术特征及对后代文体所产生的影响。行人辞令，鉴于学界对于行人辞令在审美艺术特征方面已有较为深入细致的研究，笔者将侧重于对其"委婉"风格形成的深层原因进行多角度的分析。明确大国之间唯"力"是从、肆欲逞雄的崇霸风尚和小国唯强是从、机智灵活的外交策略是导致春秋行人辞令婉曲有致的主要因素。此外，春秋时期以"自卑以尊人"为主要精神的礼制客套语式，对于这一辞令风格的形成也有着重要影响。君子评论，既包括名姓俱实的人物评论，也包括泛称"君子"的人物评论。这些评论在评论主体、评论内容、评论根据和评论结果方面都有着鲜明的时代特征，并与当时社会盛行的吉凶裁决思维息息相关。它对以后史书、小说的论赞模式及人物"品藻"的生成都产生了深远的影响。

2. 研究方法：任何一种言说都离不开一定的语境，这既包括言说者当时特定的时空语境，也包括言说者生活时代的特定价值观念、社会制度、思维方式等文化语境，它们都对言说产生了重要的影响。因此，本书对《国语》《左传》记言现象的研究，一方面关注每一类言说自身的特性，另一方面也重在揭示商周以来天人观念的转变、史官制度的变迁、听政议政制度的兴起、吉凶裁决思维方式的延续等特定文化空间对春秋君子言说的重要影响，从而更为真切地聆听和领会春秋君子苦口言说的真实心声，这大概就是孟子所倡导的"知人论世"、神交古人的批评方法。

梁启超曾盛赞顾栋高之《春秋大事表》，说它"将全部《左传》事迹，重新组织一过，而悉以表体行之，其便于学者滋多矣"，并称受其影响，自己"生平读书最喜造表"①。因此，为了避免论述以偏概全、失之偏颇，笔者在撰写本书之前，先将《国语》《左传》及《尚书》《逸周书》中出现的全部人物言论按照言说背景、言说内容、言说结果、言说类型等方面逐一进行列表排比，万千人物，如指诸掌；识见高下，不言自明，从而为论文撰写提供了坚实可靠的资料保障。

①　梁启超：《中国历史研究法》，河北教育出版社，2000，第132、134页。

第一章 《国语》《左传》记言史料的 生成及演变[*]

任何形而下的形式问题都不仅仅反映一个现象表面，其中必然与某种形而上的追求相关。先秦时期大量类型不一、丰富多样的记言史料的普遍存在，是一个基本的历史事实。它们的出现不是一个偶然的历史现象，而是与商周时期特定的政治制度、宗教信仰及史官制度有着密切的关系。其中，神权至上、君权神授的思想崇尚和政治制度需要天意王命的权威化、合法化，是形成记言的必要条件；而内史从"原史群体"中分离和独立，又为记言的产生提供了充分条件。春秋时期，天命王权的式微、诸侯霸权的勃兴，又使史官记言的内容和形式发生了重要变化。这一切，既奠定了后世史学编著的基本体裁，也孕育和推动了后世多种文学体裁的萌芽和繁兴。

第一节 "左史记言，右史记事"考辨^①

记言、记事之分，最早见于《礼记·玉藻》篇："（天子）动则左史书之，言则右史书之。"^②《汉书·艺文志》对此更明确地表述为"左史记言，右史记事，事为《春秋》，言为《尚书》，帝王靡不同之"^③。由于这段话直接涉及先秦典籍的编纂、分类和史官建置、职能等问题，因而引起历代学者的普遍关注。对其认可者有之，贬抑者亦有之，众说纷纭，仍无定论。归纳起来，争论的焦点有二：记言和记事的分合；左史和右史的存

---

 * 此章部分内容，笔者已发表于《南昌大学学报》2011 年第 1 期。

 ① 此节内容，笔者已发表于《古籍整理研究学刊》2011 年第 5 期。

 ② （汉）郑玄注，（唐）孔颖达正义《礼记正义》，《十三经注疏》，中华书局，1980，第 1474 页。注：本文所引十三经内容均采用此本，无特别情形，不再一一标注。

 ③ 《汉书·艺文志》，中华书局，1962，第 1715 页。

无。兹试加以辨析。

一 "记言"与"记事"之辨

对于记言、记事之分持否定态度，清人章学诚《文史通义·书教上》中的一段话较有代表性。他说：

> 《记》曰"左史记言，右史记动"，其职不见于《周官》，其书不传于后世，殆礼家之恣文欤？后儒不察，而以《尚书》分属记言，《春秋》分属记事，则失之甚也。夫《春秋》不能舍传而空存其事目，则左氏所记之言，不啻千万矣。《尚书》典谟之篇，记事而言亦具焉；训诰之篇，记言而事亦见焉。故古人事见于言，言以为事，未尝分事言为二物也。刘知几以《二典》《贡》《范》诸篇之错出，转讥《尚书》义例之不纯，毋乃因后世之空言，而疑古人之实事乎？《记》曰"疏通知远，书教也"，岂曰记言之谓哉？①

这里，章学诚首先认为事、言为一，不能分离，继而否认"《尚书》记言""《春秋》记事"之说，最后不仅对深信"言事二分"说的刘知几予以反讥，甚至对《礼记》相关记载的真实性也产生了怀疑。承此观点，金景芳先生进而认为"左史记言，右史记事"是刘歆为贬低《春秋》而凭空编造的"譸言"，根本不存在"记言"和"记事"这回事。②

倘若单纯从语言学的意义上来看，作为名词的"事"，其外延当然要大于"言"的外延，即"言"为"事"的一部分，章氏所持的"古人事见于言，言以为事"的观点则甚为通达，无可非议。但若据此否认"记言"作为一种先秦史官职能而存在的历史事实，则又有轻易草率、似是而非之嫌。事实上，区分记言、记事，绝不是一种文字游戏，无故生非，而是指陈了商周时期一个重要的客观事实：在史官谨严的载录职能中，具体存在以记言和记事为主的两大载录系统，由此亦相应形成先秦史籍的两大编撰体裁，即以

---

① （清）章学诚著，叶瑛校注《文史通义校注》，中华书局，1985，第31页。
② 金景芳：《"左史记言，右史记事，事为春秋，言为尚书"譸言发覆》，《史学集刊》复刊号，1981。

《尚书》为代表的记言体和以《春秋》为代表的记事体。

　　首先，就现存先秦典籍的内容来看，为数众多的王侯诰命、君子议政及士人弘道等人物言论的普遍存录，成为先秦记言存在的一个不争事实。专属记言的《尚书》《国语》自不必说，即使向来被认为以叙事为主的《左传》，也包含为数众多的记言史料，而且这些记言史料的篇幅至少占《左传》全部的一半。钱钟书对此评论说："吾国史籍工于记言者，莫先乎《左传》，公言私语，盖无不有。"① 承继史官记言传统，先秦诸子著书立说，也大都采用记言的体式，如《论语》《墨子》《孟子》《庄子》以及《韩非子》的《说林》和内外《储说》等莫不如此。此外，据郑杰文先生统计，《战国策》中有记言类策文 205 篇，占全书策文章数的 41.3%，② 可视为战国游臣策士"转丸骋辞"的演说集。对于这种肇自史官的记言体式，也可由 20 世纪以来出土的地下文献得到进一步印证。周代铜器铭文存在记言与记事两种文体，杨树达先生对此曾有概述："私谓钟鼎铭辞，以文体别之，可分为二事。一曰纯乎记事者，二曰纯乎记言者。其记事之中有言，则言统于事，以事论，不以言论也。记言之中亦有事，则事统于言，亦以言论，不以事论也。"③ 1973 年马王堆汉墓出土的《春秋事语》，存十六章，所书内容及形式与《左传》《国语》基本相同，"使人一望而知这本书的重点不在讲事实而在记言论"④。它与 1993 年荆门郭店楚简中的《鲁穆公问子思》《缁衣》⑤，2003 年湖南慈利石板村楚简中的《国语·吴语》和《宁越子》，⑥ 以及自 2001 年以来陆续出版的《上海博物馆藏战国楚竹书》中的《鲁邦大旱》《民之父母》《曹沫之陈》⑦ 等一样，皆为记

① 钱钟书：《管锥编》，中华书局，1982，第 164 页。
② 郑杰文：《战国策文新论》，山东人民出版社，1998，第 114 页。
③ 杨树达：《积微居金文说》卷二"善夫克鼎跋"，科学出版社，1959，第 62 页。
④ 张政烺：《〈春秋事语〉解题》，《文物》1977 年第 1 期。
⑤ 其中，《鲁穆公问子思》载录的是鲁穆公与子思关于何问"忠臣"的一次问对，《缁衣》二十三章皆记孔子之言。参见李零《郭店楚简校读记》，中国人民大学出版社，2007。
⑥ 参见张春龙《慈利楚简概述》，载北京大学、达慕斯大学、中国社会科学院主办《新出简帛研究——新出简帛国际学术研讨会论文集》，文物出版社，2004，第 4～11 页。
⑦ 其中，《鲁邦大旱》记孔子与鲁哀公、子贡关于"鲁邦大旱"的两次对话，《民之父母》记孔子与子夏关于"何如而可谓民之父母"的对话，《曹沫之陈》记鲁庄公与曹沫论政、论兵之问对等。参见马承源主编《上海博物馆藏战国楚竹书》（二、三），上海古籍出版社，2002、2003。

言体。因此，记言体是先秦时期极为普遍，也被时人极为看重的一种文体。唐人刘知几对此明确、精当地指出："盖古之史氏，区分有二焉：一曰记言，二曰记事。而古人所学，以言为首。至若虞夏之典，商周之诰，仲虺、周任之言，史佚、臧文仲之说，凡有游谈、专对、献策、上书者，莫不引为端绪，归其之准。"① 钱穆先生也说："若诸位没有知言工夫，只把中国历史阶段当作记事一边去看，便失掉了中国史学中重要的一部分。"② 事实胜于雄辩。章氏所云"《尚书》分属记言，《春秋》分属记事，则失之甚也"，是不能成立的。

其次，从周代史官建置与职能构成来看，记言、记事在史官内部系统各有侧重，是史官载录职能的重要分工依据。根据许兆昌先生的统计，周代史官的专有名称达 40 余种之多，分别从事所属文职、馆职、礼职、史职、"天"职、武职等事务的 39 种具体职事，③ 是一个相当庞大且职能繁多的官僚系统。其中，"太史和内史是相对独立的两类史官，它们实际上代表了周代史官的基本格局"④。若考察对比太史和内史两大类史官的具体职掌内容，会发现二者很多的职事都是相同的，如他们都能够记事、宣读册命、保管政府档案和图书文献、祭祀、祝祷等。当然，如果仅仅局限于这种平面而泛化的文字表述，则难以理解周王朝为何要如此重复设置职务看似重叠的史官系统，因此，下面需要进一步考察太史与内史之间具体、细微的分工及安排。

一般而言，太史与内史之别，关键在于主外与主内之分。⑤ 内史，顾名思义，需时时随从周王左右，为周王服务。据张亚初、刘雨二位先生考察，从西周铭文来看，内史主要出现于册命诸侯臣僚的场合。在 26 则涉及内史的材料中，就有 20 则涉及内史被王呼请册命赏赐官吏。⑥ 王国维先生进一步指出，金文及典籍中常见的作册内史、作命内史、内史尹、命尹、

① （唐）刘知几撰，（清）浦起龙释《史通通释·疑古》，中华书局，1978，第 379 页。
② 钱穆：《中国史学名著》，生活·读书·新知三联书店，2000，第 46 页。
③ 许兆昌：《先秦史官的制度与文化》，黑龙江人民出版社，2006，第 103～104 页。
④ 赖长扬、刘翔：《两周史官考》，《中国史研究》1985 年第 2 期。
⑤ 许兆昌先生曾对太史与内史的职任划分做过较为深入的分析（见《先秦史官制度与文化》，黑龙江人民出版社，2006，第 115～119 页），本文仅着重就二者载录职能的差异进行论述。
⑥ 张亚初、刘雨：《西周金文官制研究》，中华书局，1986，第 29 页。

尹氏等称谓，"皆《周礼》内史之职而尹氏为其长，其职在书王命与制禄、命官"①。这与《周礼·春官》"内史掌书王命，遂贰之"②的记载是吻合的。金文和《尚书》中频频出现的大量以"王若曰"、"王曰"或"周公若曰"等开首的记言内容，便是这些内史主"书王命"职能的真实体现。内史这种拟制和代宣王命、服务王室的特殊权力，自然令其拥有冠领群僚的特殊地位。王国维先生对此精辟地总结说："内史之官虽在卿下，然其职之机要，除冢宰外，实为他卿所不及。自诗书彝器观之，内史实执政之一人。其职与后汉以后之尚书令，唐宋之中书舍人、翰林学士，明之大学士相当。盖枢要之任也。"③

　　但是，这里要进一步明确的是，既然内史的主要职能是载录王命，那么，金文和典籍中存录的君王诰命究竟是内史即时记录的，还是预先就已草拟好了的呢？为说明这个问题，我们不妨先引用一段《颂鼎》铭文为例说明之：

> 隹三年五月既死霸甲戌，王才周康邵（昭）宫。旦，王各（格）大室，即立（位）。宰引右（佑）颂入门，立中廷。尹氏受（授）王令书，王乎史虢生册令颂。王曰："颂……"颂拜稽首，受令册，佩以出；（返）反入（纳）堇（瑾）章（璋）。颂敢对扬天子不显鲁休……④

　　这是一篇完整地记载周王册命仪式的铭文，包括策命时间、地点，举行册命的仪式，册命的具体内容，受命并作器铭识等。对于一个人或一个家族来说，能得到周王的册命或赏赐，无疑是一件光宗耀祖、无上荣光之事。《礼记·祭统》云："夫鼎有铭。铭者，自名也。自名，以称扬其先祖之美，而明著之后世者也。"⑤因此，此鼎受命者"颂"在接受周王赐命后，为"显扬先祖""明示后世"，定会将此事镂刻鼎彝，传遗子孙。铭文

---

① 王国维：《释史》，《观堂集林》卷六，河北教育出版社，2001，第166页。
② （汉）郑玄注，（唐）贾公彦疏《周礼注疏》，《十三经注疏》，中华书局，1980，第820页。
③ 王国维：《释史》，《观堂集林》卷六，河北教育出版社，2001，第164~165页。
④ 马承源主编《商周青铜器铭文选》，文物出版社，1988，第302~303页。
⑤ （汉）郑玄注，（唐）孔颖达正义《礼记正义》，《十三经注疏》，中华书局，1980，第1606页。

"尹氏受王令书，王乎史虢生册令颂"一句表明，周王的这篇册命文是早就由尹氏（作册尹）以周王的口吻起草并书于竹简之上，以便在此册命仪式上转交给周王，然后由周王指令内史虢生对颂宣读王命。宣读完毕，颂"受令册"，归而铸之于彝器。金文中类似的例子还有许多，如：

> 《免簋》：王受乍册尹书者，卑册令免。
> 《裹盘》：史希受王令书，王乎史减册易裹。
> 《趞鼎》：史留受王令书，王乎内史帙册易趞。①

由此可见，西周铭文中以"王若曰"为标志的王命大都不是史官在册命仪式上的即时记录，而是作册史官原拟册命的"复制"。而且，起草王命的作册史官与宣读王命的内史也大都非同一人。像这样既保留制册史官姓名，也保留宣读册命史官姓名的铭文并不多见，大多数情况下，都是宣读王命之史官活跃于幕前，而制册命之史官于幕后默默无闻，如《牧簋》："王乎内史吴册令牧，王若曰……"，《大克鼎》："王乎尹氏册令善夫克，王若曰……"② 等，这里的吴、善夫克都是代王宣命之内史。这一点，从《论语·宪问》篇孔子描述郑国命书的生成过程中也可得以确证："为命，裨谌草创之，世叔讨论之，行人子羽修饰之，东里子产润色之。"③ 陈梦家先生在详细考察西周金文中的册命后，也得出结论说："这些王命，最先是书写在简书上的，当庭的宣读了，然后刻铸于铜器之上。原来的简书已经不存，赖此保存了周王室的官文书，它们实际上具有古代档案的性质。"④ 了解命书的这种预先草拟性质，对于我们准确、清晰地认识早期史官的职事特征及王室册命的来源流程，是非常重要的。⑤

---

① 分别见载于马承源主编《商周青铜器铭文选》，文物出版社，1988，第180、295、294页。
② 分别见载于马承源主编《商周青铜器铭文选》，文物出版社，1988，第187、216页。
③ 杨伯峻译注《论语译注》，中华书局，1980，第147页。
④ 陈梦家：《尚书通论·王若曰考》，河北教育出版社，2000，第167页。
⑤ 不过，也并非所有的王命均须符合这种先拟后宣的程序，西周金文及文献中有一些册命实际上是周王亲自宣命的。如《克钟》："王亲令克遹泾东至京师，易克甸车、马乘。"《班簋》："王令吴伯曰：……"《大雅·韩奕》："韩侯受命，王亲命之"等，其中"亲令""亲命"都明确表明宣布册命者是周王自己，而没有让史官代宣王命。对于这种情况，陈梦家先生推测说："大略言之，成、康时代金文的'王令'很可能是王亲命，史官宣命似盛于成、康以后，康王时的《大盂鼎》是唯一可推的例外。"（陈梦家：《尚书通论·王若曰考》，河北教育出版社，2000，第169页）

我们说王室册命大都由史官事先拟就，并不妨碍册命本身的神圣性和真实性。因为史官"掌书赞治"的职事行为决定了其必须服务于周王、服从于周王，尤其是在天命流行、君权神授的商周时期，史官服务王室的忠诚与热情尤为虔敬、高涨。这一点在上面所举《颂鼎》铭文中得到了鲜明体现：在肃穆的册命仪式上，在册命者、傧者、受命者即位就绪之后，作册史官先是将命书恭呈给周王，然后周王复将命书授予宣命之史官宣读。在这个过程中，周王绝不仅起一个中转传送的作用，还昭示了王命自身的合法性与神圣性。也可以推想，即使史官在"草创""讨论"命书的过程中，也绝不敢越俎代庖、闭门造车，只是代周王立言罢了。

弄清楚早期史官为王"拟诏"这一职事性质，可以帮助我们进一步认识先秦典籍中的册命类文献材料的真实性。如《多士》："惟三月，周公初于新邑洛，用告商王士。王若曰：尔殷遗多士！……"① 由上述史官宣命制度可知，"用告商王士"即周公向商王卿士宣读命书，接下来"王若曰"的内容是周公代宣王命。对此，《史记·周本纪》说得更为清楚："成王既迁殷遗民，周公以王命告，作《多士》《无佚》。"此篇即一篇真实的成王诰命档案。又如《逸周书·尝麦篇》："大祝以王命作策策告大宗，王命□□秘，作策许诺，乃北向繹书于两楹之间。王若曰……"② 其中"繹书"，王国维训为"读书"，③ 即作册代宣王命。《诗经·大雅·江汉》："王命：召虎，来旬来宣，文武受命，召公维翰……釐尔圭瓒，秬鬯一卣……锡山土田……虎拜稽首，天子万年；虎拜稽首，对扬王休，作召公考。"④ 同上述《颂鼎》册命格式相比，可知这是一篇史官用韵文写成的册命文献。此外，《左传》定公四年卫人祝佗在追忆周公册命蔡叔之子蔡仲时说："见诸王而命之以蔡，其命书云：'王曰：胡！无若尔考之违王命也。'"接着又诵忆践土之盟誓辞开首一句说："其载书云：'王若曰：晋重、鲁申、卫武、蔡甲午、郑捷、齐潘、宋王臣、莒期……'藏在盟府，可覆视也。"其中皆有"王曰"或"王若曰"的形式，尤可确证"王若曰"乃西周命

① （汉）孔安国传，（唐）孔颖达正义《尚书正义》，《十三经注疏》，中华书局，1980，第219页。

② 黄怀信等：《逸周书汇校集注·尝麦篇》，上海古籍出版社，1995，第780页。

③ 王国维：《观堂集林》卷五《〈史籀篇证〉序》，河北教育出版社，2001，第153页。

④ （汉）毛亨传，郑玄笺，（唐）孔颖达正义《毛诗正义》，《十三经注疏》，中华书局，1980，第574页。

书之公文格式，表明这些册命文献直接来自王府档案，是真实可信的。

因此，通过金文与先秦典籍材料的相互印证，进而明确了周代内史的"书王命"之记言行为，并非与王同步传声，而是领受揣度周王意旨，"起文书草"，预先拟就；而所谓"制禄命官"，即册命仪式上的内史代宣王命之传言行为，"王若曰"即此时在周王监视之下的王命真实意旨的呈现，是一种典型的庄重而神圣的记言。可见，最初意义的"记言"是与天命王权的神圣意旨密不可分的，当"王命"有专门史官载录并赋予其神圣的典策意义时，"记言"便成为区别于记事的一种独立存在而形成了。因此，内史所书录的君王言论，并非与记事形同水火、界限明确，而是因其代表着天命神旨的特殊意义而从史官最初的"记事"职能中独立出来，成为一种特殊记事体——记言。这一点，也可以从上文所引《颂鼎》铭文的内容得以确证：《颂鼎》全文铭刻的是史颂于宣王三年在康邵（昭）宫接受册封赏赐一事。铭文虽然开头和结尾部分有相关册命仪式的记载，但主体部分是史官代宣的周王册命，故此文应属"记言体"。这种以记言为主、记事为辅的"记言体"构成了先秦记言类文献的主要结构特征。

至于"记事"，《周礼》五史中并没有明确何史专掌此职，这看似是一个非常奇怪的现象。事实上，"史，记事者也"，"记事"是自史官诞生以来一贯的载录内容，"不云记言者，以记事包之也"①。直至"王命"因其独特的代天立言的政治意义需要而设有专门史官加以专门载录之时，才开始有了"记言""记事"之别。至于史官"记事"的内容，主要由除内史之外的太史来完成。据《周礼·春官》中有关"太史"的记载，"太史"的载录内容远较"内史"广泛得多：

> 掌建邦之六典，以逆邦国之治；掌法以逆官府之治；掌则以逆都鄙之治。凡辨法者考焉，不信者刑之。凡邦国都鄙及万民之有约剂者藏焉，以贰六官。六官之所登，若约剂乱，则辟法，不信者刑之。正岁年，以序事，颁之于官府及都鄙，颁告朔于邦国。闰月，诏王居门终月。大祭祀，与执事卜日。戒及宿之日，与群执事读礼书而协事。祭之日，执书以次位常，辨事者考焉，不信者诛之。大会同、朝觐，

---

① （汉）许慎撰，（清）段玉裁注《说文解字注》，上海古籍出版社，1988，第116页。

以书协礼事。及将币之日，执书以诏王。大师抱天时，与大师同车。大迁国，抱法以前。大丧，执法以莅劝防；遣之日，读诔。凡丧事考焉。小丧，赐谥。凡射事，饰中舍算，执其礼事。①

可以看出，太史凭借其掌管典法、书记、典藏之权，监督、管理邦国、都鄙、万民的行政执事情况，并予以一定的赏罚奖惩，如其中多次涉及刑诛之事："凡辨法者考焉，不信者刑之""若约剂乱，则辟法，不信者刑之""祭之日，执书以次位常，辨事者考焉，不信者诛之"等，俨然周代之法官。其中不乏后世理想化的成分，但亦反映了太史不同于内史的"执法以协事"的独特职能。《尚书·立政》："周公若曰：'太史、司寇苏公式敬尔由狱，以长我王国。兹式有慎，以列用中罚。'"② 这里，"太史"与"司寇"并列，更清楚地表明了太史职事涉及司法之属，故顾颉刚解释说："周公说到谨慎刑法，连带称到'太史'，似乎太史也兼监察的职务，像秦汉时的'御史'一般。"③ 有学者在考察金文中相关资料时也发现，"金文判例中的司寇下面存在着一个庞大的负责司法文书的史官集团，如眚史、中史、史正、书史、大史等"④。《管子·立政》中还详细记载了太史向官吏颁布宪令的职事："正月之朔，百吏在朝，君乃出令，布宪于国。五乡之师，五属大夫，皆受宪于太史。"⑤ 由此可见，太史所记之事大都成为治国安民的行政依据，也是评判事件是非曲直的法则标尺。许慎所云"史，记事者也，从又持中，中，正也"⑥ 也准确概括了史官记事之"持中"、公允的职业品质。

那么，为什么太史所记之事能起到"执法协事"的重要作用呢？换句话说，引文一开始关于太史所掌的"典""法""则"到底指的什么内容呢？

对于这里太史所掌的"典""法""则"，郑玄以为即"六典、八法、

---

① （汉）郑玄注，（唐）贾公彦疏《周礼注疏》，《十三经注疏》，中华书局，1980，第817页。
② （汉）孔安国传，（唐）孔颖达正义《尚书正义》，《十三经注疏》，中华书局，1980，第233页。
③ 顾颉刚、刘起釪：《尚书校释译论》（第四册），中华书局，2005，1680页。
④ 胡留元、冯卓慧：《西周金文中的法律资料》，《中国法律史国际学术讨论会论文集》，陕西人民出版社，1990，第107页。
⑤ 颜昌峣：《管子校释》，岳麓书社，1996，第33页。
⑥ （汉）许慎撰，（清）段玉裁注《说文解字注》，上海古籍出版社，1988，第116页。

八则，冢宰所建，以治百官"①。按之《周礼·天官·大宰》，"六典"包括治典、教典、礼典、政典、刑典、事典，"八法"包括官属、官职、官联、官常、官成、官法、官刑、官计，"八则"包括祭祀、法则、废置、禄位、赋贡、礼俗、刑赏、田役。但是，《周礼》罗列的这些宽泛的典法，于史无征，很可能是《周礼》理想化的一套管理制度。相比来说，接下来列举的保管契约、制历颁朔、祭祀卜筮、佐王典礼等职事则具体切实得多。这在先秦文献典籍中也多有印证。

（1）保管契约例：西周恭王时，《佣生簋》即记载了一则格伯和佣生的易马契约："隹正月，初吉，癸巳。王才成周。格伯取良马乘于佣生，厥贮卅田，则析。……毕书史戠武立盙成墅，铸保簋，用典格白田。其万年子子孙孙永宝用。"② 意思是说，格伯为了从佣生那里得到四匹良马，以租给佣生三十田为交换条件。书史戠武当场记录，以资证明。这是一则较典型的"约剂"，此书史戠武应当即太史。

（2）制历颁朔例：《国语·周语上》虢文公曰："古者，太史顺时覛土，阳瘅愤盈，土气震发，农祥晨正，日月底于天庙，土乃脉发。先时九日，太史告稷曰：'自今至于初吉，阳气俱蒸，土膏其动。弗震弗渝，脉其满眚，穀乃不殖。'"每年春耕之时，太史按时令观察土地的地气情况，然后把结果告诉农官。这即一则太史"正岁年以序事"之记载。

（3）祭祀卜筮例：《左传》成公十三年："国之大事，在祀与戎。"祭祀是周代政治生活中的重大事务。在这一重大活动中，太史负有主持祭祀的责任。《左传》闵公二年云："狄人囚史华龙滑与礼孔，以逐卫人。二人曰：'我，大史也，实掌其祭。不先，国不可得也。'"这类太史主持祭祀、占卜的实例在先秦典籍中记载很多。

（4）佐王典礼例：上引《周礼·宗伯》中关于太史主持君王出席的典礼仪式特别多，有"会同朝觐""大迁国""大丧""小丧""射礼"。这方面的例子也很多，如《逸周书·王会》记成王的"成周之会"："相者太史鱼、大行人，皆朝服有繁露。"朱右曾注云："皆赞相宾客之礼也。"③ 又如《仪礼·大射》："大史俟于所设中之西，东面以听政。"记载了太史

---

① （汉）郑玄注，（唐）贾公彦疏《周礼注疏》，《十三经注疏》，中华书局，1980，第817页。

② 马承源主编《商周青铜器铭文选》（一），文物出版社，1986，第143页。

③ 黄怀信等：《逸周书汇校集注·王会篇》，上海古籍出版社，1995，第861~862页。

"饰中舍算"① 的具体场景。

事实上，见证太史载录最为集中的史籍还是现存的如《鲁春秋》、魏《竹书纪年》一类的编年史，它们均严格依照各统治君主在位的次第及时令季节顺序，较详尽地汇集了各国太史在不同时期的史事记载，内容主要包括其秉笔记录的上述职事范围之内的史实。不过，这种记录对太史来说，并不是简单的事实呈现，而是史官充分凭借其笔削褒贬的载录权力，发挥其劝善惩恶以干预政治的裁判功能，"如同甲骨文和《尚书》等巫史文献，春秋时史官的载录最初也是藏之宗庙，呈现给神灵的，是一种见证性的呈现。这种呈现实际上意味着恭候天命的裁决，这才使得史官及其文献有力量"②。也正因此，一向被视为典型记事体的《春秋》才能够发挥"绳当世"、令"乱臣贼子惧"的政治功用。因此，众多史料证明，周代史官记事，并非仅仅为了保存历史，更是通过寄寓一定的"贬损之义"而成为后世可以儆戒资鉴的参照与成文先例。《国语·鲁语上》所谓"君举必书，书而不法，后嗣何观"，《晋语四》所谓"夫先王之法志，德义之府也"，均将先王之事迹视为"法""府"，都清楚地表明了《春秋》所载史事最初的经世安民之功用。

因此，记言与记事之分，是王权政治和史官职能分别发展到一定阶段的产物，它们都有各自特定的内涵：在信仰王权神授的商周时期，君王作为"天子"替天行道，故其诰誓命令往往被视为天神意志而由内史载录并加以崇拜遵奉，由此形成了独立于记事的"记言"；而太史编年记事，也因其"书法不隐"、立法垂宪的特殊政治功能而成为史官"记事"的特例。它们都对后世史籍的撰述体例产生了重要影响，如刘知几说："古者言为《尚书》，事为《春秋》，左右二史，分尸其职。盖桓、文作霸，纠合同盟，春秋之时，事之大者也，而《尚书》阙纪。秦师败绩，缪公诚誓，《尚书》之中，言之大者也，而《春秋》靡录。此则言、事有别，断可知矣。"③ 章学诚据"言为事的一部分"而否认言、事之分，实则忽视了内史所记之言最初的独特政治意义和生成背景。事实上，仔细考察章学诚不同时期的言论表述，其"言事为一"这一立场也并非坚决和一贯。如他在《文史通

---

① （汉）郑玄注，（唐）贾公彦疏《仪礼注疏》，《十三经注疏》，中华书局，1980，第1036页。
② 过常宝：《原史文化及文献研究》，北京大学出版社，2008，第112页。
③ （唐）刘知几撰，（清）浦起龙释《史通通释·载言》，中华书局，1978，第33~34页。

义·古文十弊》中说："叙事之文，作者之言也，为文为质，惟其所欲，期如其事而已矣；记言之文，则非作者之言也，为文为质，期于适如其人之言，非作者所能自主也。"① 就将文章分为"叙事之文"和"记言之文"两大类。他又在《永清县志恩泽纪序例》中云："古者左史纪言，右史纪事，朱子以谓言为《尚书》之属，事为《春秋》之属，其说似矣……是以《周官》立典，不可不详其义，而《礼》言左史右史之职，诚废一而不可者也。"② 不仅肯定记言、记事之存在，也肯定了《礼记》所云左史、右史的说法，可见章氏在这一问题上的态度本身也往往前后抵牾，难以自圆。

二　左史、右史之辨

左史、右史并称，最早见载于《礼记·玉藻》："动则左史书之，言则右史书之。"③ 这里，左史、右史分工明确，言之凿凿，似无可辨。但是，据上文考察，在周代史官系统中，原本内史负责记言，太史负责记事，而此处记载主体却被置换为"左史""右史"，二者所记内容又互相颠倒；而且，"左史""右史"之称并不见于《周礼·春官》所载的史官系统（太史、小史、内史、外史、御史）之内。因此，关于"左史""右史"的存无、分职以及与"内史""太史"的对应关系等问题也由此聚讼不决。如仅在"左史""右史"和"内史""太史"的对应关系上，就存在两种截然不同的观点：一种观点认为左史即太史，右史即内史，以北朝时人卢辩、熊安生和唐人孔颖达等学者为代表；另一种观点则认为左史即内史，右史即太史，以清人黄以周、桂馥等学者为代表。④ 但其论据大都为推测之辞，甚至还将阴阳观念、尚左或尚右观念掺杂进来以证其说，并无确凿证据表明二者之间存在真正的对应关系。对此，许兆昌先生通过考察左史、右史的职掌特征和人员配置情况，得出新的结论："其实，撇开这些后人注疏所带来的复杂与混乱，如果我们愿意将问题的探讨直接放在更早的文本上进行

---

① （清）章学诚著，叶瑛校注《文史通义校注》卷五，中华书局，1985，第508页。
② （清）章学诚著，叶瑛校注《文史通义校注·永清县志恩泽纪序例》，中华书局，1985，第31页。
③ （汉）郑玄注，（唐）孔颖达正义《礼记正义》，《十三经注疏》，中华书局，1999，第1473页。
④ 参见许兆昌《先秦史官的制度与文化》，黑龙江人民出版社，2006，第120页；贾俊侠、赵静《左史、右史之名考辨》，《唐都学刊》2006年第3期。

的话，就会发现，《盛德》中所谓'天子御者，内史、太史左右手也'，实在只是一种譬喻，丝毫没有要将太史与内史区分出左右的意思。另外，将左右手简单地演绎成左、右史则显然更是一种千年之谬。"① 许先生的这一观点跳出古人囿于"六经注我"的局限和束缚，显然要通达和圆活得多。笔者赞同这一说法，并在此基础上试做进一步阐发和补充。

首先，我们来综合考察一下现存先秦典籍中关于"左史""右史"的记载。除上引《礼记·玉藻》篇记载之外，有关"左史"的记载尚有4则。②

1. 《逸周书·史记解》："维正月，王在成周。昧爽，召三公、左史戎夫曰：'今夕朕寤，遂事惊予。'乃取遂事之要戒，俾戎夫主之，朔望以闻。"

2. 《左传·襄公十四年》："左史谓魏庄子曰：'不待中行伯乎？'庄子曰：'夫子命从帅。栾伯，吾帅也，吾将从之。从帅，所以待夫子也。'"

3. 《国语·楚语下》："楚之所宝者……又有左史倚相，能道训典，以叙百物，以朝夕献善败于寡君，使寡君无忘先王之业；又能上下说于鬼神，顺道其欲恶，使神无有怨痛于楚国。"

4. 《左传·哀公十七年》："楚子问帅于大师子谷与叶公诸梁，子谷曰：'右领差车与左史老，皆相令尹、司马以伐陈，其可使也。'"

第1则中的"左史"，在《汉书·古今人表》《太平御览·职官部》《北堂书钞·设官部七》中皆引此作"右史"。不过，按《竹书纪年》"（周穆王）二十四年，王命左史戎夫作记"③；《文选·思玄赋》注引《古文周书》也有周穆王问左史史豹、史良之事，故《逸周书》此处为"左史"无疑。这也是关于"左史"的最早记载，可知西周前期已设有"左史"一职，并且其主要职能应是备周王咨政问事，因为"乃取遂事之要戒，俾戎夫主之，朔望以闻"一句即左史戎夫"集取要戒之言，月朔日望于王前读之"④，以为鉴戒。这可由此篇中所举28个亡国之事加以印证。第3则材料中的"左史倚相"更是因其"能道训典，以叙百物"，"能上下

---

① 许兆昌：《先秦史官的制度与文化》，黑龙江人民出版社，2006，第121页。
② 《国语》《左传》《韩非子》等关于左史倚相的记载大同小异，故视为相同史料。
③ 方诗铭、王修龄：《古本竹书纪年辑证》，上海古籍出版社，2005，第251页。
④ （晋）孔晁注。载黄怀信等《逸周书汇校集注》，上海古籍出版社，1995，第1009页。

说于鬼神","朝夕献善败"于楚君而被视为"国之宝",其备王咨政的职能性质尤为明显。

至于第2、4两则材料中的"左史",也大概皆因其博闻多识而被任命为"随军记述之官"①,既如战地记者及时记录战事情况,又如军事参谋随时为将帅出谋划策。如第2则,左史虽仅对魏绛说了"不待中行伯乎"一句话,看似轻描淡写,实则暗示、警醒魏绛不要盲随诡诈汰虐、刚愎自用的栾黡轻率撤退,无功而返,而要充分考虑荀偃主动出击、誓死抗秦的意见,以免使自己大国蒙耻,结果魏绛不听,全军撤回,以致此原本复仇之役被晋人讥讽为"迁延之役";第4则,通过子谷之语也可知左史老与右领差车曾在伐陈战役中辅相子西、子期而立功。

因此,这4则材料中所涉及的周左史戎夫、晋左史、楚左史倚相和左史老,尽管所处的时代、国籍有别,但他们的职能却有共通之处,即均凭借世代久远的史官文化传统所积累的丰富知识资源,担任王侯或将帅咨政之顾问。基于这一职能性质,则左史与上述内史侍王左右、随时备问的职能是一致的,故左史与内史属于同类史官。至于为何出现此"左史"之别称,金毓黻先生对此解释道:春秋时期,各国诸侯也可备五史之官,但须改称内史为左史,以示其不敢同于王室之意。内史秩尊于太史,内史为王室所专有,所以诸侯国置内史的现象较少。②

关于"右史"的记载,尤为少见。据西周初年《利簋》铭文中有"🔲🔲"二字,有的学者将其释为"右史",③ 但多数学者将其释为"有司",④ 因此也难以视为有关"右史"记载的可靠资料。此外,在先秦典籍中关于右史的记载仅见于《世本·氏姓》"左史氏,古者左史记事,周有右史武"⑤,是作为追叙姓氏源起出现的。因此,至于"右史"究竟是否存在,因史料匮乏,尚难以确证。

其次,我们若仔细寻绎造成"左史""右史"解释混乱、复杂的根本原因,则会发现源自人们对《礼记》相关记载的"过度阐释"。下面,我

---

① 杨伯峻:《春秋左传注》(修订本),中华书局,1990,第1009页。

② 金毓黻:《中国史学史》,河北教育出版社,2001,第23~24页。

③ 张亚初、刘雨:《西周金文官制研究》,中华书局,1982,第30页。

④ 唐兰:《西周青铜器铭文分代史征》,中华书局,1986,第272页。

⑤ (汉)宋衷注,(清)秦嘉谟等辑《世本八种》,上海商务印书馆,1957,第41页。

们将人们常引用的"动则左史书之，言则右史书之"一句话还原到《礼记·玉藻》上下文中加以考察：

> 天子玉藻，十有二旒，前后邃延，龙卷以祭。玄端（注：郑注"端"当作"冕"，字之误也）而朝日于东门之外，听朔于南门之外，闰月则阖门左扉，立于其中。皮弁以日视朝，遂以食，日中而馂，奏而食。日少牢，朔月大牢；五饮：上水、浆、酒、醴、酏。卒食，玄端而居，动则左史书之，言则右史书之，御瞽几声之上下。年不顺成，则天子素服，乘素车，食无乐。

这是《礼记·玉藻》篇开首的一段文字。郑玄曰："名曰'玉藻'者，以其记天子服冕之事也，冕之旒以藻绅为之，贯玉为饰。"① 通观全文，《玉藻》主要记载了天子、诸侯、卿大夫、士和后、夫人及命妇的服饰制度，兼记相关礼容及称谓之法。上面征引的这段文字依次描述了天子所要享有、遵循的服冕之规制、祭日月之礼制、饮食之制、晏居之制、逢灾之特制等。其中所涉及的"左""右"与文中的"前"和"后"、"东"和"南"、"上"和"下"一样均为方位词，而非史职分别的标志。而且，"左""右"对举，在《礼记》一书中绝非个别现象，而是非常普遍的，如：

> 《曲礼上》："行，前朱鸟而后玄武，左青龙而右白虎。"
> 《檀弓下》："黔敖左奉食，右执饮。"
> 《王制》："道路，男子由右，妇人由左，车从中央。"
> 《内则》："子生，男子设弧于门左，女子设帨于门右。"
> 《玉藻》："古之君子必佩玉，左结佩，右设佩。"
> ……

可见，《礼记》中所云的"左史""右史"与上引先秦其他典籍中作为具体史职的"左史"并非一回事，在此应理解为"左侧之史""右侧之史"。《大戴礼记·盛德》："天子御者，内史、太史左右手也。"② 以左手、

---

① （汉）郑玄注，（唐）孔颖达正义《礼记正义》，《十三经注疏》，中华书局，1980，第1473页。
② 高明注译《大戴礼记注译·盛德》，台湾商务印书馆，1977，第285页。

右手形容史官与天子的密切关系，亦绝无刻意将内史、太史分属左右的用意。由于《礼记》为删要《大戴礼记》而成，故《礼记》左史、右史之分很可能受《大戴礼记》此比喻义的影响而对举成文。事实上，以"左右"代指王侯近侍或辅佐者，在先秦典籍中甚为常见，如《左传》桓公五年："郑伯使祭足劳王，且问左右"；僖公三十年："秦师过周北门，左右免胄而下"；成公十七年："欲尽去群大夫，而立其左右"；等等。因此，从《礼记·玉藻》具体语境及撰述旨意来看，其中并列出现的"左史""右史"仅是作者为了叙述或行文上的对称、精工而使用的带有浓厚修辞学色彩的称谓，其旨意不在于记述左史、右史的不同分工，而是重在强调天子"玄端而居"时，因史官监督记录其言行举止而不得自由随意，仍属天子礼容的重要内容。《礼记·玉藻》和《汉书·艺文志》关于"左史""右史"的记述有异，可能是传闻错讹所致，但也进一步表明当时并无左史、右史分属记言、记事之定论。《汉书·艺文志》"君举必书，所以慎言行，昭法式也"一语，正精当概括了左史、右史分别述之的真正用意，可谓深得《礼记》之旨。如若执信此左史、右史之分皆为史实，并力欲将此修辞意义的左史、右史和实有的史官建置建立起对应关系，则自然会流入牵强附会之嫌、"尽信书"之讥，如唐人孔颖达以阴阳释之曰："左是阳道，阳气施生，故令之记动；右是阴道，阴气安静，故使之记言。"① 近人张君则进一步发挥说："古代北方住房坐北朝南（原注：今日也基本上是这样），门左为东，门右为西。东为阳，为春，西为阴，为秋；春天万物萌动，秋天万物伏藏。故左阳，主动；右阴，主静。……由于左与阳通，故左史又可解作'阳史'。"② 若事实果真如此，那么，"王前巫而后史，卜筮瞽侑皆在左右，王中心无为也，以守至正"③，揆诸情理，天子则真的陷入"十面埋伏"、四面楚歌了，何乐之有！

总之，"记事"是史官最初也是最重要的职能。但在政事滋繁、王权神授的商周时期，"天子"言论，尤其是在重大仪式上的诰誓命令等，因

① （汉）郑玄注，（唐）孔颖达正义《礼记正义》，《十三经注疏》，中华书局，1980，第1474页。
② 张君：《〈礼记〉左、右史新考》，《社会科学辑刊》1988年第2期。
③ （汉）郑玄注，（唐）孔颖达正义《礼记正义》，《十三经注疏》，中华书局，1980，第1474页。

被视为天命意志的呈现而被加以载录，成为区别于其他记事的神圣性"记言"。与此相应，史官系统中的"内史"亦因其主司记载天子言论而独立于原有史官系统之外。而且，内史所记的王命在很多情况下并非即时记录，而是大多秉承天子意旨而事先起草拟制，后经君王同意予以宣读公布而成的正式文告。虽然《礼记·玉藻》和《汉书·艺文志》中所载的左史、右史之说并非周代原有的史官建置，是一种对史官监察天子言行的修辞性对举，但其所揭示的史官记言、记事之分却明确了早期史官载录的两种体例，对我们重新认识商周史官记言、记事的形成和发展有着极大的帮助。

第二节　代天立言：商周人神问对与君臣诰命

判定先秦记言制度的形成，关键要符合两个条件。一是权威话语或"重言"的形成与发布。人微言轻，普通民众的"街谈巷语""道听途说"大都因其无缘权力话语而言过声消，湮没无闻，唯有攫取或垄断人们信仰权力的"治人者"之言才能拥有一言九鼎、金科玉律的魔力而被人们崇奉甚或膜拜。二是记言载体和记言机构的形成，这是记言形成的物质基础。权威性的话语只有经过专门文职人员的修饰润色，诉诸文字，形诸简帛，才能产生其应有的典法效力。商周时期崇尚天命、君权神授的政治形态及初具规模的汉字和"作册"史官的出现，共同促生了以"代天立言"为主要特征，以人神卜问、君臣诰命为主要内容的"记言"正式形成与兴盛。对此，笔者下面将分别予以详细论述。

一　"记言"的形成：殷商时期的人神问对

1

殷商时期是一个以神为本、王权神授的时代。尊神事鬼、巫风盛行正是商代社会最突出的特征。"殷人的上帝，就是殷人的至上神，是殷人把祖先神和自然神结合在一起的主神。"① 他既命令、指挥风、雨、雷、电等自然神灵，也统率、管理着商族的先公先王，还监管着人间的大小事件。

① 王晖：《商周文化比较》，人民出版社，2000，第47页。

因此，谁垄断了祭祀天神的权力，谁就拥有了统治人间的"尚方宝剑"。商王作为"群巫之长"①，又是政治领袖，自然享有政治和宗教的最高特权，并以此为中心，形成一个强大的巫觋集团，"率民以事神，先鬼而后礼"②。这一点，也为大量殷墟卜辞所证实。甲骨卜辞涉及的占卜内容极为广泛。陈梦家将其概括为祭祀、天时、年成、征伐、王事、旬夕六大类，并得出结论说："占卜的内容是以时王为中心的。从其对某些事类占卜的频繁，可以反映时王国境的安全，年成的丰足，王的逸乐愿望，以及对于祖先和自然的崇拜感。"③ 在占卜过程中，商王不仅亲自主持祭祀和祷告，有时还亲自进行占卜。卜辞中频频出现的"王贞""王卜贞""王占曰""王呼"等词语，皆标志着商王亲自参与占筮行为。即使那些没有商王参加的贞人卜辞，也大都卜问的是王之安危、王室之凶吉、年成之丰歉等，并且对祖先亦往往以祖、妣、父、兄等王之口吻相称，实际上也是代王贞问。殷之后人在《诗经·商颂·长发》中说："有娀方将，帝立子生商。"周公在《尚书·召诰》中也说："皇天上帝改厥元子，兹大国殷之命。"这都突出地表明，在周文王受命殪商之前，殷王正是以"帝子""元子"的身份垄断了权力的来源，享有施号发令的特权，这正如《国语·楚语上》白公转述殷卿士劝武丁之语："王言以出令也，若不言，是无所禀令也。"

商王对神权的垄断，与其说是宗教性的，不如说是政治性的，即获得对现实王权统治的"合法性"保障。在整个商代世俗权力机构中，商王掌握着最高王权，是政治领袖。《诗经·商颂·殷武》："昔有成汤，自彼氐羌，莫敢不来享，莫敢不来王，曰商是常。"即表明商汤凭借强大的武力，殄灭夏桀，克服多方，终至无敌于天下，成为天下王。从甲骨文、金文和一些典籍来看，殷代的最高统治者，除了称"王"以外，还称"帝""王帝""天子""一人""余一人"等，都表示其享有独尊无二的特殊身份。商王之下，有着为数众多的臣正、武官、史官等官吏为商王服务。"王前巫而后史，卜筮瞽侑，皆在左右"④，虽系描述周王在群吏中的中心位置，

① 陈梦家：《商代的神话与巫术》，《燕京学报》1936年第20期。
② （汉）郑玄注，（唐）孔颖达正义《礼记正义·表记》，《十三经注疏》，中华书局，1980，第1642页。
③ 陈梦家：《殷虚卜辞综述》，中华书局，1988，第42~43页。
④ （汉）郑玄注，（唐）孔颖达正义《礼记正义》，《十三经注疏》，中华书局，1980，第1474页。

但亦同样适用于殷王。而且，殷代王位一般是兄终弟及和父子相传相结合，世代相传，这进一步确立和强化了商王的统治地位。

商代神权与王权这种高度集中糅合的政治体制赋予商王言论以"代天立言"的神圣性和权威性。这种神圣性话语需要被记录传布，以产生更广泛久远的影响力。因此，在书写条件成熟以后，专门从事书记工作的作册史官便应运而生了。

2

殷墟甲骨卜辞，是目前发现的最重要的商朝王府档案资料。百余年来，殷墟出土的甲骨文材料，举其成数而言，总共有 15 万片之多。① 数量如此众多的甲骨材料足以表明它们从取材直至刻辞入档必定存在一种分工明确、前后一系、类似"流水线"的加工程序，如入龟取材、锯削刮磨、钻凿灼兆、刻辞入档等步骤。据武丁时期特殊记事刻辞中的署名可知，每一流程都有不同的人专门分职负责，如"入者"或"被乞者"指收集和进贡甲骨的人，"示者"指钻凿、整治甲骨的人，"签署者"指刻辞和保存甲骨的人。② 这与《周礼·春官》中有关掌管卜事诸职的记载基本一致：龟人"辨龟之上下左右阴阳，以授命龟者"，"菙氏掌共燋契以待卜事"，"占人掌占龟……以视吉凶"，"君占体，大夫占色，史占墨，卜人占坼"。③ 陈梦家先生将上述几种分司甲骨整治与保存的人称为"卜官"，并与命龟占卜的"卜人"对比研究后得出结论说："命龟者的卜人和管卜事者的卜官是不同的，然而是有关系的。某些卜官，也兼为命龟者，故其名字亦见于卜辞署写卜人之处，即在'甲子卜'与'贞'之间。"④ 也就是说，这些专司整治甲骨的"卜官"是为命龟占卜的"卜人"服务的，类似于占卜前后的"后勤保障"。但是，陈氏这里所谓的"卜官"，并没有包括众多的甲骨卜辞契刻者，这不能不说是一个很大的疏忽。

关于甲骨卜辞的契刻者，董作宾先生在《大龟四版考释》一文中指出：

---

① 胡厚宣、胡振宇：《殷商史》，上海人民出版社，2003，第 404 页。
② 陈梦家：《殷虚卜辞综述》，中华书局，1988，第 176 ~ 178 页。
③ （汉）郑玄注，（唐）贾公彦疏《周礼注疏》，《十三经注疏》，中华书局，1980，第 804 ~ 805 页。
④ 陈梦家：《殷虚卜辞综述》，中华书局，1988，第 178 页。

"这问卜的贞人也就是当时记事的史官。这可以说是一件极有趣味的发现。三千多年以后的我们，可以看见三千年前的史官所亲手书写的文字，并且可以指出这是某人某人的作品，而欣赏他们每个人的书体与作风。"① 董氏的这一"卜辞为贞人所契说"得到学者们的普遍认同，鲜有质疑者。② 但是，若对此说仔细加以分析，则会发现存在许多扞格难通之处：如果真为贞人自贞自刻，为什么还会出现同一贞人的名字在不同龟版有不同字体的现象？为什么同一龟版之中会出现不同贞人卜问记录但字体相同的刻辞呢？为什么同一期的卜辞文字会有着大致相同或相近、似出模板的字体风格呢？③ 而且，甲骨契刻耗时耗力且极为繁重，身为王权首领的商王也能够且愿意既贞又刻吗？……这些疑问都足以表明甲骨卜辞"贞人自刻说"存在许多难以自圆的问题。其实，"贞人自刻说"最重要的根据便是武丁骨臼刻辞上的16位"签署者"中有9位同时也做了"贞人"。④ 但由于卜辞中有名字的卜人约有120人，⑤ 无名字的更是不计其数了，因此，这9位贞人仅为个案，并不具有普遍性。饶宗颐先生在对殷代贞卜人物进行专门考察后也说："当日锲刻者乃别由史官任之，与贞卜者异其职掌。"⑥ 由此可以断定，商代在贞人集团之外，尚存在另一类专司记录书契的"文秘"机构官员，他们类似西周时期随侍贞人左右的作册内史，既负责记录、修饰、书契和保存王及贞人的命龟之辞，也记录和保存商王在其他场合发布的言论。言说者并不一定是记录者，这也可由后世《论语》《孟子》的编纂成书得以印证。

据商代甲骨文和金文记载，商代已存在册命典礼和"作册"史职。⑦《尚书·多士》说："惟殷先人，有册有典。"也表明在殷代文字已成熟定

① 参见刘梦溪主编《中国现代学术经典·董作宾卷》，河北教育出版社，1996，第34页。
② 陈梦家先生曾对此提出怀疑说："董氏以贞人断代本是很重要的发现，但是他以为'贞人'不但是命龟者的卜人，又是史官，这样的引申，就过分了。"（《殷虚卜辞综述》第15页）惜未进行论证。
③ 董作宾先生将每一时期的字体风格概括为，第一期：雄伟；第二期：谨饬；第三期：颓靡；第四期：劲峭；第五期：严整。参见刘梦溪主编《中国现代学术经典·董作宾卷》，河北教育出版社，1996，第133～137页。
④ 这九位"签署者"是彔、般、亘、宾、㕚、㕚、㕚、永、箙。董氏据此说："所以说贞人就是史官，在这里是可以证明的了。"参见刘梦溪主编《中国现代学术经典·董作宾卷》，河北教育出版社，1996，第35页。
⑤ 陈梦家：《殷虚卜辞综述》，中华书局，1988，第202页。
⑥ 饶宗颐：《殷代贞卜人物通考》（下册），香港大学出版社，1959，第1188页。
⑦ 参见刘桓《殷代史官及其相关问题》，《殷都学刊》1993年第3期。

型、毛笔书写得到应用推广的情况下，① 有很大一部分文字的载录，应是保存在典册上的。只不过由于年代久远或其他原因，这些典册文献大都难觅踪影了。陈梦家先生根据一些殷代卜辞和铭文都长于 50 字，也断言说："殷人记事记言的典册当长于 100 字，应是无可置疑的。"② 现存《尚书》中的《商书》部分，虽大都为后人追录，但皆本自"作册"之录，应属事实。因此我们说，现存于甲骨上的贞人命龟之辞也应是由商代"作册"一类的史官专门负责记录、修饰和书契的。

商代帝王政教领袖的身份和地位决定了其言论具有代天立言、一言九鼎的话语霸权性质。这种神圣性言说一方面需要固化为物质形态，以作为国家政治统治合法性的根据和保障；另一方面也需要克服言过声消的障碍以流传广远、传遗子孙。与此同时，汉字及书记史官等条件的形成和完备则又促使这一需求成为现实。在这一意义上，可以说文字是为满足殷代帝王宗教和政治上话语霸权的需要而诞生的。换句话说，记录、契刻和保存殷代帝王的权威性、神圣性话语是殷代作册类史官最初，也是最重要的职能，这也就不难理解为什么现存甲骨刻辞中绝大多数是以商王为中心的"贞人集团"的卜问占对记录了。

"国之守龟，其何事不卜？"③ 甲骨占卜的主要目的就是心有所疑，卜以决之，以定吉凶祸福、决犹豫嫌疑。尽管一篇完整的甲骨卜辞主要由前辞、命辞、占辞、验辞四部分组成，但其主体部分其实就是因事问神的命辞和因兆作答的占辞两部分；至于介绍占卜时间和人物的前辞与追录占卜结果的验辞，仅是作为甲骨卜辞的说明和补充而出现的。在人们的实际占筮实践中也鲜明地体现了卜辞这种问对性质，如《周易》的卦爻辞虽没有采取问对的形式，但"在运用《易》占筮的过程中，出现了问答，形成了主、客双方，在记录运用《易》占筮的过程中，自然而然地产生了问对体作品"④。又如《楚辞·卜居》中屈原卜问，郑詹代答，也典型地运用了问对体式。因此，殷代甲骨卜辞实际上就是商王或贞人与神帝之间的简明问答记录，故其表

---

① 董作宾先生据殷代曾发现有毛笔书写且尚未契刻的卜用牛胛骨版，而确证殷代已有毛笔的使用。参见刘梦溪主编《中国现代学术经典·董作宾卷》，河北教育出版社，1996，第 128 页。

② 陈梦家：《殷虚卜辞综述》，中华书局，1988，第 46 页。

③ （晋）杜预注，（唐）孔颖达正义《春秋左传正义》，《十三经注疏》，中华书局，1980，第 2043 页。

④ 于雪棠：《〈周易〉的占问与上古文学的问对体》，《东北师范大学学报》2001 年第 2 期。

现为一问一答的文体形态。① 这种商王或贞人与神帝之间的占卜问对就构成了最早的书面记言内容，而且，其以记录问对为主体，并附记时间、人物与结果的结构形式，也构成了后世问对体的基本形式。

二 记言的成熟：西周时期的君臣诰命

1

关于殷周文化之间的代际关系，现代学者大都不赞同王国维提出的"兴废剧变论"②，而是认为商周两代的政治与文化是一种连续性的继承与革新关系。在周人自己的心目中，也是认为商周两代的政治与文化是一个连续的整体。如《尚书·多士》篇载周公在洛邑落成典礼上代成王诰谕殷商王士：

> 自成汤至于帝乙，罔不明德恤祀，亦惟天丕建，保乂有殷。殷王亦罔敢失帝，罔不配天其泽。在今后嗣王，诞罔显于天，矧曰其有听念于先王勤家。诞淫厥泆，罔顾于天显民祇。惟时上帝不保，降若兹大丧。……今惟我周王丕灵承帝事，有命曰："割殷，告敕于帝。"

这里，周公认为商周两代都源自同一"母体"，即"惟天丕建"，"丕灵承帝事"，君王权力也都来自天帝之授命。这在《尚书·召诰》中也有类似的表述："我不敢知曰，有殷受天命，惟有历年；我不敢知曰，不其延，惟不敬厥德，乃早坠厥命。今王嗣受厥命，我亦惟兹二国命，嗣若功。"特别是在《尚书·无逸》中，周公甚至将文王和殷先王中宗、高宗及祖甲相提并论，都视为谦谦君子："自殷王中宗及高宗及祖甲及我周文王，兹四人迪哲。厥或告之曰：'小人怨汝詈汝'，则皇自敬德。厥愆，

---

① 关于卜辞命辞的性质，20 世纪 50 年代以前，学者们普遍认为命辞就是卜问记录，并无异议。1959 年，饶宗颐先生在《殷代贞卜人物通考》一书中指出："旧说于'贞'字下，每施问号，多不可通。"此后，美国学者吉德炜（Daiv N. keightley）、舒莱（Paul L - M. Serruys）和中国学者李学勤、裘锡圭等人先后撰文对"命辞全为问句说"提出了疑义。而张秉权、陈伟湛、朱歧祥、张玉金等学者又撰文对其观点进行一一辩驳，维持旧说。参见赵诚、陈曦《殷墟卜辞命辞性质讨论述要》，《古籍整理研究学刊》2001 年第 1 期。

② 王国维在其《殷周制度论》中说："中国政治与文化之变革，莫剧于殷周之际。殷周制度之大变革，自其表言之，不过一姓一家之兴亡与都邑之转移；自其里言之，则旧制度废而新制度兴，旧文化废而新文化兴。"《观堂集林》卷十，河北教育出版社，2001，第 288 页。

曰：'朕之愆，允若时'，不啻不敢含怒。"这都充分表明了周代"肇称殷礼""丕灵承帝事"的文化连续性特征。

不过，商周文化虽然是一种连续性的承继关系，但这种继承犹如旧瓶装新酒，是一种创造性或革新性的继承。如前所述，殷商政权是一个以神为本、神权统治的政治体制。崇信神鬼、神授君权的商王最初畏于鬼神的威压，事无巨细，有疑则卜，唯卜是听，卜辞的字里行间往往流露出浓厚的惶惧惊怖、谨小慎微的情感倾向。但是，随着商王后期媚神、娱神的世俗化及占卜的制度化、规范化①，甲骨占卜越来越趋于形式化了。与此相应的则是晚殷君王依恃自己天帝元子的地位和对天命神权的垄断，世俗王权逐渐膨胀，不敬鬼神、暴虐百姓之事时有发生。商代的最后覆亡就是帝辛纣王蔑弃天帝、为所欲为，世俗王权极度膨胀的结果。如《墨子·非命中》引《太誓》之言："纣夷之居，而不肯事上帝，弃阙其先神而不祀也。"② 司马迁在《史记·殷本纪》中更是对其满盈恶行予以最为彻底的揭露和曝光。因此，天神至上、神权独尊的一元化宗教崇拜，不可避免地会导致世俗王权因过分取悦神权而忽视和剥夺民众的生存需求与权利的结果；反过来，民众方兴、群情奋扬，不仅会撼动上帝的地位，同时也构成了对王权的威胁，直至导致政权的最终覆亡。

有鉴于此，周人天命观对商代最大的改造就是，以清醒的理性对内隐于人性自身的"德性"因素进行自觉的、系统的理论总结与升华，更为深刻地认识到"皇天无亲""天命靡常"，决定政权兴废久暂的关键因素不在于对外在虚幻神灵的祈求与膜拜，而在于"敬德保民""自求多福"③，从而构建一个超越一人、协和万姓的精神纽带，以有效地制约王权，维持政权稳定。因此，在周人的心目中，天意不再是一味地通过占卜、祭祀来请示和祈求，而是"民之秉彝，好是懿德"④，"天视自我民视，天听自我民

---

① 董作宾先生提出以祖甲为界，商代的宗教分为新旧两派：武丁为旧派代表，祭祀的对象颇为庞杂，卜问的问题也无所不包；祖甲为新派代表，祭祀活动仅限于先王，并且仅限于祀典。参考氏著《甲古学六十年》，《中国现代学术经典·董作宾卷》，河北教育出版社，1996。
② （清）孙诒让：《墨子间诂》，上海书店，1988，第171页。
③ （汉）毛亨传，郑玄笺，（唐）孔颖达正义《毛诗正义》，《十三经注疏》，中华书局，1980，第505页。
④ （汉）毛亨传，郑玄笺，（唐）孔颖达正义《毛诗正义·大雅·文王》，《十三经注疏》，中华书局，1980，第568页。

听"，"民之所欲，天必从之"①，即通过民众的好恶、民众的意愿来显现。这样，周人的宗教信仰体系就打破了殷代天命独尊、神权至上的一元化宗教观，将"民""德"的因素移置其中以与"神"并列，从而形成了民神并重、以民为本的二元化的宗教观。这样一来，虽然抽象的"天"在理论上仍为最高的主宰者，但事实上，作为邦国之本的"民"成为真正的主权所在。这是一种全新的神权观，也是此后几千年来中国文化中最富特色的"天人合一观"。以此为基点，经后世孔子、孟子等儒家学者的倡扬与阐发，逐渐构建起中国思想史上最为亮丽、最为精粹的"民本"思想，而为民请命、代民立言亦成为历代知识分子最重要的使命和不懈的追求。对此，梁启超有一段饶有兴味而精彩的话："春秋以天统君……他国所谓天帝化身者君主也，而吾中国所谓天帝化身者人民也，然则所谓天之秩序命讨者，实无异民之秩序命讨也。立法权在民也，所谓君王对于天而负责任者，实无异对于民而负责任也。司法权在民也，然则中国古代思想，其形质则神权也；其精神则民权也。"② 这对于周代的天命观来说，实可谓中的之论。

2

言为心声。周初民神并重、以德配天的二元化宗教观直接引发了史官记言内容的转变，即由商代载录人神问对转向载录周初君臣之间以"受命说"和"民本说"为主要内容的诰命训誓。在周初的记言文献中，这二者往往交织在一起，共同构成了君臣言说的合法性根据，这也是周人在目睹"天邑商"政权朝夕间轰然崩溃后，以清醒的理性总结出来的符合规律性的历史经验。兹以《尚书·召诰》篇中周公对成王的一番诰诫为例③，对此予以论述。

---

① （汉）孔安国传，（唐）孔颖达正义《尚书正义·泰誓中》，《十三经注疏》，中华书局，1980，第181页。
② 梁启超：《中国学术思想变迁之大势》，上海古籍出版社，2001，第7页。
③ 关于此篇言说主体，向来认为乃召公对成王之诰，但现代许多学者认为乃"周公诰庶殷诫成王之辞"，如于省吾《双剑誃群经新证、双剑誃诸子新证·尚书新证》（上海书店出版社，1999，第93页），陈梦家《尚书通论》（河北教育出版社，2000，第185页），顾颉刚、刘起釪《尚书校释译论》（中华书局，2005，第1449页），杜勇《周初八诰研究》（中国社会科学出版社，1998，第55~56页），过常宝《先秦散文研究——早期文体及话语方式的生成》（人民出版社，2009，第91页），皆持此观点并有所论证，兹从。

太保乃以庶邦冢君，出取币，乃复入，锡周公。曰："拜手稽首，旅王若公。诰告庶殷越自乃御事。

"呜呼！皇天上帝，改厥元子兹大国殷之命。惟王受命，无疆惟休，亦无疆惟恤。呜呼！曷其奈何弗敬！天既遐终大邦殷之命。兹殷多先哲王在天，越厥后王后民，兹服厥命；厥终智藏瘝在。夫知保抱携持厥妇子，以哀吁天；徂厥亡，出执。

"呜呼！天亦哀于四方民，其眷命用懋，王其疾敬德。相古先民有夏，天迪从子保，面稽天若，今时既坠厥命；今相有殷，天迪格保，面稽天若，今时既坠厥命；今冲子嗣，则无遗寿耇，曰：其稽我古人之德，矧曰其有能稽谋自天。

"呜呼！有王虽小，元子哉，其丕能诚于小民。今休，王不敢后，用顾畏于民碞。王来绍上帝，自服于土中。旦曰：'其作大邑，其自时配皇天；毖祀于上下，其自时中乂，王厥有成命治民。'今休，王先服殷御事，比介于我有周御事。节性，惟日其迈；王敬作所，不可不敬德。

"我不可不监于有夏，亦不可不监于有殷。我不敢知曰，有夏服天命，惟有历年；我不敢知曰，不其延，惟不敬厥德，乃早坠厥命。我不敢知曰，有殷受天命，惟有历年；我不敢知曰，不其延，惟不敬厥德，乃早坠厥命。今王嗣受厥命，我亦惟兹二国命，嗣若功。

"王乃初服；呜呼！若生子，罔不在厥初生；自贻哲命。今天其命哲，命吉凶，命历年。知今我初服，宅新邑，肆惟王其疾敬德，王其德之用，祈天永命。其惟王勿以小民淫用非彝，亦敢殄戮用乂民，若有功。其惟王位在德元，小民乃惟刑；用于天下，越王显。上下勤恤，其曰：'我受天命，丕若有夏历年，式勿替有殷历年。'欲王以小民受天永命。"

拜手稽首曰："予小臣，敢以王之雠民、百君子、越友民，保受王威命明德。王末有成命，王亦显。我非敢勤，惟恭奉币、用供王，能祈天永命。"①

————————

① （汉）孔安国传，（唐）孔颖达正义《尚书正义》，《十三经注疏》，中华书局，1980，第211～213页。

这是摄政称王的周公对相对年少的成王语重心长的一篇诰辞，其中贯穿着两个关键词——"天命"和"敬德"。

首先，受命于天，君权神授，这是自夏殷以来人们就崇奉的宗教信仰，也是帝王们获得政权的终极依据，如《尚书·洪范》："惟天阴骘下民，相协厥居。……鲧则殛死，禹乃嗣兴。天乃锡禹洪范、九畴，彝伦攸叙。"《诗经·商颂·玄鸟》："天命玄鸟，降而生商。宅殷土芒芒。"均表明周人认为夏禹、商汤皆受命而为人君。理所当然，周政权的建立也是受命于天。因此，周公文中反复申明这一点："惟王受命""其眷命用懋""王来绍上帝""今王嗣受厥命""我受天命"等。

其次，周公鉴于夏商受命却不长命的历史教训，深刻地认识到天命无常，"惟王其疾敬德，王其德之用，祈天永命"，也就是说，对于刚刚受命执政的周王来说，究竟能否永保天命、历年丕延，这是不可知的（"我不敢知曰"）。唯一可知的是夏桀、商纣自我作孽，淫乱虐民，"惟不敬厥德，乃早坠厥命"。"上下勤恤"、敬德保民才是唯一"祈天永命"、长治久安之策。这是一种清醒的自觉的历史意识：他一方面着眼过去，有意总结夏、商兴亡的经验教训，力图从历史的风云变幻中探索某种带有因果关系的规律性，此即"通古今之变"；另一方面又放眼未来，着力挖掘和弘扬人性中的德性因素并加以推广、扩充，力图通过"敬德保民"的人事努力与覆载博施的天神意志保持一致，此即"究天人之际"。这也是对自文王以来身体力行的"徽柔懿恭、怀保小民、惠鲜鳏寡"[1] 等道德实践进行的一次理论总结。也正因此，王国维对此篇给予了高度评价："文武周公所以治天下之精义大法，胥在于此"，"欲知周公之圣与周之所以王，必于是乎观之矣。"[2]

周人这种民（德）神并称的言说特征不仅体现在《尚书·周书》《逸周书》等典籍记载中，也屡见于铭文册命言辞中。《礼记·祭统》说："古者，明君爵有德而禄有功，必赐爵禄于大庙，示不敢专也。"又说："铭者，论撰其先祖之有德善、功烈、勋劳、庆赏、声名，列于天下，而酌之祭器，自成其名焉，以祀其先祖者也。"可见，册命对于君王来说，是效法上天降命而予爵禄于臣下，以"示不敢专也"；对于被册命者来说，是

---

① （汉）孔安国传，（唐）孔颖达正义《尚书正义·无逸》，《十三经注疏》，中华书局，1980，第110页。

② 王国维：《观堂集林》卷十《殷周制度论》，河北教育出版社，2001，第301、303页。

功德圆满而上祀先祖、下显子孙的荣耀。因此，无论是赐赏爵禄还是镂铭传世，都是为了光宗耀祖、"祈天永命"。如《大盂鼎》："王若曰：盂，不显玟王，受天有大令。在珷王嗣玟乍邦，辟厥匿，匍有四方，畯正厥民。……今余佳即型禀于玟王正德，若玟王令二三正。今余佳令女盂召荣敬雍德经，敏朝夕入谏，享奔走，畏天威。"[1] 据学者考定，大盂鼎为康王时器，主要记叙康王对其大臣盂的训诰和赏赐。在这篇命辞中，康王希望盂敬和修德、勤于政事，以丕显文武"正德"，延续受天"大令"。这种思想也或隐或显地存在于其他铭文中。显然，这与周初敬人事而知天命的宗教思想是一致的。

3

如上文所述，殷商贞人与史官并不是一回事。贞人（包括商王在内）垄断神权，求神问卜，代天施令，地位神圣且崇高。而史官与其他负责选甲、治甲的卜工一样，负责整理、润色、书契贞人卜辞及商王诰命，为贞人服务，地位并不是很高。金毓黻也说："愚谓史官之始，不过掌书起草，品秩最微，同于胥吏，只称为史，如汉人所称令史是也。"[2] 同样，周代许多重大诰命的发布与书写也不是一回事。至周代，周初天人观念的变化也导致了人事制度的重大变革，如分封制度、宗法制度、列鼎制度、礼乐制度等都在此时得以初创、推行。人事渐繁，政务纷扰，自然促使官僚机构的衍生细化、分工合作。《周礼》中的官制虽然带有浓厚的理想化色彩，但也大致可看出周代各种官制的渐趋完善和成熟。

就专司书录的史官来说，至周代，随着以血缘关系为纽带的分封制的逐渐确立，周王在各诸侯宗族中的道德和政治领袖地位得到空前的强化，由此在其周围亦形成了一个以载录、保存周王言行为核心职能的机构——内史。但与殷商史官被动、机械地书契王命不同的是，周代内史不仅可以直接记录王命，更重要的是其有权事先起草拟制周王诰命，代表周王宣布诰命并书契于简帛钟鼎（详见第一章第一节论述）。过去对于《尚书·周书》以"王若曰"或"周公若曰"为标志的十二篇诰命之辞，人们大都

---

① 马承源主编《商周青铜器铭文选》（一），文物出版社，1988，第38页。
② 金毓黻：《中国史学史》，中华书局，1962，第4页。

认为系史官当时实录或事后追录而成，但陈梦家先生通过将金文与《周书》材料相互印证，得出了令人信服的结论："周诰中的'王若曰'，乃是史官或周公代宣王命，与西周金文相同。"[①] 明确作册内史掌书起草的职能之后，这些命辞的来源便一目了然了。内史负责诰命的掌书起草，尽管是代王立言，但不可避免地会将个人的意志掺入其中，若逢德乱怠政之王，则矫君之命、越俎代庖之事亦极可能发生。因此，周代内史犹如王之喉舌，位尊权重，地位甚高，故《诗经·小雅》云："赫赫师尹，民具尔瞻。""尹氏大师，维周之氏，秉国之钧。"他们拟制、发布周王诰命时大都要举行隆重而庄严的册命仪式，从而赋予此类典册以神圣性、典法性的意义。

周王诰命言辞之所以被书录并具有神圣性档案性质，不外乎以下两个原因。

一是周王作为宗教领袖，以"天子"的身份获得代天言说的神圣性。周代诰命的发布大都是在庄严肃穆的宗庙祭祀仪式中进行的。周王诰命一旦以书写的形式载录下来，便因其天命呈现的神性力量而获得神圣不可侵犯的地位，从而也就确立起不证自明、不容置疑的价值依据。从这个意义上说，周初诸诰及铭文册命"与其说是一种纯属人间的通讯，还不如说它是一种人神共鉴的文字传播，它的内容固然诉诸于人，但铭事者还希望神灵参与监督"[②]；而且在铭文的末尾大都有"对扬王休""子子孙孙永保用""卫其万年，永宝用"之类的套语，进而表明书契者希望通过固化形态的诰命文字确认、强化周王与诸侯间的既得利益，长久维系王侯间的政治秩序，以成为西周王朝统治诸侯的一种有效政治手段。

二是周王作为天下之共主，其在公众场合发布的言论又具有代民立言的普适性、权威性特征，因而具有一定的礼法性质，犹如后世的政治纲领性文件。尤其是周公，适逢天下初定、成王望轻，摄政称王，封建亲戚，制礼作乐，着力进行政治、文化改革，成为周初"最重要的宗教领袖"，故《周书》"诸诰是周公'神道设教'的具体形式之一，是周公以'殷鉴'为主的政治实践"[③]。刘知几也说："盖书之所主，本于号令，所以宣王道之正义，发话言于臣下。故其所载，皆典、谟、训、诰、誓、命之文。"[④]

---

① 陈梦家：《尚书通论·王若曰考》，河北教育出版社，2000，第186页。
② 傅修延：《先秦叙事研究》，东方出版社，1999，第66页。
③ 过常宝：《论〈尚书〉诰体的文化背景》，《北京师范大学学报》2008年第4期。
④ （唐）刘知几撰，（清）浦起龙释《史通通释·六家》，中华书局，1978，第2页。

其中反复宣扬倡导的天命无常、敬德保民思想，"就像一个母题的合奏曲一样，翻来覆去地重复着"①，成为西周贵族立身处事的价值规范，也是维护社会和谐有序的意识形态性话语。

第三节　为民立命：春秋"君子"的立言弘道

一　天下无道

孟子所云"《诗》亡而《春秋》作"②，高度概括了两周之际由盛转衰的政治文化发展轨迹。厉幽之世，内外交侵，终致西周灭亡，也标志着一个崇尚尊尊亲亲、上下和睦的雅颂时代的理想破灭；平王东迁，并不意味着否极泰来、盛世重现，而是诸霸代兴，逞力炫武，它标志着一个"礼乐征伐自诸侯出"的"天下无道"③的乱世开始了。对于春秋时期的乱世特征，我们可以从《左传·昭公五年》女叔齐的叙述中得到较为详细的了解。

> 公如晋，自郊劳至于赠贿，无失礼。晋侯谓女叔齐曰："鲁侯不亦善于礼乎？"对曰："鲁侯焉知礼？"公曰："何为？自郊劳至于赠贿，礼无违者，何故不知？"对曰："是仪也，不可谓礼。礼所以守其国，行其政令，无失其民者也。今政令在家，不能取也。有子家羁，弗能用也。奸大国之盟，陵虐小国。利人之难，不知其私。公室四分，民食于他。思莫在公，不图其终。为国君，难将及身，不恤其所。礼之本末，将于此乎在，而屑屑焉习仪以亟。言善于礼，不亦远乎？"④

首先，人们常用来指称春秋时期的"礼崩乐坏"，并不意味着礼乐文化的销声匿迹，而是指礼乐作为一种文化制度，在这个时期失去了其固有的

---

① 郭沫若：《先秦天道观之进展》，《郭沫若全集·历史编》第一册，人民出版社，1982，第335页。

② （汉）赵岐注，（宋）孙奭疏《孟子注疏·离娄下》，《十三经注疏》，中华书局，1980，第2727页。

③ （魏）何晏注，（宋）邢昺疏《论语注疏·季氏》，《十三经注疏》，中华书局，1980，第2521页。

④ （晋）杜预注，（唐）孔颖达正义《春秋左传正义》，《十三经注疏》，中华书局，1980，第2041页。

"守其国，行其政令，无失其民"的根本性质，而仅仅流于一种琐屑的繁文缛节形式。鲁昭公为季氏所逐，不能守其国；政分三家，不能行其政；民赖大夫以生，国君失其民心，仍不去忧虑反思自己的处境，却反而舍本逐末，对仪式细节斤斤计较。晋平公对鲁昭公这种近似表演性质的礼仪行为的激赏，也同样表明他昧于礼之实质而汲汲追求礼之外在仪式的倾向。昭公二十五年，子太叔针对揖让、周旋之礼就明确地指出："是仪也，非礼也。"这种对礼之外在仪式的过分追求和拘守，极易使原本具有"经国""序民"政治功能之"礼"，流变为统治者追求现实功利的"遮羞布"，致使社会虚伪之风渐盛。

　　襄公三十年，郑伯石（公孙段）实欲为卿而三辞让便是一个典型的例子："伯有既死，使大史命伯石为卿，辞；大史退，则请命焉；复命之，又辞。如是三，乃受策入拜，子产是以恶其为人也，使次己位。"当时，伯氏家族专擅郑国，子产虽"恶其为人"，但畏其"族大宠多"、气焰方盛，不得不"赂与之邑"，并命其为卿。这大概就是孔子所憎恶的"舍曰欲之而必为之辞"① 的虚伪矫情之社会风气。"礼"之实质内涵的淘空，使原本虔诚崇奉的思想信仰渐成徒具烦琐仪式的躯壳，名存实亡，最终产生信仰危机，直至战国时期礼乐文化的荡然无存。如仅据《国语》《春秋》中人们言必称礼、崇礼尚德而断言春秋时期仍是一个"文质彬彬"的"礼治"时代，则实亦陷入"尽信书"之讥。因为评价一个社会普遍的价值取向，不应着眼于当政者或精英阶层所极力倡导或标榜的理想行为模式，而实则相反，社会所呼唤的也往往正是社会所缺乏的，其所倡导标签的反面往往正是当时社会盛行的价值取向。因此，《国语》《左传》中的精英阶层在齐家治国、守身安位等方面孜孜以求的复礼明道等思想崇尚，实则正反映了当时社会奢汰之风日甚、礼乐道德日坏的社会现实。

　　其次，"政令在家，不能取也"，并不仅仅是鲁昭公时期的特例，更是整个春秋时期的突出特征。春秋是一个乱世，天子式微，政权下移，政治生活剧烈动荡。对此政权下移过程，清人冯李骅有"春秋三变说"："隐、桓以下，政在诸侯。僖、文以下，政在大夫。定哀以下，政在陪臣。"② 鲁国如此，他国也大同小异。此种情形，乃封建贵族长期崇尚武力、不修文

---

① （魏）何晏注，（宋）邢昺疏《论语注疏·季氏》，《十三经注疏》，中华书局，1980，第2520 页。
② 转引自（清）刘宝楠《论语正义》，《诸子集成》，中华书局，1986，第355 页。

德、纵欲腐败的必然结果。我们可借一些当事人之言更为清晰地知晓周室和公族的自身腐败的现象以及由此带来的严重后果，如：

> 《国语·郑语》史伯论周幽王："今王弃高明昭显，而好谗慝暗昧；恶角犀丰盈，而近顽童穷固。去和而取同。"
>
> 《左传·桓公六年》季梁论鲁国："今民馁而君逞欲，祝史矫举以祭，臣不知其可也。"
>
> 《左传·昭公五年》叔向论晋国："……戎马不驾，卿无军行，公乘无人，卒列无长。庶民罢敝，而宫室滋侈。道殣相望，而女富溢尤。民闻公命，如逃寇仇。栾、郤、胥、原、狐、续、庆、伯，降在皂隶。政在家门，民无所依，君日不悛，以乐慆忧。公室之卑，其何日之有？《谗鼎之铭》曰：'昧旦丕显，后世犹怠。'况日不悛，其能久乎？"
>
> 《左传·昭公八年》师旷论晋国："今宫室崇侈，民力凋尽，怨讟并作，莫保其性。"
>
> ……

"多行不义，必自毙。"诸侯贵族们在一味恣情逞欲、"违礼生存"的同时，也为自己的未来敲响了丧钟。就史实而论，春秋时期，君不君、臣不臣的事件触目皆是。仅就鲁国而言，就发生过多起兄弟之间为争夺权位而骨肉相残的事件，如桓公杀隐公、庆父杀公子般及闵公等都是如此。司马迁在《太史公自序》中统计说："春秋之中，弑君三十六，亡国五十二，诸侯奔走不得保其社稷者不可胜数。察其所以，皆失其本已。"[1] 鉴于此，当时真正具有社会良知和正义的贤人君子极力直言诤谏、立德立言以呼唤并探求一种正常健康的社会秩序。

最后，"奸大国之盟，陵虐小国"。东迁以后，随着王侯"不君""本弱枝盛"局面的形成，各个诸侯国逐渐从传统的封建宗法隶属关系中游离出来，各自为政，成为独立的政治实体，并为争夺霸主地位，唯力是视，相互凌虐，相互侵吞。这正如司马迁在论及春秋社会现实时所云："然挟王室之义，以讨伐为会盟主，政由五伯，诸侯恣行，淫侈不轨，贼臣篡子滋起矣。"[2] 据

---

① 《史记·太史公自序》，中华书局，1959，第3297页。
② 《史记·十二诸侯年表序》，中华书局，1959，第509页。

顾栋高《春秋列国疆域表》统计，"鲁在春秋，实兼有九国之地"，"齐在春秋，兼并十国之地"，"晋所灭十八国"，"楚在春秋，吞并诸国，凡四十有二"，"宋在春秋，兼有六国之地"。① 而与此相关发动的征伐战争更是不计其数。齐召南《春秋左氏传注疏考证》云："《晋书·地理志》'春秋之初，尚有千二百国；迄获麟之末，二百四十二年见于经传者百七十国焉。百三十九知其所居，三十一国尽亡其处'，此总论经传中所载国名耳，至哀公时，国之存者，原不过数十也。"② 尽管霸主们有时也打着"尊王攘夷"、崇奉周礼的旗号，为其霸权政治寻找合法依据，但仍然掩盖不了其"以力假仁"、恃强凌弱的尚武本质。徐复观先生在论及春秋时期的特征时也将"各国吞并之祸"视为"封建政治全面崩溃"的最显著特征。③

总之，春秋时期，弥漫于王室和公族内部的礼乐崩坏、腐败逞欲和相互凌吞等事象，互为因果，层出不穷，共同构成一个时代的突出特征。昭公三年，晏婴出使晋国，和叔向讨论齐晋两国时政，皆不约而同地认定自己所处之世为"季世也"，这是他们感同身受的一种现世体验，也是他们理想破灭、愤世嫉俗的无奈叹息。春秋王侯自身的腐败与堕落也使其原本代民立言的话语逐渐丧失了权威性与合法性，而当时以承传王官之学为使命的各国有识之士为匡救时政、救亡图存而积极奔走呼告的众多谏议策谋等辞令却成为嘉言懿语、警世格言而被人们加以传诵、效法，由此形成了春秋时期的另一个突出特征，即"君子弘道"。它犹如奋进的黎明号角，给人在漫长而沉闷的黑夜中以希望与力量。

二　君子弘道

鲁迅先生在《中国人失掉自信力了吗》一文中说："要论中国人，必须不被搽在表面的自欺欺人的脂粉所诓骗，却看看他的筋骨和脊梁。"④ 即评介民族文化的精神实质应着眼于以复礼明道、安世济民为己任的精英阶

---

① 分别见于顾栋高《春秋大事表》卷四《春秋列国疆域表》，中华书局，1993，第507、510、517、524、528 页。
② 转引自杨伯峻《春秋左传注》，中华书局，1990，第 1642 页。
③ 徐复观：《两汉思想史》（第一卷），华东师范大学出版社，2001，第 41 页。
④ 鲁迅：《且介亭杂文二集》，《鲁迅全集》（第六卷），人民文学出版社，1958，第 92 页。

层孜孜以求的践履行为以及由此体现出的杀身成仁、浩然坦荡的"大丈夫"品格，而不能因为执政者自身的腐败或社会风气的恶化而对此文化精神加以颠覆和怀疑。因此，春秋时期王权的腐败、国运的衰微并不意味着周礼"敬德保民"根本精神的沦落，幸运的是，一批深受周礼文化熏育的贤臣义士，批龙鳞、贬时弊、献策谋、排忧难，力图纳王权于正轨，挽狂澜于既倒，他们才是民族文化真正的代表，是真正的"筋骨和脊梁"。

本来，周秉殷政，君权神授，最高统治者称"天子"，意指天神在人间的代理人，其言行带有浓厚的替天行道、事神保民的神圣性质，加之周初统治者定法创制、明德慎祀、克勤克俭、堪比圣王，故"君举必书"，其一言一行遂为天下所记诵、效法，成为立身行事的行为准则。如《逸周书·大聚》中，周公针对殷遗民发了好大一番议论："闻之文考，来远宾，廉近者……"，武王闻后，"再拜曰：'呜呼，允哉！天民侧侧，余知其极有宜。'乃召昆吾，冶而铭之金版，藏府而朔之"。陈逢衡注曰："国有大训则书于版，重其事也。"孔晁注云："朔，月旦朔省之也。"① 周武王把周公的话铭铸在金版上，藏在大府里，时常取来阅读。《尚书·周书》诸诰皆为周公代天神诰谕成王或臣下的神圣性话语，是周初治国安世的意识形态，体现了周代礼乐制度的根本精神，此即典型的"重言"。《国语》《左传》人物言说中经常征引的"先王之令""先王之命""先王之遗训""先王之法志"等大都指周初文王、武王、周公所发布的各类言辞，如《国语·周语中》单襄公语："先王之令有之曰：'天道赏善而罚淫，故凡我造国，无从非彝，无即慆淫，各守尔典，以承天休。'……昔先王之教，懋帅其德也，犹恐殒越。若废其教而弃其制，蔑其官而犯其令，将何以守国？"《国语·周语下》太子晋语："若启先王之遗训，省其典图刑法，而观其废兴者，皆可知也。"《国语·鲁语下》孔子在谈及武王之业时也说："先王欲昭其令德之致远也，以示后人，使永监焉。"此时的王臣也正以听命行令为主要职责和荣耀，并刻意将王之诰命及赏赐铭于器以昭示子孙，这也正验证了孔子所谓的"天下有道，礼乐征伐自天子出"②。

但是，西周中叶以后，随着宗教神学信仰的淡化，周王亦渐渐变得逞

---

① 黄怀信等：《逸周书汇校集注》，上海古籍出版社，1995，第434页。
② （魏）何晏注，（宋）邢昺疏《论语注疏·季氏》，《十三经注疏》，中华书局，1980，第2521页。

欲妄为、刚愎自用，尤其是东迁以后，王纲解纽，诸侯力争，霸政迭兴，周王代天立言的神圣性逐渐丧失了，代之而起的则是一批长期受礼乐熏育的正直臣民的积极立言垂宪。他们忧国忧民，积极献言献策、奔走呼告，既对失范腐败的王权政治进行激烈的批判，也对恢复健康人性的理想政治进行了深入的思考与探索，从而在这种君主不君、信仰濒危的动荡乱世，自觉承担起复礼明道、安世济民的历史重任。他们既是王官文化得以延续不断的传承者，也是后来诸子文化的开拓者。他们不唯君，不唯众，唯道是从，特立独行，是当时及以后被人们所津津乐道的"君子"。立言垂宪以为后世法，正是他们最突出的文化品质。① 这一点，在《国语》和《左传》两部史籍中表现得尤为突出。尽管《国语》《左传》二书的编纂动机和性质不同，但其中所载录的人物大都以其积极的参政议政、献言献策等立言匡政方式对当时现实政治产生了直接或间接的重大影响，从而显称于世。

从言说主体来看，涉及的各阶层人物极为广泛。既有占绝大多数的权重位尊的朝廷大臣，如周朝的祭公谋父、邵公、芮良夫、仲山父、内史过、富辰、单襄公、刘康公、太子晋等，鲁国的众仲、臧哀伯、臧文仲、柳下惠、里革、季文子、叔孙豹、荣成伯、孔子、季文子、臧武仲等，齐国的管仲、晏平仲、陈文子、晏婴等，晋国的史苏、里克、太子申生、士芬、荀息、子犯、郭偃、先轸、赵盾、范文子、魏绛、祁奚、叔向、董安于、吕相、史黯、伯宗、韩献子、师旷等，秦国的蹇叔、孟明等，楚国的斗伯比、屈完、芬贾、申叔时、伍举、钟仪、左史倚相、观射父、椒举、叶公子高、穿封戌、申无宇、沈尹戌、子西，宋国的子鱼，卫国的石碏、急子、宁庄子、宁武子、宁惠子、祝佗、公叔文子，陈国的洩冶，郑国的祭仲、孔叔、烛之武、子产、子太叔、裨灶，随国的季梁，吴国的季札、申胥，越国的范蠡等；也有普通的一般士民，如封人颍考叔、布衣曹刿、寺人披、守藏者竖头须、商人弦高、刺客鉏麑、翳桑人灵辄等；甚至还有很多冠以"左右""人""大夫"等泛称的无名氏。既有年事已高的老者，如公父文伯之母、绛县老人、蹇叔等；又有年轻锐进的新锐，如王孙满、范文子等。既有朝堂议对的君臣，也有往来赴告的行人、奔赴疆场的武

---

① 本书认同过常宝先生对春秋时期"君子"的界定，即"君子不是以其政治经济地位来定，也不具有自由知识分子的身份；'君子'是作为一种文化品质而被认定的。'君子'的标志，一是礼仪修养，二是立言于世"（《原史文化及文献研究》，北京大学出版社，2008，第193页）。

将，乃至家庭论政的父子、母子或夫妻，如《国语·周语上》密康公之母劝密康公致三女于王，《鲁语下》公父文伯之母劝诫公父文伯勿忘先人之业，《左传》桓公十五年雍姬之母和雍姬论夫与父之亲疏，昭公二十八年叔向母劝叔向勿娶申公巫臣氏，僖公二十四年僖负羁妻劝夫礼遇重耳，文公五年宁嬴和其妻论阳处父之为人，成公十一年施孝叔妻斥夫之无能懦弱等。

从君子言说内容来看，无论春秋时期君子的社会构成有多么复杂和广泛，他们的言说都有着共同的价值取向，即面对当时世袭君主们无视民生、唯"力"是图而几近"独夫"的黑暗现实，以高度的社会责任感和虔诚的济世情怀去献言献策、议对立说以进善弘道、匡世济民。具体来说，通过君臣问对，极力传承、弘扬并发展周初以来以"敬德保民"为主要精神的礼乐思想；通过抗颜直谏，批判不合理的政治举措，呼唤重建健康和谐的社会秩序；通过行人往来应答，维护宗法制度下贯注的亲亲精神，捍卫国不可侮的独立品格；通过庶民谤政，彰显朝政之优劣得失，论定人物之高下贤愚。对此，刘知几也举例说："左氏述臧哀伯谏桓纳鼎，周内史美其谠言，王子朝告于诸侯，闵马父嘉其辩说……凡如此类，其数实多。斯盖当时发言，形于翰墨，立名不朽，播于他邦。"①

从言说的效果来看，有许多"君子"之言当时就被奉为行为法则而加以载录、传诵。如臧文仲是鲁国著名的大夫，历仕鲁庄公、闵公、僖公、文公四世。他不但在当时鲁国的社会生活中起了重要作用，而且对后世也产生了重要影响。臧文仲死后，执政的襄仲和季孙行父都曾把他的话引为名言，作为言说根据；襄公时的鲁执政叔孙豹更因臧文仲立言于世而称他为死而不朽之人。其他如柳下惠之言、叔向之言、孟僖子之言、子产之言、子太叔之言、赵简子之言等②，或被当场书录于策以遗法后世，或被

---

① （唐）刘知几撰，（清）浦起龙释《史通通释·申左》，中华书局，1978，第419页。

② 《国语·鲁语上》臧文仲也曾将柳下惠（展禽）谏阻自己祭祀海鸟之言奉为后世之"法"："文仲闻柳下季之言曰：'信吾过也，季子之言不可不法也。'使书以为三策"；《左传·昭公十五年》晋荀吴率师围鼓时引叔向之言："吾闻诸叔向曰：'好恶不愆，民知所适，事无不济'"，以表明不会接受鼓人叛城；《左传·昭公七年》孔子闻孟僖子论礼之言："能补过者，君子也。《诗》曰：'君子是则是效。'孟僖子可则效已"；《左传·昭公二十五年》子太叔与赵简子论礼时征引子产之言云："吉也闻诸先大夫子产曰：'夫礼，天之经也，地之义也，民之行也。'……"赵简子听后也心悦诚服地表示说："鞅也，请终身守此言也"；《史记·赵世家》："赵简子……告……公孙支书而藏。……董安于受言而书藏之。"

时人视为法言而加以引用。但更多的君子之言是因其高屋建瓴、洞察秋毫的远见卓识对当时政治事件产生了直接或间接的重大影响以后而被加以记录、传诵，如《国语·周语上》周厉王不听邵公"弭谤"之谏而终被流于彘地，《左传·僖公五年》虞公不听宫之奇"假道"之谏而亡国等，至于那些对国家和人物前途命运做出预言而大都应验如神的例子更是不胜枚举。

"君子之行，欲其道也，故进退周旋，唯道是从。"① 历史进入春秋时期，在原本学政合一、行为世法的君王以权谋私、失官厌学，失去其应有的"垂范"天下的功能之后，一批具有社会责任感的有识之士毅然打破"唯君是从"的历史宿命，"从道不从君"②，既敢于批判和匡救不合理的政治行为，又独立探讨和论证维持社会秩序的新的价值体系，从而构成了一种延续文化命脉、担当王者之师的强大力量。"这基本上是一个安排人间秩序的文化传统。其中虽然也含有宗教的意义，但它与其他古代民族的宗教性的'道统'截然不同。因此中国古代知识分子一开始就管的是凯撒的事；后世所谓'以天下为己任''天下兴亡、匹夫有责'等等观念都是从这里出来的。"③ 徐复观将春秋时期视为"礼的世纪""人文的世纪"，④正是着眼于这批维护文化传统的"君子"所显露出来的强烈的人文理性精神而言的。他们是中国真正的脊梁，正因为有这样的人，人类的风骨才得以传承挺立，否则，这一充满杀戮征伐的乱世便真正成了令人熟睡、窒息的"铁屋子"了。

第四节　春秋史官记言职能的变化

史官，是伴随着神圣王权的形成而出现的，因而史官的兴衰与王权制度的升降浮沉有着密切的关系。东迁以后，随着王室力量的衰退和诸侯国的崛起，史官的地位也呈现出逐渐下降的趋势。对此，许兆昌先生从五个

---

① 徐元诰：《国语集解·楚语上》引"左史倚相语"，中华书局，2002，第506页。注：本文所引《国语》内容均采用此本，无特殊情形，不再一一标注。
② （清）王先谦：《荀子集解·子道》，中华书局，1988，第529页。
③ 余英时：《士与中国文化·道统与政统之间》，上海人民出版社，1987，第107页。
④ 徐复观：《中国人性论史·先秦篇》，三联书店，2001，第47页。

方面进行了全面总结：史官的流散；史官的失职；史官外延的扩大；史官职守的分化；史官地位的下降。① 但是，正如春秋时期礼崩乐坏却凸显君子立言弘道的精神操守一样，史官地位和职能的这些变化也并不意味着春秋史官群体的整体沦落和史官精神的萎靡丧失，事实上，王权的式微恰恰令史官从被动、机械地记言记事的状态中解放出来，他们既凭借其优先获得的丰富的知识资源主动为王侯执事者献言献策，引领政治方向；也充分发挥其秉笔记言记事的载录功能，将君子弘道之言、朝政盛衰之事最大限度地载入史册，引领文化方向，从而带来了史学的空前繁荣。对此，我们可以从史官记言内容和记言方式的转变上窥见一斑。

一

在史官载录内容上，春秋史官的记言内容由以载录王命为主转向了以载录诸侯及卿大夫之言为主。如前一节所述，在反映春秋时期之前的史实文献如《尚书》中的《商书》和《周书》、《逸周书》及一部分记言类金文中，史官所载录的言论绝大部分是商周著名帝王和诸侯王（尤其是周初文王、武王、周公）的言论，训诰誓命，发言必书，可谓是唯命是从。其中尽管也载录了一些贤臣的言论，如《商书》中的《伊训》、《太甲》（上、中、下）、《咸有一德》和《说命》（上、中、下）分别记录商代贤臣伊尹和傅说的辅政言论，《逸周书·芮良夫》记录周代贤臣芮良夫劝谏周厉王的言论等，但这类记言毕竟是凤毛麟角，为数甚少。进入春秋时期以后，随着帝王政治权力的下移，礼乐征伐自诸侯出，史官为之服务的政治体系亦随之崩溃，大量王朝史官纷纷流向诸侯王国。如晋国，《左传·昭公十五年》："及辛有之二子董之晋，于是乎有董史。"② 以"书法不隐"著称的晋国史官董狐便是此辛氏家族之后代。又鲁国，《吕氏春秋·当染》："鲁惠公使宰让请郊庙之礼于天子，桓王使史角往，惠公止之，其后来在于鲁，墨子学焉。"③ 又楚国，《左传·昭公二十六年》："召伯盈逐王

---

① 许兆昌：《试论春秋时期史官制度的变迁》，《烟台师范学院学报》1998 年第 2 期。
② 辛氏家族本为周王朝位高权重的史官家族。《国语·晋语四》："董因迎公于河。"韦注："因，晋大夫，周太史辛有之后。"〔日〕竹添光鸿《左氏会笺》云："辛有，平王时人。"可知辛有当为平王太史。
③ 陈奇猷校释《吕氏春秋校释》，学林出版社，1984，第 96 页。

子朝。王子朝及召氏之族、毛伯得、尹氏固、南宫嚚奉周之典籍以奔楚。"其中尹氏固本为周朝著名史官尹佚或史佚之后，其后世随王子朝入楚。司马迁之先祖在周代也世为史官，"惠、襄之间，司马氏去周适晋。……分散，或在卫，或在赵，或在秦"。与周王朝史官这种日薄西山的衰颓趋势迥然不同的是，春秋时期各诸侯国史官却因此得以空前活跃。对于诸侯国的史官建置，许兆昌先生考察说："西周时期诸侯国的史官建置，目前所能见到的资料很少。除了可能由于资料尚未发现等原因以外，可能也说明当时诸侯国史官体制不是十分的完备。春秋以后，随着政治权力的下移，诸侯国的史官体制也开始逐渐健全。"[1]

　　一方面，春秋史官承继其固有的记言记事职能，继续载录时事、记言垂世的工作，但不同的是，他们记言的内容已不再仅仅局限于载录王命或诸侯盟誓，为王侯服务，随着春秋时期以来天命观念的逐渐淡化、人的理性意识的日益彰显以及诸侯间交往的空前频繁，大量的公卿大夫和士民行人主动参政议政的"嘉言懿语"更是成为史官重点关注和载录的对象。这一点，在以春秋时期文献为主的《国语》《左传》中可以得到明显的印证。据笔者文末附录的《国语》《左传》记言资料一览表统计，二书总共833则记言史料中，周王或诸侯王之命仅23则，其余皆为臣民之言，或献言献策、提供咨询，或直言极谏、匡正时弊，或评论时事、预测未来，或出使专对、不辱使命，从而形成了史官记言类型不一、记言内容多样的局面。尤为可贵的是，这些史官记言已不再基于神权的崇拜或畏于王权的威压而唯命是举、为尊者讳，而是将自己独立于政治权力之外，以深沉的睿智观察和理性思考，秉笔直书，"书法不隐"，既及时捕捉精英人物的"嘉言懿语"予以褒扬垂范，也敢于暴露那些唯力是视、肆欲逞雄的违礼败德之谋，将史之"实录"精神和政治批判功能发挥得淋漓尽致，从而极力彰显了春秋史官明德弘道、劝善惩恶的史学品格和道德操守。被后世史家奉为楷模的"齐太史简""晋董狐笔"，正是这种精神和品格的集中体现。

　　另一方面，他们凭借王官之学积累的丰富的知识资源和高涨的政治热情积极参与现实政治，或献计献策，或匡救时弊，或提供咨询，将史臣原有的"教诲""咨度""官箴王阙"的辅政职能充分发挥出来，从而变被

---

①　许兆昌：《周代史官文化：前轴心期核心文化形态研究》，吉林大学出版社，2001，第111页。

动地记录历史为主动地创造历史、丰富历史。对此，林晓平据其《春秋战国史官职名及活动一览表》进行统计分析说："表中列出春秋战国史官70人，根据有关历史文献的记载，这些史官所从事的各种活动共95项次，其中，涉及政治方面的活动达51项次，占总项次的53.6%，可见，史官一职具有相当突出的政治功能。"①

二

在史官载录方式上，春秋史官除了承继史官记言传统对当事人的言论进行直接记录以外，还进而对辗转传闻的人物言论进行间接转录；当这些直接或间接的人物言论积累到一定程度时，春秋史官再予以集中修纂；在修纂的过程中又不可避免地会出现"遥体人情"、借口代言的记言方式，种种情形，不仅充分反映了春秋时期史学的兴盛和繁荣，也充分显示了春秋史官在摆脱神权和王权束缚之后自觉运用手中的刀笔劝善惩恶、裁决是非的史学意识和高涨的史学热情。弄清这一点，对于我们进一步深入认识《国语》《左传》史料的来源及可信度有着一定的意义。

1. 即时记录：如前所述，载录史实和保存文献是史官最重要的文化功能。进入春秋时期以后，各诸侯国内部争权夺利、僭越违礼之事的不断增多和贵族士大夫参政议政热情的日益高涨以及诸侯国之间朝聘会盟、征伐交侵等交往活动的空前频繁的现状，都为春秋史官记言记事提供了充分的信息资源，也极大地拓展了史官记言记事的空间和范围。同时，春秋时期，书写文字的简易化和书写材料的不断改进，也为春秋史官得以广泛地记言记事提供了必要的物质条件。据《甲骨文编》等书统计，甲骨文单字的数量为4000~5000个，而以春秋战国文献为主的《十三经》共收单字6544个，经过商至战国千年的发展，文字的总量增加了1/3。"周代文字同商代文字相比较，最显著的变化是形声字大量增加。……商代的形声字大约只有26%，周代则增加到50%左右，而且形声造字方法也日渐成熟。这是个方向性的变化，表示汉字体系即将进入以形声字为主的阶段，从而成为人类文字发展的一条与表音文字不同的道路。"② 而且，在书写形式

① 林晓平：《春秋战国时期史官职责与史学传统》，《史学理论研究》2003年第1期。
② 刘又辛、方有国：《汉字发展史纲要》，中国大百科全书出版社，2000，第207页。

上，隶书已成为此后文字的共同趋向，即用"方折"笔法代替篆书的"圆转"笔法，如出土的《楚帛书》和晋国的《侯马盟书》《睡虎地秦墓竹简》等，均已采用由篆变隶的早期隶书。此外，此时竹简的形制体例也较以前有了很大的进步。如竹简在编缀成篇后，可以分栏书写。以《睡虎地秦墓竹简》为例，《编年记》分为上、下两栏，《吏道》分五栏。还有《日书》乙种，是在简的篾黄、篾青两面书写的。《日书》还绘有插图，如《艮山图》《人字图》等。而且，所有简上的文字都是用毛笔书写的，写字的笔毫大多较硬，因而能写很细小的字，在相当窄的一支简上，不少竟能容纳四五十字。再加上书写材料从甲骨、金石到简牍、帛书的不断改进，这一切都表明，至春秋战国，作为主要传播工具的文字，书写速度和信息容量都较以前有了很大的进步，从而也极大地提高了信息的传播交流速度。墨子就曾屡屡称扬说："吾非与之并世同时，亲闻其声，见其色也。以其所书于竹帛、镂于金石、琢于盘盂，传遗后世子孙者知之。"① 傅斯年在《战国子家叙论》中指出："春秋战国间书写的工具大有进步。在春秋时，只政府有力作文书者，到战国初年，民间学者也可著书了……这一层是战国子家记言著书之必要的物质凭藉。"② 梁启超《论中国学术思想变迁之大势》也将"文字之趋简"③ 列为周末学术大发展的原因之一。这一切，都使原本仅附属于神职事务的史官载录功能获得了突出的发展和完善。《左传·庄公二十三年》："君举必书，书而不法，后嗣何观？"《左传·僖公七年》："夫诸侯之会，其德刑礼义，无国不记。"《左传·襄公二十九年》："鲁之于晋也，职贡不乏，玩好时至，公卿大夫相继于朝，史不绝书，府无虚月。"这些都清楚地表明春秋史官载录职能的强化和载录内容的繁多。此外，各诸侯国之间还建立起相互通报国内事件的"赴告"制度，通报内容亦由史官载录或保存起来，"凡诸侯有命，告则书，不然则否"④，故刘知几《史通·申左》说："左氏述臧哀伯谏桓纳鼎，周内史美其说言，王子朝告于诸侯，闵马父嘉其辩说……凡如此类，其数实多。斯

① （清）孙诒让：《墨子间诂》，上海书店，1988，第75页。
② 傅斯年：《战国子家叙论》，《中国现代学术经典·傅斯年卷》，河北教育出版社，1996，第298页。
③ 梁启超：《论中国学术思想变迁之大势》，上海古籍出版社，2001，第22页。
④ （晋）杜预注，（唐）孔颖达正义《春秋左传正义·隐公十一年》，《十三经注疏》，中华书局，1980，第1737页。

盖当时发言，形于翰墨，立名不朽，播于他邦。"①

　　至于当时史官载录的具体分类，古人有"简策"之推论。如杜预《春秋经传集解序》云："诸侯亦各国有事，大事书之于策，小事简牍而已。"孔颖达云："此言大事小事，乃谓事有大小，非言字有多少也。……是言经据策书，传冯简牍，经之所言其事大，传之所言其事小，故知小事在简，大事在策也。"② 这里，抛开"小事在简，大事在策"之尊卑成见，单就春秋史官的载录形式来看，"简策"之论甚是符合春秋史书载录之实际情形：一般而言，事情之梗概或结果，一简可尽者，书之于"简"；人物之言论或事情之经过，数简乃尽者，则书之于"策"。验之现存《春秋》《左传》，诚然如此：《春秋》为鲁国大事年表，笔削简严，字数最长者不过 47 字。从出土竹简来看，"就一般来说，如果不是特意而为，简牍的长大都是约 23 厘米，宽约 1 厘米，厚 0.1～0.3 厘米。这种形制的简牍，能写 30～40 个字，有的字写得过小的，则每行可达 50～70 甚至更多的字数"③，故大都一事一简，以便保存。如鲁襄公二十五年齐崔杼弑君，南史氏"执简以往"，太史书曰："崔杼弑其君。"此类史事书于一简即可。久而久之，"简书"盖主要就"记事"类史料而言。不仅《鲁春秋》如此，从保存下来的魏之《竹书纪年》断简来看，当时其他编年类史书也皆是如此。它们大都时间、地点、事件清楚确凿，井井有条，当为史官的即时记录，史料价值极高。《左传·宣公二年》"宣子未出山而复。大史书曰'赵盾弑其君'，以示于朝"，《史记·廉颇蔺相如列传》"秦王饮酒酣，曰：'寡人皆闻赵王好音，请奏瑟。'赵王鼓瑟。秦御史前书曰：'某年月日，秦王与赵王会饮，令赵王鼓瑟。'……于是秦王不怿，为一击缶。相如顾召赵御史书曰：'某年月日，秦王为赵王击缶'"④ 等都是史官实录行为的资证。而类似《国语》《左传》中大段的人物言论，篇幅较长，须书之于"策"才可书毕，久而久之，"策书"盖主要就"记言"类史料而言，故清毛奇龄也说："是以夫子修《春秋》，但修简书；而左丘明作传，则取策书。"⑤ 虽然其

① （唐）刘知几撰，（清）浦起龙释《史通通释·申左》，中华书局，1978，第 419 页。
② （晋）杜预注，（唐）孔颖达正义《春秋左传正义·春秋序》，《十三经注疏》，中华书局，1980，第 1704 页。
③ 张显成：《简帛文献学通论》，中华书局，2004，第 125 页。
④ 《史记·廉颇蔺相如列传》，中华书局，1959，第 2442 页。
⑤ （清）毛奇龄：《春秋毛氏传·总论》，景印文渊阁《四库全书》本。

"经简传策"之说仍未摆脱"以传解经"之成见，但他对于《春秋》《左传》二书材料来源的认识却是极为深刻的。王和先生亦据此进一步探讨春秋史书类型说："春秋时期存在着两类史书：一类为正式国史，一类为史官个人的记事笔记。"① 其中"记言"类策书大都是对当事人言论的即时记录，如《逸周书·大聚解》载周武王闻听周公治国之道后，"乃召昆吾，冶而铭之金版，藏府而朔之"②；《鲁语上》臧文仲对展禽谏祭海鸟之言"使书以为三箧"以"不可不法"；又《鲁语上》鲁宣公对里革断罟谏渔之言"使有司藏之，使吾无忘谂"；《左传·襄公十二年》晋楚鄢之战，栾书论战之辞中有"先大夫子犯有言曰：师直为壮，曲为老"，而子犯此语乃僖公二十八年晋楚城濮之战时所说，前后时隔三十四年，这表明子犯此语当时就有史官记录，而后才被奉为格言加以征引。不过，也不能排除一部分过去的人物言论或事件是通过口耳传闻的形式辗转流传而被载录下来的。

2. 传闻追记：尽管春秋时期各诸侯国已建立起较为健全的史官记事制度，但不能据此忽视口耳传事在当时政治生活中的重要作用。据记载，周代已建立起较为完善的传闻机制，保证了传闻内容的上通下达和有效传播。《周礼·夏官》有"训方氏"一职，"掌道四方之政事与其上下之志，诵四方之传道"。贾公彦疏曰："训方氏训四方美恶而向王言之"，"古昔之善道，恒诵之在口，王问则为王诵之。"③ 又有"瞽矇"一职，主掌"讽诵诗、世奠系"。关于"世奠系"，郑玄注引杜子春云："世奠系，谓帝系。诸侯卿大夫世本之属是也。小史主次序先王之世，昭穆之系，述其德行；瞽矇主诵《诗》并诵世系以戒劝人君也。"④《国语·楚语上》记申叔时论教太子时，也有"教之《世》，而为之昭明德而废幽昏焉"。韦昭注："《世》，谓先王之世系也。"可见瞽矇传唱的内容，其中重要的一项就是记诵国史的世表或祖宗谱系。此外，《周礼·春官》还载有小史和外史分别职掌"邦国之志"和"四方之志"，其中的"志"也主要是指一些先王成败之事。这一切，都充分表明口耳相传的传播方式在周代政治生活中起着

---

① 王和：《左传材料来源考》，《中国史研究》1993年第2期。
② 黄怀信等：《逸周书汇校集注》，上海古籍出版社，1995，第434页。
③ （汉）郑玄注，（唐）贾公彦疏《周礼注疏·夏官》，《十三经注疏》，中华书局，1980，第864页。
④ （汉）郑玄注，（唐）贾公彦疏《周礼注疏·春官》，《十三经注疏》，中华书局，1980，第797页。

重大的作用。不过，传闻的主体除了有制度规定的专职人员外，还包括社会各个阶层。如《国语·周语上》："故天子听政，使公卿至于列士献诗，瞽献曲，史献书，师箴，瞍赋，曚诵，百工谏，庶人传语，近臣尽规，亲戚补察，瞽史教诲，耆艾修之，而后王斟酌焉，是以事行而不悖。"其中所列12种王臣的辅政方式，如"献""箴""赋""诵""谏""传语""尽规""补察""教诲"等都采用口头告知的形式。他们都以对政治的高度热情和补察王政的崇高使命感，将自己的所闻所想传达给君王，尽职尽责，忠心耿耿，既是诗的传人，也是史的传人，充当着历史活的"记忆存储器"。此外，在君王、世子周围往往有一些师保、太傅朝夕诵善败之事以训导之。《礼记·文王世子》载："三王教世子，太傅在前，少傅在后；入则有保，出则有师，是以教喻而德成也。"又载："立太傅、少傅以养之，欲其知父子君臣之道也。师也者，教之以事而喻诸德者也。保也者，慎其身以辅翼之，而归诸道者也。"《左传·襄公十四年》师旷说："有君而为之贰，使师保之，勿使过度。是故天子有公，诸侯有卿……"能够充当师保之人定是当时德高望重、博闻多识的社会贤达。史载，左史倚相、随会、阳处父、叔向、女齐、士亹等曾分别担任过楚昭王、晋景公、晋襄公、晋太子彪、楚太子葴的师保之职。他们的教育方法不是刻板的照本宣科，而是靠"训""诵""诲""导"，即重在以口耳相传的方式将先人之制度、行事、嘉言等转述出来，以戒劝其心，明德耀志，上引之"瞍赋""曚诵""瞽史教诲"等皆如此。如《国语·楚语下》载左史倚相"能导训典以叙百物，以朝夕献善败于寡君（楚昭王）"；《左传·成公十八年》载晋悼公即位后，使魏相等人为卿，使荀家等人为公族大夫，"使训卿之子弟共俭孝弟"；又使士渥浊为太傅，"使修范武子之法"。因此，在主要依凭口耳传事的先秦时期，正是凭借史官及当时士师发达的"历史记忆"，才得以使先人的言行事迹广泛流传。就《国语》《左传》现有史料来看，一部分内容已非原初的即时记录，而是呈现出明显的传闻转录特征。对此，徐中舒先生较早地予以明确揭示："瞽曚传诵的历史再经后人记录下来就称为'语'，如《周语》《鲁语》之类；《国语》就是记录各国瞽曚传诵的总集"，"《左传》就是出于瞽史左丘明的传诵。"① 他将口头传

---

① 徐中舒：《〈左传〉选·后序——〈左传〉的作者及其成书年代》，中华书局，1963，第357页。

播的主体仅限定为瞽矇，似尚待商榷，但其"史料口传说"的观点却得到了许多学者的认同，如杨宽先生说："我们认为《左传》一书，大概是战国初期魏国一些儒家学者依据各国瞽史所编著的《春秋》，如墨子所引的'百国春秋'，加以整理按年编辑而成，因以作《鲁春秋》的传的。"① 过常宝先生更是从史官"传闻"制度的层面考察说："可以相信，'传闻'在春秋时代已经形成某种默契或制度，构成了史官的知识储备，成为史官的职业性行为。"② 赵逵夫先生更是直接认为："《左氏春秋》及《国语》中的《晋语》等是在瞽史讲述稿的基础上进行加工修改而成的。"③

3. 汇编修纂。对于史籍的产生，金毓黻先生在《中国史学史》中说："史学寓乎史籍，史籍撰自史家。语其发生之序，则史家最先，史籍次之，史学居末。……故考古代之史学，应自史官始。"④ 这表明，史籍是随着史官记事的不断累积而陆续编撰而成的，是一个动态的、连续的过程。西周时期，随着史官制度、册命制度的健全和朝廷听政、规谏制度的形成，史官记言职能得到进一步的强化，所载录的内容急剧地增多，因而也陆续产生了大量言论汇编性质的史籍。西周初年，国家初定，百废待兴，为巩固统治，寻求国家长治久安，周初诸王，尤其是周公认真反思和总结"大邑商"兴亡之道，在文化建设上，"仪刑文王"⑤，"制礼作乐"⑥。同时，武

---

① 杨宽：《战国史》，上海人民出版社，1998，第664页。
② 过常宝：《〈左传〉源于史官"传闻"制度考》，《北京师范大学学报》2004年第4期。
③ 赵逵夫：《论先秦时代的讲史、故事和小说》，《文史哲》2006年第1期。
④ 金毓黻：《中国史学史》，河北教育出版社，2000，第5~7页。
⑤ （汉）毛亨传，郑玄笺，（唐）孔颖达正义《毛诗正义·大雅·文王》，《十三经注疏》，中华书局，1980，第505页。此外，《尚书·君奭》也说："天不可信，我道惟文王德延。"对此"仪刑文王"之深意，钱穆解释说："故周公之定宗法，宗祀文王，奉以为周室开国之始祖者，论其意，实如后世之所谓以孝治天下，此乃推本政治制度于社会伦理之一大节目，又示人以人道平等之大义，亦即《大学》所谓自天子以至于庶人，壹是皆以修身为本，此即人类无贵贱，无高下，无不于道德伦理之前为平等也。"[《中国学术思想史论丛》（一），安徽教育出版社，2004，第87页]
⑥ 黄怀信等：《逸周书汇校集注·明堂解》，上海古籍出版社，1995，第756页。关于周公"制礼作乐"的类似说法还见于《左传·文公十八年》季文子云："先君周公制周礼曰：'则以观德，德以处事，事以度功，功以食民。'"《礼记·明堂位》："周公践天子之位，以治天下。六年，朝诸侯于明堂，制礼作乐，颁度量而天下大服。"《尚书大传》卷二："周公将作礼乐，优游之三年，不能作，君子耻其言而不见从，耻其行而不见随。将大作，恐天下莫我知也；将小作，恐不能扬父祖功业德泽。然后营洛以观天下之心，于是四方诸侯率其群党，各攻位于其庭。周公曰：'示之以力役，且犹至，况导之以礼乐乎？'然后敢作礼乐。"虽传闻异辞，但"制礼作乐"一事，却众口一辞，足可证实。

王克商前后获得一部分商人的典册和周王朝在创建前后的重大政治军事活动中产生的大量诰誓号令，也为"制礼作乐"提供了极大的可能。因此，为适应此文化制度建设和"神道设教"①建设的需要，以周公为首的统治阶层曾进行过一次大规模的文献创建和编纂活动。《论语·为政》云："周因于殷礼，所损益可知也。"《孟子·离娄下》更是直接形象地描述周公制礼时的状态："周公思兼三王，以施四事。其有不合者，仰而思之，夜以继日，幸而得之，坐以待旦。"征之史籍，尽管当时绝大部分文献已亡佚无闻，但现有典籍仍留有此时编集的成分。②如《尚书》"八诰就是周公通过宗教仪式，假天命祖灵之名义而颁行的政治纲领，它们具有鲜明的现实意义，可以将它们视为周公制礼作乐的一个有机组成部分"③。又如《逸周书》，据最早对其篇章时代进行划分的《周书序》，认为自《度训》至《文传》为文王时作，《柔武》至《五权》为武王时作，《成开》至《王会》为周公、成王时作，《祭公》《史记》《职方》为穆王时作，《芮良夫》为厉王时作，《太子晋》为灵王时作，《王佩》以下六篇不明。④又如本为卜筮之用的《周易》，《汉书·艺文志》说它"人更三圣，世历三古"⑤，更非成于一人一时。至于它的最终编定时代，现代学者大都认为是在周初。⑥至于《诗经》，周公崇祀文王，"美盛德之形容"，为后世法，直接推动了西周早期仪式乐歌创作的高潮，如《周颂》《大雅》中的许多以缅怀先王、颂美文武为主题的乐歌即是如此。此后的昭王、穆王和宣王时期也曾进行过类似的文献编纂活动。⑦与此同时还出现了许多专门存放文献典籍的"档案馆"，如《尚书·金縢》载周公把告三王之书纳于"金縢之

① （魏）王弼注，（唐）孔颖达正义《周易正义·观卦》，《十三经注疏》，中华书局，1980，第36页。
② 对于古籍的成书，现代学者普遍认同余嘉锡《古书通例》中所云"古书本不出自一人，或竹帛著自后师，或记叙成于众手，或编次于诸侯之客，或定著于写书之官"（《余嘉锡说文献学·古书通例》，上海古籍出版社，2001，第165页）。因此，古书的编辑成书不是一次定型的，而是一个动态的、连续的过程。文中涉及的典籍成书，均指此过程的一个环节。
③ 过常宝：《先秦散文研究——早期文体及话语方式的生成》，人民出版社，2009，第112页。
④ 黄怀信等：《逸周书汇校集注·周书序》，上海古籍出版社，1995。
⑤ 《汉书·艺文志》，中华书局，1962，第1704页。
⑥ 如李镜池先生说："从《易》辞中所表现的时代性及所叙的历史故事，可以看出《周易》的编纂年代约在西周初叶。"（《周易探源》，中华书局，1978，第70页）高亨先生也认为："《周易》古经，大抵成于周初。"（《周易古经今注》，中华书局，1984，第12页）
⑦ 参见马银琴《两周诗史》之"西周诗史"部分，社会科学文献出版社，2006。

匮中"，《逸周书·尝麦》载太史把命书及祭文等"藏之盟府，以为岁典"；据《周官》之《地官·大司徒》和《秋官·大司寇》《小司寇》记载，王朝各种文件都要交到"天府"保存。

与西周以王言为主要内容的言论汇编不同，春秋时期，随着记言主体的迅速扩大和诸侯史官编年记事的兴起以及春秋时期教育的需求，史书数量急剧增加，史书类型丰富多样，同时在编修史书方面也取得了空前的成就。仅《国语》《左传》中征引的当时典籍名目就有：

（1）诗类：《诗》《商颂》《鲁颂》《周颂》《逸诗》《卫诗》《周诗》《祈招》《小旻》等具体《诗》篇；

（2）书类：《夏书》《周书》《郑书》《虞书》《康诰》《大誓》《汤誓》《盘庚》等具体《书》篇；

（3）礼类：《周礼》；①

（4）易类：《周易》或《易》；

（5）志类：《志》《周志》《前志》《军志》《史佚之志》；

（6）令类：《夏令》《先王之令》；

（7）语类：包括具体人物言论如"史佚有言""周任有言""孔子曰""叔向有言""臧孙纥有言""仲虺之言"等及泛称人物言论如"人言""古人之言""先民之言"等。②

此外，《国语·楚语上》申叔时还罗列了教育太子时所需要的九种教材——《春秋》《世》《诗》《礼》《乐》《令》《语》《故志》《训典》。将这与上面所列《国语》《左传》征引的典籍名目相对比，可以发现二者基本上是一致的。春秋时期如此众多典籍名目的涌现，已充分表明这一时期史官在文献整理和纂修方面所取得的巨大成就。

三

春秋史官通过对平时记录档案的集中汇编，既极大地推动了教育的普

---

① 仅见于《左传·文公十八年》一次："先君周公制《周礼》曰：则以观德，德以处事，事以度功，功以食民。"杨伯峻注曰："《周礼》，据文，当是姬旦所著书名或篇名，今已亡其书矣。若以《周官》当之，则大误。"（《春秋左传注》，中华书局，1981，第633页）

② 参考罗根泽《战国前无私家著作说》一文中对《国语》《左传》征引书目的搜集，参见《古史辨》（四），上海古籍出版社，1982。

及和兴盛，也更为有效地为统治阶层提供了政治上的鉴戒。而且，更为重要的是，春秋史官在选择、组织、润饰史料的过程中有意或无意形成的史籍纂修体例和史鉴观念对后世史学传统的形成产生了直接重要的影响。对此，王晖从历史意识解放的角度评论说："在春秋中晚期，这时周王室已经式微衰落，礼乐文明一蹶不振，人们再次审视历史，以回忆'无限的过去为先导'，历史意识再次获得解放。正是在这一时期，人们不仅总结历史经验教训，而且有了专门的历史著作，一种是近于实录性的现代史，如《春秋》一类；另一类是以总结历史经验教训为主的古代史，是'使知废兴者而戒惧焉'，此即《国语·楚语》上所说的《故志》一类。也正是这种对历史的审视与批判，于是进入了一个中国历史轴心时代的高潮时期。"① 尽管上述典籍大都没有留传下来，但我们还是可以根据此时几于定型且广为流行的《诗》《书》典籍对春秋史官的史学意识窥见一斑。

首先，史官在纂修史料的过程中遵循明确的时间先后次序。在系统的编年记事形成之前，由于记言内容的性质重在立言垂宪，以为后世法则，并且在传播的过程中又重在"传义不传辞"，因而大多记言史料时间概念模糊甚至缺失，如《尚书》中明确的时间标识就很少，仅《洛诰》和《召诰》篇末附记了一些具体的时间。这在以春秋记言史料为主的《国语》中表现得更为明显。司马迁见到的此时史料也是如此，他说："五帝、三代之记，尚矣。自殷以前诸侯不可得而谱，周以来乃颇可著……至于序《尚书》则略，无年月；或颇有，然多阙，不可录。"② 这种缺乏明晰时间标识的记言史料，无疑给后世史官的编纂工作带来了极大的不便。尽管如此，春秋史官还是根据这类史料内容自身的相关特征，给予其相应的历史定位，粗线条地勾勒出一个大致的时间链条。如《尚书》分为《虞书》《夏书》《商书》《周书》四部分，自上古传说时代直至春秋秦穆公时期，分别择要记述了尧、舜、禹、汤、盘庚、文王、武王、周公、康王、穆王、平王、秦穆公等王侯的诰命誓辞，俨然一部以帝王为中心的"本纪"；至于专以记述周王言论为中心的《周志》③，据《周书序》，也是以文王、

① 王晖：《商周文化比较研究》，人民出版社，2000，第182页。
② 《史记·三代世表序》，中华书局，1959，第487页。
③ 《周志》，是春秋时人对《逸周书》的称呼，也是《逸周书》的主体部分，编成于春秋早期。

武王、周公、成王的时间先后顺序进行编排的。①

　　除了以时间先后编排史料的历史意识以外，春秋史官还呈现出明显的史料分类意识。从上述春秋时期人物征引的书目名称和《国语·楚语上》申叔时罗列的教育科目来看，西周至春秋时期史官的史料编纂早已有了明确的文体分类意识。如人们所熟知的《诗》《书》《礼》《乐》《易》《春秋》"六艺"的书籍虽然成书时间先后不一，但在春秋时期已全部出现。《礼记·王制》曰："乐正崇四术，立四教，顺先王《诗》《书》《礼》《乐》以造士。春秋教以《礼》《乐》，冬夏教以《诗》《书》。"《左传·僖公二十七年》，赵衰解释他举荐郤縠的理由是"说《礼》《乐》而敦《诗》《书》"；此外，还有一些以载录人物言论及前世成败之传闻为内容的《故志》《春秋》《语》类典籍，它们共同构成了春秋时期贵族教育的学科门类和知识资源。又如《尚书》编纂根据言说者言说内容和言说场合的不同分为典、谟、训、诰、誓、命六种体式；《诗经》编纂根据音乐性质的不同分为风、雅、颂三种体式，都已基本上成为一种共识。另外，还有较少为人注意的以人为中心的史料分类特征，如今文《尚书》11篇周诰②较完整地记录了周公在东征平叛、册封康叔、营建东都、措置殷遗、辅政成王之时的系列讲话，"是周公'神道设教'的具体形式之一，是周公以'殷鉴'为主的政治实践"③。《逸周书》更是以文王、武王、成王为中心集录他们在不同时期的论政议政之辞。据《毛诗序》，《诗经》也往往出现以集中美刺某人为主题的组诗，如《周南》11首诗就是以歌咏文王后妃为主题的"房中乐"；《大雅》自《文王》至《灵台》皆为颂美文王的朝廷乐歌；其他如颂美武王、周公、宣王、鲁僖公等，讽刺幽王、平王等主题的诗歌也以组诗的形式集中出现。此外，还专门出现了以某一人名命篇的典籍如《史佚之志》《仲虺之志》《辛甲》等，它们都是对该人物嘉言善语的集中汇编，是后代人物传记的雏形。

　　春秋史官在纂修史料的过程中体现出来的历史意识，除了上述按时序

---

① 黄怀信等：《逸周书汇校集注·周书序》，上海古籍出版社，1995。
② 这11篇诰辞是《大诰》《康诰》《酒诰》《梓材》《召诰》《洛诰》《多士》《多方》《无逸》《君奭》《立政》。其中，除《召诰》《洛诰》的作者有争议外，其余均为周公所作。关于《召诰》《洛诰》的作者，有"召公说"和"周公说"，本书从史料编纂类属的角度认可《召诰》和《洛诰》分别为周公在洛邑奠基和落成典礼上的诰辞。
③ 过常宝：《论〈尚书〉语体的文化背景》，《北京师范大学学报》2008年第4期。

排列和分类组合的史籍体例之外，更为重要的是体现在对史学劝善惩恶的社会功用与价值的清醒认识上。这一点，《国语·楚语上》申叔时对当时流传的各类书籍的社会功能有极为精彩而深刻的表述，这既是对史家社会价值的理性反思和角色定位，也是对史学撰述宗旨的探寻与概括。对此，笔者将于下章进行集中论述。

第二章　春秋史官记言功能考察[*]

对于"记言"所承载的政治文化功能，班固在论及史官记言、记事之分别的同时也一并指出："君举必书，所以慎言行，昭法式也。"① 很明显，史官对君王言行的记录有两大功能：一是监督、警诫君王行政；二是为世人树立法则。不过，这样的功能更多地适用于国家一统、王道强盛的时代，因为在这样的时代里，帝王的言行以其"代天立言"的神圣性和权威性被视为政治之典范而为人们膜拜效法。如周初，天下方定，百废待兴，周公为适应其分封诸侯、制礼作乐等意识形态构建的需要，充分利用天命神学、先王令德的强大号召力及自身文治武功的独特魅力，以"神道设教"的形式发布了一系列诰命，其中反复倡导的"天命靡常""殷鉴不远""敬德保民"等思想均集中体现了周人的立国精神，具有国家法典的性质，从而为人们所效法、称扬，甚至成为一种"文化基因"深深植根于中华民族思想文化的传统之中，故刘知几《史通·六家》云："盖《书》之所主，本于号令，所以宣王道之正义，发话言于臣下，故其所载，皆典、谟、训、诰、誓、命之文。"② 孔安国《尚书序》也说："至于夏商周之书，虽设教不伦，雅诰奥义，其归一揆。是故历代宝之，以为大训"；"典、谟、训、诰、誓、命之文，凡百篇，所以恢弘至道，示人主以轨范也。"③ 在这样的时代里，人们不需要思想，也不需要对话，仅需要顺从就可以了。周代册命铭文中那一声声"对扬王休"的"山呼"即为明证。

但是，至西周后期，随着天命信仰的动摇、淡褪，帝王自身的纵欲骄

---

* 此章内容，作为项目阶段性成果以《春秋史官记言功能的多维透视》为题发于《中国文化研究》2012 年第 4 期。

① 《汉书·艺文志》，中华书局，1962，第 1715 页。
② （唐）刘知几撰，（清）浦起龙释《史通通释·六家》，中华书局，1978，第 6 页。
③ （汉）孔安国传，（唐）孔颖达正义《尚书正义·序》，《十三经注疏》，中华书局，1980，第 114～115 页。

奢及周室权威的陵迟衰微，周王的言论也渐渐失去了神圣的光环。特别是进入春秋时期，霸主迭兴、礼崩乐坏的社会现实，更令王命名存实亡，沦为标榜，以致黯然退场。然而，"百人醉而一人醒，犹可以止众狂；百礼废而一礼存，犹可以推旧典"①，此时，一批饱受王官之学熏育的有识之士，以清醒的道德理性精神，以传承文王、周公所代表的礼乐文化传统自任，以为王者师、为民立命的高度自信和勇气积极献言献策、进善卫道、出使专对、褒贬时政，从而自觉地承担起监督政治和重构社会意识形态的责任和使命，成为当时活跃于"君臣关系语境言说"②的主角。不过，由于言说者身份和言说语境的变化，春秋贵族君子的言说功能和史官的记言功能也发生了相应的变化，概而言之，主要表现在言说者"立言不朽"的自我价值追求、记言者"善善恶恶"的劝惩经世功能两个方面，这与班固所云"昭法式"的职能是一致的。

第一节　立言不朽：春秋君子言说的自我实现功能

一　春秋君子"慎言"观念

《说苑·敬慎》篇记载，早在西周太庙之内，立一金人，"三缄其口，而铭其背曰：'古之慎言人也。戒之哉！戒之哉！无多言，多言多败。……'"此《金人铭》相传与黄帝有关。③这种"三缄其口"的慎言观，已如家训一样，代代传承，成为中国人最重要的言语观。《诗经·小雅·巷伯》：

---

① （宋）吕祖谦：《东莱先生左氏博议》卷八，《丛书集成初编》本，商务印书馆，1985，第 75 页。

② 李春青：《诗与意识形态：西周至两汉诗歌功能的演变与中国诗学观念的生成》，北京大学出版社，2005，第 69 页。

③ 严可均《全上古三代秦汉三国六朝文》卷一称《金人铭》"旧无撰人名，据《太公阴谋》《太公金匮》知，即《黄帝六铭》之一"（中华书局，1965）。《群书治要》卷三一引有《太公阴谋》中的尚父之言，吕尚以《金人铭》作于黄帝。唐马总《意林》卷一："《太公金匮》二卷。……武王问：'五帝之戒可得闻乎？'太公曰：'黄帝云：余在民上，摇摇恐夕不至朝，故金人三缄其口，慎言语也。"宋王应麟《困学纪闻》卷十："《皇览记·阴谋》：'黄帝金人器铭，武王问尚父曰：五帝之诫可得闻乎？尚父曰：黄帝之戒曰：吾之居民上也，摇摇恐夕不至朝，故为金人，三封其口，曰：古之慎言。'按《汉艺文志》道家有《黄帝铭》六篇，蔡邕《铭论》黄帝有巾、几之法，《皇览》撰集于魏文帝时，汉《七略》之书犹存，《金人铭》盖六篇之一也。"

"慎尔言也，谓尔不信。"《诗经·小雅·抑》："慎尔出话，敬尔威仪，无
不柔嘉。"《周易·颐》卦象辞说："君子以慎言语，节饮食。"孔子之周，
观于太庙，也驻足《金人铭》前，"顾谓弟子曰：'记之，此言虽鄙，而中
事情。《诗》曰：战战兢兢，如临深渊，如履薄冰。行身如此，岂以口遇
祸哉！'"故在《论语》中，屡屡听闻孔子对其弟子有少言、慎言的告诫，
如"君子食无求饱，居无求安，敏于事而慎于言，就有道而正焉，可谓好
学也已"（《学而》），"多闻阙疑，慎言其余，则寡尤"（《为政》），"君子
欲讷于言，而敏于行"（《里仁》），"仁者，其言也讱"（《颜渊》），"君子
于其言，无所苟而已矣"（《子路》），"刚、毅、木、讷，近仁"（《子
路》）等，均将少言、慎言视为高尚的德行，并对花言巧言、华而不实者
予以警惕和远离，如"巧言令色，鲜矣仁"（《学而》），"巧言乱德，小不
忍则乱大谋"（《卫灵公》），"焉用佞？御人以口给，屡憎于人。不知其
仁，焉用佞"（《公冶长》），认为花言巧语会令人之仁德本性走向迷失。
不仅如此，孔子还专门将"言语"列为孔门"四科"之一，反复告诫自己
的弟子要少言、慎言，明白多言、巧言的危害。

　　《金人铭》所崇奉的慎言观念，对宗尚黄帝的道家学派也产生了重大影
响。他们甚至对语言的有效性持更加激烈的反对态度，如"知者不言，言者
不知"（《老子·五十六章》），"信言不美，美言不信"（《老子·八十一
章》），认为"可以言论者，物之粗也"（《庄子·秋水》），而真正的宇宙、
人生实相是不可言说的，"道可道，非常道"（《老子·一章》），"意之所随
者，不可以言传也"（《庄子·天道》），只能"得之于手而应于心"（《庄
子·天道》）、"得意而忘言"（《庄子·外物》），以心意领悟大道之真谛。

　　那么，先秦哲人不约而同地对人的言语持有如此高度警惕的态度，究
竟是为什么呢？

　　首先，先秦哲人深谙宇宙间普遍存在一种"感应"原理，"感"是一
切的动机与行动，"应"则是对动机与行动的答复，它们之间的关系就像
空谷回音一样，传出什么就回应什么，传出多响就回应多响，丝毫不会错
乱。因为"宇宙之物其前者如何如何化，与后者之如何如何生，理应有一
彼此对应之关系，否则此前者不能在事实上有某一定之后者相继故"①。

---

　　①　唐君毅：《生命存在与心灵境界》，中国社会科学出版社，2006，第186页。

"诚于此，动于彼，此即感应。感而应之谓化。有感斯有应，未有无感之应也。"① 中国古代感应思想的直接源头就是《周易》。《世说新语·文学第四》便有一段对《周易》感应思想的直接揭示："殷荆州曾问远公曰：'《易》以何为体？'答曰：'易以感为体。'殷曰：'铜山西崩，灵钟东应，便是《易》耶？'远公笑而不答。"《周易》的这种感应思想在经传中处处得到体现，如《周易·文言》曰："同声相应，同气相求，水流湿，火就燥。云从龙，风从虎。圣人作而万物睹。本乎天者亲上，本乎地者亲下，则各从其类也。"《周易·咸·象》："咸，感也，柔上而刚下，二气感应以相与。……天地感而万物化生，圣人感人心而天下和平，观其所感，而天地万物之情可见矣。"以此"同声相应，同气相求"的感应思想为基础，《周易》"近取诸身，远取诸物"，观物取象，以象譬物，通过六十四卦和卦爻辞等一整套体系来比附、类比、明了天理和人事，以"通神明之德，以类万物之情"。《周易》每一卦都有六爻，"爻"之本义为"交也"，即表示宇宙间的事物彼此关联，太极两仪，氤氲交感，不停地"方以类聚，物以群分，吉凶生矣"（《易·系辞》）。万物得其同类的感应和帮助则吉，反之则凶。如孟子曰："爱人者，人恒爱之；敬人者，人恒敬之"（《孟子·离娄下》），"杀人之父，人亦杀其父；杀人之兄，人亦杀其兄"（《孟子·尽心下》），皆此感应之类。就人之言论来说，宇宙感应原理亦同样存在，言一出口，音声四散，蔓延传布，物得之则鸣响，则反应。《周易·系辞传上》载："子曰：君子居其室，出其言善，则千里之外应之，况其迩者乎？居其室，出其言不善，则千里之外违之，况其迩者乎？"所以《周易》将人之言行喻为门枢和弩机，它决定人的荣辱福祸。它说："言行，君子之枢机。枢机之发，荣辱之主也。言行，君子之所以动天地也，可不慎乎？"人之言行是感，荣辱福祸是应，二者相互之间存在紧密的因果对应关系，故言行不可不慎。

其次，言为心声。《周易》将人之言行视为荣辱福祸之"主"，实则尚未点破人之吉凶祸福之根源。《礼记·乐记》云："凡音之起，由心生也。"《说文·音部》亦云："声生于心，有节于外谓之音"，明确将"心"视为人之言论、音声产生的真正根源。心，在中国古代哲学中是一个具有本源

---

① 马一浮：《马一浮集》（第一册），浙江古籍出版社，1996，第 244 页。

意义、主宰万事万物的核心范畴。《国语·周语下》单穆公谏周景王铸大钟时，便明确将语言和视听知觉的发生机制归之于心，他说："夫耳目，心之枢机也。故必听和而视正。听和则聪，视正则明。聪则言听，明则德昭，听言昭德，则能思虑纯固。以言德于民，民歆而德之，则归心焉。"诚于中，形于外，唯有心正，外在的视听言行才会聪明正固。至孟子，更是由仁、义、礼、智"四心"开拓出一片"心"的天地，将"心"视为宇宙万物的主宰和基因，空前自信地提出"万物皆备于我"（《尽心上》）、"学问之道无他，求其放心而已矣"（《告子上》），人人内心皆具备善的种子，如若昼夜持之，孜孜求之，则会不断充实光大，直至充塞天地，养成浩然之气，此即"求则得之，舍则失之"（《尽心上》），从而开中国儒学史上心性学之一途；至明代王守仁，主张"心外无物，心外无事，心外无理，心外无义，心外无善"，继承和发扬了孟子心说的主要观点，构建了内容庞大精深的心学体系。因此，"在心为志，发言为诗"，就人的言语活动来说，言语为表为末，心志为里为本，人之音声、言谈皆为心念的外现。离开言语，再好的道德心志也无法广泛流传；而离开道德心志，人的言语则会如鹦鹉、猩猩一样，"虽能言，不亦禽兽之心乎？"故要深入了解一个人的心地如何，观察其言语音声便是一个很重要的方法（《论语·尧曰》）。正是在这个意义上，孔子才提出"知言"工夫："不知言，无以知人也。"不知道辨别言语的是非善恶，就不能真正分清一个人的好坏。三国时期的儒学家徐干以镜子鉴形为喻，更为形象生动地阐发这种"知言"工夫说："鉴也者，可以察形；言也者，可以知德。小人耻其面之不及子都也，君子耻其行之不如尧舜也。故小人尚明鉴，君子尚至言。"[1] 人言如同镜子。镜子可以照人形，人言可以体德行，所以君子应该将言语视为道德之镜，来体察、映照出人心之善恶高下。

那么，再进一步追问，究竟什么样的言说才能真正呈现生命的本质，直至垂世"不朽"呢？

《左传·襄公二十五年》载孔子之言云："《志》有之：'言以足志，文以足言。'不言，谁知其志？言之无文，行而不远。"其中，"言以足志"是孔子征引的当时流行的《志》类书籍中的话，足见为当时人们普遍的看

---

[1] 徐干：《中论·贵验》，载张立文主编《儒学精化》（中），北京出版社，1996，第926页。

法。这也可由其他相关记载得到验证，如襄公二十七年伯州犁语云："志以发言，言以出信，信以立志"；昭公九年屠蒯说："志以定言，言以出令"；等等。那么，何为"志"？《左传·文公元年》曰："志，德之正也。"《左传·僖公九年》云："公家之利，知无不为，志也。"《左传·桓公六年》："上思利民，志也。"《孟子·滕文公》说："教人以善谓之志。"《吕氏春秋·遇合》："凡举人之本，太上以志，其次以事，其次以功。"高诱注："志，德也。"概而言之，"志"即高尚的思想和道德情操。"这种志，这种怀抱是与'礼'分不开的，也就是与政治、教化分不开的"①，以至于此后的儒家干脆将"志"直接与"道"相提并论，如《论语·里仁》："士志于道，而耻恶衣恶食者，未足与议也。"《孟子·尽心上》："王子垫问曰：'士何事？'孟子曰：'尚志。'曰：'何谓尚志？'曰：'仁义而已矣。'"它们均将"志"视为儒家理想的仁义之"道"。因此，"言以足志"就是要把这种高尚的思想、抱负充分地表达出来，换言之，唯有饱含"上思利民""教人以善"的言论才能成就"不朽"之"立言"，自己才能成为一个真正有价值的人。这是先秦哲人关于语言本体和功能的最为普遍，也最为深刻的认识。正在这个意义上，才能真正理解《论语》中孔子对于人之言论的认识，他说："夫人不言，言必有中。""有德者必有言，有言者不必有德。"（《先进》）"言忠信，行笃敬，虽蛮貊之邦行矣；言不忠信，行不笃敬，虽州里行乎哉？"（《卫灵公》）可见，儒家所认同的言论专指充盈道德智慧、利民济世的有德之言，唯有具备这样的言行才能真正做到"行而世为天下法，言而世为天下则"，从而垂世立教，导民于正途。

如果说自《尧典》始倡的"诗言志"说是中国古代诗论"开山的纲领"②，那么，这里的"言以足志"之论便堪称中国语言哲学的核心和灵魂。它不仅是对传统帝王之言与意识形态话语功能关系的清醒认知，更是对语言与思维合二为一关系的最为本质的概括。自此，儒家学者便将言语与道德等同起来，成为君子创建功业不可或缺的重要内容，《易传·文言》云："君子进德修业。忠信，所以进德也；修辞立其诚，所以居业也。"其中，"忠信"与"诚"的实质是一样的，因此，"修辞"和"进德"实乃

---

① 朱自清：《诗言志辨》，华东师范大学出版社，1996，第3页。
② 朱自清：《诗言志辨》，华东师范大学出版社，1996，第4页。

同根相生，同类相从。朱熹深谙儒家言语观的实质，他直接将"修辞"和"立诚"等同起来，说："修辞便是立诚，如今人持择言语，丁一确二，一字是一字，一句是一句，便是立诚。若还脱空乱语，诚如何立？"① 可见，在儒家看来，有德才必有言，言必有德，言语不仅是道德的外现，也具有道德所未有的永恒特质，致力于"载道""弘道"之"言"、之"文"便成为中国文人的不懈追求。

"立言不朽"之论出自《左传·襄公二十四年》：

> 二十四年，春，穆叔如晋，范宣子逆之，问焉，曰："古人有言曰：'死而不朽'，何谓也？"穆叔未对。宣子曰："昔丐之祖，自虞以上为陶唐氏，在夏为御龙氏，在商为豕韦氏，在周为唐杜氏，晋主夏盟为范氏，其是之谓乎！"穆叔曰："以豹所闻，此之谓世禄，非不朽也。鲁有先大夫曰臧文仲，既没，其言立，其是之谓乎！豹闻之：'大上有立德，其次有立功，其次有立言。'虽久不废，此之谓不朽。若夫保姓受氏，以守宗祊，世不绝祀，无国无之。禄之大者，不可谓不朽。"②

这就是鲁国执政重臣叔孙穆子（叔孙豹）著名的"立言不朽"之论，也见载于《国语·晋语八》中。他认为，真正的不朽绝不是生随死灭、外在附加的显赫"世禄"，而是超越时空、走向永恒的精神价值取向，即立德、立功、立言。三者次序虽有先后，但在价值层面上实际是三位一体、密不可分的。对此，叔孙穆子以臧文仲立言垂史为例进行了说明。臧文仲是鲁国正卿，历事鲁庄公、闵公、僖公、文公四君。他博学广知，从容应对，尽职尽责，德高望重，为世人所景仰。关于他的"嘉言善语"，自庄公十一年至文公十八年，《左传》《国语》共选录 10 次③，这些话大都立论高远，极有分量，很能反映其智慧和水平，并取得了相应的事功效果。叔孙穆子的"立言不朽"之论第一次将人物言论提高到"经国之大业，不

---

① （宋）黎靖德编《朱子语类·易五》（六十九卷），中华书局，1986，第 1715 页。
② （晋）杜预注，（唐）孔颖达正义《春秋左传正义》，中华书局，1980，第 1979 页。
③ 其中，《左传》共载录 8 次。庄公十一年，论"罪己"与"罪人"；僖公二十年，论"以欲从人"和"以人从欲"；僖公二十一年，论巫术与国政；僖公二十二年，论"谨守备以待人"之德；僖公三十三年，论服于有礼与社稷之关系；文公五年，论德与民；文公十七年，论"民主偷"必死；文公十八年，论事君之礼。《国语》载录 2 次：《鲁语上》谏鲁庄公"请爵于齐"和谏鲁僖公请晋"免卫侯"。

朽之盛事"①的神圣地位，充分表达了春秋贵族君子在王纲解纽、信仰虚空的乱世力欲重塑话语权力的渴望与冲动，以及在为民立言的过程中安顿自我、实现生命价值的体认与追求。同样，这种将语言视为生命本体的观点在《谷梁传》中亦有类似的表述："人之所以为人者，言也。人而不能言，何以为人?"②这样的观点不由得使我们联想起20世纪西方盛行的海德格尔对人本体的思考："人是能言说的生命存在。这一陈述并非意味着人只伴随着其他能力而也拥有语言的能力。它是要说，唯有言说使人成为作为人的生命存在。作为言说的是人。"③大自然赋予人类的智慧是公平的，同一个命题竟在绵亘古今、中外悬隔的东西方哲人那里碰撞出如此相似的思想火花，即言说是人的生命本体存在的第一要义，是安顿自我生存的家园；唯有言说，人才能真正敞开并澄明地呈现自我、体认自我。也正如此，才可以理解《周易·系辞上》为何将语言视为"君子之枢机"以至于可以惊"动天地"了。④

　　春秋时期，人们对言论功能的清醒认识，还体现在对"嘉言善语"的认可和激赏方面。早在西周时期，为确保执政、决策的合理有效，周初君王就已建立起较为开明完善的听政制度、规谏制度，广纳言论、辅佐行政，加之周代由来已久、渐臻完善的"养老乞言"传统，⑤便形成了弥漫

---

① 曹丕：《典论·论文》，载霍松林主编《古代文论名篇详注》，上海古籍出版社，2002，第89页。

② （晋）范宁注，（唐）杨士勋疏《春秋谷梁传注疏》，《十三经注疏》，中华书局，1980，第2400页。

③ 〔德〕M. 海德格尔：《诗·语言·思》，彭富春译，文化艺术出版社，1991，第4页。

④ 《周易·系辞上》："言行，君子之枢机。枢机之发，荣辱之主也。言行，君子之所以动天地也，可不慎乎?"（《周易正义》，《十三经注疏》，中华书局，1980，第79页）这一说法被后人承继并做进一步阐发，如刘勰《文心雕龙·原道》说："言之文也，天地之心哉!"〔（南朝梁）刘勰著，王运熙、周锋译注《文心雕龙译注》，上海古籍出版社，1998，第4页〕宋人张载说："为天地立心，为生民立命，为往圣继绝学，为万世开太平。"（《张载集》，中华书局，1978，第376页）

⑤ "养老乞言"传统见载于《礼记·文王世子》："凡养老，五帝宪，三王有乞言。五帝宪，养气体而不乞言，有善则记之为惇史。三王亦宪，既养老而后乞言，亦微其礼，皆有惇史。"《诗经·大雅·行苇》"序"也说："周家忠厚，仁及草木，故能内睦九族，外尊事黄耇，养老乞言，以成其福禄焉。"郑玄解释说："养老乞言，养老人之贤者，因从乞善言可行者也。"可见，周代视"老人之贤者"，犹如今之"顾问""参事"。《逸周书·大匡解第三十七》云："法人惟重老，重老惟宝。"《国语·晋语八》范宣子亦追述说："吾闻国家有大事，必顺于典型，而访于耇老，而后行之。"这些均表示出对"老人之贤者"的重视和尊重。

周代上下的"重言"风尚。对此,《国语·晋语六》范文子传诵说:"吾闻古之王者,政德既成,又听于民,于是乎使工诵谏于朝,在列者献诗,使勿兜,风听胪言于市,辨袄祥于谣,考百事于朝,问谤誉于路,有邪而正之,尽戒之术也。"

这样的"重言"风尚至春秋时期,仍为人们所传承。一些人的言论因其祖述先王、倡明古制,在当时即被赞许为"典法"之言而加以传诵或征引,如《国语·鲁语上》展禽引述先王制定的祭祀原则及黄帝、帝喾、尧、舜、鲧、禹、契、冥、汤、稷、文王、武王等事迹,评论臧文仲以国典来祭祀海鸟"难以为仁且智矣"。臧文仲闻听此言,当即表示:"'信吾过也,季子之言,不可不法也。'使书以为三箧。"不仅虚心接受、承认错误,还令人书写于简策,作为"法"以警示后人。又如《国语·鲁语上》鲁宣公"夏滥于泗渊",大臣里革不但毅然"断其罟而弃之",强行谏阻,而且引述古代罟鱼之制,晓之以理。鲁宣公不仅没有怪罪里革,还将他的言论奉之法典加以载录存志:"吾过而里革匡我,不亦善乎!是良罟也,为我得法。使有司藏之,使吾无忘谂。"又如《左传·昭公七年》孔子对孟僖子重礼之言评论说:"能补过者,君子也。《诗》曰:'君子是则是效。'孟僖子可则效已",将孟僖子之言行誉为君子之典范。昭公二十五年赵简子在闻听子大叔所述"揖让、周旋之礼"后也表示:"鞅也请终身守此言也。"此外,还有许多春秋君子的言论如叔向之言、子产之言、臧文仲之言等,在当时即常常被人们加以引用或转述,与故训、《诗》、《书》一样被赋予经典的意义和权威。

二 春秋君子的"立言"实践

进入春秋时期,王不再是高临于芸芸众生之上的不可侵犯的神圣存在;王言,也不再凭借其"代天立言"的独特权力而获得话语霸权,成为人们俯首听命的"金科玉律"。代之而起的则是春秋君子秉承"言以足志"、垂宪不朽的立言理想,以"道"自居,以"代民立言"自负。他们积极参政议政、献言献策,以突出的干政实践、强烈的自信和大无畏的勇气唱出了一曲曲明道复礼、拯世济民的正气之歌,上演了一幕幕"一言兴邦"、保国醒世的壮烈场景,实现了立言与立德、立功完美结合的价值追求。他们或积极为王侯答疑解惑，充当决策顾问；或针对执政者的错误言行和决策直言极谏，规箴王阙；或随从王侯出使应对，捍卫国家利益；或纵论国是、品评人物，均表现出前所未有的对社会政治的高涨热情和深厚关怀，也充分表现出春秋君子在"王者之迹熄"之后苦心"立言"以重构理想意识形态、实现生命本体价值的努力和追求。对此，我们将在下编分别进行详细论述。

此外，需要指出的是，春秋君子在言说过程中常常对先王之制及《诗》《书》之言旁征博引，以增强言说的权威性和可信性。这一方面表明当时王言典法功能的沦丧，另一方面也充分表明春秋贤人君子借旧瓶装新酒，力欲重塑意识形态话语权的不懈追求。《国语》《左传》中许多人物言论自身往往就是一篇很好的典制论文，如《国语·周语上》虢文公谏宣王不籍千亩中述及周代籍田之礼：

> 古者，太史顺时覛土，阳瘅愤盈，土气震发，农祥晨正，日月厎于天庙，土乃脉发。先时九日，太史告稷曰："自今至于初吉，阳气俱蒸，土膏其动。弗震弗渝，脉其满眚，谷乃不殖。"稷以告王曰："史帅阳官以命我司事曰：'距今九日，土其俱动，王其祗祓，监农不易。'"王乃使司徒咸戒公卿、百吏、庶民，司空除坛于籍，命农大夫咸戒农用。先时五日，瞽告有协风至。王即斋宫，百官御事，各即其斋三日。王乃淳濯飨醴。
>
> 及期，郁人荐鬯，牺人荐醴，王裸鬯，飨醴乃行，百吏、庶民毕从。及籍，后稷监之，膳夫、农正陈籍礼，太史赞王，王敬从之。王耕一坺，班三之，庶民终于千亩。其后稷省功，太史监之，司徒省民，太师监之。毕，宰夫陈飨，膳宰监之。膳夫赞王，王歆大牢，班尝之，庶人终食。
>
> 是日也，瞽帅音官以省风土。稷则遍诫百姓，纪农协功，曰："阴阳分布，震雷出滞。"土不备垦，辟在司寇。乃命其旅曰："徇。"农师一之，农正再之，后稷三之，司空四之，司徒五之，太保六之，太师七之，太史八之，宗伯九之，王则大徇。耨获亦如之。廪于籍东南，钟而藏之，而时布之。民用莫不震动，恪恭于农，修其疆畔，日服其镈，不解于时，财用不乏，民用和同。①

---

① 徐元诰：《国语集解·周语上》，中华书局，2002，第16~21页。

据杨宽先生考察，"（籍礼）是由原始公社制末期的'礼'转变而来"。"在原始公社末期的氏族聚落中……在每种重要的农业劳动开始时，往往由族长主持一种仪式，以组织和鼓励成员的集体劳动。"① 周代是一个以农为本的社会，尤为重视农业生产，但关于"籍礼"的相关记载在《周礼》《礼记》中仅零星提及，并不详尽。虢文公在这里对周代"籍田礼"的仪式及作用进行了详细叙述。首先，在籍田礼之前有一系列的准备工作：立春前第九天，太史将观察到的天时和土壤变化情况报告给掌管农业的稷；稷再报告给王；王派司徒告公卿、百吏、庶民、司空进行准备。立春前第五天，王及百官都要斋戒三天。立春之日，籍田礼仪开始：先举行乡礼，犹如序曲；接着由后稷负责监督，膳夫、农正负责布置，太史导引王执耒躬耕，公卿、百吏依次相应增加劳动量，此皆为象征性劳动，最后还是由庶人真正完成耕地任务。礼近结束时，再次举行乡礼品尝三牲美味，示以祝福。最后，在仪式结束后的耕作期内，百吏还要定时进行巡视、监督。可见，虢文公对籍田礼的叙述详尽全面、系统完整、清晰条理，可谓周代"籍田礼"的法典，足以为后世效法。其他如《国语·周语下》伶州鸠论乐礼，《国语·郑语》史伯论姓氏制度，《左传·文公十五年》太史克论事君之礼、《左传·宣公十二年》潘党论武德等，类似"言以明礼"的例子在《国语》《左传》中不胜枚举，涉及畿服、宗法、爵禄、币制、昭穆、宴飨、伦理等方方面面，而且从人文理性的视角对礼制的内涵也做了进一步的阐发和诠释，完成了礼乐政治"从'宗教型'向'人文型'的转变"②。从这一角度来说，春秋君子的言说实际上就是以"礼"为中心的言说，故司马迁云："《春秋》者，礼义之大宗也。"③ 礼，既是当时人们评价事件是非曲直的根本标准，也是春秋君子在礼崩乐坏、肆欲逞雄的乱世现实中力欲重构的核心政治原则。就在这种"多音齐鸣"的言说之中，作为人之生命本体意义且濒临崩坏的"礼道"才得以复现与重构，并成为价值与意义的本原性依据而逐渐为人们所认可和接受，也为后来儒家"克己复礼"哲学理论的形成奠定了基础。《左传·昭公十五年》

① 杨宽：《古史新探·"籍礼"新探》，中华书局，1965，第225页。
② 余敦康：《中国宗教与中国文化》第二卷《宗教·哲学·伦理》，中国社会科学出版社，2005，第156页。
③ 《史记·太史公自序》，中华书局，1959，第3298页。

叔向云："言以考典，典以志经。"又说："礼，王之大经也。"春秋君子正是通过这种苦口婆心的"征圣""宗经""足志"等言说方式和积极献言献策、参政议政的政治实践，最终实现了立言垂教、经国不朽的价值理想。

第二节　善善恶恶：史官记言的劝惩经世功能

先秦时期，尚无经学，唯有史学，后世经学纲纪天地、规范群伦的政治功能，在先秦则由史学来承担。这一方面体现在先秦人们言必征史、行必法古的政治实践中，另一方面也体现在自有史记以来鲜明的史鉴传统中，如《尚书·召诰》"我不可不监于有夏，亦不可不监于有殷"，《诗经·大雅·荡》"殷鉴不远，在夏后之世"，《国语·楚语下》"人之求多闻善败，以鉴戒也"，《易传》"君子以多识前言往行以畜其德"，《战国策·赵策一》"前事之不忘，后事之师"等，都充分表明先秦史学一开始就具有彰往察来、考见得失、垂世立法的经世功能。因此可以说，先秦时期不仅仅"六经皆史"，反过来，"史记皆经"更符合史学在先秦所发挥的真正经世致用功能的地位，故清人袁枚说："古有史而无经。《尚书》《春秋》今文经，古之史也；《诗》《易》者，先王所存之言；《礼》《乐》者，先王所存之法，其策皆史官掌之。"①

尤其是进入春秋战国时期，我国史学发展进入了一个前所未有的黄金时期，一方面，贤君臣子积极地立言著述，产生了对史学知识的巨大需求；另一方面，各诸侯国史官秉承"君举必书"的载录传统，以"书法不隐"的直录原则和高度的社会责任感载录了大量的"史记旧闻"，并陆续形成了名称不一、数量丰富的史学著作，如墨子所云的"百国春秋"②，孟子所云的晋之《乘》、楚之《梼杌》、鲁之《春秋》等，充分表明这一时期的人们对历史的借鉴和对经世功能更为清醒的认识，而且形成了一种自觉意识。《国语·楚语上》所载申叔时对各类史籍教育功能的概括最能说

---

① （清）袁枚：《小仓山房文集·史学例议序》，载王英志主编《袁枚全集》（第二集），江苏古籍出版社，1993，第186页。
② 今本《墨子》无此文，此说据《隋书·李德林传》称引《墨子》佚文。《隋书》，中华书局，1982，第1197页。

明这种史鉴意识。

> （楚庄）王卒使傅之问于申叔时，叔时曰："教之《春秋》，而为之耸善而抑恶焉，以戒劝其心；教之《世》，而为之昭明德而废幽昏焉，以休惧其动；教之《诗》，而为之导广显德，以耀明其志；教之《礼》，使知上下之则；教之《乐》，以疏其秽而镇其浮；教之《令》，使访物官；教之《语》，使明其德，而知先王之务用明德于民也；教之《故志》，使知废兴者而戒惧焉；教之《训典》，使知族类，行比义焉。"①

可以看出，申叔时所列的上述九种教材无一不是史书，尽管对每种教材施教功能的表述各异，如"耸善抑恶""休惧其动""耀明其志""疏秽镇浮""使明其德"等，实则无非就是以史为鉴、明德耀志，以树立君子品格，这是当时贵族教育的根本目的。叔向正是因为"习于《春秋》"而被召为太子彪之傅。② 可见，以《春秋》为首的各类史籍的"耸善抑恶"、经世致用的教育理念是深植于春秋君子的骨髓之中的，由此也成为我国史学的一贯价值取向，如司马迁《太史公自序》说："夫春秋，上明三王之道，下辨人事之纪，别嫌疑，明是非。定犹豫，善善恶恶，贤贤贱不肖，存亡国，继绝世，补敝起废，王道之大者也。"③《周书·柳虬传》："古者人君立史官，非但记事而已，盖所以为鉴诫也。动则左史书之，言则右史书之，彰善瘅恶，以树风声。"④ 唐刘知几也说："《春秋》之义也，以惩恶劝善为先。"⑤ 王夫之说："所贵乎史者，述往以为来者师也。为史者，记载徒繁，而经世之大略不著，后人欲得其得失之枢机以效法之无由也，则恶用史为？"⑥ 它们都突出了史书固有的"善善恶恶"、劝惩褒贬的经世功能。

那么，春秋史官是如何实现"善善恶恶"的政治功能的呢？

---

① 徐元诰：《国语集解》，中华书局，2002，第485页。

② 《国语·晋语七》："悼公与司马侯升台而望曰：'乐夫！'对曰：'临下之乐则乐矣，德义之乐则未也。'公曰：'何谓德义？'对曰：'诸侯之为，日在君侧，以其善行，以其恶戒，可谓德义矣。'公曰：'孰能？'对曰：'羊舌肸习于《春秋》。'乃召叔向使傅太子彪。"韦昭注："《春秋》，纪人事之善恶而目以天时，谓之《春秋》，周史之法也。时孔子未作《春秋》。"（徐元诰：《国语集解》，中华书局，2002，第415页）

③ 《史记·太史公自序》，中华书局，1959，第3297页。

④ 《周书》，中华书局，2000，第459页。

⑤ （唐）刘知几撰，（清）浦起龙释《史通通释·忤时》，中华书局，1978，第591页。

⑥ （清）王夫之：《读通鉴论·光武》卷六，中华书局，1957，第135页。

1. 直书其事，具文见意。从理论意义上来讲，史记应是对过去发生事实的忠实记录和本然再现，此即班固所云之"实录"："其文直，其事核，不虚美，不隐恶"①，亦即晋杜预所谓"直书其事，具文见意"②，这是史学的生命所在，也是史官的第一要义。然而，从史官载录的现实实践来说，真正能够做到据事直书、不隐不讳，实非易事，原因有二。一是缘于史官个体与历史事件之间的隔阂，即主客体间的分离与疏远。史家要想获得历史的真相，必须运用历史想象，"遥体人情，悬想事势，设身局中，潜心腔内"，将自我主动"投射"到所述历史情境中去，"庶几入情合理"③，因而不可避免地会带有史官鲜明的情感色彩。二是缘于史权与政权之间的紧张感。近人柳诒徵将"史权"视为一种独立自主的自由书写权力，类似于"他国司法独立之制度"④。但在封建专制社会中，史权往往隶属于政权，服从于政权，因而也就很难撰写出客观公正的历史真相来。

不过，春秋时期，周天子作为天下共主的风光不再，诸侯并争，胜负无恒，此时的史官地位虽已衰落，但他们与其他贵族君子一样，干政立言、书录垂法的热情空前高涨。他们在当时较为宽松自由的社会环境下凭借自己渊博的学术素养、裁决天下的道德勇气，谱写出一篇篇"文直""事核"的史学佳作，而史书的"耸善抑恶"的史鉴功用也就在这种如实客观的叙述中自然而然地得以呈现。

首先，春秋史官是否敢于直书当朝执政之过失，不掩其恶，这是衡定史书"实录"与否的最重要标准。考察《国语》《左传》所载录的王侯贵族之不当言行，大至国家征战典礼之失策，如《国语·周语中》襄王欲以狄伐郑和以狄女为后、《国语·周语上》夏父弗忌将"跻僖公"、《左传·僖公四年》晋献公伐骊戎、《左传·僖公十九年》宋襄公以鄫子祭社等；小至个人生活之汰侈淫乱，如《国语·鲁语上》鲁庄公丹桓宫之楹、《左传·宣公二年》晋灵公不君、《左传·宣公九年》陈灵公宣淫于朝等，甚至喜怒哀乐之失礼、举手投足之不敬等行为，皆有过必书，案案在册。而

---

① 《汉书·司马迁传赞》，中华书局，1964，第 2738 页。

② 晋杜预注《左传·成公十四年》所谓"《春秋》五例"之四曰："尽而不污：直书其事，具文见意。丹楹刻桷，天王求车，齐侯献捷之类是也。"（杜预：《春秋左经集解·序》，《十三经注疏》，中华书局，1980，第 1706 页）

③ 钱钟书：《管锥编》，中华书局，1979，第 166 页。

④ 柳诒徵：《国史要义》，上海书店，1948，第 27 页。

与此形成鲜明对比的是,《国语》《左传》所载录的人物言论的主体已由西周时期的帝王号令转向贤君臣子的"嘉言善语"了,或博学多识以对问,或忠心耿耿以谏诤,或委婉有力以应对,或见微知著以议论,而且大都"文典而美,语博而奥"①,最显史官之钟情与才力,无不凸显史官无私无畏的超人胆识和代民立言的深厚道德关怀。

其次,春秋史官也敢于并善于公开澄清事件的真相,以对抗某些阻挠实录的权势或一些庸史出于各种目的的不实记载。当史权与政权发生矛盾和冲突的时候,也最能考量史官的实录品格。最为突出的范例莫过于世人称道的"南董"了,即宣公二年晋史董狐仗义直书"赵盾弑其君"而被孔子誉为"古之良史,书法不隐";襄公二十五年齐南史不畏强权、前仆后继冒死直书"崔杼弑其君",由此,后人以"南董"并称,代指"实录"精神②,如刘勰《文心雕龙·史传》云:"辞宗丘明,直归南董。"③《隋书·魏澹传》曰:"当须南董直笔,裁而正之。"④《史通·直书》云:"若南董之仗气执书,不避强御。"⑤事实上,在春秋时期,"南董"绝非个案,否则,《国语》《左传》中如此众多直书君过的史事就不会流传下来了。不可否认的是,此时有一些史官畏于权势或贪图小利,也曾做过有违事实真相的记载,如成公二年晋侯使巩朔(士庄伯)献齐捷于周,有违先王之礼,周定王便令其"勿籍",即勿载于史册;又如僖公二年《鲁春秋》载:"虞师、晋师灭下阳",而事实上则是"夏,晋里克、荀息率师会虞师伐虢,灭下阳。先书虞,贿故也"。原来鲁史官接受了贿赂,故采用曲笔将虞置于首功。《鲁春秋》中这样曲笔载录的例子甚多,唐人刘知几在《史通·惑经》中曾条列"十二未谕""五虚美",所举"乖僻""讹谬"之事近50例。⑥ 但

---

① (唐)刘知几撰,(清)浦起龙释《史通通释·申左》,中华书局,1978,第419页。

② 事实上,董狐的"书法不隐"和南史的"据事直书"是两种完全不同的笔法。董狐所书"赵盾弑其君"重在强调史家主观的正名经世意识而忽视事实本身的真实,它开来空言义理之先河;而南史的"据实直录",以保存事实真相为务,因事实而寓褒贬之义,此即真正的"直道"。参见雷家骥《两汉至唐初的历史观念与意识》,书目文献出版社,1987,第2~3页。

③ (南朝梁)刘勰著,王运熙、周锋译注《文心雕龙译注》,上海古籍出版社,1998,第144页。

④ 《隋书》,中华书局,1973,第1418页。

⑤ (唐)刘知几撰,(清)浦起龙释《史通通释·申左》,中华书局,1978,第193页。

⑥ (唐)刘知几撰,(清)浦起龙释《史通通释》,中华书局,第398~414页。又,王世舜先生《〈春秋〉〈左传〉再平议》一文(《聊城大学学报》2008年第4期)对此进行了详细解释。

幸运的是，邪不压正，事实真相总还是被一些坚持真理的良史书录下来。更幸运的是，孔子收集此等信史并予以比照澄清，是非真伪，不辩自明，此史学所以经世，固非空言著述也，故吴闿生在评论齐崔氏之灭时说："左氏每遇凶奸之人，其诛伐之情恒溢于言外。前叙太史、南史等，痛诛崔氏也；此段以凶人而得恶果，叙来险绝快绝。"①

　　最后，春秋史官常常动态、连续地记录同一人物在不同时期所发表的言论，从而使人物性格也更为丰满真实。如秦穆公是春秋时期少有的贤明诸侯之一。他在位期间，对内尚贤重民，迁善改过，励精图治；对外征霸西戎，与晋为善，使秦国获得了较好的生存发展环境。有关他的几次言论，大都是针对其处理与强邻晋国关系而言的。如僖公九年，秦穆公与其大夫公孙枝分析晋公子夷吾返晋能否有利晋国时说："（夷吾）忌则多怨，又焉能克？是吾利也。"显然是站在有利于本国利益的立场考虑的。僖公十四年，晋国发生饥荒，穆公不计晋惠公之忘恩负义，说："其君是恶，其民何罪？"仍输粟于晋。僖公十五年，晋再饥，穆公仍然以"吾怨其君而矜其民"的阔大胸襟，再次下令"饩之粟"。两次对晋国输粟救灾言行，充分体现了秦穆公以他国之民为己民的仁君品格和博大胸怀。尤其可贵的是，僖公三十三年，秦穆公因固行己见，拒纳忠言，甚至诅咒老臣蹇叔，以致兵败崤之战。为此，秦穆公痛悔不已，多次真诚地公开承认错误，甚至还以正式文告的形式作悔过誓辞《秦誓》，列为"国鉴"。秦穆公这种勇于悔过自新的气度与品质在整个春秋时期"君德浅薄"、肆欲逞雄的诸侯之中的确是极为突出的。韩席筹对此评论说："悔过知非，千古所难。观其素服郊次，向师而哭，何其追悔之深也！此其犹霸西戎，而《秦誓》一篇，得列于典谟训诰之后也乎！"②对于其他人物如郑庄公、晋文公、楚灵王、子产、叔向、范文子等，则主要以对话的形式突出他们在不同场合中的内心世界和精神风貌，从而表现出人物性格的复杂性和真实性。这些相关言论的剪辑组合即可大致构成该人物的传记雏形。

　　2. 崇德尚礼，示人以轨。前文指出，《国语》《左传》记言有一个很突出的特点，那就是常常在所记言论之后附录该言论带来的直接或间接的

---

①　吴闿生著，白兆麟校注《左传微》，黄山书社，1995，第 645 页。
②　韩席筹编注《左传分国集注》，江苏人民出版社，1963，第 710 页。

结果，使事件有始有终、本末完整。这实际上正是春秋史官"属辞比事"以进行"《春秋》教"①的一项重要的书法原则。具体来说，就是要警诫人们，特别是执政者如果虚心听从贤人君子的"善言嘉语"，则会事成业顺；若拒纳善言、刚愎自用，就会导致不良后果，有时甚至国破身亡。《国语》《左传》中这类一言兴邦、一言丧邦的例子俯拾即是，这在《附录表一》《附录表二》中均有直接体现，兹不赘举。可以看出，人物的言论在当时人的心目中如同魔法咒语一样，具有决定事业兴衰成败的神奇功能。那么，这里要追问的是，这些言论为什么会有如此巨大的能量呢？我们先来看一则《左传·襄公二十五年》的记载：

> 晋孙谈之子周适周，事单襄公，立无跛，视无还，听无耸，言无远；言敬必及天，言忠必及意，言信必及身，言仁必及人，言义必及利，言智必及事，言勇必及制，言教必及辩，言孝必及神，言惠必及和，言让必及敌；晋国有忧未尝不戚，有庆未尝不怡。

> 襄公有疾，召顷公而告之，曰："必善晋周，将得晋国。其行也文，能文则得天地，天地所胙，小而后国。夫敬，文之恭也；忠，文之实也；信，文之孚也；仁，文之爱也；义，文之制也；智，文之舆也；勇，文之帅也；教，文之施也；孝，文之本也；惠，文之慈也；让，文之材也。象天能敬，帅意能忠，思身能信，爱人能仁，利制能义；事建能智，帅义能勇，施辩能教，昭神能孝，慈和能惠，推敌能让。此十一者，夫子皆有焉。

> "天六地五，数之常也。经之以天，纬之以地。经纬不爽，文之象也。文王质文，故天胙之以天下。夫子被之矣，其昭穆又近，可以得国。且夫立无跛，正也；视无还，端也；听无耸，成也；言无远，慎也。夫正，德之道也；端，德之信也；成，德之终也；慎，德之守也。守终纯固，道正事信，明令德矣。慎成端正，德之相也。为晋休戚，不背本也。被文相德，非国何取！

> "成公之归也，吾闻晋之筮之也，遇《乾》之《否》，曰：'配而不终，君三出焉。'一既往矣，后之不知，其次必此。且吾闻成公之

---

① （汉）郑玄注，（唐）孔颖达正义《礼记正义》，《十三经注疏》，中华书局，1980，第1609页。

生也，其母梦神规其臀以墨，曰：'使有晋国，三而畀驩之孙。'故名
之曰'黑臀'，于今再矣。襄公曰驩，此其孙也。而令德孝恭，非此
其谁？且其梦曰'必驩之孙，实有晋国。'其卦曰：'必三取君于周。'
其德又可以君国，三袭焉。吾闻之《大誓》，故曰'朕梦协朕卜，袭
于休祥，戎商必克。'以三袭也。晋仍无道而鲜胄，其将失之矣。必
早善晋子，其当之也。"

　　顷公许诺。及厉公之乱，召周子而立之，是为悼公。①

　　这是周王室卿士单襄公与其子单顷公之间关于晋公子周立身行事的一
番对话。公子周，即后来晋国贤君悼公之名，因晋自骊姬之乱后，不留群
公子在国内，故公子周到周王室事单襄公。在这段对话中，单襄公断言公
子周"将得晋国"的根据有三：一是"被文相德"，二是卜筮预言，三是
梦境神示，此即所谓的德、卦、梦"三袭"。其中卦测和梦占承袭了商周
以来的天命控制论的思想传统，它反映了传统宗教信仰仍是春秋时期人们
最普遍、最易于接受的"一般知识与思想"②，成为人们评判和论断是非的
基本依据；而"被文相德"，虽然也承继周初以来自觉张扬的"敬德保民"
思想，但至春秋时期，这一思想却因春秋君子的极力提倡而获得空前的发
展。因为在周初，"德"仅仅是作为指涉人的精神品格的一个较为宽泛的
范畴，尚无具体的内涵，如《尚书》中的"周公之德""崇德象贤""明
德慎罚""经德秉哲"等，而至春秋时期，人们将"德"的内涵具体化为
人们在立身行事的过程中所应遵守的伦理规范，如单襄公在这里详细列举
的 11 种品行（敬、忠、信、仁、义、智、勇、教、孝、惠、让）就是对
"德"之内涵的系统而具体的阐发，此后人们虽屡有阐述，但鲜有出乎此
论。单襄公之所以又称其为"文"，是取其功用而言，因为"经之以天，
纬之以地，经纬不爽，文之象也"。这种内在品格表现在人的具体的行为
举止上，便呈现出文中所云之"慎""成""端""正"的精神状态。可
见，在这一层意义来说，"德"和约束人之行为规范的"礼"的内涵是一
致的，即遵礼，就是有德；违礼，就是无德。故《左传》常常德、礼并

----

① （晋）杜预注，（唐）孔颖达正义《春秋左传正义》，《十三经注疏》，中华书局，1980，
　　第 1609 页。

② 葛兆光：《中国思想史》（第一卷），复旦大学出版社，1998，第 14 页。

举,如僖公二十七年:"礼乐,德之则也",文公七年:"义而行之,谓之德礼"等。它们都原本是内隐于人性自身的善的因子,经由春秋君子自觉的、理性的总结与升华,构成了评判事件是非曲直和人物成败兴亡的最重要的标准,这也正是他们苦心孤诣、孜孜以求的保证社会秩序合谐有序发展的"天地之心"。

不过,这里的"天命论"和"德礼论"在春秋时期并不是截然分离的,而是更多地呈现出鲜明的"天德合一""礼神交融"的信仰特征。事实上,春秋君子为获得"德礼"观念的合法性与权威性,拥有与传统"天命"观同等的话语权,巧妙地将"天""德"联姻,视"天"为人间礼德的归宿和最高体现,也视"德"为天命最重要的质素与内涵,因此,《左传》中时常把所崇尚的礼德等同于"天道""天命",如庄公三十二年:"神,聪明正直而壹者也,依人而行";僖公五年:"鬼神非人实亲,惟德是依";文公十六年:"礼以顺天,天之道也";襄公二十二年:"忠信,笃敬,上下同之,天之道也";襄公二十九年:"善之代不善,天命也。"通过这种有意识的巧妙置换与融合,春秋时期的"天命鬼神"已渐渐脱离其神秘、玄虚的色彩而带有浓厚的经纬人间的功利色彩,即遵循德礼,实际上也就是在顺从天命,从而也就预示了吉利祥和的前景;反过来,违背德礼,也就违背了天命,从而也就注定了凶败不祥的结果。进一步说,人事的吉凶否泰无须再通过祈祷与膜拜冥冥天神的赐予,只需要自己修德以诚、依礼而行即可获得,此即"吉凶由人""自求多福"的真正内涵。也正是通过这种神意天命与崇礼尚德的巧妙结合,春秋君子获得了"裁决天下"的尚方宝剑,也获得了评判事件是非曲直的最重要的法宝。上述单襄公所总结的"天命"与"德礼"共同决定论正是这种"天德合一"观最为集中的体现,他据此做出的公子周"必得晋国"的预言也最终为成公十八年悼公即位所验证。这样的例子在《国语》《左传》中极具普遍性。可见,春秋史官这种因果并录的书法原则,集中凸显了他们为了使"笃善抑恶"、明德扬礼、力欲以史的审判逐渐代替神的审判而做出的不懈努力和良苦用心。

3. 借言论断,巧明心志。《国语》《左传》记言中,有一类人物言论是以旁观者或局外人的身份对发生过的史事进行论断,或论其是非曲直,或断其吉凶祸福,或为时贤名言谠论,或为泛称"君子"之史论,既忠于历史事实,也曲达了史家的价值裁判,虚实相生,善恶相形,颇得借口代言之功。对于这一部分的详细论述请参见下编第四章。

第三节　叙事写人：春秋史官记言的文学审美功能

本来，春秋史官呈现于《国语》《左传》等典籍中的这些记言史料的直接功用在于教育贵族"耸善抑恶""劝戒其心"，有着很强的经世致用目的。但是，无心插柳柳成荫，《国语》《左传》中的许多记言客观上在推动故事情节发展和刻画人物形象方面也发挥着重大功能，并由此形成以言行叙事写人的重要文学传统。

首先，《国语》《左传》中的许多人物言辞有推动事件发展、丰富故事情节的作用。从叙事理论上来说，每一叙述事件都由若干推动故事向前发展的叙述单位即"行动元"组成。缺少了推动情节发展的"行动元"，不但故事的连续性会受到破坏，而且故事的生动性和趣味性也都无从谈起。《国语》《左传》的许多叙事性记言本身就充当了这种推动事件发展和丰富故事情节的"行动元"角色。这里，仅以《国语》《左传》二书共同选录的"重耳之亡"一事为例进行说明。尽管在这一事件中二书所载的人物言论有繁简的不同，但其所发挥的叙事功能却是一致的。

重耳的正式流亡是从僖公五年晋太子申生之难后晋人讨伐重耳起，直至僖公二十四年重耳在秦国的帮助之下返国执政。前后长达十九年之久，共游历八个诸侯国家。其中，随着时空的转换，每至一国，则着重记载该国一个人物的言论，这些言论均围绕重耳"返国执政"这一核心，前后回环连贯，互为因果，或推动情节向前发展，或使叙事更为生动有趣，从而使"重耳之亡"这一事件起伏曲折，有分有合，似断实连。如一开始，晋人攻伐蒲城时，重耳一番"造反有罪"之论，拉开了流亡的序幕；至狄国，重耳与季隗之间的一场夫妻告别，则让故事充满了浓厚的生活气息和悲剧色彩；卫国途中子犯"天赐"之语，则又令该流亡前景顿时明朗起来；齐国姜氏深明大义之语，对于重耳居安思危、毅然前行的改变起到关键的警醒和激励作用；至曹国和郑国，僖负羁之妻和郑叔詹对重耳的评论，从侧面进一步加深了人们对重耳最终能够返国执政的认识；至楚国，重耳与楚成王的一番对话，则令楚成王对重耳刮目相看，最终没有听从子玉之言而杀掉重耳；至秦，赵衰在宴飨会上文而有礼、机智灵活的赋诗应对，也为重耳得以返晋创造了良好条件；至于重耳返晋后所补叙的寺人披告密、竖头须求见和介之推不言禄等"仁而下士"之片断，也从侧面暗示了重耳称霸的必然性。因此，"重耳之亡"是晋文公争霸过程中的一个大事件，而此事件是由众多以人物言论为主的小故事组成的。这些故事之间有着相互依存、互为因果的内在关系，如抽掉这些人物言论，则整个故事既会失去原有叙述的有序结构，也会变得情节干瘪枯燥、黯然失色。

需要进一步指出的是，这些人物言论除了有推动事件发展和丰富故事情节的作用之外，还对此后事件发展起到预叙或伏笔的作用。如其中子犯劝重耳受野人赐土之言和僖负羁之妻劝夫礼遇重耳之言，则为僖公二十八年晋国侵曹伐卫预为伏笔；叔詹谏郑文公礼遇重耳，又为僖公三十年晋文公执政后围攻郑国、欲烹叔詹做伏笔。这种预言性质的言论的普遍应用虽然是当时劝善惩恶、察微知著历史教育的一种方法，但客观上在叙事过程中营造了一种"山雨欲来风满楼"的整体氛围，使整个叙述因果分明、前后呼应、浑然一体，并产生分合自如、张弛有度的节奏感，增强了读者的阅读期待。而且，这种预叙手法的运用，也标志着编者对自己的叙述行为有着一定程度的自觉控制，这对以后古典小说叙事方法的成熟产生了重要影响。

其次，《国语》《左传》中的许多人物言论客观上对人物形象的成功塑造也起着重要的作用。言为心声，透过声情并茂、各具特色的人物言辞，人物的心智高下、精神风貌则一览无余、跃然纸上。饶有趣味的是，围绕"重耳之亡"这一事件，聚集了数位深明大义、不让须眉的女性形象，虽然着墨不多，却同样光彩照人、栩栩如生，令人肃然起敬、掩卷难忘。如与重耳一起生活十二年之久的狄女季隗，在重耳离行之际，一句"我二十五年矣，又如是而嫁，则就木焉，请待子"，看似幽默轻松，实则将其依依不舍、满腹委屈但又无可奈何的矛盾情感刻画得入木三分。而"请待子"三字又将其忠贞不渝、顾全大局的精神风貌充分摹写出来。重耳能够重建大业，姜氏功不可没。她的一句"怀与安，实败名"，便将其宁愿牺牲个人幸福、以国家和事业为重的女中"大丈夫"品格凸显出来，并成为激励后人奋发有为的名言而流传千古，对此，清人冯天闲评论说："此六字圣贤豪杰胸中皆不能脱，此乃出诸女子口中，奇绝！"① 同样，在重耳返

---

① 转引自韩席筹编注《左传分国集注》，江苏人民出版社，1963，第267页。

国途中遇见的曹国僖负羁之妻也是一位颇具见识的女性。她以女性特有的敏感意识到眼前的重耳不同寻常，便建议其夫"早自贰焉"，寥寥数语，精练而切中要害，将一位目光敏锐、富有远见、足智多谋的女性形象刻画了出来。此外，还有自尊自爱的秦穆公之女怀嬴、不慕富贵的介之推之母等女性形象亦通过其个性化的语言塑造得卓而不凡、情态毕肖。由此可见，尽管春秋史官记载人物言论仅为存录历史、"耸善抑恶"，无意深入人物的内心世界来挖掘其思想情感，却以其真实、客观、"适如其人"的言语载录在客观上塑造了大批活灵活现的人物形象，令人千百年来掩卷而思，栩栩如生，如在眼前。从此，以言行写人便成为后世小说家塑造人物形象、构置情节冲突的最重要手法之一。

　　曾巩在《南齐书序》中有对"良史"的一段描述："古之所谓良史者，其明必足以周万事之理，其道必足民适天下之用，其智必足以通难知之意，其文必足以发难显之情，然后其任可得而称也。"①在春秋时期，各诸侯国史官不仅秉承"君举必书"的载录传统，客观公正地记录历史、传承历史，更重要的是他们和当时的贤卿士大夫一起，面对礼崩乐坏、动荡不安的社会现实，以"德礼"的代言人自居，以高度的社会责任感和使命感，以"立言不朽"的自信和勇气，积极参与政治、干预政治，形成了春秋时期继"王者之迹熄"之后的又一次波澜壮阔的"立法垂宪"的景观，开后世志士仁人"为天地立心，为百民立命，为往圣继绝学，为万世开太平"②的"道统"先声。鉴于此，吕祖谦对春秋史官的经世功能也予以高度称赞："呜呼！文武周公之泽既竭，仲尼之圣未生，是数百年间，中国所以不沦于夷狄者，皆史官扶持之力也。昧谷饯日之后，旸谷宾日之前，暮夜晦冥，群慝并作，苟无烛以代明，则天下之目瞽矣。春秋之时，非有史官司公议于其间，则胥戕胥虐人之类已灭，岂能复待仲尼之出乎！"③

---

① （宋）曾巩：《曾巩集》卷十一，中华书局，1984。

② （宋）张载：《张载集》，中华书局，1978，第376页。

③ （宋）吕祖谦：《东莱先生左氏博议》卷八，《丛书集成初编》本，商务印书馆，1985，第75页。

《国语》《左传》记言史料之比较

引 言

对于《国语》和《左传》，历来有"春秋内、外传"之称，[①] 这显然是根据与《春秋经》的关系而言的。对此，王充《论衡·案书》篇说得很明白："《国语》，左氏之外传也。左氏传经，语辞尚略，故复选录《国语》之辞以实。"[②] 班固在《司马迁传赞》中也说："孔子因鲁史记而作《春秋》，而左丘明论辑其本事以为之传，又纂异同为《国语》。"[③] 三国时韦昭也认为"其文不主于经，故号曰'外传'"[④]，因此，《左传》和《国语》虽然一"主于经"，一"不主于经"，但二者在内容上仍是互为表里，互相补充，足以表明二者之间有着密不可分的关系。如晋孔晁说："左丘明集其典雅辞令与经相发明者为《春秋传》，其高论善言别为《国语》。"[⑤] 唐刘知几认为左丘明"既为《春秋内传》，又稽其逸文，纂其别说，分周、鲁、齐、晋、郑、楚、吴、越八国，事起自周穆王，终于鲁悼公，别为《春秋外传国语》，合为二十一篇。其文以方《内传》，或重出而小异"[⑥]。宋司马光引其父亲的话说："先君以为左丘明将传《春秋》，乃先采集列国

---

① 自西汉后期，经过今文、古文两家激烈的论争，《左传》等古文典籍逐渐攀升至经典地位，《国语》的地位也随之上升而被视为"春秋外传"。据《汉书·韦玄成传》载，刘歆上哀帝奏议时说："礼，去事有杀，故《春秋外传》曰：'日祭，月祀，时享，岁贡，终王。'"此《春秋外传》内容见于《国语·周语上》"穆王将征犬戎"。由此可见，"春秋外传"之称，最早始于刘歆。鉴于《汉书·艺文志》取自刘歆《七略》，因此《汉书·律历志》中两次征引的"春秋外传"，也应是刘歆所称。此后，王充、贾逵、郑玄、杜预、王肃等人也都沿用这一称呼。至《隋书》《旧唐书》《宋史》《元史》的《艺文志》或《经籍志》又有"春秋外传国语""春秋国语"等称呼。显然，《国语》之所以被称为"春秋外传"，是根据与《春秋经》的关系而言的。
② 北京大学历史系《论衡》注释小组编《论衡注释》，中华书局，1979，第1632页。
③ 《汉书·司马迁传赞》，中华书局，1962，第2737页。
④ 徐元诰：《国语集解·国语解叙》，中华书局，2002，第594页。
⑤ 转引自朱彝尊《经义考》卷二〇九，中华书局，1998，第1071页。
⑥ （唐）刘知几撰，（清）浦起龙释《史通通释·载言》，中华书局，1978，第14页。

之史，因别分之，取其精英者为《春秋传》。而先所采集之稿，因为时人所传，命曰《国语》，非丘明之本义也。"明人黄省曾也说："昔左氏罗集国史实书，以传《春秋》，其释经之余，溢为外传。"① 他们均认为《国语》《左传》出于左氏一人之手，而左氏著《左传》释经，雅思未尽，复别著《国语》以继之。基于此，至清代，自今文学家刘逢禄提出刘歆"点窜"《左氏春秋》为《春秋左氏传》，而《左传》即司马迁所见的古文《春秋国语》② 之后，康有为进而提出《国语》《左传》原为一书而后刘歆割裂为二之观点，③ 并得到梁启超、崔适、钱玄同、胡适等人的认同。但这种"刘歆伪作"之说有很多主观的成分，既乏充分的证据，也多有牵强之处，所以后来批驳声极盛。

与上述《国语》《左传》互为表里甚至一书化分的传统观点迥然相反，近现代许多学者认为《国语》《左传》一重在记言、一重在记事，体例不一，性质迥异，是各自独立、互不相干的两部典籍。如崔述在其《洙泗考信录余录》中说："盖《左传》一书，采之各国之史，《师春》一篇，其明验也；《国语》则后人取古人之事而拟之为文者，是以事少而词多。《左传》一言可举者，《国语》累章而未足也，故名之曰《国语》。语也者，别于纪事而为言者也。黑白迥殊，云泥远隔。"④ 此外，瑞典学者高本汉先生的《左传真伪考及其他》、冯沅君先生的《论〈左传〉与〈国语〉的异点》⑤、卫聚贤先生的《古史研究》、孙海波先生的《〈国语〉真伪考》⑥、童书业先生的《〈国语〉与〈左传〉问题后案》⑦、杨向奎先生的《论〈左传〉之性质及其与〈国语〉之关系》⑧、赵光贤先生的《〈左传〉编撰考》以及台湾学者张以仁先生的《论〈国语〉与〈左传〉的关系》、张高评先

---

① 转引自朱彝尊《经义考》卷二〇九，中华书局，1998，第 1071 页。

② （清）刘逢禄著，顾颉刚校点《左氏春秋考证》，朴社，1933，第 19 页。

③ 康有为据《汉书艺文志》有《国语》二十一篇，又有《新国语》五十四篇，推测说："盖五十四篇者，左丘明之原本也，歆既分其大半凡三十篇以为《春秋传》，于是留其残剩，掇拾杂书，加以附益，而为今本之《国语》，故仅得二十一篇也。"（《新学伪经考·汉书艺文志辨伪》，生活·读书·新知三联书店，1998，第 90 页）

④ （清）崔述撰，顾颉刚编订《崔东壁遗书》，上海古籍出版社，1983，第 395 页。

⑤ 冯沅君：《论〈左传〉与〈国语〉的异点》，《新月刊》1926 年 1 卷第 7 期。

⑥ 孙海波：《〈国语〉真伪考》，《燕京学报》1934 年第 16 期。

⑦ 童书业：《〈国语〉与〈左传〉问题后案》，《浙江图书馆馆刊》1935 年第 2 期。

⑧ 杨向奎：《论〈左传〉之性质及其与〈国语〉之关系》，《史学集刊》1936 年第 2 期。

生的《左传导读》等一系列论著，虽立证取材各有不同，但其结论则是一致的，即《国语》《左传》二书各自独立，本非一书，更非由《国语》割裂而成。

正本才能清源。恰如判定人际关系之亲疏远近重在依据先天的血缘关系一样，判定《国语》《左传》二书的关系，既不能先验地根据它们与《春秋》的关系之远近，也不能仅靠它们成书后的表象特征来判断，关键是要根据《国语》《左传》汇编成书之前史料形成的机制和原有史料自身的性质而定。由于《国语》《左传》均多为春秋以前史料的汇编，虽然经过编者的重新组合、加工和润饰，但仍带有浓重的"杂记体"特征，因此，笔者在对《国语》《左传》二书中较为独立完整的单元史料进行对比分析后发现，商周史官原有的记言、记事分工载录的职事传统以及由此形成的言事分别的史料体式，直接决定了《国语》《左传》成书后自身内容的种种特征。其中，《国语》重在集录记言类史料，故决定了其记言体的性质；《左传》重在糅合记言类和记事类史料，故决定了其"言事相兼"的性质。因此，周代史官记言类史料构成了《国语》《左传》二书共同的史料来源，形象地说，《国语》《左传》犹如开放在同一母体上的两朵光鲜夺目的"姊妹花"，虽异彩纷呈，各有千秋，但又若即若离，万变归宗，二者关系甚为密切。认清这一点，即为本书比较、论析《国语》《左传》二书记言类史料奠定了可靠的基础。下面，笔者将对史官记言类史料在《国语》《左传》二书中的存在形态和特征分别进行论述，进而对《左传》一书的性质予以再认识。

第一章 《国语》记言史料论析

第一节 学界对《国语》记言史料的认识

"横看成岭侧成峰，远近高低各不同。"对待同样一个事物，由于观察视角的不同则会得出不同的判断。《国语》一书，若立足于与《春秋》《左传》的经传关系，即有"春秋外传"之称，汉代刘歆、王充、刘熙等人都持此说；若着眼于经史之分别上，又有"国别史"或"杂史"之称，如刘知几在《史通·六家》即将《国语》别为一家，称之为"国别家"；《四库全书总目提要》承继此说，将《国语》"改隶杂史类"。但是，这些关于《国语》性质的判断，或因崇经的先入成见，或因对史料真实性的不同认识，学者至今仍趣舍万殊，难成定论。

不过，由于《国语》以"语"名篇，是对周王朝和春秋各国"语"类史料的汇编，正如张政烺先生对《春秋事语》的判断一样，"使人一望而知这本书的重点不在讲事实而在记言论"①，故对于《国语》记言析理的性质，古今学者大都众口一辞，少有异议。如清人朱彝尊《经义考》所引孔晁曰："左丘明集其典雅令辞与经相发明者为《春秋》，其高论善言别为《国语》"；引录刘熙语云："《国语》，记诸国君臣相与言语谋议之得失也"；② 现代学者如白寿彝认为："《国语》在编纂上的最大特点，还在于以言为主。"③ 沈长云先生也说："《国语》的特点在于它是一部'语'，是按国别汇集成的'语'。"④ 王树民先生也认为《国语》是"古代一种记言的史书"。台湾学者张以仁先生从《国语》与《左传》的比较中得出结论

---

① 张政烺：《〈春秋事语〉解题》，《文物》1977 年第 1 期。
② （清）朱彝尊：《经义考》卷二〇九，中华书局，1998，第 1071 页。
③ 白寿彝：《国语散论》，《人民日报》1962 年 10 月 16 日。
④ 沈长云：《〈国语〉编撰考》，《河北师范学院学报》1987 年第 3 期。

说："它与《春秋》是不同的系统。它既不释经，复不叙史。它用记言的方式，求达到明德之目的，所以偏重说理，这就是它的本质。"① 对于《国语》中这种"嘉言善语"的史料来源及"记言体"的特殊性质，现代许多学者颇感兴趣，并屡有专论进行深入研究。这在"绪论"中已有论及，兹不赘述。

《国语》全书二十一卷没有完整统一的编写体例，因此各国记言史料在数量上多至数十则，少则仅一则；在内容上或长或短，或记时人之言，或叙前世成败之事；在风格上或深厚浑朴，或复沓浮夸，呈现出体例不一、类型多样、驳杂不纯的特征。尽管如此，《国语》的每条"语"料在结构上大都呈现出"近乎类型化的结构，即'背景＋言语＋结果'或者'背景＋言语＋结果＋尾声'"②，各自独立，自为起讫，不相统属。据此，1978 年，上海师范大学古籍整理组校点出版的《国语》（以下称"校点本《国语》"）以每则首尾完整的"语"料为单元，共整理校点记言单元 243则，而且每则记言都将人物言说的内容以标题的形式简明标出。但不足之处是，校点本《国语》或因所据底本之局限③，或因对每则语料的"三段式"结构把握不准确，有些记言单元的划分并不合理。对此，俞志慧先生参照目前《国语》的各种传本以及《国语》记言"三段式"的特征，特撰《〈国语〉分章商兑》一文将存在歧义的篇章进行了详细分析，结论公允。④ 此外，张以仁先生在其《从〈国语〉与〈左传〉本质上的差异试论后人对〈国语〉的批评》中也涉及对《国语》分章问题的讨论。⑤ 为了便于更为直观、全面、细致地了解《国语》记言的特征，笔者以校点本《国语》的分章为基础，借鉴时贤的最新研究成果，将《国语》中相对独立的记言单元全部按照记言背景、记言内容、记言结果、记言类型等纲目依次以表格的形式条列出来，总记为 244 则（见《附录表一》）。同校点本《国语》相比，本书的记言单元划分具有如下特征。

---

① 张以仁：《春秋史论集》，联经出版事业公司，1990，第 179 页。
② 李佳：《试论〈国语〉的篇章结构及其笔法特征》，《北京大学学报》2010 年第 6 期。
③ 按：《国语》现存的版本，以宋代两个刻印本为最古：一是刊于北宋仁宗明道二年（1033）的"明道本"；二是得名北宋文人宋庠（字公序）的"公序本"。校点本《国语》即以清代士礼居翻刻的"明道本"为底本。
④ 俞志慧：《〈国语〉分章商兑》，《古籍整理研究学刊》2011 年第 5 期。
⑤ 张以仁：《春秋史论集》，联经出版事业公司，1990，第 105～182 页。

1. 删掉校点本《国语》中的"桓公霸诸侯"(《齐语》)、"公子重耳、夷吾出奔"(《晋语一》)、"宰周公论晋侯将死"(《晋语二》)、"秦侵晋止惠公于秦"(《晋语三》)、"平王之末秦晋齐楚代兴"(《郑语》)共五章。这五章,因未充分考虑到每条记言单元大都附有验证结果这一因素,单独列章,从而显得不伦不类。

2. 鉴于记言单元"三段式"的结构特征及相对独立性,将校点本《国语》中的"富辰谏襄王以狄伐郑及以狄女为后"(《周语中》)、"文公欲弛孟文子与郈敬子之宅"(《鲁语上》)、"襄公如楚"(《鲁语下》)、"秦荐晋饥晋不予秦籴"(《晋语三》)、"重耳自狄适齐"(《晋语四》)、"中行穆子帅师伐狄围鼓"(《晋语九》)六章,一分为二,析为十二章。这六章,将记言单元划分范围过大,并非最小的记言单元。实际上,根据记言单元"背景+言语+结果"的"三段式"结构模式,每章仍可细分为两则相对独立的记言单元,即将《周语中》"富辰谏襄王以狄伐郑及以狄女为后"章分为"富辰谏襄王以狄伐郑"和"富辰谏襄王以狄女为后"两章;《鲁语上》"文公欲弛孟文子与郈敬子之宅"章分为"孟文子论鲁文公更宅"和"郈敬子论鲁文公更宅"两章;《鲁语下》"襄公如楚"章分为"叔仲昭伯谏鲁襄公如楚"和"荣成伯谏鲁襄公以楚师伐鲁"两章;《晋语三》"秦荐晋饥晋不予秦籴"章分为"丕豹、公孙枝辩籴晋"和"虢射、庆郑辩籴秦"两章;《晋语四》"重耳自狄适齐"章分为"狐偃论适齐"和"狐偃论受野人土"两章;《晋语九》"中行穆子帅师伐狄围鼓"章分为"中行穆子帅师伐狄围鼓"和"夙沙釐论事君"两章。

3. 在每一记言单元的标题命名上,校点本《国语》的标题大都鲜明地凸显了每一则"语"料以重点载录人物言论为中心内容的这种记言特性①,如《周语上》"祭公谏穆王征犬戎""穆仲论鲁侯孝",《周语下》"景王问钟律于伶州鸠",《鲁语上》"臧文仲说僖公请免卫成公",《鲁语下》"仲尼非难季康子以田赋"等,无论是言说者、言说对象还是言说内容、言说类型,都体现得一目了然,清晰准确。但遗憾的是,校点本《国语》的这一命名理念并没有一以贯之,有一部分标题并不能够清晰地彰显《国语》

---

① 沈长云、王树民在2002年点校出版的《国语集解》分出独立单元230则,择取每一单元首句为题,因这种命名不能很好地体现《国语》记言性质,故不取。

"记言"这一性质，如《晋语四》论及"重耳之亡"，每至一个国家，其标题为"卫文公不礼重耳""曹共公不礼重耳而观其骈胁""宋襄公赠重耳以马二十乘""郑文公不礼重耳""楚成王以周礼享重耳""重耳婚媾怀嬴""秦伯享重耳以国君之礼"等，仅叙及事件结果或某一细节，却忽视了《国语》记言以"明德"的本质特征。实际上，重耳每到一国，《国语》记叙的重点绝非国君的表现，而是当时贤臣对重耳来奔这一事件的高见。就在这种一深谋远虑且忠心耿耿、一刚愎自用且目光短浅的鲜明对比中，人物之识见高下自见，发人深思。因此，若相应改为"卫庄子谏卫文公礼遇重耳""僖负羁谏曹伯礼遇重耳""公孙固谏宋襄公礼遇重耳""叔詹谏郑文公礼遇重耳""重耳对楚成王问""司空季子谏重耳纳怀嬴""秦伯与重耳赋诗言志"，则名实相副，恰如其分。又如《周语中》"阳人不服晋侯"章和《晋语四》"文公出阳人"章，内容基本相同，其中心都在于表现阳樊人仓葛在强晋围城、以武胁从的紧急关头挺身而出，慷慨陈词，有理有据，有礼有节，最终使晋文公心悦诚服，撤出阳樊，从而解除了阳樊之围，是一篇非常精彩的妙言退敌辞令，与《左传》僖公四年"屈完召陵折齐桓"、僖公三十年"烛之武退秦师"等辞令如出一辙，异曲同工，甚至连敌方晋文公也不得不称赞说："是君子之言也。"因此，冠名为"阳人不服晋侯"或"文公出阳人"不能准确概括此章的中心内容，宜改为"仓葛力辩退晋师"。像这样名实不能契合的篇章，校点本《国语》多达93则，超过1/3。对此，附录表均以"＊"号标出，以示与校点本《国语》原有标题相区别。

由于校点本《国语》初版于1978年，受当时社会思想影响，有些标题还带有鲜明的时代烙印，如《鲁语下》以"孔丘"命名的四则标题——"孔丘谓公父文伯之母知礼""孔丘论大骨""孔丘论楛矢""孔丘非难季康子以田赋"，直呼孔子其名，而在相应的记言内容中皆以其字"仲尼"尊称之，这明显体现出当时人们对孔子的贬诋思想。《附录表一》对此皆予以更之。

4. 将《国语》内容具体细分为244则记言单元，对于《周语》《鲁语》等人物言论集中明显的"语"料汇编较为自然合理，能够更为清晰、直观地认识《国语》记言的性质及特征，但对于《齐语》《晋语》《吴语》《越语》中那些人物对话频繁转换且事件之间联系紧密、浑然一体的"语"料也进行同样的人为单元划分，则有削足适履、顾此失彼之嫌。事实上，

《国语》各国"语"料之间本来就没有统一的体例和统一的标准，这一点，前人早已有明确的认识，如清代姚鼐说："其略载一国事者，周鲁晋楚而已；若齐郑吴越，首尾一事，其体又异，辑《国语》者随所得繁简收之。"① 顾颉刚进而将《周语》《鲁语》《晋语》《楚语》"杂记一国先后事"者视为"正体"，将《齐语》《郑语》《吴语》《越语》"专记一国中之一件事者"视为"变体"；② 沈长云在谈及各"语"之间的区别时也说："其中周晋郑楚四国之语及《鲁语上》的风格比较一致，写作时间当较早；《鲁语下》则多记琐事，甚或撇开历史而专事说教，殆七十子后学所为；《齐语》一卷全同于《管子·小匡篇》，盖出稷下先生之手；《吴语》《越语》专记二国争霸事而多兵权谋之语。"③ 他们都明确地指出了《国语》各语之间的整体性差异，而且意见大体一致，即《周语》《鲁语》《晋语》《楚语》属于一类，"杂记一国先后事"；《齐语》《郑语》《吴语》《越语》属于一类，"专记一国中之一件事者"。这种从整体上对《国语》的宏观认识，大体上符合《国语》各语之间的存在状态和固有性质，但仍稍显笼统、宽泛。

在此基础上，俞志慧先生根据古代史官记言、记事的不同分工，将《国语》语料分为重在记言的"言类之语"和重在记事的"事类之语"两大类。其中，《周语》《鲁语》《齐语》《郑语》《楚语》属于"言类之语"，重在记言；《吴语》《越语》属于"事类之语"，重在记事；《晋语》九篇则记言、记事并重，由此认为"长期以来'《左传》详于记事，而《国语》详于记言'这样一概而论的成说其实并不周延"④。俞先生的这种分类，对于概括先秦时期普遍存在的"语类"内容大致是可以的，因为在以口传为主要传播方式的先秦时期，"语"作为一种旨在"明德"的德育教材，既可以以历史人物的嘉言善语进行典范式教育，也可以以历史事件的成败兴衰进行启发式教育，从而形成"语"的不同存在形态。但是，仅就《国语》而言，《周语》《鲁语》《齐语》《郑语》《楚语》五"语"重在记言，固然无疑，就连貌似"重在记事"的《吴语》、《越语》和《晋

---

① 姚鼐著，沈云龙主编《惜抱轩文集》卷五《辨郑语》，文海出版社，1968，第151页。
② 顾颉刚讲授，刘起釪笔记《春秋三传及国语之综合研究》，巴蜀书社，1988，第94页。
③ 沈长云：《〈国语〉编撰考》，《河北师范学院学报》1987年第3期。
④ 参见俞志慧《〈国语〉的文类及八〈语〉遴选的背景》，《文史》2006年第2辑。

语》的一部分，实际上仍是重在记言，只不过这类记言不同于上列五"语"的独体式记言，而是以同一人物或同一事件为中心进行的多组言论的集中组合和拼接，这里的事件仅为串联言论的主线，所占篇幅、比重都处于次要地位，仍与《国语》记言的基本性质是一致的。这就如同走进一家家具店，里面既有单体家具，又有组合家具，却不能因组合家具的存在而否定该店家具专卖的性质一样，譬类分殊，其理揆一。

有鉴于此，笔者根据《国语》自身的记言性质及记言史料的不同存在形态，将《国语》诸"语"料从整体上分为"独体式记言"和"组接式记言"两大类，其每类具体涵盖的内容均在《附录表一》中有相应的标注。下面，笔者拟对每一类"语"料分别做论析。

第二节　《国语》独体式记言

一

在《国语》中，有很大一部分记言史料是以载录某一特定历史人物的"嘉言善语"为中心，言说之前多载有对记言背景或缘起的概括性介绍，言说之后多附载记言所产生的直接或间接结果，呈现出明显的"背景＋言语＋结果"的"三段式"结构模式。它们互不相属、相对独立、自成单元，故名之"独体式记言"。据《附录表一》统计，此类独体式记言共152则，约占《国语》记言总数的62％，是《国语》最基本、最主要的记言类型。对于这类记言最明显的"三段式"结构特征，学者多有涉论或专论①，兹不赘言。这里，笔者拟分别择取甲骨文、金文、《尚书》和《国语》中的记言单元个案进行列表比较，从而对这类"语"料的成因予以进一步揭示。

---

① 台湾学者张以仁先生在其《从〈国语〉与〈左传〉本质上的差异试论后人对〈国语〉的批评》一文中指出："《左传》重点在事的记述，《国语》则在言的铺张。有时言辞之首，或书史事以交代其背景。言辞之末，或附史事以为之征验，皆无非是增加其说理的效果而已。"（载张以仁《春秋史论集》，联经出版事业公司，1990，109页）；俞志慧先生撰有《〈国语·周鲁郑楚晋语〉的结构模式及相关问题研究》一文，明确提出《国语》的"三段式"结构模式："（一）嘉言善语的背景或缘起；（二）嘉言善语；（三）言的结果"，并予以详细分析（《汉学研究》2005年第2期）；李佳博士撰有《试论〈国语〉的篇章结构及其笔法特征——以〈左传〉互见记载为参照》（《北京大学学报》2010年第6期）一文，通过与《左传》互见史料的比较，对《国语》篇章结构进行了更为深入的论述。

表一　"三段式"结构比较

	记言背景	记言内容	记言结果
甲骨文合集 （3297）	庚子卜，争贞：翌辛丑启？贞：翌辛丑不其启？	王占曰：今夕其雨，羽辛丑启	之夕允雨，辛丑启
大盂鼎	佳王廿又三祀。佳九月，王才宗周。命盂	王若曰：盂，丕显文王，受天有大令	盂用对王休。用乍南公宝鼎
《尚书·召诰》	惟二月既望，越六日乙未，王朝步自周，则至于丰。……太保乃以庶邦冢君取出币，乃复入锡周公	曰："拜首稽首，旅王若公，诰告庶殷越自乃御事。……"	（召公）拜手稽首曰："予小臣敢以王之雠民百君子，越友民，保受王威命明德，王末有成命，王亦显。我非敢勤，惟恭奉币，用供王能祈天永命。"
《国语·周语上》	十五年，有神降于莘，王问于内史过，曰："是何故？固有之乎。"	对曰："有之。国之将兴，其君齐明、衷正、精洁、惠和，其德足以昭其馨香，其惠足以同其民人。……若由是观之，不过五年。"	王使太宰忌父帅傅氏及祝、史奉牺牲、玉鬯往献焉。内史过从至虢，虢公亦使祝、史请土焉。……十九年，晋取虢

　　可以发现，《国语》中普遍存在的由"背景＋言语＋结果"构成的"三段式"结构模式由来已久。它源于商周史官对神旨或王命载录的格式、体例。如前文所述，史官的记言传统是伴随着"君权神授"政治制度的形成而形成的，殷商一朝数量颇丰的以人神问对为主要内容的甲骨卜辞就是这种天命神意的集中呈现。这些卜辞文字稚朴，情感虔敬，真实而自然地记录了当时殷人逢事必卜的种种占筮活动，由此也形成了最初的记言结构，即完整的甲骨卜辞。它主要由记录问卜时间和卜人名字的前辞或序辞、卜问事由的命辞、卜问结果的占辞和既卜之后的验辞四个部分组成，其中"前辞"和"命辞"为占卜的背景或缘起，"占辞"是整个占卜活动的中心，"验辞"是对"占辞"的最终验证。如表一中所举卜雨之辞例，开头所云的庚子那天卜人"争"正反对贞第二天是否会下雨，是对占辞背景或缘由的交代；接下来的"王占曰"内容是整则卜问的核心；最后的"之夕允雨，辛丑启"，则为对占辞的验证和补充。因此，这种完整的卜辞格式开启了此后记言史料"三段式"篇章结构之先河。

　　不过，这里值得一提的是，"验辞"部分虽然是与其他部分同时契刻于甲骨之上的，却是经历了一个过程。《周礼·占人》："凡卜筮既事，则系币以比其命，岁终则计其占之中否。"其中"币"，《说文》释为"帛也"，故"系币"，杜子春解释说："以帛书其占，系之于龟也。"但郑玄却释为"既卜筮，史必书其命龟之事及兆于策，系其礼神之币而合藏焉"①。一曰"书其占"，一曰"书其命龟之事"，看似歧异，但验之卜辞，可知皆言其一端而已，因为卜辞本身即包括了命辞和占辞。同时，他们指出"命辞"或"占辞"一开始先是书之于"帛"或书之于"策"，继而"以比其命"，即等待神意的最终裁决，直到最终结果"中否"揭晓，再一起刻录于甲骨。至于"计其占之中否"却不一定非得在"岁终"，而多在卜事应验之后即予以刻录。对此，高亨先生打了一个比方说："系币，谓系其记录占事之帛于某处，如今人之用卡片，但卜非系之于龟，筮非系之于蓍也。"② 验之甲骨卜辞，其中的验辞与其他部分的书体风格一致，即明确表明甲骨卜辞是待验辞发生后才一次性契刻完成的。③ 这也进而启示我们：《国语》中的这种独体式记言并非史官的即时记录档案，很可能是"结果"中所记事件发生后的追忆性记录。这从大量"背景"叙述中所涉及的当事人之谥号称谓也可得以验证，如单襄公、臧文仲、季文子、叔孙穆子、赵宣子、赵文子、赵简子等，按死后定谥制度，既然直呼其谥号，则表明该事件乃事后据相关记言史料补录无疑。

继殷商甲骨文之后，铜器铭文从殷商的简铭期至西周的鼎盛期前后，在内容和形式方面都经历了一些发展变化。马承源先生说："大凡商代中期和晚期的铭文格式一般比较单调和固定；西周早期铭文尚无规范统一的格式，颇少沿袭；穆王以后，册命渐多，书史若有定格；西周中晚期，铭文布局基本上程式化了。"④ 而对于这种程式化的"布局"，陈汉平先生据80 例西周册命类铜器铭文比较归纳为：

> 隹王某年某月月相辰在干支，王在某（地）。旦，王各于某（地），即位。某（人）右某（人）入门，立中廷，北向。史某受王命书，王乎史某册命某。
>
> ——册命背景：交代时间、地点及册命礼仪

---

① （汉）郑玄注，（唐）贾公彦疏《周礼注疏》，《十三经注疏》，中华书局，1980，第805 页。
② 高亨：《周礼古经今注》（修订本），中华书局，1984，第11 页。
③ 对此，曹兆兰先生举"《甲骨文合集》6057 正"为例说："四次卜旬是否分四次所刻尚待研究，但各次卜旬的前辞、命辞、占辞、验辞紧接密合，而字体与风格分明为一个刻手一次性契刻完成。"（《甲骨刻辞的形式美》，《深圳大学学报》2005 年第3 期）
④ 马承源：《中国青铜器》，上海古籍出版社，1996，第360 页。

王若曰：某，由某种原因，余册命汝官嗣某事。赐汝秬鬯、服饰、车饰、马饰、旂旗、兵器、土田、臣民、取徽某乎。敬夙昔用事，勿废朕命。

　　　　　　　　　　　　　　　　　　——册命内容

某拜手稽首，受命册佩以出。反入觐璋。敢对扬天子丕显休命。用作朕皇（剌）祖皇（剌）妣皇考皇母宝障彝。用祈匄眉寿万年无疆，通录永令霝冬，子子孙孙永宝用。①

　　　　　　　　　　　——册命结果：受命礼仪、作器铭识

虽然涉及具体的铜器铭文，未必都做到如此完整全面，但其基本格式大致不出乎此。如表一中所举《大盂鼎》，学者多考定为康王时器，主要记载康王对其大臣盂的训诰与赏赐，但在此册命之辞的前后，也同样载录了当时册命的时间、地点及册命之后的稽首受命、作器铭识等内容，从而形成一篇完整的册命铭文。

这一模式在同时期的典册文献中也普遍存在。如表一中所列《尚书·召诰》，其中心是周公告诫庶殷及成王之辞，诰辞前有一段对诰命时间、地点及仪式的介绍和描述；诰辞之后载录召公代成王受命的答拜之辞："我非敢勤，惟恭奉币，用供王，能祈天永命。"其用语也与金文颂扬之辞相近。1963年陕西宝鸡贾村塬出土的西周早期铜器《何尊》，主要载录成王对大臣何的诰辞，其铭文格式亦进一步印证了"三段式"之结构：

唯王初雍宅于成周，复禀武王礼，福自天。在四月丙戌，王诰宗小子于京室。（册命背景）

曰："昔在尔考公氏，克弼文王，肆文王受兹大命。唯武王既克大邑商，则廷告于天，曰：'余其宅兹中国，自之乂民。'乌虖！尔有唯小子亡识，视于公氏，有爵于天，彻命。敬享哉！"（册命之辞）

唯王恭德裕天，训我不敏。王咸诰。何锡贝卅朋，用作□公宝尊彝。唯王五祀。②（受命及作器铭识）

①　陈汉平：《西周册命制度研究》，学林出版社，1986，第28页。注：引文中破折号内容为笔者所加。

②　马承源主编《商周青铜器铭文选》（三），文物出版社，1988，第20～21页。注：括号内容为笔者所加。

据何幼琦先生考证,《何尊》是成王继位五年时器,[1] 与《召诰》《洛诰》同为西周初年诰辞。由此可见,"三段式"的记言结构模式在西周初年的铭文及典册中即已常见。至于周初那些仅存录诰辞内容而无背景和结果介绍的诸诰,如《大诰》《酒诰》《梓材》《多士》《无逸》等,大概皆为史官直接移录记言内史事先拟制的书面王命,而没有进行相应的补充和说明,因为据陈梦家先生考证,"内史掌书王命而贰之者,录册命的副本而藏之王室。其授于所命者的简册,则往往刻于彝器,如《祭统》所述《孔悝鼎》曰'悝拜稽首曰对扬以(原注:厥之误)辟之勤大命施于烝彝鼎',注云'施犹著也……刻著于烝祭之彝鼎彝尊也'"[2]。这些纯粹记言的诰辞,大概就是那类"藏之王室"的"副本",故其真实性更强。

由此可见,《国语》记言单元(如表一中所列《国语·周语上》例)中这类"背景+言语+结果"的"三段式"结构与甲骨卜辞、西周记言类铭文以及《尚书》某些诰辞的载录格式是一脉相承的,均源于史官契录王命的书写传统和书写规范,具有实录性质,比较确凿可信。王树民先生在《国语集解·前言》中也判定这类史料说:"大致《周》《鲁》《晋》《郑》《楚》各《语》多为当时人所记,其时代较早。"[3] 这类"独体式记言"史料,在《国语》中占绝大多数,它们是西周到春秋时期最为流行的文体样式,这大概与其篇幅短小而又多"嘉言懿语"以作为教材施之贵族教育的便利之故有着很大的关系。

二

甲骨文和金文中的记言背景部分,大多介绍时间、地点、人物及将要进行的事情,与接下来的言辞内容是一个顺序展开的连续过程,类似进行时语法形态,如表一所列"庚子卜,争贞"和"隹王廿又三祀。隹九月,王才宗周。命盂"即如此。不同的是,综观《附录表一》所列《国语》记言背景,虽然所记内容也是有关时间、地点、人物及事件的梗概介绍,但所涉事件大多已经发生或将要发生,类似完成时或将来时语法形态,其本身已是一个相

---

[1] 何幼琦:《关于〈何尊〉的年代问题》,《中原文物》1983 年第 4 期。
[2] 陈梦家:《尚书通论》,河北教育出版社,2000,第 182 页。
[3] 徐元诰:《国语集解》,中华书局,2002,第 1 页。

对完整的记事单元，如《周语上》"宣王即位，不籍千亩""幽王二年，西周三川皆震""十五年，有神降于莘"；《周语下》"温之会，晋人执卫成公归之于周""简王八年，鲁成公来朝，使叔孙侨如先聘且告"；《鲁语上》"庄公如齐观社""季文子相宣、成，无衣帛之妾，无食粟之马"等。若与现存《春秋》经文联系起来，《国语》中的这些背景介绍，无论"时间 + 事件"的结构模式，还是提要式的简练叙述风格，都与《春秋》记事之文极为相似，由此可以推测，《春秋》记事之文来源于类似《国语》语料形态但更为原始的史记档案，只不过更为整齐、凝炼罢了。

　　由于《国语》记言背景大多没有明确的时间记载，不像《左传》事事年月具体，时间清晰，因此，《国语》易给人以凌乱、杂凑之感，如清人崔述就说："《左传》之文，年年井井，事多实录，而《国语》荒唐诬妄，自相矛盾者甚多；《左传》纪事简洁，措词也多体要，而《国语》文词支蔓，冗弱无骨。"① 事实上，尽管《国语》各国语料多寡不一，风格各异，但每国语料按照事件发生时间先后编排得井井有条、历历有序，俨然一部编年体史书。如《周语上》自"穆王将征犬戎"至"襄王使太宰文公及内史兴赐晋文公命"14 则语料，就是按照周穆王、恭王、厉王、宣王、幽王、惠王、襄王的在位时间先后排列的。据宋庠《国语补音》目录中"附注"云，有些版本在《晋语》一至九标题外也有标注武公、献公、襄公、厉公、悼公、昭公等晋国君主称号以表明语料相应时间。如果说这样的时间序列还是粗线条勾勒的话，那么笔者再以《鲁语上》16 则语料为例进行说明。

表二　《鲁语上》16 则语料

	时间	事件		时间	事件
1	前 684	曹刿论战	9	前 625	展禽论祭爰居非政之宜
2	前 671	曹刿谏庄公如齐观社	10		文公欲弛孟文子、郈敬子之宅
3	前 670	匠师庆谏庄公丹楹刻角	11	前 625	宗有司谏夏父弗忌改昭穆之常
4	前 670	夏父展谏宗妇觌哀姜用币	12	前 608	里革更书逐莒太子仆
5	前 666	臧文仲如齐告籴	13	前 608	里革谏鲁宣公勿罟鱼
6	前 634	乙喜膏沐犒齐师	14	前 575	子叔声伯辞邑
7	前 632	臧文仲说僖公请免卫成公	15	前 573	里革论君之过
8	前 629	重馆人谏臧文仲速行亲晋	16		季文子论妾马

---

① （清）崔述撰，顾颉刚编订《崔东壁遗书》，上海古籍出版社，1983，第 395 页。

这 16 则语料原本都没有明确的时间记载，表二中每则语料前面的时间都是笔者据《左传》《史记》等史书相关记载考证出来的。可以看出，除第 10、16 两则材料无法确定具体年代外，其他 14 则材料均自公元前 684 年至前 573 年按照事件发生时间先后顺序排列，次序井然，有条不紊，清晰地表明了《国语》语料间的编年性质。《鲁语下》22 则材料也接续《鲁语上》时间自公元前 569 年"叔孙穆子论宴享之乐"至前 483 年"仲尼非难季康子以田赋"继续编年排列。这表明《鲁语》上、下部分原为一体，之所以分别上、下，应是后人为便于阅读或抄写而为。至于其他《语》上、下之分或一、二……之分，也是如此。其作俑者，始于宋庠，他在其《国语补音》目录后自注云："其间唯一国有二篇或三篇者，则加上、中、下以为别。"① 至于《晋语》一至九之数字标识，则始自清人徐元诰，他在其《国语集解》目录下也自注云："本书不著卷弟，其目录次序胥依《补音》本，唯于晋语诸篇每加数字别之，便于检阅，非其旧也。"②

至于其他两则未能确考时间的语料，可以根据《国语》的这一编年性质，大致确立一个时间坐标。第 10 则语料，因其前后两则语料都发生在公元前 625 年，所以可以确定"文公欲弛孟文子"与"郈敬子之宅"也应发生在这一年；第 16 则语料，根据其上一则"里革论君之过"发生在公元前 573 年，其后一则材料"叔孙穆子聘于晋"发生在公元前 569 年，于是可以大致断定"季文子论妾马"一事应发生在公元前 573 年至前 569 年这五年之间。有时，《国语》的这一编年性质，还能为判定版本校勘正误提供一定的依据，如《周语中》"富辰谏襄王以狄伐郑及以狄女为后"章，首句"襄王十三年，郑人伐滑"，"公序本""明道本"及韦昭注皆作"十三年"，但清人汪远孙据《左传》载有襄王十三年和十七年两次郑伐滑之事而断定此处应为"襄王十七年"，徐元诰《国语集解》据以改正。但因周襄王十七年为公元前 634 年，这与上一则"内史兴论晋文公必霸"（前 649）和下一则"襄王拒晋文公请隧"（前 635）不能形成先后编年，因此可以断定，"襄王十三年"（前 638）就是《国语》原本的材料，《国语》编者将其编年于此，也正据此年。

① （宋）宋庠：《国语补音》，景印文渊阁《四库全书》，台湾商务印书馆，1986。
② （清）徐元诰：《国语集解》，中华书局，2002，第 599 页。

　　《国语》的这一编年性质也启示我们：《国语》中的这些语料原应与《左传》一样有着明确的时间记载，后来编者在纂修时因侧重于语料的"务用明德于民"教化性质而淡化或模糊了时间概念，《国语》现存语料中存留的零星时间记载，大概就是这些语料原初的存在形态。

三

　　如上所述，既然《国语》某些独体式记言背景具有《春秋》记事的"经文"性质，那么，接下来的记言内容便自然而然的是对此记事背景的解释或评论，从而带有明显的"经传体"特征。对于经传体，学界一般认为始自汉代，因为经与传乃相对而言，汉初始独尊儒术，设经取士，故传方兴。事实上，以解释与被解释为主要内容的经传体在先秦时期已相当普遍，《文史通义·经解上》："诸子著书，往往自分经传，如撰辑管子者之分别经言，墨子亦有经篇，韩非则有储说经传。……经固尊称，其义亦取综要，非如后世之严也。"① 于雪棠先生进而将这种经传结构编排方式溯源至《周易》本经及其"大传"。② 其实，这种经传体迄今留存下来的最明显的范本就是《春秋》及其"三传"。《严氏春秋》引《观周篇》云："孔子将修《春秋》，与左丘明乘，如周，观书于周史，归而修《春秋》之经，丘明为之传，共为表里。"③ 当然，这里的"经"，乃如章氏所言仅为"尊称"，"义取综要"，为一纲目而已，非如后世意识形态之意味。这种经传结构在《国语》中也同样普遍存在，即记言背景是后面言说内容的提纲或评论中心，言说内容则是对记言背景的解说或评论，如《周语中》"单襄公论陈必亡"章，一开始介绍记言背景说：

　　　　定王使单襄公聘于宋。遂假道于陈，以聘于楚。火朝觌矣，道茀不可行也。侯不在疆，司空不视涂，泽不陂，川不梁，野有庾积，场功未毕，道无列树，垦田若艺，膳宰不致饩，司里不授馆，国无寄寓，县无施舍，民将筑台于夏氏。及陈，陈灵公与孔宁、仪行父南冠

---

① 章学诚：《文史通义》，上海书店，1988，第26页。
② 于雪棠：《〈周易〉经传结构与战国秦汉散文的体制》，《周易研究》2001年第4期。
③ （清）王应麟：《〈汉书·艺文志〉考证》，景印文渊阁《四库全书》第675册，台湾商务印书馆，1986，第33页。

以如夏氏，留宾不见。

接下来的记言内容则全是对这一记言背景进行解说，为更为直接清晰地了解二者之间的"经传"对应关系，不妨列表明示如下。

表三　《国语·周语中》"单襄公论陈必亡"

记言背景		记言内容	
定王使单襄公聘于宋。遂假道于陈，以聘于楚	火朝觌矣，道茀不可行，泽不陂，川不梁，野有庾积，场功未毕	夫辰角见而雨毕，天根见而水涸，本见而草木节解，驷见而陨霜，火见而清风戒寒。故先王之教曰："雨毕而除道，水涸而成梁，草木节解而备藏，陨霜而冬裘具，清风至而修城郭宫室。"故《夏令》曰："九月除道，十月成梁。"其时儆曰："收而场功，待而畚梮，营室之中，土功其始，火之初见，期于司里。"此先王所以不用财贿，而广施德于天下者也。今陈国火朝觌矣，而道路若塞，野场若弃，泽不陂障，川无舟梁，是废先王之教也	昔先王之教，懋帅其德也，犹恐殒越。若废其教而弃其制，蔑其官而犯其令，将何以守国？居大国之间，而无此四者，其能久乎？
	场功未毕，道无列树，垦田若艺，民将筑台于夏氏	周制有之曰："列树以表道，立鄙食以守路，国有郊牧，疆有寓望，薮有圃草，囿有林池，所以御灾也，其余无非穀土，民无悬耜，野无奥草。不夺民时，不蔑民功。有优无匮，有逸无罢。国有班事，县有序民。"今陈国道路不可知，田在草间，功成而不收，民罢于逸乐，是弃先王之法制也	
	侯不在疆，司空不视涂，膳宰不致饩，司里不授馆，国无寄寓，县无施舍	周之《秩官》有之曰："敌国宾至，关尹以告，行理以节逆之，候人为导，卿出郊劳，门尹除门，宗祝执祀，司里授馆，司徒具徒，司空视途，司寇诘奸，虞人入材，甸人积薪，火师监燎，水师监濯，膳宰致饔，廪人献饩，司马陈刍，工人展车，百官以物至，宾入如归。是故小大莫不怀爱。其贵国之宾至，则以班加一等，益虔。至于王吏，则皆官正莅事，上卿监之。若王巡守，则君亲监之。"今虽朝也不才，有分族于周，承王命以为过宾于陈，而司事莫至，是蔑先王之官也	
	及陈，陈灵公与孔宁、仪行父南冠以如夏氏，留宾不见	先王之令有之曰："天道赏善而罚淫，故凡我造国，无从非彝，无即慆淫，各守尔典，以承天休。"今陈侯不念胤续之常，弃其优偂妃嫔，而帅其卿佐以淫于夏氏，不亦嫒姓矣乎？陈，我大姬之后也。弃衮冕而南冠以出，不亦简彝乎？是又犯先王之令也	

　　从表三中可以清晰地看出，在单襄公聘楚返国后向周定王汇报的言辞中，分别从先王之教、先王之制、先王之官、先王之令四个方面阐发了途经陈国时的所见所感，并得出"无此四者，其能久乎"的预言性结论。这与记言背景中所列举的陈国16种违礼现象是一一对应的，从文中下划线标识的部分对照来看，甚至两部分的词句也大都相同。这里所陈述的背景介绍正是此后议论的中心或者说是提纲，二者确为解释与被解释的关系。不仅如此，这种对应关系还体现在言说内容本身之中，如果说记言背景与记言内容之间的对应是前后互映的正向对应，那么，言说内容中通过古今正反对比所形成的对应则是反向对应，表示如下。

表四　单襄公言说内容古今对比

古		今	
先王之教	雨毕而除道 收而场功 水涸而成梁	道路若塞 野场若弃 泽不陂障　川无舟梁	废先王之教
先王之制	列树以表道 野无奥草 不夺民时不蔑民功 有优无匮有逸无罢	道路不可知 田在草间　功成而不收 民罢于役乐	弃先王之法制
先王之官	关尹以告……工人展车	司事莫至	蔑先王之官
先王之令	天道赏善而罚淫	（陈侯）帅其卿佐以淫 于夏氏	犯先王之令

　　单襄公的这篇言辞没有停留在对所见现象的泛泛而谈上，而是以自己的渊博学识从先王古制中寻求议论的根据，做到言必有据，条分缕析，顺势而下，从而令自己的推论建立在扎实而严密的逻辑推理基础之上。在宗法制时代，由浓厚的祖先崇拜而产生的"崇古"观念或"法先王"思想在人们头脑中可谓根深蒂固。祖训、祖制神圣不可侵犯，这体现在《国语》《左传》人物的言辞中，征引前言往行作为言说的根据已成为一种极为普遍的话语模式。单襄公的此番议论亦如此：他所引用的先王之教、之制、之官、之令的内容恰与其在陈国亲眼目睹的种种违礼现象形成鲜明对比，借古验今，一正一反，得失自见。这种以先王礼制为标尺来评价时人言行的古今对比论证结构在《国语》中比比皆是。正是由于这种言必称古的言说模式，许多先前的古训、格言、制度、习俗都得以保存，成为我们今天

了解周代社会风俗制度的可靠且宝贵的资料。如该篇通过单襄公的种种征引，为我们较为详细地了解周代天象与农业生产的密切关系、周王对农业的种种重视措施以及接待外宾的详细规定等内容提供了难得的资料。其他如《周语上》虢文公论"籍田制"，《周语中》周定王论"宴飨礼"，《周语下》单穆公论"铸币礼"、伶州鸠论"律制"，《鲁语上》夏父弗忌论"昭穆制度"、叔孙穆子论"宴乐礼"，《齐语》管仲论"制国"，《楚语下》观射父论"用牲制"等，这些言辞本身就是一篇难得的礼制论文，由此亦可见出《国语》编者特意保存古礼、维护古礼的思想倾向和良苦用心。

再如《周语下》"单襄公论晋周将得晋国"一语，其记言背景与记言内容之关系，亦列表如下。

表五 《周语下》"单襄公论晋周将得晋国"

记言背景		记言内容			
总述	分述	分论1	分论2	总论1	总论2
晋孙谈之子周适周，事单襄公	立无跛	夫立无跛，正也	夫正，德之道也	守终纯固，道正事信，明令德矣；慎成端正，德之相也	被文相德，非国何取？
	视无还	视无还，端也	端，德之信也		
	听无耸	听无耸，成也	成，德之终也		
	言无远	言无远，慎也	慎，德之守也		
	言敬必及天	夫敬，文之恭也	象天能敬	此十一者，夫子皆有焉。天六地五，数之常也。经之以天，纬之以地。经纬不爽，文之象也。文王质文故天胙以天下。夫子被之矣，其昭穆又近，可以得国	
	言忠必及意	忠，文之实也	帅意能忠		
	言信必及身	信，文之孚也	思身能信		
	言仁必及人	仁，文之爱也	爱人能仁		
	言义必及利	义，文之制也	利制能义		
	言智必及事	知，文之舆也	事建能知		
	言勇必及制	勇，文之帅也	帅义能勇		
	言教必及辩	教，文之施也	施辩能教		
	言孝必及神	孝，文之本也	昭神能孝		
	言惠必及和	惠，文之慈也	慈和能惠		
	言让必及敌	让，文之材也	推敌能让		
	晋国有忧未尝不戚，有庆未尝不怡	为晋休戚，不背本也			

　　这里，为更为清晰明显起见，"记言内容"一栏打破了原文顺序，按相应语句的对应关系做了调整。这样，记言背景和记言内容之间解释和被解释的一一对应关系以及论说的结构脉络就一目了然了。如记言背景中的孙周"言仁必及人"一句，单襄公首先解释何者为"仁"："仁，文之爱也"，这是一个宽泛概念，此乃"分论1"；接着又结合孙周本人的行为进行针对性的解释——"爱人能仁"，这一句显然是糅合了前一句中的"爱"和记言背景一句的"人"所进行的具体解释，此乃"分论2"。其他10项有关孙周的言论要点，皆是如此。尽管"分论2"中的有些词语与"分论1"稍异，但也大都属于同义替换，不影响这种对应关系。在对孙周的这11项"文德"分别做了解释后，单襄公进行了初次归纳，将涵摄这11项"文德"的"人文"上升到天地经纬之"天文"："经纬不爽，文之象也"，即天地大义的精致呈现形式，后世《说文解字》和《释名·释言》中对"文"的释义便源于此。① 然后，又对孙周事单襄公时的"立""视""听""言"四项举止分别进行了解释，并总结道："慎成端正，德之相也"，将其视为人之德性的多样化呈现。同样，对孙周"晋国有忧未尝不戚，有庆未尝不怡"的爱国情怀，单襄公也解释说："不背本也。"在中国古代文化中，人之所以列为"三才"，正是因为"人者，天地之心也，五行之端也"②，秉承了天地之灵性，故《周易·系辞下》云："有天道焉，有人道焉，有地道焉，兼三才而两之。"③ 这里，单襄公认为天地之道的具体呈现为"文之象"，人道的具体呈现为"德之相"，因此，他最后将二者再次做了一次总结，断定孙周"被文相德，非国何取？"即身兼"三才"智慧，必当保有晋国，并谆谆告诫其子顷公"必早善晋子，其当之也"。围绕记言背景中所列孙周16件言行之事，单襄公的评论可以说是多管齐下，齐头并进，犹如条条细流，涓涓流淌，渐成浑灏之势，最终汇入大海，而且前呼后应，开合有致，接续自然，从而令自己的推论既有扎实的学术论证，又有思想理论的升华与涵摄，洞察纤微，谋虑深远，具有极强的说服力和可信度。此后的历史证明，"及厉公之乱，如周子而立之，是为悼公"，终至复霸，此言不虚矣。

---

① 《说文解字》："文，错画也，象交文。"《释名·释言》："文者，会集众彩以成锦绣，会集众字以成辞义，如文绣然也。"
② （清）孙希旦：《礼记集解》，中华书局，1989，第612页。
③ 高亨：《周易大传今注》，齐鲁书社，1998，第443页。

在《国语》独体式记言中，还有一些记言内容虽然与记言背景之间不存在如上的一一对应关系，但记言背景仍是记言内容议论的焦点或中心，因此二者仍可视为评论与被评论的经传结构。如《周语上》"内史过论神"章，记言背景仅"十五年，有神降于莘"一句话，接下来内史过的一番言论围绕这一事件，分别从神降的兴亡历史、该神的名称、该神的吉凶指向以及相应的逢凶化吉的办法等方面进行评论，看似形式散乱，实则全部围绕"神降于莘"事件进行评论，二者之间的关系甚为密切。《国语》152则独体式记言，结构大都如此。对此，清人陈造也早已认识到，他说："《国语》要是传体，而其文壮，其辞奇。"①

《国语》独体式记言中，记言背景与记言内容之间存在的这种经传性质为我们进一步认识《国语》与"《左传》原本"之间的关系提供了一个新的视角：在《春秋》经文独立编修之前，"《左传》原本"中的很多史料形态与《国语》独体式记言形态是一样的。

四

《国语》的记言绝不仅仅停留在与记言背景解释与被解释的经传功能上，更重要的是为了彰显这些嘉言善语所产生的巨大社会效应，这可从"独体式记言"的记言结果中得到鲜明的体现。据《附录表一》可以看出，这些记言结果形式多样，类型不一，大体可以分为四类。第一类是记录受话者不听从或听从说话者之言所产生的结果，其结构模式基本为"（受话者）不听（听从），XX 年，XX 事"。若受话者不听从，此后几年则会有某些灾祸发生，如例 3 "王不听，于是国莫敢出言。三年，乃流王于彘"，例 15 "王不听。十七年，王降狄师以伐郑"，例 36 "不听，遂如齐"等；若受话者听从，则会有相应的如意或吉祥之事发生，如例 24 "王遂不赐，礼如行人"，例 40 "齐人乃许为平而还"，例 166 "是以没平公之身无内乱也"等。第二类是记录一些预测性言论的最终应验结果。《国语》中有一类言论是说话者根据言说对象的具体行为所做出的预测性评论，其常用的判断句式为"XX 必（将）XX"，即某人必定或将要遭遇到某事，如例 13，

---

① （清）朱彝尊：《经义考》，中华书局，1998，第 1071 页。

内史过在出使晋国时观察到晋大夫吕甥、郤芮"相晋侯不敬",并且晋惠公"执玉卑,拜不稽首",据此违礼行为,他预测说:"其君必无后,且吕、郤将不免",不但晋惠公将要断绝后嗣,而且吕甥、郤芮也要遭到杀身之祸。果然,"襄王三年而立晋侯,八年而陨于韩。十六年而晋人杀怀公,怀公无胄;秦人杀子金、子公"。年月井井,一一应验。其他如例10、11、12、14、20、22、23、25、26、27、34、43、58、71、132、144、153、176、181、182、186、214、220,皆是如此。第三类是记录一些类似"君子曰"的人物评论,以再次表达对嘉言善语的激赏。这类最为典型的例子是《鲁语下》中孔子及子夏、师亥对公父文伯之母即季敬姜知礼、守礼言行的六次评论,这些评论都集中表达了在一个礼崩乐坏的时代尚有如此谙熟并坚守、躬行礼法的女性的由衷钦敬之情。第四类是无相应的结果记载,这在独体式记言中共有32则。它们或因相关人物的言说结果在其他记言中已有载录,如例93卜偃对攻虢之日的预测结果已在例91中出现,例149和例150范文子对晋国攻楚的预测结果在例153和例154中出现等,故有学者称此为先于《史记》的"互见法"①;或因有些言论仅涉及知识性的问对,本身并不产生某种结果,如例32"周景王问钟律于伶州鸠"、例61"仲尼对季桓子使者之问"等,因此缺乏相应的记言结果。

　　如此众多的年月清晰的记言结果记载进一步印证了《楚语上》申叔时关于"语"类文献教材性质的论述:"教之'语',使明其德,而知先王之务用明德于民也。"对此,《晋语九》晋大夫邮无正在谈及赵简子之父赵成幼时的教育时也说:"择言以教子,择师保以相子。"古人深知事实胜于雄辩之理,这些独体式记言通过记言结果与记言内容之间的相互验证,鲜明地体现了《国语》作为"语"类文献教材以培育王侯贵族的教育理念。对此,已有许多学者从《国语》编者的编纂意图方面予以了揭示。如白寿彝先生说:"编纂者的意图,可以看得出来,是要在历史遗迹中取得一些治乱兴衰的教训。这用《国语》里现成的话来说,是要'求多闻善败以监戒'。"至于"监戒"的具体内涵,白先生总结为天命、用人、资治三个方面,② 夏经林

---

① 俞志慧:《〈国语·周、鲁、郑、楚、晋语〉的结构模式及相关问题研究》,《汉学研究》2005 年第 2 期。
② 白寿彝:《国语散论》,《人民日报》1962 年 10 月 16 日。

先生总结为宗周、天命、君臣三个方面，① 张居三先生总结为礼治思想、民本思想、天命思想、民族思想四个方面。② 这些思想都极为精到地概括了含蕴在这些语料中的政治意图以及《国语》编者倾注其中的良苦用心，正是这些"明德"的内涵贯穿其中，才使众多看似散乱的、孤立的语料有了一以贯之的灵魂。除此以外，这些独体式记言中普遍存在的"三段论"结构形式本身也承载着相应的教育功能，尤其是最后记言结果的普遍补录，更是强烈地昭示着特定的"监戒"意图。

1. 从记言结果和记言背景之间的关系来看，"独体式记言"中某一事件的最终结果总是与当事人先前某种特定行为有着直接关系，以此彰明"吉凶由人"的因果警诫意识。"吉凶由人"一语，本出自《左传·僖公十六年》周内史叔兴之口。当宋襄公对"陨石于宋五"和"六鹢退飞"这些反常天象惶恐不已并急于知道所示祸福时，内史叔兴则冷静地认为这是"阴阳之事，非吉凶所生也。吉凶由人"，即决定一个人吉凶祸福的关键因素根植于其自己的个人修养程度，外在客观因素并非导致吉凶发生的根本原因。这一理性认识也同样反复出现于《国语》众语料之中。据《附录表一》统计，在《国语》244 则记言单元中，就有 180 则有明确的结果验证，这些篇幅短小、结构雷同的记言单元，本身就是一个个鲜活生动的历史教学案例，不厌其烦地重复着一个主题：吉凶由人。这在《周语》中尤为突出。《周语》上、中、下共 34 则独体式记言，有 32 则明确载录记言结果。③ 将这些记言结果与记言背景内容一一对照（见《附录表一》），则会发现记言结果中所载录的事件之所以发生，是因为当事人早在若干年就已埋下了福祸的种子而仍我行我素，浑然不觉。特别是那些年月井井的不吉祥事件记录，均与当事人先前的言行一一对应，应验不爽。如例 26 记言背景中记载了当事人在简王十一年柯陵之会上的五种违礼行为：晋厉公"视远步高"；晋郤锜"语犯"；郤犨"语迁"；郤至"语伐"；齐国佐"语尽"。这在此后两三年内均遭遇到相应的惩戒：十二年，晋杀三郤；十三

---

① 夏经林：《论〈国语〉的编纂》，《中国史研究》2005 年第 4 期。
② 张居三：《〈国语〉的编撰意图及其文学价值》，《求是学刊》2007 年第 3 期。
③ 张居三先生统计说："全书二百三十条记事，共有近六十条给出结果，仅《周语》就有二十三条。"（张居三：《〈国语〉的编纂意图及其文学价值》，《求是学刊》2007 年第 3 期）其中统计数字不准确。

年，晋侯弑，于翼东门葬；齐人杀国武子。有些结果甚至与当事人最初引起事端的时间相距数十年仍然厄运难逃。如例 6 "宣王即位，不籍千亩"，这一废弃先王籍田古礼行为，招致神怒民困，终为姜氏之戎所伐，前后时间间隔长达三十九年；紧接着，宣王不思悔过，再次 "无故而料民"，结果 "及幽王而废灭"，前后相距十九年。与此形成鲜明对比的是，若当事人恪守礼制，讷言敏行，端正肃明，则会有光明远大之前景。如例 14 晋文公在接受周襄王使者册命仪式上严格遵循周代册命礼的系列规定，既敬顺王命，雍容儒雅，又奉成礼义，步步到位，完美诠释了礼之质文的真正内涵，由小见大，见微知著，故有践土之盟后 "于是乎始霸" 的巅峰事业。

《国语》中这种类似因果报应的 "监戒" 思想，实际上源自周初以来的天命信仰。《周语中》单襄公曾征引《先王之令》曰："天道赏善而罚淫。" 而天道赏善罚淫的唯一根据便是 "德"，《晋语六》范文子述闻前人之语云："天道无亲，唯德是授。"《老子》第七十九章亦云："天道无亲，常与善人。"《左传·僖公五年》宫之奇谏虞公勿假道于晋时也反复征引说："臣闻之：'鬼神非人实亲，惟德是依。' 故《周书》曰：'皇天无亲，惟德是辅。' 又曰：'黍稷非馨，明德惟馨。' 又曰：'民不易物，惟德繄物。'" 可见，虽然天道玄远莫测，却可以通过 "明德" 的方式具体呈现出来。具体来说，人们只要遵德行善，便是替天行道，就会有好报；但若违德作恶，便是违背天道，就会受到惩罚。这种福善祸淫的天命信仰是上古时代人们普遍的思想崇尚。春秋时期，肩负培养未来合格王侯继承人的太保、太傅们，正是通过这样一个个真实生动的历史案例谆谆警诫太子们要树立对天道的敬畏之心以修身固本，循礼而动，以先王为榜样，努力成为上秉天道、下化臣民的贤君良王。

2. 从记言结果与记言内容之间的关系来看，如果说前述记言背景中当事人的立身行事是导致记言结果事件的根本内因，那么，记言内容中所载录的嘉言善语则是影响记言结果事件发生的外在因素。从这一意义上来说，记言内容已不再单纯是为了解释或评论记言背景中当事人的行为，还承担着影响事件发展趋势的功能。据《附录表一》"记言结果" 一栏，"不听（听），遂（乃）……" 是其基本的叙述模式，其中 "遂（乃）" 一词的大量运用，突出地表明此后的事件结果与是否 "听话" 有着直接的关系。听话，即有好的结果；否则，后果就很严重，立竿见影，不容置疑，反复申明能否纳言"听话"也是决定吉凶祸福的关键因素，从而极力彰显记言内容在太子教育方面的重要性。

平心而论，某一重大历史事件的发生，往往都是众多直接或间接、内在或外在、显性或隐性因素交互作用使然，是合力的结果。《国语》将某一事件结局的原因简单归结为"听话"与否，显然是过分或有意渲染人物言论的功能。那么，如何理解这种叙事背后的真实动机？笔者认为这仍然与"语"类文献的教材性质密切相关。换言之，这是当时太保、太傅们保育太子"代言"说理的一种独特教育方式。试想，哪一位老师不希望学生听从自己所讲的道理并按之立身行事呢？我们来看这150余则"独体式记言"，大都旁征博引，滔滔不绝，长篇大论，最长的如例208"史伯为桓公论兴衰"一则，竟长达2009字；其他如例28"太子晋谏壅谷水"1472字，例12"内史过论神"1328字，例31"单穆公谏景王铸大钟"1052字等。这些言论虽然针对记言背景中的人物言行有感而发，借古喻今，旨在规劝，但其议论的重点却往往放在"借古"上。有许多人物议论本身就是一篇完整的礼制论文，如例6虢文公为劝谏周宣王"不籍千亩"这一违礼行为，就不厌其烦地将世代沿袭的"籍田礼"原原本本地讲述了一遍。对此礼仪过程，杨宽先生概括为五个方面，即"行礼前的准备"、"举行'飨礼'"、"正式举行'籍礼'"、"礼毕后的宴会"和"广泛的巡查和监督庶人耕作"。① 自始至终每一环节的具体礼仪无不叙述得有条不紊，清清楚楚，巨细不遗，近七百言，是我们今天了解西周"籍田礼"最为详尽的资料。即使在专门论述古礼的文献中，也仅《礼记·祭义》和《礼记·月令》两篇载有对"籍田礼"极为粗疏的记录②，不足百言，难以深入了解该礼的全貌。不过，若结合虢文公进谏的时代背景，借助民力以耕治公田的"籍田制"本是西周时期最为流行的土地制度，而与此相应的"籍田礼"也是周代最重要的礼仪活动之一，世代沿袭，妇孺皆知，尽管周宣王所处西周后期礼乐始衰，但如此重要而普遍的礼仪绝不可能断裂式消逝，

---

① 杨宽：《古史新探》，中华书局，1965，第218~220页。
② 《礼记·祭义》云："是故昔者天子为借千亩，冕而朱纮，躬秉耒。诸侯为借百亩，冕而青纮，躬秉耒。以事天地山川、社稷先古，以为醴酪齐盛，于是乎取之，敬之至也。"《礼记·月令》载："是月也，天子乃以元日祈谷于上帝，乃择元辰。天子亲载耒耜，措之于参保介之御间，帅三公、九卿、诸侯、大夫躬耕帝籍。天子三推，三公五推，卿诸侯九推。反，爵于大寝，三公、九卿、诸侯、大夫皆御，命曰劳酒。"

因此，度之常情，虢文公在"籍田礼"依然盛行的时代若果真在周宣王面前如此喋喋谏说，岂不有多此一举、不合常理之嫌？其论说篇幅和方式大概如《吕氏春秋·士容论》"古先圣王之所以导其民者，先务于农。……后稷曰：'所以务耕织者，以为本教也。'是故天子亲率诸侯耕帝藉田，大夫士皆有功业"，这种方式才应是合乎常情的。结合该记言背景"三十九年，战于千亩，王师败绩于姜氏之戎"一语，可以推断虢文公的此番言论应是春秋时期太保、太傅为使太子们明晓古礼、遵循古制而借题发挥、借古喻今的产物。因为"历史上呈现出和谐的绵密的画面，部分也出于史学家的想象。纷纭的资料，融合在一起，靠想象力，资料所缺失的，尤其靠丰富的想象力以使其无阙无漏"①。至春秋时期，王权式微，崇霸尚力，西周时期的许多礼乐制度渐趋崩坏甚至湮灭，为挽救和恢复西周时期上下等级有序、文质彬彬的古代礼仪，肩负"明德"使命的太保、太傅们有意将自己所熟知的古代礼制融入相关"语"类教材之中，既传播历代兴衰成败之事，又托古言志，借口代言，从而将自己复礼之制与古代先贤之语自然巧妙地联合在一起。这种刻意保存古制以晓谕太子的言论在《国语》中甚为普遍，如例1中的"五服制"，例3"天子听政制"，例12"天子事神礼"，例21"宴飨礼"，例22"宾礼"，例27论"文德"，例28论"治水"，例30论"币制"，例31、32论"乐制"等。也正因为如此，《国语》的有些言论才显得颇为冗长烦琐，以致被后人诟病。② 这正与《国语》作为教材以教育太子"明德"的实际用途有着密切关系。

　　《国语》对古礼的重视，不仅体现在倡明古制上，还体现在特意存录了许多守礼、循礼的典范，以榜样的力量引领和鼓舞太子身正是范，做遵礼守制的表率方面。其中，最为突出的是《鲁语上》所集中载录的有关公父文伯之母的言论和事迹。据《列女传》记载，公父文伯之母，即敬姜③，本是季悼子庶子公父穆伯之妻。在春秋时期无数卿大夫妻妾之列中，敬姜

---

① 杜维运：《史学方法论》，北京大学出版社，2006，第149页。
② 如朱熹说："《国语》委靡繁絮，真衰世之文耳。"崔适说："《国语》文词支蔓，冗弱无骨。"钱玄同说："《国语》中有许多琐屑的记载与支蔓的议论。"（《春秋与孔子》，《北京大学研究所国学门周刊》1925年第1期）
③ 《列女传·母仪》曰："鲁季敬姜者，莒女也，号戴己。鲁大夫公父穆伯之妻，文伯之母，季康子之从祖叔母也。"据学者考证，其中季敬姜是莒人、号戴己的说法，有误。参见《季敬姜"知礼"与周礼在鲁的嬗迁》（《山西大学学报》2010年第3期）一文。

以其谙熟礼义、恪守礼仪且以礼教子的高风亮节多次受到孔子及其弟子的高度评价，从而脱颖而出，名垂史册，为后世所效法。《国语·鲁语》共39 则语料，有关敬姜的言行事迹就占 8 则，如此集中、大量地彰显一位女性的德行，这在先秦史料中是十分罕见的。其中，有 5 则是敬姜教育后代如何守礼做人的，如例 61 和例 65 谆谆告诫其子公父文伯和其孙季康子要恪遵先训，"朝夕处事"，勤劳勿惰；例 63 借"食鳖"一事，训诫公父文伯待客之礼；例 64 对季康子申明内朝、外朝礼之区别；例 68 告诫公父文伯之妾如何行丧礼。据《周礼·地官》，师氏"以三德教国子：一曰至德，以为道本；二曰敏德，以为行本；三曰孝德，以知逆恶。教三行：一曰孝行，以亲父母；二曰友行，以尊贤良；三曰顺行，以事师长"。敬姜对其后代的这些教育内容大致与此"三德""三行"是一致的，足见她对周礼传统的恪守和维护。还有 3 则语料是载录敬姜本人在具体某一事件中是如何将周礼演绎得完美无瑕，如例 66 载其在季悼子祭礼上行礼之准确到位；例67 载其在一次家宴上"赋《诗》言志"之得体恰当；例 68 载其恪遵周礼，"朝哭穆伯，而暮哭文伯"，以礼制情，合情合理。倘若按照《国语》记言普遍存在的"三段论"结构模式来衡量，这 3 则语料应属特例，因为它们仅载录了当事人之具体行事，而缺乏作为语料最主要特征的"记言内容"。它们之所以被破格录入，应当与孔子及鲁乐师师亥的高度评价有关。可以看出，在春秋后期陪臣执政、礼乐沦丧的时代，像敬姜这样仍然秉承周礼，严守周礼，自觉地将周礼内化为自己的理性意识、行为规范，并严格教育后代，已是很少见了。在这个意义上，太傅们是将敬姜作为恪守周礼的"活标本"，以为太子们在礼乐社会理想渐行渐远之时求取一种典范的力量。

第三节 《国语》组接式记言

与独体式的记言单元不同，《国语》中还有一类记言是将两则或两则以上内容相关的记言单元组合成一个更大的"记言群"。在这个"记言群"内，各记言单元被某一特定历史事件紧密地联结在一起，犹如串在一个链条上的珍珠，既各自独立，又心心相连，在内容上相互之间存在前后发展的因果逻辑关系，在时间上也呈现出先后承续关系，因而我们将其称为"组接式记言"。据《附录表一》统计，这类组接式记言在《国语》中共有14则，囊括了"校点本《国语》"244则记言单元中的88则，约占1/3，包括《鲁语》"襄公如楚"1则，《齐语》"管仲相桓公争霸"1则，《晋语》"申生之难""惠公归国""文公称霸""赵文子冠""厉公之弑""悼公复霸""范宣子与和大夫争田""中行穆子克鼓"8则，《楚语》"昭王出奔"1则，《吴语》"夫差争霸"1则，《越语》"勾践灭吴"2则。它们最主要的特征是"以事系言"，即以某特定事件的发展时序为纲，组织、系联起不同时间内的众多人物言论，因而这些人物言论既有相对的独立性，又有内在的逻辑性。下面，笔者以《晋语》"惠公归国"一事为例对组接式记言的结构特征予以说明。

据《国语》《左传》相关史料记载，晋惠公可谓春秋历史上反面君主的一个典型：他父丧乐忧，不可谓孝；背惠食言，不可谓信；不辨忠奸，滥杀贤良，不可谓智；忘善背德，以邻为壑，不可谓义；战敌不胜，被俘贻笑，不可谓勇。然而，就是这样一个"背施、幸灾、贪爱、怒邻"的独夫，却成了晋国"骊姬之祸"中的最大赢家。在重耳权且韬光养晦，主动退出政局的背景下，晋惠公巧施阴谋，获得秦穆公援助，终于实现了其渴望已久的政治野心，返晋即位，执政长达十四年之久。《国语》载录有关晋惠公的语料共有10则，分布在《晋语二》的最后两条和《晋语三》全部：

1. 里克杀奚齐而秦立惠公
2. 冀芮答秦穆公问
3. 郭偃论舆人之诵
4. 郭偃论国人之诵
5. 郭偃论冀芮、惠公之行为
6. 共华明志
7. 丕豹、公孙枝辩朵晋
8. 虢射、庆郑辩朵秦
9. 吕甥逆惠公于秦
10. 惠公斩庆郑

按照《国语》记"语"以明德的普遍原则，所载录言说者的话语即该则语料的核心，旨在借此言论正面或反面地表明其中所含蕴的为人处世的道理。这10则语料，若单独来看，每一则言说主角和记言的重心并非晋惠公，如例 2 记录冀芮评论惠公之言，对此，编者以"君子曰"的形式评论说"善以微劝也"，即将此作为巧妙委婉劝谏的教育案例；[①] 例 3、4、5 记录晋大夫郭偃借惠公之行为所生发的三则议论，其中"善哉，夫众口祸福之门""甚哉，善之难也""志道者勿忘"等语句，殷切表明了对后继者以史为鉴、尚德向善的劝诫意图；例 7、8 分别记录秦晋两国大臣就伐晋和伐秦所展开的辩论，一正一反，对比鲜明，优劣自见。可见，这 10 则语料原本如上述独体式记言一样，各自独立，互不相属。对此，王靖宇先生通过对《晋语》和《左传》同类材料进行比较，也认为《国语》的语料具有"原材料"性质，"编著者在采用原材料时，似乎主要是转抄，并未对所转抄之材料再特意休整或加工，所以可以说《国语》比较接近原材料的原貌"[②]。然而，当《国语》编者按照一定编排原则将这些原材料纂辑排列在一起的时候，这些原本各自独立的材料便"身不由己"地被系联进了一个有目的、有组织的更大的记言单位之中。

　　首先，在时间编排上，上述 10 则语料围绕晋惠公两次归国事件，按发生时间先后被编排得井井有序，历历可考。除材料本身已有的时间标识，如例 1 "二十六年，献公卒"、例 4 "惠公既即位"、例 9 "六年，秦岁定，师师侵晋"、例 10 "十五年，惠公卒"等外，其余语料结合《左传》相关记载，也可以确切地考证出所载事件的发生时间，兹列表如下。

表六　晋惠公两次归国事件

	时间	事件	类别
1	前 651	里克杀奚齐而秦立惠公	
2	前 650	冀芮答秦穆公问	
3	前 650	郭偃论舆人之诵	
4	前 650	郭偃论国人之诵	第一次归国
5	前 650	郭偃论冀芮、惠公之行为	
6	前 650	共华明志	
7	前 647	丕豹、公孙枝辩伐晋	
8	前 646	虢射、庆郑辩伐秦	
9	前 645	吕甥逆惠公于秦	第二次归国
10	前 645	惠公斩庆郑	
	前 637	惠公卒	

[①] 这里的解释是"善以微劝也"的表层意思。结合前后语料中有关冀芮言行的记载，此句很可能具有讥讽的意味。

[②] 〔美〕王靖宇：《中国早期叙事文研究》，上海古籍出版社，2003，第 188 页。

可以看出，这 10 则语料虽然涵摄了自晋惠公即位至晋惠公卒共十四年的历史，但所选语料主要集中在晋惠公两次归国事件：一次是公元前 650 年前后晋惠公获秦国援助回国执政，前 6 则语料皆为该事件前后有关晋惠公行为的人物评论；另一次是公元前 645 年韩之战晋惠公被俘再次返国，后 4 则语料集中记录了战争前后一些人物对晋惠公行为的评论。因此，原本互不相属的 10 则语料，一经组合联结，便构成了一个以"惠公归国"为中心的更大的"记言群"，而且相互之间有了互为因果的内在逻辑关系，不能再以前述单纯的独体式记言视之。

其次，从各记言单元之间的内在逻辑关系来看，这 10 则语料互为因果，相互影响，共同推动事件的进一步发展。公元前 651 年，里克杀奚齐、卓子所造成的晋国权力真空，成为晋惠公归国的天赐良机，在左右大臣里应外合的配合下（冀芮答秦穆公问），晋惠公终于回国即位（里克杀奚齐而秦立惠公）。即位一年内，晋惠公"背内外之赂"、"改葬共君（申生）"、杀贤臣等一系列倒行逆施行为，导致政局动荡、民怨沸腾（郭偃三次评论，共华明志），加之相继发生在公元前 647 年和前 646 年的"秦讥""晋讥"事件（丕豹、公孙枝辩籴晋，虢射、庆郑辩籴秦），共同促成了秦晋韩之大战的爆发，最终以晋惠公被俘而告终（吕甥逆惠公于秦）。第二次归国后的晋惠公不思悔改，不分忠奸，滥杀无辜（惠公斩庆郑），此时，历经流亡、德智俱丰的晋文公的华丽登场已是大势所趋、人心所向了。如此众多单元事件的组合联结便会攒聚为一股出人意料的力量：原本意在直接或间接凸显"嘉言善语"功能的记言单元一经《国语》编者的精心编排，便组接成为有关晋惠公的人物小传：以晋惠公两次归国为主线，从多个视角集中塑造了一个贪婪、无信、无义、无耻的"独夫"形象。

而且，若从一个较长的历史时段重新审视这段历史，晋惠公归国仅是晋文公称霸的一个序曲或一颗棋子而已，执政无能，政局飘摇，内忧外患，国势衰颓，时代呼唤一个强有力的霸主出现，使晋国尽快转危为安，变得强大。为此，《国语》编者在组织编排有关"惠公归国"的语料时，刻意采用一正一反、一明一暗的对比手法，将有关晋惠公倒行逆施与重耳顺天应民之人物评论两相照应，交替出现，这在首则语料"里克杀奚齐而秦立惠公"中得到充分体现。在里克、丕郑相继杀掉奚齐、卓子之后，围绕迎立谁为晋君一事，"重耳党"和"夷吾党"展开了紧锣密鼓的斡旋活动：重耳听从舅犯之劝告，决定遵循"固国导民"之道，"亲众而善邻"，培德顺民，韬光养晦，观其婉谢使者之辞，情契理合，谦逊得体，大有仁者之风度；夷吾则听从冀芮"尽国以赂内外，无爱虚以求入"之建议，决定乘虚而入，唯恐落伍，观其对使者"再拜稽首许诺"之行为，摹尽其唯利是图、巴结逢迎之丑态。这是重耳和夷吾面对父丧国虚局面的第一次对比。面对秦穆公使者公子絷的试探性考察，重耳再次表示"以信仁为亲"，国孝为先，随后"再拜不稽首，起而哭，退而不私"之举，可谓重耳言行一致、光明磊落品格的点睛之笔；而夷吾则是句句重利、声声讨欢，其见使者"再拜稽首，起而不哭，退而私"之行为，将晋惠公无情无义、卑鄙无耻之小人品格暴露无遗，这是重耳和夷吾面对秦穆公"问卷"的第二次对比。疾风知劲草，患难见真情，面对国内父丧国虚、政坛动荡的混乱局面，《国语》编者有意将重耳和夷吾兄弟的言行放在一起多次进行比较，人品高下，立竿见影，难怪秦穆公发出了"重耳仁"的由衷赞叹。正因如此，虑及国家利益高于一切，秦穆公不愿看到身边出现一个强邻为伴，欲"置不仁以猾其中"，故最终选择了晋惠公为晋君，从而拉开了"惠公归国"这一事件的序幕。

除此以外，在"惠公归国"事件中，像重耳和夷吾这样将不同人物言行置于一起两相映照的例子还有很多，如例1支持重耳的舅犯与支持夷吾的冀芮之言论两相对比；例7、8面对同样的自然灾害秦晋君臣的不同反应对比；例9对于惠公去留秦国大臣不同态度对比、吕甥拟对君子和小人之言答复秦穆公；例10对于庆郑之死晋大夫蛾析、家仆徒和梁由靡之不同观点对比。由此可以看出《国语》编者在组合联结有关史料时曾有意做过一番"属辞比事"的功夫。不过，这样的编辑加工，同《左传》相比，还是粗糙简单得多，在许多地方还带有鲜明的未经加工的"原材料"的痕迹，如例3为证明"舆人之诵"这一谶语的准确性，特补录"既里、丕死祸，公陨于韩"一语，以示应验，但若从"惠公归国"整个事件的发展进程来看，这一句实在过于突兀，因为所涉三事皆为补录预言结果，这便会与其后有关里克、丕郑、惠公的言行产生冲突。可见，这句补录之语，应为原材料本身所有，编者录入时并没有予以删除。又如例5出现两次有关丕郑"如秦谢缓赂"的重复记载，这也很可能是未将两则原本独立的语料加以删改所致。对此，王靖宇先生通过对《晋语一》中"献公卜伐骊姬"和"献公伐骊戎"两段语料进行细致比较，得出与此相似的结论："种种迹象显示，《国语》作者主要只在搜集有关'申生之死'的材料，而在将有关材料排列时，并未特别加以整理或改写。"这种"未特别加以整理或改写"的例子，在《国语》中还有很多，如分见于《周语中》和《晋语四》中的"仓葛力辩退晋师""襄王拒晋文公请隧"二事；分见于《周语中》和《鲁语上》的"周襄王免杀卫成公"事；分见于《鲁语下》和《晋语八》中的"叔孙穆子免于戮"事等，对于这类同书一事而分见不同篇卷的语料，《国语》编者仅虑及每国言说重点或角色的不同而将其完整录入，尽管有"复沓"之嫌，却因惜其"嘉言善语"，亦毕录无遗。再如，对于《晋语六》所载晋楚鄢陵之役中范文子4则"不欲战"语料，事件背景介绍几近一致，范文子反战观点也一以贯之，很容易给人造成重复啰唆、剪裁不善之感。① 然而，张以仁先生在分别对这4则语料进行详细分析后，认为它们"虽是同记一事，然其中言论对象与所言重点皆各各有别"，若结合《国语》的旨意在于记言，"这样一来，这四篇资料便一点也不显'复沓'了"②。这一切，都从另一个侧面进一步印证了《国语》记言语料的原始性质，即使有些经过编者的一番组合联结功夫，但也在较大程度上保存了史料搜集时的原初状态。因此，从这个意义上来说，《国语》中的语料为我们提供了史官记言较为真实的范本，从而为我们重新认识《左传》中的记言语料确立了一个可靠的标尺。

可以看出，组接式记言在《国语》中主要分布在《晋语》的一部分，《齐语》、《吴语》和《越语》的全部。对于这类组接式记言究竟重在记言还是重在叙事，目前学界还存在一定的分歧。如张以仁先生早就指出："前人所谓《晋语》'事胜辞'者，也不过是表面的泛泛的观察，并未作深入的探究。其他如《吴》《越》二语，亦莫不如此。虽然看似言事杂出，言系于事，实则仍以记言为主。"③ 对此，俞志慧先生却表达了不同的见

---

① 如赵翼《陔余丛考》云："鄢陵之役，范文子不欲战，《晋语》述其词，累幅不尽，至分作三、四章。"(《陔余丛考》，商务印书馆，1957，第48页) 顾颉刚说："如《国语》出左丘明一人之手，何以竟如此颠顶，写出此重重复沓之文字而不一检乎？"(《国语中复沓记载》，《浪口村随笔》十五，《责善》半月刊第15期)

② 张以仁：《从〈国语〉与〈左传〉本质上的差异试论后人对〈国语〉的批评》，《春秋史论集》，联经出版事业公司，1990，第174~177页。

③ 张以仁：《从〈国语〉与〈左传〉本质上的差异试论后人对〈国语〉的批评》，《春秋史论集》，联经出版事业公司，1990，第112页。其中，张氏提及的"前人所谓《晋语》'事胜辞'者"，是指明陶望龄之说，朱彝尊《经义考》引。

解，他认为："张先生关于《国语》的表现方式的认定则显然不能涵盖重在叙事的《吴语》和《越语》，甚至也不能涵盖记言叙事，且叙事脉络清晰的九篇《晋语》，而这三《语》之和，无论是卷数还是字数，都超过了全书之半。""《晋语》与《吴语》《越语》明显以记事为主。"① 事实上，判断这类语料重在记言还是重在记事并非难事，我们只要摒弃先入之见，以《国语》全书的"语"体性质及语料本身的叙说重点为标准加以衡定，便不难发现《国语》的记言主旨是一以贯之的，以独体式记言为主的《周语》《鲁语》《郑语》《楚语》自不待言，即使以组接式记言为主的《齐语》《晋语》《吴语》《越语》亦是如此。

首先，从"语"之字义上讲，《说文解字·言部》云："语，论也。"又曰"直言曰言，论难曰语"。② 《国语》以"语"为题，便已突出表明该书是采录众多历史人物"治国之善语"的言论汇编。尽管在人物言论前后有背景、结果性的事实描述，也不能改变"语"在整部作品中的主导地位。它与此后同样以"语"为名的《论语》《新语》等书的记言性质是一致的。其次，就引起争议的《晋语》《吴语》《越语》来说，虽然这些言论大多围绕某一特定事件展开，但这事件仅为系联人物言论的主线而已，贯穿在这条主线上的各记言单元仍是相对独立的，"虽然看似言事杂出，言系于事，实则仍以记言为主"③。据《附录表一》统计，《晋语》九篇共有 127 则语料，其中有 66 则语料为独体式记言，余者 61 则语料分属"申生之难""惠公归国""文公称霸""赵文子冠""厉公之弑""悼公复霸""范宣子与和大夫争田""中行穆子克鼓"8 则组接式记言，约占《晋语》总语料的一半。这里仍以"惠公归国"为例加以说明。围绕晋惠公两次返国，《国语》编者分别汇集了荀息誓死奚齐（A）、里克谋杀奚齐（B）、舅犯谏辞屠岸夷（C）、冀芮劝见蒲城午（D）、舅犯谏辞公子絷（E）、冀芮劝勠公子絷（F）、冀芮答秦穆公问（G）、郭偃论舆人之诵（H）、郭偃论国人之诵（I）、郭偃论冀芮和惠公行为（J）、共华明死志（K）、丕豹和公孙枝辩伐晋（L）、虢射和庆郑辩伐秦（M）、庆郑和韩简论惠公速秦

---

① 俞志慧：《〈国语〉的文类及八〈语〉遴选的背景》，《文史》2006 年第 2 辑。
② （汉）许慎撰，（清）段玉裁注《说文解字注》，上海古籍出版社，1988，第 82 页。
③ 张以仁：《从〈国语〉与〈左传〉本质上的差异试论后人对〈国语〉的批评》，《春秋史论集》，联经出版事业公司，1990，第 112 页。

（N）、公孙枝和公子絷辩释惠公（O）、吕甥对秦穆公（P）、庆郑请死（Q）等一系列人物言论进行分析。或言志，或明德，或伸张正义，或重在谋略，它们都曾对"惠公归国"这一重大历史事件的进展产生过一定的影响。同时，这些人物言论又不像独体式记言那样各自独立、互不联系，而是以"惠公归国"为主线，按照事件发展的时间先后顺序次第展现、相继登场。为清晰起见，我们以语料中的原有时间标识为纲，将上述人物言论与"惠公归国"事件的关系梳理如下。

> 二十六年，献公卒。里克将杀奚齐——既杀奚齐、卓子——（秦穆公）乃使公子絷吊公子重耳于狄——^E公子絷退，吊公子夷吾于梁——^F穆公问冀芮——^G惠公入而背内外之赂——^H惠公即位，出共世子而改葬之，臭达于外——^I惠公既杀里克而悔之——^J惠公既即位，乃背秦赂，使丕郑聘于秦，且谢之——^K晋饥，乞籴于秦——^L秦饥，公令河上输之粟——^M六年，秦岁定，帅师侵晋，至于韩——^N穆公归，至于王城，合大夫而谋——^O吕甥逆于秦——^P公至于绛郊，闻庆郑止，使家仆徒召之——^Q十五年，惠公卒，怀公立。

可以看出，晋惠公虽然在位时间长达十四年，但《国语》选录的有关惠公语料却全部集中在他两次归国前后发生的事件。而在这些语料中，关系梳理中列出的惠公两次归国前后的行为描述仅是每则记言单元开端的背景介绍，也是标志各单元之间存在相互联系的连接点，其目的都在于引出与此行为相对应的人物评论，以借此晓谕太子为君之道。若将"惠公归国"前后视为一个历史大舞台的话，那么，诸如里克、舅犯、冀芮、郭偃、共华、吕甥、庆郑等人就是在这一舞台上相继登台亮相的演员。他们出演的重心便是发表对"惠公归国"前后行为的议论，言为心声，人物识见之高下、品格之优劣，也由此清晰可见，泾渭分明。因此，《国语》这类组接式记言，从表面上看，都是以某一个人或事件为中心而组织安排语料，并且环环相扣，比较注重故事性，看似侧重于记事，实则不然，仍然是以言系事，重在记言，并没有偏离《国语》全书的"语"体性质。这一点，从每则语料自身记言与记事的篇幅对比也可以得到鲜明印证，如表七所示。

表七　"惠公归国"事件之言、事比例

事件	记事字数（个）	记言字数（个）	记言比例（%）
里克杀奚齐而秦立惠公	381	1722	82
冀芮答秦穆公问	17	86	83
郭偃论舆人之诵	31	101	77
郭偃论国人之诵	28	280	91
郭偃论冀芮、惠公之行为	31	97	76
共华明志	171	304	64
丕豹、公孙枝辩衆晋	34	191	85
虢射、庆郑辩衆秦	25	77	75
吕甥逆惠公于秦	335	1110	77
惠公斩庆郑	93	587	86
合计	1146	4555	80

可见，在这10则语料中，记言所占比重都在60%以上，最高达91%，平均比重为80%，其侧重记言的意图让人一望便知。至于俞先生提及的《吴语》和《越语》，也都是以言系事，重在记言，与"惠公归国"一样。正是考虑到《国语》这一类语料侧重记言的性质和各记言单元之间的连贯性，才将它们称为"组接式"记言，以与独体式记言相区别。

总之，《国语》和《尚书》一样，也是典型的记言史料汇编。这些记言史料在存在形态上类型不一、特色各异。我们根据此类史料的不同来源，将它们大致分为独体式记言和组接式记言：独体式记言在结构形态上与甲骨卜辞、记言类铭文和《尚书》都有着很大的相似性，它们大多源于史官对当时人物重要言论的载录，因而具有较大的史料价值；组接式记言将人物的言论组织、系联在对某一特定事件的因果叙述过程之中，重在"因事系言"，因而有着明显的传闻色彩，其史料价值相对较小。厘清《国语》记言史料的存在形态及不同来源方式，在某种程度上对于我们进一步深入分析《左传》中的史料类型、来源及性质起到一种"标尺"作用。

第二章　《左传》记言史料论析

——与《国语》比较看《左传》记言的存在形态

从记事时间范围来看，《左传》上起鲁隐公元年（前 722），下迄鲁悼公十四年（前 453），至韩、赵、魏三家灭智伯。《国语》除去开篇几则西周部分史料及《郑语》所记西周史料外，其重点也是在春秋时期，起止时间基本与《左传》一致。因此，《左传》《国语》所记史事多有交叉重合之处。张以仁先生列举二书全同之事共 16 例，同述一事而史实有异者共 193 例，"它们在《国语》中的份量要占到三分之二"①。对于这些相交叉的史料，学者们已有很多深入细致的比较研究，如清人崔述云："《左传》之文，年月井井，事多实录；而《国语》荒唐诬妄，自相矛盾者甚多。《左传》纪事简洁，措词亦多体要；而《国语》文词支蔓，冗弱无骨，断不出于一人之手明甚。"② 冯沅君《论〈左传〉与〈国语〉的异点》列举二书 15 则史实说明其同事异辞之特征；③ 张以仁则在《论〈国语〉与〈左传〉的关系》中将同事异辞之差异具体概括为时的差异、地的差异、人的差异、事的差异四个方面。④ 这些论述大都集中于《国语》《左传》的异点来论证二书非一书之分化，较少关注二书所记史实的共同特征。事实上，尽管今本《左传》呈现出明显的"言事相兼"甚至"言事杂糅"的特征，但其多数史料的原初记言性质仍非常明显。《国语》中的"独体式记言"和"组接式记言"形态在《左传》中都有普遍的存在。

---

① 张以仁：《论〈国语〉与〈左传〉的关系》，《春秋史论集》，联经出版事业公司，1990，第 269 页；另外，白寿彝先生《国语散论》一文称《国语》全书共计 196 条，同于《左传》的 104 条，则二书有二分之一的内容相交叉。但白先生并未注明其《国语》版本。见载于《人民日报》1962 年 10 月 16 日。

② （清）崔述撰，顾颉刚编订《崔东壁遗书》，上海古籍出版社，1983，第 395 页。

③ 见载于［瑞典］高本汉《左传真伪考及其他》附录三，陆侃如译，上海商务印书馆，1936。

④ 张以仁：《论〈国语〉与〈左传〉的关系》，《春秋史论集》，联经出版事业公司，1990，第 245~269 页。

第一节　"《左传》原本"发覆①

"《左传》原本"这一说法，最初是由顾颉刚先生明确提出来的，是指《左传》最初的成书形态。② 由于我们今天见到的经传并行的《左传》是晋代杜预"分经附传"后的传本③，并不是《左传》的本来面目，因而长期以来，"《左传》原本"犹如斯芬克斯之谜一样，引导人们不断去猜测、探寻、争论；又由于对"《左传》原本"的认识，直接和对《左传》的作者、性质、地位、来源等问题的认识密不可分、息息相关，因而令这一问题更加复杂多变、聚讼难决。回顾"《左传》原本"的探寻历程，可以发现，其中聚讼的焦点主要集中在对两则重要材料的认识和理解上。

一则材料是指《汉书·刘歆传》的一段记载：

> 及歆校秘书，见古文《春秋左氏传》，歆大好之。时丞相史尹咸以能治《左氏》，与歆共校经传。歆略从咸及丞相翟方进受，质问大义。初《左氏传》多古字古言，学者传训诂而已。及歆治《左氏》，引传文以解经，转相发明，由是章句义理备焉。……及歆亲近，歆建立《左氏春秋》及《毛诗》《逸礼》《古文尚书》皆列于学官。哀帝令歆与《五经》博士讲论其义，诸博士或不肯置对。④

这则记载蕴含了关于汉代"《左传》学"的极为丰富的信息。首先，其表明汉代存在《左传》的两个传本。一是刘歆之前即已流传的"多古字古言"的"《左氏传》"，《汉书·儒林传》即清晰记载了这一传本的授受世系："汉兴，北平侯张苍及梁太傅贾谊、京兆尹张敞、太中大夫刘公子皆修《春

---

① 此节笔者作为项目阶段性成果以《"左传原本"发覆》为题发表于《南昌大学学报》2012 年第 3 期。

② 参见顾颉刚讲授、刘起釪笔记《春秋三传及国语之综合研究》，巴蜀书社，1988，第 30 页。又，清人俞樾提出"左传古本"说，并著有《左传古本分年考》；杨向奎先生也承此作"左传古本说"，见载于《论〈左传〉性质及其与〈国语〉之关系》一文（《史学集刊》1936 年第 2 期），均指《左传》在先秦两汉的传本。虑及"《左传》原本"的提法相对来说更为合理、确切，故采。

③ （晋）杜预注，（唐）孔颖达正义《春秋左传正义·春秋序》："分《经》之年与《传》之年相附，比其义类，各随而解之。"（《十三经注疏》，中华书局，1980，第 1707 页）

④ 《汉书·楚元王传》附《刘歆传》，中华书局，1962，第 1967 页。

秋左氏传》。……而刘歆从尹咸及翟方进受。由是言《左氏》者本之贾护、刘歆。"① 可见，刘歆也是这一师传系统中的重要一环。二是刘歆在校秘府藏书时发现的"古文《春秋左氏传》"，这是一个当时"伏而未发"的秘府藏本。至于这两个传本究竟有何差别，就不得而知了，但它们都属于"古文"传本则毫无疑问。其次，"引传文以解经，转相发明，由是章句义理备焉"一语，表明刘歆为争立《左氏春秋》于学官，取得与《公羊传》《谷梁传》同等的政治地位，也采用今文经学解经的方法，"开始在讲论《左传》时，着重阐发书中的微言大义。于是汉人讲《左传》才不仅有'章句'，而且讲'义理'。这样，《左传》经过刘歆阐发其微言大义之后，'由是章句义理备焉'，才成为讲《春秋》的一家"②，从而将"古文《春秋左氏传》"力推至"解经"之"传"的地位。因此，刘歆"是汉人中第一个公然为《左传》辩护并且加以认真研究的人，从刘歆开始，汉代才正式有了《左传》学"③。

刘歆这种"引传文以解经"、争立《左传》于学官的做法导致了《左传》学史上的两个结果：一是当时主张《公羊传》《谷梁传》的今文学家出于维护既得利益的需要，极力"谓《左氏》不传《春秋》"④，所持理由不外乎范升所云"《左氏》不祖孔子而出于丘明，师徒相传，又无其人，且非先帝所存，无因得立"⑤，从而挑起了影响深远的今文、古文之争；二是近代刘逢禄、康有为等人过分夸大了刘歆"引传文以解经"的作用，据此而断定《左传》为刘歆"点窜"甚至"伪造"。对此，近人多有证勘，驳论甚详，已基本否定此说。⑥ 因此，我们说，虽然《左氏春秋》与《春秋

---

① 《汉书·儒林传》，中华书局，1962，第 3620 页。

② 赵光贤：《〈左传〉编撰考》，《古史考辨》，北京师范大学出版社，1987，第 155 页。

③ 沈玉成、刘宁：《春秋左传学史稿》，江苏古籍出版社，1992，第 106 页。

④ 《汉书·楚元王传》附《刘歆传》，中华书局，1962，第 1970 页。

⑤ 《后汉书·范升传》，中华书局，1965，第 1227 页。

⑥ 如刘师培撰《周季诸子述〈左传〉考》、《左氏学行于西汉考》及《〈史记〉述〈左传〉考》等文，以为《左传》在晚周时已行于世，当非刘歆伪作。在诸多翻案文章中，最有力者当数钱穆的《刘向、歆父子年谱》，缕举向、歆父子事迹及新莽朝政，条别年代，证明刘歆并未伪造群经，并从逻辑与历史相悖的角度批评康氏之说不可通者二十八端，皆甚允当（见《两汉经学今古文平议》，商务印书馆，2001）；此后杨向奎更力驳康氏"《左传》乃分《国语》而成"之说，认为《国语》之文法、体裁、记事、名称等皆与《左传》不同，二者绝非一书之割裂（见《绎史斋学术文集》，上海人民出版社，1983）；杨伯峻则另辟蹊径，采顾炎武之说，以预言灵验与否来推断《左传》成书于公元前 403 年以后、公元前 386 年之前，并非刘歆伪造（见《左传成书年代论述》，《文史》1979 年第 6 期）。

左氏传》前后名称存在性质上的不同，但它们在内容上应是基本一致的。

我们暂不评价汉代今文、古文之争孰优孰劣，但其关于"《左氏》是否传《春秋》"论题的本身即表明，当时的《左氏》的确与《公羊传》《谷梁传》有着显著的不同，否则这个论题就没有争论的必要了。对此，唐人陈商的观点很有代表性，他说："孔圣修经，褒贬善恶，类例分明，法家流也；左丘明为鲁史载述时政，惜忠贤之泯灭，恐善恶之失坠，以日系月，修其职官，本非扶助圣言、缘饰经旨，盖太史氏之流也。"① 南宋朱熹也说："左氏是史学，公、谷是经学。史学者记得事却详，于道理上便差；经学者于义理上有功，然记事多误。"② 都明确指出《左传》与《公羊传》《谷梁传》，一重记事，一重论理，性质上有着本质不同。虽然刘歆极力将《左氏》从一般性的文字训诂转到申发"义理"的途径上来，但终究难以改变《左氏》"史学"这一性质。因此，"《左传》原本"不同于《公羊传》《谷梁传》本为解经的附属的性质，是一部独立于《春秋经》之外的自成体系的著作。这一观点事实上早已有人揭橥并予以阐发，如晋人王接说："《左氏》辞义赡富，自是一家书，不主为经发。"宋人刘安世也明确地说："读左氏者，当经自为经，传自为传，不可合而为一也，然后通矣。"③ 在这一方面，今人赵光贤先生的意见颇有代表性，他说："我们现在所看到的，具有编年形式，而且有很多解释语的《左传》，并不是《左传》原本，而是后人改编的结果。……《左传》原系杂采各国史书而成，最初不过是一种史事汇编的性质，并非编年之史，原是一部独立的书，也与《春秋》无关。"④

既然"《左传》原本""不主为经而发"，那么它在刘歆"解经"之前究竟是个什么样子呢？接下来，另一则材料的记载对于认识这一问题至为重要：

是以孔子明王道，干七十余君，莫能用，故西观周室，论史记旧闻，兴于鲁而次《春秋》，上记隐，下至哀之获麟，约其辞文，去其烦

---

① （明）陶宗仪等编《说郛三种·大中遗事》，上海古籍出版社，1988，第 2274 页。
② （宋）黎靖德编，王星贤点校《朱子语类》卷八十三，中华书局，1986，第 2152 页。
③ 分别转引自（清）朱彝尊《经义考》卷一六九，中华书局，1998，第 875、876 页。
④ 赵光贤：《〈左传〉编撰考》，《古史考辨》，北京师范大学出版社，1987，第 137 页。

重，以制义法，王道备，人事浃。七十子之徒口受其传指，为有所刺讥褒讳挹损之文辞不可以书见也。鲁君子左丘明惧弟子人人异端，各安其意，失其真，故因《孔子史记》，具论其语，成《左氏春秋》。铎椒为楚威王傅，为王不能尽观《春秋》，采取成败，卒四十章，为《铎氏微》。赵孝成王时，其相虞卿上采《春秋》，下观近势，亦著八篇，为《虞氏春秋》。吕不韦者，秦庄襄王相，亦上观尚古，删拾《春秋》，集六国时事，以为八览、六论、十二纪，为《吕氏春秋》。及如荀卿、孟子、公孙固、韩非之徒，各往往捃摭《春秋》之文以著书，不可胜纪。汉相张苍历谱五德，上大夫董仲舒推《春秋》义，颇著文焉。①

这一则材料出自司马迁《史记·十二诸侯年表序》，是关于《左氏春秋》成书过程最早的详细记载，对于我们分析《左氏春秋》作者、来源、成书、性质、影响等问题有着重要的意义，它蕴含信息甚为丰富，因而引起历代学者的注意。② 首先需要指出的是，近年来姚曼波著有《春秋考论》，王师世舜先生先后撰有《〈春秋〉〈左传〉平议》《〈春秋〉〈左传〉再平议》等文章，其中涉及对这一则材料的重新解读及相关比较、论证，都具体而鲜明地指出，孔子所作的《春秋》并非传统意义上的《春秋经》，而应是司马迁所说的"《孔子史记》"，即《孔春秋》，"《孔春秋》是《左传》的主体。《左传》的真正作者是孔子"③。姚、王二位先生对于"孔子作《左传》说"的有力发覆，对于廓清两千年来人们对于《春秋经》的"过度阐释"，恢复孔子《春秋》的本来面目有着重要的意义。事实上，最早倡明"孔子作《左传》说"这一主张的应该是司马迁。司马迁通过这则记载早就清晰明白地昭示了孔子才是《左氏春秋》的真正作者，此后千百年来人们或持今文经学家观点否认《左氏春秋》与孔子的关系，或囿于其中"鲁君子左丘明……成《左氏春秋》"一语，仅认可左丘明为《左氏春秋》的作者，以致使《左传》的真正著作权张冠李戴，湮没无闻。这里，

---

① 《史记·十二诸侯年表序》，中华书局，1959，第 509 页。

② 对于这一则材料，康有为《新学伪经考》、顾颉刚《春秋三传及国语之综合研究》均认为系后人伪窜，实出古今文意气之争，并无铁证凿实，不足取信。

③ 姚曼波：《春秋考论》，江苏古籍出版社，2002，第 80 页。王师世舜先生先后发表《〈春秋〉〈左传〉平议》《〈春秋〉〈左传〉再平议》（分别载于《聊城大学学报》2004 年第 6 期和 2008 年第 4 期），赞同此说。以下所云"《孔春秋》"皆源于此。

笔者暂不讨论孔子与《春秋经》之间的关系，仅在二位先生所揭橥的孔子与《左传》关系的基础上，结合对这则史料的客观解读以及《左传》和《国语》史料特征的比较研究，就《左氏春秋》的来源及作者问题做梳理、补充和澄清。

在这一则材料中，司马迁为我们清晰地罗列了《左氏春秋》一书在先秦的成书及流传过程：

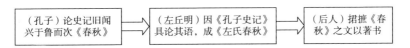

很明显，其中说明《左氏春秋》来源的极其关键的一句话便是"因《孔子史记》，具论其语"。《孔子史记》，过去大都不认为是一本书名，而仅为泛称而已，但"汉人所谓'史记'，皆泛言古史"①，犹先秦人谓"春秋"为史记之通称。这里，"史记"之前冠以"孔子"，即成一个特定称谓，如《晏子春秋》《吕氏春秋》之类，故为书名，则无疑。弄清楚这一点，对于重新认识孔子在"春秋学"上的贡献非常重要。因为长期以来，人们大都忽略了《孔子史记》的存在，认为孔子仅修《鲁春秋》而已，这实在是一件极为遗憾的事情。事实上，司马迁在这里说得已极为明白：孔子西观周室，陆续做了两件事情，先是广泛收集、甄别各国"史记旧闻"，然后在此基础上"兴于鲁而次《春秋》"，即"以《鲁春秋》为'兴'，以之为提要纲目，编次《孔春秋》"②，也就是说，"《鲁春秋》"仅为孔子论纂"史记旧闻"所依据的大纲，其间不排除有孔子裁定、编次的成分，但其主体应为鲁国原来史记之文。孔子以此为时间坐标，"属辞比事"，从而撰成《孔子史记》或《孔春秋》，正如清人张沐所云："《春秋》有《传》而后为《经》，无《传》则鲁史而已，不足为《经》也。……奈何后儒不察，过求《经》而薄弃《传》也。盖亦未详《传》为孔子作，因以昧其义耳。"③

孔子编年系事的这一做法，也确立了史书编纂的一般原则：首先，"论史记旧闻"，要广泛收集、汇纂历史档案、民间传说等史料；其次，

① 王国维：《观堂集林·太史公行年考》，河北教育出版社，2001，第322页。
② 姚曼波：《春秋考论》，江苏古籍出版社，2002，第78、79页。
③ （清）张沐：《春秋疏略》，《四库全书存目丛书·经部》，齐鲁书社，1997，第294页。

"兴于鲁而次《春秋》",对收集来的资料以国为经、以事为纬加以润饰、编排,去粗取精,删繁就简,最终编撰成具有统一体例、史事详明、国别体和纪事本末体相结合的史书;最后,"上记隐,下至哀之获麟,约其辞文,去其烦重,以制义法",将整理好的详细完整的史料按照时间顺序编年,笔削文辞,寓意褒贬,寄寓大义,以成《春秋》经,以为天下教。孔子收集、编修史料再到熔铸史料以成书的这一史书编纂原则,可谓史书编著的通例,为此后历代史家所继承,如司马迁编写《史记》,就先是"网罗天下放失旧闻,考之行事"①"厥协六经异传,整齐百家杂语"②,然后依各国《春秋》而排比人物各传;北宋司马光亦积十九年之功,"遍阅旧史,旁采小说,简牍盈积"③,仿《春秋》编年体例撰成《资治通鉴》;南宋朱熹改编《资治通鉴》,撰成《资治通鉴纲目》一书,更是处处效法《春秋》,以期做到"岁周于上而天道明矣,统正于下而人道定矣,大纲概举而鉴戒昭矣,众目毕张而几微著矣"④。

司马迁对孔子编修《春秋》过程的这一段清晰描述,早已经明白确凿地昭示了孔子所作《春秋》既包括现传《春秋经》,又包括现传《左传》的主体《孔子史记》或《孔春秋》;而且表明,《孔子史记》成书在前,是《春秋经》成书的基础;《春秋经》成书在后,是《孔子史记》的纲目或骨架。正因如此,司马迁在其《史记》中所说的《春秋》,也是包括《春秋经》与《孔子史记》两重内涵。对此,金德建先生在《司马迁所见书考》中说:"其实,汉代人所称呼的《春秋》,往往就经传相连。"⑤赵伯雄先生在考察唐人的"春秋"观后也得出结论说:"一般来说,唐人是将《春秋》与《左传》视为一体的,唐人口中的所谓'春秋',有相当多的部分实际上是指《左传》。"⑥这也与孔子一贯主张的"欲托之空言不如见之行事"的教学理念相一致,即与其空洞地说教,不如借助史实客观平实地叙事明教,效果更为理想、有效得多。揆之情理,很难想象,如果没有类似《左传》中大量翔实生动、丰富完整的历史资料的储备与佐证,那

---

①　《汉书·司马迁传》,中华书局,1962,第 2735 页。

②　《史记·太史公自序》,中华书局,1959,第 3319 页。

③　郑天挺主编《资治通鉴选》附录《进资治通鉴表》,中华书局,1965,第 398 页。

④　(宋)朱熹:《资治通鉴纲目·序》,景印文渊阁《四库全书》。

⑤　金德建:《司马迁所见书考》,上海人民出版社,1963,第 112 页。

⑥　赵伯雄:《春秋学史》,山东教育出版社,2004,第 370 页。

一堂堂《春秋》政治教育该是何等的枯燥与乏味！这正如东汉桓谭在其《新论》中所说："《左传》之为《经》，犹衣之表里，相待而成，有《经》而无《传》，使圣人闭门思之，十年不能知也。"① 对于《春秋》经传的这种教材性质，刘师培的看法最为豁然而近情，他说："孔子鲁人，而设教之地又在鲁境之中，故所编之《春秋》，亦以鲁事为主，则《春秋》者，乃本国历史教科书也。……左丘明亦受业孔门，《左传》一书，所记所陈，亦大抵出于仲尼之语，特左氏于孔子所讲演者，复参考群书，传示来世。"② 这一观点也最得司马迁之精神。

　　既然孔子"论史记旧闻"以成"《孔春秋》"，自成体系以"制义法"、备"王道"、浃"人事"，那么左丘明的贡献则主要体现在"具论其语"上。由于人们对这一句中的"其"和"语"内涵的理解不同，历来对这句话的解释也是众说纷纭，如顾颉刚认为"其"代指孔子，"语"则"当不仅指所说之话，并及其事也"③；还有学者认为"其"代指左丘明，"语"为先秦时盛行的"语体"史料；④ 但据这一段材料上下文意，孔子"论史记""次《春秋》"的目的是用于教授弟子以传其"王道"，而左丘明"成《左氏春秋》"的直接动机则是保存孔子所"口受"的"刺讥褒讳挹损之文辞"，以防止"弟子人人异端，各安其意，失其真"。因此，"具论其语"显然就是将孔子在教授《春秋》（包括《春秋经》和《孔子史记》）的过程中所生发的议论详细载录下来，即"左氏'论'孔子《春秋》及孔子讲解《春秋经》之语"⑤。对于这类"语"在今本《左传》中的存在类型，赵光贤先生分为"解经语"和"解传语"两大类。"解经语"包括三种情况：一是在记事下直接加以"礼也"或"非礼也"的批评；二是

---

① 严可均辑《全后汉文·新论》卷十四，中华书局，1987，第546页。

② 刘师培：《读左札记》，《刘申叔遗书》，江苏古籍出版社，1997，第295页。

③ 顾颉刚讲授，刘起釪笔记《春秋三传及国语之综合研究》，巴蜀书社，1988，第89页。

④ 如罗军凤认为"左丘明'因孔子史记具论其语'是说左丘明根据孔门《春秋》一书编排语体材料"（《〈左氏春秋〉的撰作与流传》，《聊城大学学报》2008年第4期）；黄丽丽认为"'具论其语'就是把他（原注：指左丘明）了解掌握的史料（包括历史故事、轶闻等）全部编次起来"（《左传新论》，黄山书社，2008，第278页）。

⑤ 姚曼波：《春秋考论》，江苏古籍出版社，2002，第108页。值得说明的是，司马迁这里说的左丘明"具论其语，成《左氏春秋》"，在班固《汉书·艺文志》中却改作"论本事而作传"，不管这一改动是出于有意还是无意，都过分提高了左丘明在《左传》成书过程中的地位，与《史记》记载不符。

"君子曰"之类的批评;三是征引他人的话所做的批评。"解传语"则是指对除经文之外的传文本身所做的评论。他进而指出,这些"解经语"和"解传语"皆非一人所作,它们是与传文各自独立的,而且是后来加进去的。① 杨向奎先生也认为:"前人有因《左传》书法有乖忤处,而疑其伪者,然乖忤与伪窜固不能混为一谈。又有因书法、凡例多有截断上下文之处,疑为后人伪加者,此者有相当之理由。然书法、凡例与《左传》记事,固非同一来源。"② 尽管他们尚未注意到《左氏春秋》之前"《孔子史记》"的存在,但对于《左传》中的"解经语"与传文原非一体,稍后加入的论断却是启人茅塞的。

因此,司马迁《史记·十二诸侯年表序》中的这段文字如此清晰简明地向世人昭告:尽管《左氏春秋》冠名"左氏",即左丘明,但其中的史实本身及相应解释话语都出自孔子,故孔子才是《左氏春秋》的真正作者。这就好比一个老师的台上演讲内容由其弟子加以整理出版而著作权仍应归属老师一样。司马迁在此不厌其烦地将《左氏春秋》的来龙去脉条分缕析,大概正是唯恐后人顾名思义、张冠李戴,简单地认定《左氏春秋》的作者就是左丘明,从而遮蔽和抹杀了孔子在《春秋》学史上的真正贡献。正因如此,左丘明事迹与铎椒、虞卿等人一样在《史记》中仅点到为止,不足为传。但遗憾的是,自此以后,孔子作经、左丘明作传的观念,还是成了两千年来《春秋》学史上的主流观念,这也许是司马迁无论如何也想不到的事情:孔子经、传同修,不是已说得很明白了吗?为什么后人还是认可左丘明作传呢?究其根源,可以发现,"左丘明作传说"滥觞于班固《汉书·艺文志》对司马迁《史记·十二诸侯年表序》这段记载的改动。《汉书·艺文志》是这样记载的:

> (仲尼)以鲁周公之国,礼文备物,史官有法,故与左丘明观其史记,据行事,仍人道,因兴以立功,就败以成罚,假日月以定历数,借朝聘以正礼乐。有所褒讳贬损,不可书见,口授弟子,弟子退而异言。丘明恐弟子各安其意,以失其真,故论本事而作传,明夫子不以空言说经也。《春秋》所贬损大人当世君臣,有威权势力,其事

① 赵光贤:《〈左传〉编撰考》,《古史考辨》,北京师范大学出版社,1987,第145~150页。
② 杨向奎:《论〈左传〉之性质及其与〈国语〉之关系》,《史学集刊》1936年第2期。

实皆形于传,是以隐其书而不宣,所以免时难也。及末世口说流行,故有《公羊》《谷梁》《邹》《夹》之《传》。①

很明显,这段记载转引自司马迁《史记·十二诸侯年表序》,不过,其中有两处关键的改动。

一处是改《史记·十二诸侯年表序》中孔子一人"西观周室"为"与左丘明观其史记"。至于左丘明究竟是否曾与孔子同观史记,人们一般根据孔颖达《春秋左传正义》引南朝陈人沈文何的一段话,以佐证其真。沈云:"《严氏春秋》引《观周篇》云:孔子将修《春秋》,与左丘明乘如周,观书于周史,归而修《春秋》之《经》,丘明为之《传》,共为表里。"② 至于其中所引《观周篇》内容,今本《孔子家语·观周篇》记载的是孔子与南宫敬叔同观周室,而非左丘明。而对于严彭祖看到的西汉本《孔子家语·观周篇》,王师世舜先生《〈春秋〉〈左传〉平议》一文在多方考察后认为"并不曾记载此事",并且推断说:"此篇当是严彭祖之前的今文学者所编造。"③

另一处是将《史记·十二诸侯年表序》中左丘明"具论其语,成《左氏春秋》"一句改作"论本事而作传"。如前所述,据《史记·十二诸侯年表序》,左丘明所做的工作是在《孔子史记》的基础上添加了孔子的相关解说之语。而《汉书·艺文志》的这一改动,认定《左传》中的史实来自左丘明采集、编纂列国之史,而非孔子"论史记旧闻"而成的《孔子史记》,这样便直接抹杀了《孔子史记》的存在而过分夸大了左丘明在《左氏春秋》成书过程中的贡献。自此以后,孔子作经,丘明作传,"经自为经,传自为传,不可合而为一"④,加之力主"《左氏》不祖孔子而出于丘明"的汉代今文学家盛极一时,因此"孔经左传"说便迅速流布,以至于成为此后两千多年所谓的学术共识。

不过,假象毕竟难掩真相,司马迁所昭示的孔子《春秋》经传同修的事实,还是被许多有识之士所承继。如《晋书·荀崧传》云:"孔子作

---

① 《汉书·艺文志》,中华书局,1962,第1715页。
② (晋)杜预注,(唐)孔颖达正义《春秋左传正义》,《十三经注疏》,中华书局,1980,第1705页。
③ 王世舜:《〈春秋〉〈左传〉平议》,《聊城大学学报》2004年第6期。
④ (清)朱彝尊:《经义考》卷一百六十九,中华书局,1998,第873页。

《春秋》，时左丘明、子夏造膝亲受。孔子既没，微言将绝，于是丘明退撰所闻，而为之传。"① 此说直承司马迁，认为《左传》虽名左氏，其内容均"闻"自孔子。唐孔颖达、刘知几也将《春秋》与《左传》视为一体，认为二者密不可分。如《史通·申左》云："斯盖当时国史已有成文，丘明但编而次之，配经称传而行也。"又云："传之与经，其犹一体，废一不可，相须而成。如谓不然，则何者称为劝诫者哉？"② 孔颖达甚至视之为母子关系："所谓子应乎母，以胶投漆，虽欲勿合，其可离乎？"③ 南宋朱熹虽然没有关于《春秋》经传的专著，但其"三传同源"的论断却甚为独到："孔子作《春秋》，当时亦须与门人讲说，所以公、穀、左氏得一个源流，只是渐渐讹舛。当初若全无传授，如何凿空撰得？"④《春秋》三传，原本出自孔子授《春秋》，也都曾可以径称为"春秋"，至汉代才在经名之上加"传"字以标示解经派别。⑤ 朱熹的这一认识，超越表象，直探本原，实乃中的之论。近人廖平对这一观点也进而申论道："三传同说一经，本属兄弟，毛里既分，自各有面目"，"旧来说三传，不务大同，专竞小异，弟兄阋墙，久为诟病。"⑥ 明确提出"孔子作《左传》说"的学者首数清人张沐。他在《春秋疏略序》中说："《春秋》有《传》而后为《经》，无《传》则鲁史而已，不足为《经》也。……奈何后儒不察，过求《经》而薄弃《传》也。盖亦未详《传》为孔子作，因以昧其义耳。"⑦ 稍后，清人许伯政也认为"传"出孔子，提出孔子"经传兼作"之说："夫孔子之作《春秋》，盖曰我欲托诸空言，不如见诸行事者之深切著明。是圣笔所取义，即具于当时人见诸行事之中。既挈其义于经，即录其事于传。而左氏得其经，兼得其传，乃《春秋》之全书也。"⑧ 许氏"孔子'经传兼

---

① 《晋书》，中华书局，1974，第 1978 页。

② （唐）刘知几撰，（清）浦起龙释《史通通释·申左》，中华书局，1978，第 420、421 页。

③ （唐）孔颖达：《春秋正义序》，《十三经注疏》，中华书局，1980，第 1698 页。

④ （宋）朱熹：《朱子语类》，中华书局，1986。

⑤ 三传称"传"大概起于西汉末。刘歆大概是最早提及《春秋左氏传》和《春秋谷梁传》的人，如刘歆《毁武帝庙议》云："《礼记·王制》及《春秋谷梁传》：天子七庙，诸侯五，大夫三，士二……。《春秋左氏传》曰：'名位不同，礼亦异数。'"

⑥ 廖平：《春秋古经左氏说汉义补证凡例》，载《群经凡例》，《新订六译馆丛书》，存古书局，1921。

⑦ 张沐：《春秋疏略》，《四库全书存目丛书·经部》，齐鲁书社，1997，第 294 页。

⑧ 许伯政：《春秋深》，《四库全书存目丛书·经部》，齐鲁书社，1997，第 5 页。

作'"这一观点为章太炎所继承。他在晚年与弟子吴承仕讨论《春秋左氏疑义答问》的撰作缘由时说:"又知《左氏春秋》,本即孔子《史记》,虽谓经出鲁史,传出孔子,可也。"① 刘师培、毛起虽不同意"孔子'经传兼作'",但对"孔子作《左传》说"则是一致的。如刘师培在《左传成事之法考》中说:"孔子所修鲁史以《春秋》名,则记事之法,必符史官所记。故以经教授,虽资口述,然经文而外,恒有附记之文。丘明作传,即本于斯。"② 毛起在其《春秋总论初稿·序二》中也说:"我们以为孟子此言(笔者按:指孟子"孔子作《春秋》"),是指孔子作《春秋》之传而言的。所谓孔子之《春秋》是传,而鲁之《春秋》则是今之经文也。这个经传名称之不别,乃是秦汉以上之习惯,极其通行的。"③

至此,关于《左氏春秋》的源流也已非常清楚,为清晰起见,笔者将以上讨论内容以图示的方法表示出来:

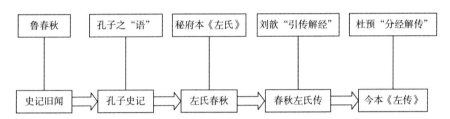

由此可知,"《左传》原本"并非刘歆"引传文以解经"之前的"《左氏春秋》",而实为孔子收集多国史记及旧闻传说所编纂而成的"《孔子史记》"或"《孔春秋》",它构成了先秦《左氏春秋》及此后各种传本的骨干。这也表明,虽然《左传》在历时两千余年的流传过程中屡有增改或分合,但其核心即"《孔子史记》"却基本未变。

由于"《左传》原本""《孔子史记》"一书并未流传下来,因此,对于其文本形态我们已无法直接睹察。但又因为对这一问题的考索直接关乎我们对于《左传》史料的来源及原本解经性质的认识,所以历来有许多学者对《左传》的本来面目做了一些合理的推测。如司马迁从史书的编纂角度明确指出《孔子史记》包括"史记"和"旧闻"两部分;在此基础上,

① 马勇编《章太炎书信集》,河北人民出版社,2003,第361页。
② 《刘师培全集》(三),中共中央党校出版社,1997,第17页。
③ 毛起:《春秋总论初稿·序二》,贞社,1935,第27页。

唐人啖助进一步解释说:"予观《左氏传》,自周、晋、齐、宋、楚、郑等国之事最详,晋则每一出师,具列将佐;宋则每因兴废,备举六卿,故知史策之文,每国各异。左氏得此数国之史,以授门人,义则口传,未形竹帛。……又广采当时文集,故兼与子产、晏子及诸国卿佐家传,并卜书、梦书及杂占书、纵横家、小说、讽谏等,杂在其中。"① 顾颉刚先生较早明确提出"《左传》原本"这一概念,并对其内容描述道:"按当时《左传》原亦杂记体之史,犹《国语》、《战国策》、《说苑》、《新序》、《世说新语》、《唐语林》、《宋稗类钞》、清之野史等类,其故事为一条条者。"② 赵光贤先生亦有类似的说法,他说:"《左传》原系杂采各国史书而成,最初不过是一种史事汇编的性质,并非编年之史,原是一部独立的书。"③

"《左传》原本"的这种"杂记体"性质,首先符合史书编写的一般原则。孔子志在《春秋》,警诫后生,又不欲托之空言,故西观周室,收集自己所需的相关史料,做初步汇纂,有类今之教学教案。这一工作,必不可少。其次,鉴于先秦史官存在记言、记事职能的分工,所记史料亦相应有记言体和记事体的分别,因此,具有"史事汇编"性质的"《左传》原本"也一定汇集了大量以"语"体为主的记言类史料和以编年体为主的记事类史料。这两大类史料也构成了今本《左传》的骨干内容。对此,我们接下来将以《国语》语料特征为标准来对照、分析《左传》史料特征,两相对比,会更加清晰地印证《左传》史料尽管经过后人重新编排、加工,但其来自各国史书的原初性质仍非常突出的特点。

弄清"《左传》原本"即"《孔子史记》"或"《孔春秋》",而且直接汇编各国"史记旧闻"这一事实,有利于我们进一步深入理解和认识《左传》的性质。首先,"《左传》原本"为"《孔子史记》"的事实,进一步表明了《左传》原本不为解经的性质,因为在孔子编纂《孔子史记》之时,尚无尊称为"经"的《春秋》诞生,当然就不可能有"《孔子史记》"为"传"之说了;况且孔子退而作《春秋》,旨在作为"本国历史教科书"④,以教授弟子"制义法,王道备,人事浃"。其次,对于《国语》与

---

① (唐)陆淳:《春秋集传纂例》卷一,《丛书集成》本。
② 顾颉刚讲授,刘起釪笔记《春秋三传及国语之综合研究》,巴蜀书社,1988,第36页。
③ 赵光贤:《〈左传〉编撰考》,《古史考辨》,北京师范大学出版社,1987,第137页。
④ 刘师培:《刘师培全集》,中共中央党校出版社,1997,第292页。

《左传》，学界过去为了批判康有为、钱玄同等人所主张的二书为"同书之分化"的观点，重在强调二书之异，如《国语》为国别史，《左传》为编年史；《国语》重在记言，《左传》重在记事；等等。对此，张高评从宗旨异趣、体裁殊类、文风迥别、记载乖异、文法不一、语汇差异、历正异数、名称不同、卜筮存阙、《史记》根据十个方面归纳了《国语》《左传》之间的差异，较有代表性。[1] 但是，鉴于先秦史官记言、记事职能分属的载录传统，《孔子史记》取材于"史记旧闻"的事实表明，《国语》《左传》均有着共同的史料来源基础，即春秋史官的记言史料。这体现在今天的《左传》中，尽管有些记言史料经过分经附传的切割或加工裁剪而被编入"原始要终"的叙事网络，但仍较明显地体现出一些史料原有记言的性质。对此，笔者以《国语》中的独体式记言和组接式记言为参照标准，共统计出《左传》记言单元534则，篇幅占《左传》的2/3强（见《附录表二》），因此，严格来说，传统所云"《左传》重在记事"之说并不准确，倒是刘知几"言事相兼"之论[2]较准确地概括了《左传》的体例性质。为说明这一点，下面笔者将《左传》中的记言史料同《国语》进行比较，以进一步认识二书史料中源自史官记言的原初特征。

第二节　《左传》独体式记言

《左传》中分布着大量的独体式记言史料，它们大多以言辞为主体，甚至有些人物言语与《春秋》经文并无太大的联系，带有明显的存录文献的目的。刘知几在《史通·申左》中曾举例说："左氏述臧哀伯谏桓纳鼎，周内史美其谠言，王子朝告于诸侯，闵马父嘉其辩说……凡如此类，其数实多。斯盖当时发言，形于翰墨，立名不朽，播于他邦。而丘明仍其本语，就加编次。"[3] 在笔者统计的534则记言史料中，这种以相对独立的单元形态出现的独体式记言史料就多达476则（见《附录表二》）。它们与《国语》独体式记言一样，在记言结构、言辞风格和记言功能等方面都有

---

① 张高评：《左传导读》，文史哲出版社，1982，第65～80页。

② 刘知几《史通·载言》篇说："左氏为书，不遵古法，言之与事，同在传中。然而言事相兼，烦省合理，故使读者寻绎不倦，览讽忘疲。"（《史通通释》，中华书局，1978，第34页）

③ （唐）刘知几撰，（清）浦起龙释《史通通释》，中华书局，1978，第391页。

着极大的相似性。为说明这一点，笔者仅择取《国语·鲁语上》为参照标准，将《左传》中的相关记言单元与其一一对比如下。

表八　《国语·鲁语上》与《左传》相近记言单元比较

		记言背景	记言内容	记言结果
1	国语	长勺之役，曹刿问所以战于庄公	公曰："余不爱衣食于民，不爱牺牲玉于神。"对曰："夫惠本而后民归之志，民和而后神降之福。若布德于民而平均其政事，君子务治而小人务力；动不违时，财不过用；财用不匮，莫不能使共祀。数以用民无不听，求福无不丰。今将惠以小赐，祀以独恭。小赐不咸，独恭不优。不咸，民不归也；不优，神弗福也。将何以战？夫民求不匮于财，而神求优裕于享者也。故不可以不本。" 公曰："余听狱虽不能察，必以情断之。"对曰："是则可矣。知夫苟中心图民，智虽弗及，必将至焉。"	
	左传	十年，春，齐师伐我。公将战。曹刿请见。其乡人曰："肉食者谋之，又何间焉？"刿曰："肉食者鄙，未能远谋。"乃入见，问何以战	公曰："衣食所安，弗敢专也，必以分人。"对曰："小惠未遍，民弗从也。"公曰："牺牲玉帛，弗敢加也，必以信。"对曰："小信未孚，神弗福也。"公曰："小大之狱，虽不能察，必以情。"对曰："忠之属也，可以一战。战，则请从。"公与之乘。战于长勺。公将鼓之。刿曰："未可。"齐人三鼓。刿曰："可矣！"齐师败绩。公将驰之。刿曰："未可。"下，视其辙，登轼而望之，曰："可矣！"	遂逐齐师。既克，公问其故。对曰："夫战，勇气也。一鼓作气，再而衰，三而竭。彼竭我盈，故克之。夫大国，难测也，惧有伏焉。吾视其辙乱，望其旗靡，故逐之。"
2	国语	庄公如齐观社	曹刿谏曰："不可。夫礼，所以正民也。是故先王制诸侯，使五年四王、一相朝。终则讲于会，以正班爵之义，帅长幼之序，训上下之则，制采用之节，其间无由荒怠。夫齐弃太公之法而观民于社，君为是举而往观之，非故业也，何以训民？土发而社，助时也。收捃而蒸，纳要也。今齐社而往观旅，非先王之训也。天子祀上帝，诸侯会之受命焉。诸侯祀先王、先公，卿大夫佐之受事焉。臣不闻诸侯相会祀也，祀又不法。君举必书，书而不法，后嗣何观？"	公不听，遂如齐

续表

		记言背景	记言内容	记言结果
2	左传	二十三年，夏，公如齐观社，非礼也	曹刿谏曰："不可。夫礼，所以正民也。故会以训上下之则，制财用之节；朝以正班爵之义，帅长幼之序；征伐以讨其不然。诸侯有王，王有巡守，以大习之。非是，君不举矣。君举必书。书而不法，后嗣何观？"	
3	国语	庄公丹桓宫之楹，而刻其桷	匠师庆言于公曰："臣闻圣王公之先封者，遗后之人法，使无限于恶。其为后世昭前之令闻也，使长监于世，故能摄固不解以久。今先君俭而君侈，令德替矣。"公曰："吾属欲美之。"对曰："无益于君，而替前之令德，臣故曰庶可已矣。"	公弗听
	左传	二十四年，春，刻其桷，皆非礼也	御孙谏曰："臣闻之：'俭，德之共也；侈，恶之大也。'先君有共德，而君纳诸大恶，无乃不可乎？"	
4	国语	哀姜至，公使大夫、宗妇觌用币	宗人夏父展曰："非故也。"公曰："君作故。"对曰："君作而顺则故之，逆则亦书其逆也。臣从有司，惧逆之书于后也，故不敢不告。夫妇贽不过枣、栗，以告虔也。男则玉、帛、禽、鸟，以章物也。今妇执币，是男女无别也。男女之别，国之大节也，不可无也。"	公弗听
	左传	秋，哀姜至，公使宗妇觌，用币，非礼也	御孙曰："男贽，大者玉帛，小者禽鸟，以章物也。女贽，不过榛、栗、枣、修，以告虔也。今男女同贽，是无别也。男女之别，国之大节也；而由夫人乱之，无乃不可乎？"	
5	国语	齐孝公来伐鲁，臧文仲欲以辞告，病焉，问于展禽。对曰："获闻之，处大教小，处小事大，所以御乱也，不闻以辞。若为小而崇以怒大国，使加己乱，乱在前矣，辞其何益？"文仲曰："国急矣！百物唯其可者，将无不趋也。愿以子之辞行赂焉。其可赂乎？"	展禽使乙喜以膏沐犒师，曰："寡君不佞，不能事疆埸之司，使君盛怒，以暴露于弊邑之野，敢犒舆师。"齐侯见使者曰："鲁国恐乎？"对曰："小人恐矣，君子则否。"公曰："室如悬罄，野无青草，何恃而不恐？"对曰："恃二先君之所职业。昔者成王命我先君周公及齐先君太公曰：'女股肱周室，以夹辅先王。赐女土地，质之以牺牲，世世子孙无相害也。'君今来讨弊邑之罪，其亦使听从而释之，必不泯其社稷；岂其贪壤地，而弃先王之命？其何以镇抚诸侯？恃此以不恐。"	齐侯乃许为平而还

		记言背景	记言内容	记言结果
5	左传	夏，齐孝公伐我北鄙，卫人伐齐，洮之盟故也。公使展喜犒师，使受命于展禽	齐侯未入境，展喜从之，曰："寡君闻君亲举玉趾，将辱于敝邑，使下臣犒执事。"齐侯曰："鲁人恐乎？"对曰："小人恐矣，君子则否。"齐侯曰："室如县罄，野无青草，何恃而不恐？"对曰："恃先王之命。昔周公、大公股肱周室，夹辅成王。成王劳之，而赐之盟，曰：'世世子孙无相害也！'载在盟府，大师职之。桓公是以纠合诸侯而谋其不协，弥缝其阙而匡救其灾，昭旧职也。及君即位，诸侯之望曰：'其率桓之功！'我敝邑用不敢保聚，曰：'岂其嗣世九年，而弃命废职？其若先君何？君必不然。'恃此以不恐。"	齐侯乃还
6	国语	晋文公解曹地以分诸侯。僖公使臧文仲往，宿于重馆	重馆人告曰："晋始伯而欲固诸侯，故解有罪之地以分诸侯。诸侯莫不望分而欲亲晋，皆将争先；晋不以固班，亦必亲先者，吾子不可以不速行。鲁之班长而又先，诸侯其谁望之？若少安，恐无及也。"	从之，获地于诸侯为多
6	左传	三十一年，春，取济西田，分曹地也。使臧文仲往，宿于重馆	重馆人告曰："晋新得诸侯，必亲其共。不速行，将无及也。"	从之。分曹地，自洮以南，东傅于济，尽曹地也
7	国语	夏父弗忌为宗，蒸将跻僖公	宗有司曰："非昭穆也。"曰："我为宗伯，明者为昭，其次为穆，何常之有！"有司曰："夫宗庙之有昭穆也，以次世之长幼，而等胄之亲疏也。夫祀，昭孝也。各致齐敬于其皇祖，昭孝之至也。故工史书世，宗祝书昭穆，犹恐其逾也。今将先明而后祖，自玄王以及主癸莫如汤，自稷以及王季莫如文、武，商、周之蒸也，未尝跻汤与文、武，为不逾也。鲁未若商、周而改其常，无乃不可乎？"	弗听，遂跻之
7	左传	秋，八月丁卯，大事于太庙，跻僖公，逆祀也。于是夏父弗忌为宗伯，尊僖公，且明见曰："吾见新鬼大，故鬼小。先大后小，顺也。跻圣贤，明也。明、顺，礼也。"	君子以为失礼。礼无不顺。祀，国之大事也，而逆之，可谓礼乎？子虽齐圣，不先父食久矣。故禹不先鲧，汤不先契，文、武不先不窋。宋祖帝乙，郑祖厉王，犹上祖也。是以鲁颂曰："春秋匪解，享祀不忒，皇皇后帝，皇祖后稷。"君子曰："礼，谓其后稷亲而先帝也。"《诗》曰："问我诸姑，遂及伯姊。"君子曰："礼，谓其姊亲而先姑也。"	仲尼曰："臧文仲其不仁者三，不知者三。下展禽，废六关，妾织蒲，三不仁也。作虚器，纵逆祀，祀爰居，三不知也。"

续表

	记言背景	记言内容	记言结果
8	**国语** 莒太子仆弑纪公，以其宝来奔。宣公使仆人以书命季文子曰："夫莒太子不惮以吾故杀其君，而以其宝来，其爱我甚矣。为我予之邑。今日必授，无逆命矣。"里革遇之，而更其书曰："夫莒太子杀其君而窃其宝来，不识强固又求自迩，为我流之于夷。今日必通，无逆命矣"明日，有司复命，公诘之。仆人以里革对	公执之，曰："违君命者，女亦闻之乎？"对曰："臣以死奋笔，奚啻其闻之也！臣闻之：'毁则者为贼，掩贼者为藏，窃宝者为宄，用宄之财者为奸'，使君为藏奸者，不可不去也。臣违君命者，亦不可不杀也。"公曰："寡人实贪，非子之罪。"	乃舍之
	左传 莒纪公生太子仆，又生季佗，爱季佗而黜仆，且多行无礼于国。仆因国人以弑纪公，以其宝玉来奔，纳诸宣公。公命与之邑，曰："今日必授！"季文子使司寇出诸竟，曰："今日必达！"公问其故	季文子使太史克对曰："先大夫臧文仲教行父事君之礼，行父奉以周旋，弗敢失队，曰：'见有礼于其君者，事之，如孝子之养父母也；见无礼于其君者，诛之，如鹰鹯之逐鸟雀也。'先君周公制周礼曰：'则以观德，德以处事，事以度功，功以食民。'作誓命曰：'毁则为贼，掩贼为藏。窃贿为盗，盗器为奸。主藏之名，赖奸之用，为大凶德，有常无赦。在九刑不忘。'行父还观莒仆，莫可则也。孝敬、忠信为吉德，盗贼、藏奸为凶德。夫莒仆，则其孝敬，则弑君父矣；则其忠信，则窃宝玉矣。其人，则盗贼也；其器，则奸兆也。保而利之，则主藏也。以训则昏，民无则焉。不度于善，而皆在于凶德，是以去之	
9	**国语** 子叔声伯如晋谢季文子，郤犫欲予之邑，弗受也	归，鲍国谓之曰："子何辞苦成叔之邑，欲信让耶，抑知其不可乎？"对曰："吾闻之，不厚其栋，不能任重。重莫如国，栋莫如德。夫苦成叔家欲任两国而无大德，其不存也，亡无日矣。譬之如疾，余恐易焉。苦成氏有三亡：少德而多宠，位下而欲上政，无大功而欲大禄，皆怨府也。其君骄而多私，胜敌而归，必立新家。立新家，不因民不能去旧；因民，非多怨民无所始。为怨三府，可谓多矣。其身之不能定，焉能予人之邑！"鲍国曰："我信不若子，若鲍氏有衅，吾不图矣。今子图远以让邑，必常立矣。"	

		记言背景	记言内容	记言结果
9	左传	九月，晋人执季文子于苕丘。公还，待于郓，使子叔声伯请季孙于晋	郤犨曰："苟去仲孙蔑，而止季孙行父，吾与子国，亲于公室。"对曰："侨如之情，子必闻之矣。若去蔑与行父，是大弃鲁国，而罪寡君也。若犹不弃，而惠徼周公之福，使寡君得事晋君，则夫二人者，鲁国社稷之臣也。若朝亡之，鲁必夕亡。以鲁之密迩仇雠，亡而为雠，治之何及？"郤犨曰："吾为子请邑。"对曰："婴齐，鲁之常隶也，敢介大国以求厚焉？承寡君之命以请，若得所请，吾子之赐多矣，又何求？"范文子谓栾武子曰："季孙于鲁，相二君矣。妾不衣帛，马不食粟，可不谓忠乎？信谗慝而弃忠良，若诸侯何？子叔婴齐奉君命无私，谋国家不贰，图其身不忘其君。若虚其请，是弃善人也。子其图之！"	乃许鲁平，赦季孙

　　《国语·鲁语上》共有 16 则"语"料，《左传》与之相对应的记言单元有 9 则。两相比较，我们可以发现：《左传》这些记言与《国语》一样，都是一个个独立的记言单元，大都包含记言背景介绍、记言内容和记言结果的"三段式"结构，而且皆以突出某一人物的嘉言善语在该事件中的直接或间接功能为主要目的。就记言背景来看，《鲁语上》的 9 则"语"料，无一篇标出时间，这也是整个《国语》记言单元的普遍特征。据《附录表一》，在《国语》244 则记言单元中，仅有 34 则有较为笼统的年岁时间记载，而且很少具体到月、日，这与《国语》纂言的主要动机在于强调和突出历史人物的嘉言善语在历史事件中的作用有直接关系。与此形成鲜明对比的是，《左传》的这 9 则"语"料时间记载是较为明确的，不仅记年，还记季节、月、日。由此也进一步验证了上编第一章第四节所述周代史官载录的"简策"之论，即将事件发生的具体时间、经过和结果，以谨严的书法原则录之于"典策"，从而形成与《鲁春秋》相类的大事记；而将与此事件相关的更为详细的人物言论或发展过程录之于"简牍"，从而形成与《国语》相类的各种"语"料。这样，就形成了"典策"类记事与"简牍"类记言的一一对应关系。《国语》编纂仅取"简牍"类记言史料，因而大都缺乏明确的时间记载；《左传》记言史料中这些"年月井井"的记事背景，便很可能是孔子在"论

史记旧闻"之时依据《鲁春秋》所标注或添加的内容。同时，在例2、3、4的记言背景中，《左传》多出"非礼也"的议论，这类明显窜入式的评论，应是上文提及的左丘明论纂《左氏春秋》时所辑入的孔子之"语"，是孔子在口授弟子时所阐发的一种"义理"体现。

从人物的言说内容来看，《国语》《左传》有一部分记言内容基本相同，如例1、2、4、5、6。两相比较，很明显可以看出《左传》是对《国语》记载的直接改编。但是，《国语》《左传》中大部分记言内容差别很大，如例7，虽然都是否定夏父弗忌"跻僖公"一事，但《国语》载录的是宗有司引述昭穆制度和先王事例所作的谏言，《左传》则征引君子申"礼"之评论，二者无论是言说者还是言说内容都有着很大的不同；又如例9，虽然都是重在突出子叔声伯在解救季文子回国一事中表现出来的机智灵活、深谋远虑之优秀品质，但《左传》选录的是其在晋国与郤犫巧妙周旋的一段精彩外交辞令，而《国语》选录的则是子叔声伯回国后对鲍国解释其辞退郤犫"予邑"之由，这显然是两则完全不同的言论。《国语》《左传》类似这样差异较大甚至迥异的记载，足以表明这些史料或各有来源，或传闻异辞，而不能简单以《左传》编者改造或增删《国语》史料进行解释，因为"不同的两部书，各就该书的需要，同时采取相同的或不同的材料，这种情形一点也不足为奇"①。同时，需要指出的是，《左传》中所载的这些独体式人物言论大都与《国语》一样，都是重在突出人物的嘉言善语在相关事件中所发挥的重要作用，以为后世取法、明德资治，并非专为解释《春秋》而选录。如与例2相对应的《春秋》记载是"夏，公如齐观社"，显然这则记言并非解释鲁庄公如齐观社的具体原因，仅借此系联曹刿之谏言，褒扬其秉持为臣之道、匡正君恶之言行；又如与例8相对应的《春秋》记载是"莒弑其君庶其"，而此例所载录的却是季文子使太史克对鲁宣公解释为何矫命逐莒太子仆，字数长达800余字，显然旨在极力颂扬季文子疾恶如仇、维护君臣之礼的卫道精神。另外，《左传》中尚有很多记言史料并无相应的《春秋》记载，如僖公六年，楚大夫逢伯向楚成王献言应对许僖公衔璧舆榇之策；僖公二十四年，富辰谏周襄王伐郑及纳狄女；等等。这都进一步表明《左传》中的记言史料原本大都不是专为

---

① 张以仁：《论国语与左传的关系》，《春秋史论集》，联经出版事业公司，1990，第277页。

解释《春秋》而辑录的，而是与《国语》一样独立于记事之外的单元
"语"料。

至于记言的结果，《左传》和《国语》一样，常常附记人物言论所产
生的直接或间接影响，以凸显言说者见微知著的卓绝判断力和预见性，警
醒执政者"销恶于未萌，弥祸于未形"。如例1，庄公听从曹刿谏言，取得
了长勺之战的胜利；例5，展喜犒师妙对，从而智退齐师；例6，重馆人谏
臧文仲速往亲晋，遂获地尤多；例9，子叔声伯巧与郤犨周旋，成功解救
季文子于晋；等等。不过，由于《左传》编年体例的限制，其中许多人物
言论所产生的结果或影响当时并未附有记载，而多是出现在后来相应的年
份之中，因而并不影响"三段式"记言结构的通例。这种类型往往出现在
《左传》人物预言或评论中，如文公七年郤缺谏赵宣子归还卫地，其结果
则载于文公八年："晋侯使解扬归匡、戚之田于卫，且复致公婿池之封，
自申至于虎牢之境。"文公九年叔仲惠伯因楚越椒傲慢而预言其将亡族，
其结果则载于宣公四年："秋七月戊戌，楚子与若敖氏战于皋浒。……遂
灭若敖氏。"宣公六年荀林父谏晋成公灭狄，结果见于宣公十五年："六月
癸卯，晋师灭赤狄潞氏，以潞子婴儿归。"当然，这种情况，如果着眼于
人物记言，这一结果的补录就是为了补充说明人物言论的影响或作用；但
若就事件结果而言，视此人物言论为预先叙事，也未尝不可。

因此，通过与《国语》独体式记言相比较可以发现，尽管在今本《左
传》中，这476则史料已纳入依《经》以编年的各个叙事网络之中，前后
相参，义多互发，言辞内容也多经润色和加工，但是，其独体式记言的特
征仍然十分明显。这一方面表现在它们自身呈现独体式记言特有的"背
景＋言辞＋结果"三段式记言的结构形式上，另一方面也表现在它们与
《国语》一样存录这些嘉言善语以明德资治的记言功能中。由此可见，《左
传》的这部分独体式记言，也与《国语》一样，都是来源于记言史官的原
始档案汇编。

第三节　《左传》组接式记言

除独体式记言单元以外，《左传》和《国语》一样，还有许多系联某
一历史事件且是由多组人物言论构成的组接式记言。据统计，这类组接式

记言在《左传》中较突出的有 47 则（见《附录表二》）。对于这类重在叙述事件本末的史料，前人深感今本《左传》割裂破碎之弊病，于是便将《左传》事目重新编排组合，力图恢复《左传》原有纪事本末的面目，"将令读者一览即解，且无遗忘之病"①。如清人马骕《左传事纬·例略》大致沿时间顺序，把《左传》所记史事汇编成 108 篇历史事件；近人吴闿生基本承马氏所编，更为之整齐排比，附入评点，成《左传微》；韩席筹也取马、吴二氏所编篇目，略为变易，分系周与十二诸侯，成《左传分国集注》，凡十二卷，115 篇。但是，由于事件本身的大与小、长与短、始与终均是相对而言的，因此，这种对于《左传》内容的重新组合、改编往往带有很大的主观性、随意性，如三书皆将"隐公之弑"视为一个自为起讫的独立故事，但《左传》中关于"隐公之弑"的直接记载只有隐公十一年"羽父请杀桓公"的一小段，至于其中臧僖伯谏隐公勿如棠观鱼、众仲对隐公羽舞人数之问、羽父斡旋滕薛争长等内容皆与此无直接因果关系，并且重点亦非在于突出隐公其人，故单纯的"隐公之弑"难以包容如此多的内容，而且颇有人为拉杂之嫌。在这方面，倒不如南宋章冲的《春秋左传事类始末》在尊重《左传》现有单元形态的前提下，进行相应的选取、命名和汇纂，如隐公元年"郑伯克段"，隐公三年"周郑交恶""宋穆立殇""州吁弑桓"，隐公五年"如棠观鱼""郑败燕师"等。② 事实上，如上文所述，今本《左传》的主要内容基本保存了《孔子史记》的基本面貌，对比《国语》也可以发现，这些史料虽然经过以鲁史为纲的系年编排，但其单元形态及分布也基本保留了其原初的性质，并没有经过后人有意割裂，否则如历时十九年之久的"重耳之亡"等类似事件是不可能汇集一处的。因此，本文所指的"组接式记言"史料，均是指今本《左传》中仍集合一处的、由多组记言单元组成且有内在逻辑关系的事件，如隐公元年"郑伯克段于鄢"、僖公二十八年"晋楚城濮之战"、僖公三十二年"秦晋崤之战"等。

　　为说明《左传》组接式记言的特征，我们选取《左传》与《国语·晋语六》均有交叉内容的"晋楚鄢陵之战"为例进行列表对比说明。

---

① （清）马骕著，徐连城校点《左传事纬·例略》，齐鲁书社，1992，第 2 页。

② （南宋）章冲：《春秋左传事类始末》，景印文渊阁《四库全书》。

表九　《左传》与《国语·晋语六》"鄢陵之战"史料比较

《左传》记事	《左传》《国语》记言	
	《左传·成公十六年》	《国语·晋语六》
1. 十六年春，楚子自武城使公子成以汝阴之田求成于郑。郑叛晋。……晋侯将伐郑	范文子曰："若逞吾愿，诸侯皆叛，晋可以逞。若唯郑叛，晋国之忧，可立俟也。"栾武子曰："不可以当吾世而失诸侯，必伐郑。"	厉公将伐郑，范文子不欲，曰："若以吾意，诸侯皆叛，则晋可为也。唯有诸侯，故扰扰焉。凡诸侯，难之本也。得郑，忧滋长，焉用郑！"郤至曰："然则王者多忧乎？"文子曰："我王者也乎哉？夫王者成其德，而远人以其方贿归之，故无忧。今我寡德而求王者之功，故多忧。子见无土而欲富者，乐乎哉？"
2. 五月，晋师济河	闻楚师将至，范文子欲反，曰："我伪逃楚，可以纾忧。夫合诸侯，非吾所能也，以遗能者。我若群臣辑睦以事君，多矣。"武子曰："不可。"	范文子不欲，曰："吾闻之，为人臣者，能内睦而后图外，不睦内而图外，必有内争，盍姑谋睦乎！考讯其阜以出，则怨靖。"
3. 六月，晋、楚遇于鄢陵	范文子不欲战。郤至曰："韩之战，惠公不振旅；箕之役，先轸不反命；邲之师，荀伯不复从。皆晋之耻也。子亦见先君之事矣。今我辟楚，又益耻也。"文子曰："吾先君之亟战也，有故。秦、狄、齐、楚皆强，不尽力，子孙将弱。今三强服矣，敌楚而已。唯圣人能外内无患，自非圣人，外宁必有内忧。盍释楚以为外惧乎？"	栾武子欲战，范文子不欲，曰："吾闻之，唯厚德者能受多福，无德而服者众，必自伤也。称晋之德，诸侯皆叛，国可以少安。唯有诸侯，故扰扰焉，凡诸侯，难之本也。且唯圣人能无外患又无内忧，讵非圣人，不有外患，必有内忧，盍姑释荆与郑以为外患乎！诸臣之内相与，必将辑睦。今我战又胜荆与郑，吾君将伐智而多力，急教而重敛，大其私暱而益妇人田，不夺诸大夫田，则焉取以益此？诸臣之委室而徒退者，将与几人？战若不胜，则晋国之福也；战若胜，乱地之秩者也，其产将害大，盍姑无战乎！"栾武子曰："昔韩之役，惠公不复舍；邲之役，三军不振旅；箕之役，先轸不复命：晋国固有大耻三。今我任晋国之政，不毁晋耻，又以违蛮、夷重之，虽有后患，非吾所知也。"范文子曰："择福莫若重，择祸莫若轻，福无所用轻，祸无所用重，晋国故有大耻，与其君臣不相听以为诸侯笑也，盍姑以违蛮、夷为耻乎。"

《左传》记事	《左传》《国语》记言	
	《左传·成公十六年》	《国语·晋语六》
4. 甲午晦，楚晨压晋军而陈	范匄趋进，曰："塞井夷灶，陈于军中，而疏行首。晋、楚唯天所授，何患焉？"文子执戈逐之，曰："国之存亡，天也。童子何知焉？"栾书曰："楚师轻窕，固垒而待之，三日必退。退而击之，必获胜焉。"郤至曰："楚有六间，不可失也：其二卿相恶；王卒以旧，郑陈而不整，蛮军而不陈；陈不违晦；在陈而嚣，合而加嚣，各顾其后，莫有斗心。旧不必良，以犯天忌。我必克之。"	鄢之役，荆压晋军，军吏患之，将谋。范匄自公族趋过之，曰："夷灶堙井，非退而何？"范文子执戈逐之，曰："国之存亡，天命也，童子何知焉？且不及而言，奸也，必为戮。"苗贲皇曰："善逃难哉！"栾书曰："君使黡也兴齐、鲁之师，请俟之。"郤至曰："不可。楚师将退，我击之，必以胜归。夫阵不讳忌，一间也；夫南夷与楚来而不与阵，二间也；夫楚与郑阵而不整，三间也；且其士卒在阵而哗，四间也；夫众闻哗必惧，五间也。郑将顾楚，楚将顾夷，莫有斗心，不可失也。"公说。于是败楚师于鄢陵，栾书是以怨郤至
5. 郤至三遇楚子之卒，见楚子，必下，免胄而趋风	楚子使工尹襄问之以弓，曰："方事之殷也，有韎韦之跗注，君子也。识见不穀而趋，无乃伤乎？"郤至见客，免胄承命，曰："君之外臣至，从寡君之戎事，以君之灵，间蒙甲胄，不敢拜命，敢告不宁君命之辱，为事之故，敢肃使者。"三肃使者而退。	王使工尹襄问之以弓，曰："方事之殷也，有韎韦之跗注，君子也，属见不穀而下，无乃伤乎？"郤至甲胄而见客，免胄而听命，曰："君之外臣至，以寡君之灵，间蒙甲胄，不敢当拜君命之辱，为使者故，敢三肃之。"君子曰：勇以知礼
6. 晋入楚军，三日穀	范文子立于戎马之前，曰："君幼，诸臣不佞，何以及此？君其戒之！《周书》曰'唯命不于常'，有德之谓。"	既退荆师于鄢，将穀，范文子立于戎马之前，曰："君幼弱，诸臣不佞，吾何福以及此！吾闻之，'天道无亲，唯德是授。'吾庸知天之不授晋且以劝楚乎，君与二三臣其戒之！夫德，福之基也，无德而福隆，犹无基而厚墉也，其坏也无日矣。"

　　首先，可以看出，若排除《左传》记言的内容，则此"鄢陵之战"的记事脉络及经过仍然非常清晰、有条理：

> 十六年春，楚子自武城使公子成以汝阴之田求成于郑。郑叛晋；戊寅，晋师起；楚子救郑；五月，晋师济河；六月，晋、楚遇于鄢陵；甲午晦，楚晨压晋军而陈；旦而战，见星未已，楚宵遁；晋入楚军，三日穀。

类似的记事史料，在《左传》中极为常见，如隐公十年郑与宋、卫、蔡战事：

> 蔡人、卫人、郕人不会王命。秋，七月，庚寅，郑师入郊，犹在郊。宋人、卫人入郑，蔡人从之伐戴。八月壬戌，郑伯围戴。癸亥，克之，取三师焉。

又如僖公二十四年重耳自秦返晋一事：

> 二月甲午，晋师军于庐柳。秦伯使公子絷如晋师。师退，军于郇。辛丑，狐偃及秦、晋之大夫盟于郇。壬寅，公子入于晋师。丙午，入于曲沃。丁未，朝于武宫。戊申，使杀怀公于高梁。

这类时间明确、言辞简短、仅叙述事件结果的"大事记"行为，正是《春秋》类记事史料的特征，当为史官记事的原始档案。虽然这类记事史料散布于相关人物的记言背景介绍之中，但其源于史官记事的特征仍然非常明显。春秋时期的这类"百国春秋"，后经始皇焚书，大都付之一炬，所以司马迁在《史记·六国年表序》中痛心疾首道："秦既得意，烧天下《诗》《书》，诸侯史记尤甚，为其有所刺讥也。《诗》《书》所以复见者，多藏人家，而史记独藏周室，以故灭。惜哉，惜哉！"① 因此，保存于《左传》中的这类"史记"，对于我们了解春秋史官记事的特征及最初编辑形态有着极为重要的意义。

其次，对比《国语》相关的记言内容可以发现，《左传》"鄢陵之战"的记言内容是在充分借鉴、润改《国语·晋语六》的"语"料及其他记言史料的基础上形成的。有以下几点原因。其一，《左传》与《国语·晋语六》相对应的记言内容不但用词和主旨基本相同，而且更为简洁省净、紧

---

① 《史记·六国年表序》，中华书局，1959。

凑条理。这一点，由表九对比清晰可见，这里不再重复举例。其二，《左传》旨在重新恢复人物言说的具体语境，极力再现"鄢陵之战"的全过程。《左传》"鄢陵之战"晋国内部自始至终贯穿着主战与主和的矛盾：晋厉公及中军主帅栾书、新军佐帅郤至等大多数人皆主张与楚战；唯范文子主张"攘外必先安内"，不可不谓曲高和寡、众醉独醒。《国语·晋语六》集中纂录了范文子这种不盲目随从、忧国忧民的"嘉言善语"，可谓之"范文子言论专集"。不过，这些言论各自独立、散漫零乱，缺乏系统而连贯的组织。而《左传》再次将其置入原有的具体生动的语境之中，从而令原来静态沉闷的人物言论顿时活灵活现、声情并茂，故吴闿生评论说："此篇专以范文子忧乱为主，若茹若吐，郁为至文。"① 其三，《左传》网罗、编排的人物言论远较《国语·晋语六》广泛、丰富得多，不仅有晋国内部主战、主和的辩论，也有楚国申叔时、郑国姚勾耳对楚国伐晋的评论；不仅有晋楚双方战前的互相侦探、谋划，也有战争进行过程中双方的"勇以知礼"、雍容大雅；不仅有对"嘉言懿语"的如实记录，也有"遥体人情"的想象"代言"。不仅如此，"鄢陵之战"也与《左传》其他精彩的战事一样，将双方冲突的起因、经过和结果都交代得一清二楚，对两军交锋的过程也描绘得有声有色，对人物的言行更是刻画得惟妙惟肖、情态逼真，从而立体、流动地再现了当时战争的全貌。对于《左传》中广泛收集、增删、润饰类似《国语》记言史料的这一现象，王靖宇先生在对比考察二书所载"王子颓之乱"和"秦师袭郑"两个事件后也得出结论说："一般来说，《国语》的编著者在采用原材料时，似乎主要是转抄，并未对所转抄之材料再特意休整或加工，所以，可以说《国语》比较接近原材料的原貌。《左传》编著者则不同，在使用原材料时曾做过精细的筛选与修饰工作，所以全书的风格较一致，可以看出基本上是一个人的作品。"②

　　由于《左传》侧重揭示事件发生的前因后果及整个过程，因此类似这种"以事系言"的组接式记言特别丰富，如庄公十四年由申繻对鲁庄公蛇妖之问和原繁对郑庄公明忠君之志两则对话组成的"郑厉公返国"事；庄公二十二年由陈敬仲向齐侯辞卿位、敬仲妻据占卜预言陈氏将兴和周史据

① 吴闿生著，白兆麟校注《左传微》，黄山书社，1995，第415页。
② 〔美〕王靖宇：《中国早期叙事文研究》，上海古籍出版社，2003，第188页。

筮预言陈氏将兴三篇对话组成的"陈桓子奔齐"事；僖公四年由楚使巧对管仲之难、屈完巧驳桓公衅语和辕涛涂、郑申侯密谋劝齐师绕师东夷三篇对话组成的"齐楚召陵之盟事"；等等。这类记言与《国语》中的组接式记言一样，也是以时间为线索，在叙述事件发展过程的同时，组织、编排、系联与这一过程相关的"史记""旧闻"，这样，既再现了前世兴衰成败的历史事件，也彰显了相关重要人物言行在这一历史发展过程中的能动作用。

第四节　《左传》叙事性记言

《左传》中还有一类记言，它们应叙事的需要，随时出现在《左传》一个个"原本要终"的故事片断之中，自由随意，长短不拘，点缀其间，或为史料的润色加工，或为细节、场面的修饰增彩，或为历史人物的悬想代言。这类记言以叙事为主，人物言论仅仅是其中一个组成部分，因此笔者称之为"叙事性记言"。它迥然不同于前述来自史官实录的独体式记言和组接式记言，表明了孔子及其弟子在对史料属辞比事时有意识的想象性和创造性的能动介入，因而也就产生了一种完全不同于传统史官实录的记言形式。这类记言在《国语》中已有雏形，类似《吴语》《越语》因其整体明显的叙事脉络呈现出与前六语迥异的风格，对此，顾颉刚先生将它们的叙事纲要条列如下。①

　　《吴语》：夫差伐越，勾践使诸稽郢行成——夫差以将伐齐许越成——夫差与齐战于艾陵获胜——夫差归责伍员，员自杀——夫差会晋定公于黄池，盟先吴——夫差使王孙苟告伐齐于周王——大夫种劝勾践伐吴，楚申包胥使越——越灭吴。

　　《越语上》：勾践栖会稽——使大夫种行成于吴——子胥劝夫差不许，弗听——勾践生聚会其民——越灭吴。

　　《越语下》：勾践即位后欲伐吴，范蠡谏，不听，败——勾践栖于会稽，使大夫种行成于吴——勾践与范蠡入臣于吴——勾践归国与范蠡谋——勾践四次欲伐吴皆为范蠡所阻——越兴师伐吴，勾践欲许吴

---

① 　顾颉刚讲授，刘起釪笔记《春秋三传及国语之综合研究》，巴蜀书社，1988，第99页。

战，范蠡谏止——居军三年，吴师溃——夫差行成，范蠡不许，遂灭吴——范蠡逃隐。

可以看出，《吴语》和《越语》（上、下）与《国语》其他六国语料主要杂记、汇纂各种互不关联的史实不同，它们通篇围绕一个中心事件或一个中心人物按照时间先后顺序进行叙事，如《吴语》以吴王夫差为中心全面再现了吴国被越灭亡的真实内幕及整个过程。《越语》上、下两篇虽然同样叙述越灭吴之事，但其叙事侧重点却不一样：《越语上》侧重以勾践为中心，彰显其从谏如流、忍辱负重、励精图治终至灭吴复仇的品格；《越语下》侧重以范蠡为中心，突出其深谋远虑、忠心耿耿、智慧超群以辅佐勾践灭吴雪耻的智者形象。体现在记言方面，尽管《吴语》和《越语》（上、下）整体上仍以记言为主、记事为辅，与《国语》全书的"语"体性质保持一致①，但其中有些记言已呈现明显的传闻甚至创作特征。如几乎同样是"昔天以越赐吴而吴不受，今天以吴赐越，孤敢不听天之命而听君之令乎"一语，在《吴语》中出自"越王曰"，在《越语上》出自"勾践曰"，在《越语下》出自"范蠡曰"，这足以表明此三篇来自不同的传说旧闻，"苟非然者，岂有一人为文而于三处互异之理"②。又如《越语下》，尽管记录了越王勾践在不同的时空背景、不同的事件因由中多达十次的问答对话，但范蠡一开始提出的"持盈者与天，定倾者与人，节事者与地"的观点却涵摄始终，一以贯之。全篇既以范蠡之言决定伐吴事件的成败兴亡而悬念丛生，摇曳多姿，又以多次王臣问对引而不发，环环相扣，推动越国转弱为强，占尽天时、地利、人和，最终转败为胜，殄灭吴国，以雪夫椒战败之耻。至于灭吴过程，仅用"范蠡不报于王，击鼓兴师以随使者，至于姑苏之宫，不伤越民，遂灭吴"轻轻带过，草草结束，这表明此篇重点不是记述越灭吴之历史事件，而是凸显范蠡在这一重大历史事件中的作用，因此顾颉刚称此篇不啻为一部完整的"范蠡兴越史"③。

---

① 有学者根据《吴语》《越语》通篇明显的叙事脉络，否认二"语"的记言性质，认为其重在记事。笔者不赞同此说，原因有二：一是《吴语》《越语》整体上记言的比重大大胜过记事，这与《国语》采录"嘉言善语"以明德的主旨一致；二是《吴语》《越语》人物言说风格不同与其史料来源有关，并不影响其"语"体风格。
② 顾颉刚讲授，刘起釪笔记《春秋三传及国语之综合研究》，巴蜀书社，1988，第100页。
③ 顾颉刚讲授，刘起釪笔记《春秋三传及国语之综合研究》，巴蜀书社，1988，第99页。

不过，其中范蠡的智慧、谋略是通过一个个与越王的问答对话体现出来的，在这里，对话即情节，即推动事件发展的主线。这些对话从时间跨度上来看，自"勾践即位三年（前494）"至越灭吴（前474），前后大约二十一年时间；从言辞内容来看，通篇以开端时所提出的"持盈者与天，定倾者与人，节事者与地"的观点贯穿始终，布局谋篇总分有致，开合有度，因此，这些人物言说风格迥然不同于前述独体式记言"时人出言，史官入记"①的实录特征，带有明显的传说者加工或附会的成分。周学根先生在对《越语下》的情节和范蠡言论做了专门考察后得出结论说："可以断言，所谓勾践伐吴、范蠡进谏等，都是作者为了行文便利而采用的虚构手法。"顾颉刚先生也将此类记言视为"个人创作者"或"越事传说"，以区别于"史官记载"的他国语料。②这种类似个人创作或传闻的记言在《国语》中仅限于《吴语》《越语》（上、下）以及《晋语》中有关骊姬之乱的部分。不过，若将其中人物言辞脱离史官记言的历史背景，完全视为无中生有的作者虚构部分，则会失之武断和偏颇，因为从《国语》全篇以载录和保存人物言论为目的的严肃旨意来看，这些在今人看来"莫须有"③的言论，在主要凭借口耳传播的先秦时期很可能是被视为难得的、真实的史料加以保存的。因此，在没有确凿的史料证据印证其真伪的前提下，我们将之视为来自传闻，应是比较公允的。

如果说《国语》中以叙事为主、言论为辅的叙事性记言仅为萌芽状态的话，那么《左传》中的这类叙事性记言则随处可见。它们在今本《左传》中大都仍自成单元，独立成篇。据统计，散布在《左传》中的这类叙事完整且相对独立的叙事性记言共有75则：郑伯克段于鄢（隐公元年），楚武王伐随（庄公四年），齐襄公之死（庄公八年），骊姬之难（僖公四年），城濮之战（僖公二十七年），楚成王之死（文公元年），河曲之役（文公十二年），士会返晋（文公十二年），公孙敖归葬（文公十五年），宋人弑杵臼（文公十六年），齐人弑其君商人（文公十八年），华元被俘（宣公元年），晋灵公不君（宣公元年），郑穆公之死（宣公三年），郑公

---

① （唐）刘知几撰，（清）浦起龙释《史通通释·言语》，中华书局，1978，第150页。
② 顾颉刚讲授，刘起釪笔记《春秋三传及国语之综合研究》，巴蜀书社，1988，第103页。
③ 此说引自韩兆琦先生《谈史记中的范蠡形象》（《周口师范高等专科学校学报》2000年第3期）一文，他说："《越语下》所描写的范蠡的活动是后人加工，是'莫须有'的。"

子归生弑其君（宣公四年），斗越椒之祸（宣公四年），晋楚邲之战（宣公十二年），宋及楚平（宣公十四年、十五年），魏颗获杜回（宣公十五年），齐晋鞌之战（宣公十七年、成公二年、成公三年），申公巫臣娶夏姬（成公二年、成公七年），赵婴齐之死（成公五年），晋景公之死（成公十年），宋桓族之乱（成公十六年），晋楚鄢陵之战（成公十六年），晋厉公之难（成公十七年），偪阳之役（襄公十年），郑西宫事变（襄公十年），晋楚颍之战（襄公十年），晋秦泾之战（襄公十四年），卫人逐其君（襄公十四年），齐晋平阴之战（襄公十八年），晋栾氏之亡（襄公二十一年、二十三年），楚观起之死（襄公二十二年），臧孙纥出奔（襄公二十三年），楚子伐郑救齐（襄公二十四年），卫献公复国（襄公二十五年），宋公杀其世子痤（襄公二十六年），卫杀其大夫宁喜（襄公二十七年），向戌弭兵（襄公二十七年），崔氏之乱（襄公二十七年、二十八年），齐庆封来奔（襄公二十八年），绛县老人事（襄公三十年），郑伯有之死（襄公三十年），叔孙豹之死（昭公四年），齐子旗、子良内讧（昭公八年），齐陈、鲍族之乱（昭公十年），楚灵王之死（昭公十三年），盗杀卫侯之兄絷（昭公二十年），王子朝之乱（昭公二十二年、二十四年），昭公出奔（昭公二十五年、二十六年），吴弑其君僚（昭公二十七年），吴楚柏举之战（定公四年、五年），阳虎之乱（定公八年、九年），晋卫鄟泽之盟（定公八年），齐晋夷仪之战（定公九年），侯犯之乱（定公十年），孔子堕三都（定公十二年），赵鞅入晋阳（定公十三年），吴越檇李之战（定公十四年），卫世子蒯聩出奔（定公十四年），郑晋铁之战（哀公二年），齐国夏及高张奔鲁（哀公六年），齐阳生入齐（哀公六年），吴侵鲁（哀公八年），齐国书伐鲁（哀公十一年），越入吴（哀公十三年），齐人弑其君壬（哀公十四年），卫侯辄奔鲁（哀公十五年），白公胜之乱（哀公十六年），卫庄公之死（哀公十七年），齐晋犁丘之战（哀公二十三年），卫出公返国（哀公二十五年、二十六年），宋大尹之乱（哀公二十六年），晋知伯之亡（哀公二十七年）。

为进一步明确《左传》叙事性记言的特征，笔者再次选取《左传》与《国语·晋语六》有交叉内容的"晋楚鄢陵之战"为例进行对比说明。可以发现，同样记述鄢陵之役，两相对照，《左传》与《国语》有着明显的不同。

首先，二者记述的侧重点不同。《左传》重在记述鄢陵之战的全过程，从战前伐郑、和郑以争取郑国的归附，以及晋楚内部主战与主和的尖锐争论，到战争开始时双方阵势及作战策略的逼真铺排，再到战争过程中的一些戏剧性插曲，直至战争结束后楚国主帅子反的战败自杀，记事脉络次第展现，极为清晰连贯，记述事件翔实生动、有条不紊。在谋篇布局上，晋楚双方轮流登场、交替出现，呈现明显的对称性叙述特色，如战前楚国内部子反与子囊、申叔时的战和争论对应晋国内部郤至、栾书与范文子的战和辩论；楚共王与来自晋国的伯州犁之间的观敌对话对应晋厉公与来自楚国的苗贲皇之间的战术对话；交战过程中晋国有栾鍼泥淖救厉公，楚国有养由基一矢救共王；楚国有子反备军再战，晋国有苗贲皇积极迎战；楚军有工尹襄以弓问郤至，晋军有使者献饮践前诺；战后晋国有范文子忧虑以祈死，楚国子反败辱以自杀，皆两两相对，交相辉映，齐头并进，一气呵成，具有转换性极强的声音感与画面感，从而令读者"随着旋律的变化而兴奋或哀伤，感觉上是立体的、流动的"，王靖宇先生将此阅读快感形象地称为"'音乐式'的阅读方法"①。《左传》鄢陵之役这种全篇首尾呼应、结构严整而极富对称性的叙事艺术，无不突出地表明《左传》所选史料均经过编者的精心加工、润色和剪辑。

与《左传》旨在重新复原人物言说的具体语境，极力再现"鄢陵之战"全过程不同，《国语·晋语六》集中纂录了7则范文子不盲目随从、深谋远虑、忧国忧民的"嘉言善语"，可谓之"范文子言论专集"。这些言论自成单元，相对独立，相互之间没有内在的联系，其中表九中前四则言论观点相同，都表达了范文子力排众议、力主反战的主张，而且有些言语重复出现，如第1则材料中"唯有诸侯，故扰扰焉。凡诸侯，难之本也"一语也见于第3则材料；第3则材料"唯圣人能无外患又无内忧，讵非圣人，不有外患，必有内忧"一语亦大体同于第2则材料相应语句。正因如此，范文子这四篇反战言论集中在一起，很容易给人造成堆砌、重复之感，以致有"累幅不尽"②"重重复沓"③之讥。对此，张以仁先生从《国语》重在记言的性质出发，认为"这四篇文字，虽是同记一事，然其言论

---

① 〔美〕王靖宇：《中国早期叙事文研究》，上海古籍出版社，2003，第98页。
② （清）赵翼：《陔馀丛考》卷二"国语非左丘明作"条，上海古籍出版社，2012。
③ 顾颉刚：《国语中复沓记载》，《浪口村随笔》十五，《责善》半月刊第15期，私立齐鲁大学国学研究所，1940。

对象与所言重点实皆各各有别"①，并非重复。这一点，从表九与《左传》相关史料的对比中也可进一步得到印证，如第 1 则材料是成公十六年春晋厉公将伐郑之时，范文子与栾书、郤至等人在朝廷上的一次辩论②；第 2 则材料是成公十六年五月晋师济河后，范文子与晋人（包括栾书）的再次战和论争；第 3 则、第 4 则材料是成公十六年六月晋、楚遇于鄢陵之际范文子分别与晋大夫和栾书的两次战和论争。由此可见，范文子的四次反战言论分别是在不同的时空背景针对不同的言说对象而发的，《左传》和《国语》编者之所以不厌其烦地多次予以载录，一方面是要极力凸显范文子独具慧眼、深谋远虑、忧国忧民的智士形象以作为后世明德典范，另一方面也为鄢陵之战以后晋国大夫内讧、厉公被弑等诸多谲计奸谋事件的发生埋下伏笔，故吴闿生说："此篇虽写鄢陵战事，而眼光专注三郤之难，所以意郁而神远。"③

其次，二者对史料的剪裁取舍不同。对比《国语·晋语六》相关的语料可以发现，《左传》"鄢陵之战"的记言内容是在充分借鉴、润改此类"语"料及其他记言史料的基础上形成的。其一，《左传》与《国语·晋语六》相对应的记言内容不但用词和主旨基本相同，而且更为简洁省净、紧凑条理。如表九《国语》第 1 则材料通过范文子与郤至的辩论，以表明其反对伐郑的真正意图在于厉公"寡德而求王者之功"，继而劝厉公修文德令"远人以其方贿归之"，这与《国语》明德的主旨是一致的，因而是一则完整的对话语料。《说苑·贵德》篇亦基本将其完整采录。④《左传》

---

① 张以仁：《从〈国语〉与〈左传〉本质上的差异试论后人对〈国语〉的批评》，《春秋史论集》，联经出版事业公司，1990，第 174 页。

② 张以仁认为该则材料中范文子谈话的对象为郤至（张以仁：《从〈国语〉与〈左传〉本质上的差异试论后人对〈国语〉的批评》，《春秋史论集》，联经出版事业公司，1990，第 174 页）。但从上下文及与《左传》的相互印证来看，视为范文子与栾书等人的朝廷辩论更为合理些，因为：1. 范文子言论是因"厉公将伐郑"引起的，非针对朝中大夫；2. 下文第 2、3 则材料也都是范文子与"晋人""大夫"等人的辩论言辞，都是朝廷论辩，史官入记；3. 该则材料中范文子的谈话对象，在《国语》中是郤至，在《左传》中是栾武子，可知是多人之间的论辩。

③ 吴闿生著，白兆麟校注《左传微》，黄山书社，1995，第 423 页。

④ 《说苑·贵德》："中行献子将伐郑，范文子曰：'不可。得志于郑，诸侯雠我，忧必滋长。'郤至又曰：'得郑是兼国也，兼国则王，王者固多忧乎？'文子曰：'王者盛其德而远人归，故无忧；今我寡德而有王者之功，故多忧。今子见无土而欲富者乐乎哉？'"（王瑛、王天海译注《说苑全译》，贵州人民出版社，1992，第 195 页）

省略了范文子尚德言论,增加栾武子坚决作战言论,旨在先匿其旨意,为文蓄势,以推动事件进一步发展。而范文子的真正反战意图直至晋楚遇于鄢陵之时才呼之欲出,之前他不合常情、近似哑谜般的"诸侯皆叛,晋可以逞"的忡忡忧心,至此彰明较著,跃然纸上,即"外宁必有内忧",故"释楚以为外惧"。对此,韩席筹结合晋国当时国内外形势给予了精彩分析,他说:"晋自邲败,力图振作,灭狄克齐,再挫秦师,霸业未衰也。楚力不克有郑,及以汝阴田求成,郑贪略从楚,决难久合,正不必遽加挞伐。且厉公骄侈,三郤强大,栾书、中行偃久蓄不臣之心,上下猜忌,亦非能伐人者,使外有大敌,内乱犹或不作,不然君臣相图,祸可立俟也。"① 其二,《左传》旨在重新恢复人物言说的具体语境,极力再现"鄢陵之战"的全过程,因而一方面将《国语》中原本各自独立的范文子系列言论置入具体生动的大战语境之中,从而令原来静态沉闷的人物言论顿时活灵活现。另一方面,《左传》网罗、编排的人物言论远较《国语·晋语六》广泛、丰富得多,不仅有晋国内部主战、主和的辩论,也有楚国申叔时、郑国姚句耳对楚国伐晋的评论;不仅有晋楚双方战前的互相侦探、谋划,也有战争进行过程中双方的"勇以知礼"、雍容大雅;不仅有对"嘉言懿语"的如实记录,也有"遥体人情"的想象"代言"。而且,"鄢陵之战"也与《左传》其他精彩的战事一样,将双方冲突的起因、经过和结果都交代得一清二楚,对两军交锋的过程也描绘得有声有色,对人物的言行更是刻画得惟妙惟肖、情态逼真,从而立体、流动地再现了当时战争的全貌。如"楚子登巢车以望晋军"一段,通过灵活转换叙述角度,借当事人之眼与口将作战双方的战略准备情况及战术安排逼真地再现出来,"晋军部勒形势,一一从楚子望中写出,俶丽瑰奇,千古无两。王与伯州犁一问一答,以曲尽其情态,文境尤为奇诡"②。清人刘继庄也非常欣赏这段文字,他称赞说:"巢车一段,前无古人,后无作者,能摄后人之神于巢车之上,如亲其事者,斯文真与造化争能矣!"③ 其中伯州犁与楚共王的对话、苗贲皇与晋厉公的对话可能史有其事,但其中言辞肯定是经过作者"遥体人情,悬想事势,设身局中,潜心腔内,忖之度之,以揣以摩,庶几合情合

---

① 韩席筹编注《左传分国集注》,江苏人民出版社,1963,第335页。
② 吴闿生著,白兆麟校注《左传微》,黄山书社,1995,第418页。
③ 韩席筹编注《左传分国集注》,江苏人民出版社,1963,第336页。

理"而成，从这个意义上来说，"《左传》记言，而实乃拟言、代言"①。

这里，钱钟书所说的《左传》"拟言"风格，正点出了《左传》叙事性记言的突出特征。一般来说，《左传》其文则史，号为实录，正是因为它"广采当时文集，故兼与子产、晏子及诸国卿佐家传，并卜书、梦书及杂占书、纵横家、小说、讽谏等，杂在其中"②。然时过境迁，完全的、纯客观的历史记载是不可能做到的。大凡优秀的历史著作，都是能在历史的真实与文学的真实之间取得恰当的平衡，既要巧妙安排丰富的历史资料以还原其真相，更要运用高度的文学技巧和艺术想象以逼近其真实。《左传》叙事载言，除了前述独体式记言和组接式记言大体直接采自原有史料之外，占篇幅比重较大的叙事性记言"拟言""代言"的色彩最为突出，诸如宣公二年鉏麑槐下之叹、庄公四年楚武王夫妇宫闱之议、宣公十五年宋华元夜见楚子反之谋、哀公十七年浑良夫梦中之噪、僖公二十四年介之推母子携隐明志等言论均出自明显的"拟言"，上述 70 余则叙事性记言也无不经过作者或传述者高超的属辞比事、想象加工之锻铸，"纷者整之，孤者辅之，板者活之，直者婉之，俗者雅之，枯者腴之，剪裁运化之方，斯为大备"③，"左传之叙事，不独臻艺术之化境，饶文学之价值；且因以求义，经文可知，更富史学与经学之不朽价值焉"④。因此，这类精美的叙事性记言大多成为后世史家与文士创作效法的标本。对于《左传》为叙事的需要，大幅度增删、润饰甚至虚拟人物言论这一现象，王靖宇先生在对比《国语》《左传》所载"王子颓之乱"和"秦师袭郑"两个事件后曾得出结论说："一般来说，《国语》编著者在采用原材料时，似乎主要是转抄，并未对所转抄之材料再特意休整或加工，所以，可以说《国语》比较接近原材料的原貌。《左传》编著者则不同，在使用原材料时曾作过精细的筛选与修饰工作，所以全书的风格较一致，可以看出基本上是一个人的作品。"⑤

最后，除记言内容外，二者记事背景的功能不同。《国语》每一则语料都有相关言说背景的介绍，或介绍当事人将要发表言论的缘由，或介绍

① 钱钟书：《管锥编》，中华书局，1979，第 166 页。
② （唐）陆淳：《春秋集传纂例》卷一，《丛书集成》本。
③ （唐）刘熙载：《艺概·文概》，载北京大学中文系古代文学教研室选编《中国文学史参考资料简编》，北京大学出版社，1998，第 48 页。
④ 张高评：《左传之文学价值》，文史哲出版社，1990，第 153 页。
⑤ 〔美〕王靖宇：《中国早期叙事文研究》，上海古籍出版社，2003，第 188 页。

当事人所发表言论产生的社会影响，但这些介绍无不是为突出当事人言论的功能服务的，相对于言说内容，它们处于附属的地位。但在《左传》叙事性记言中，言与事已合二为一，不分主次，都成为推动整个事件发展过程中不可或缺的环节。

至此，《左传》"言事相兼"的性质可以得到进一步明确：《左传》既包括远比《国语》丰富多样的记言史料，也包括大量《国语》所少有的"年月井井"的记事史料，它们共同构成了《左传》最基本、最重要的内容。其中，那些时间明确具体的记事史料组成《左传》编年叙事的基本框架和时间坐标，犹如《左传》的骨骼；而那些丰富多彩、声情并茂的各种人物言说或传闻"事语"则组成《左传》叙事详明、生动具体的鲜活内容，犹如《左传》的血肉和灵魂。《左传》以这种以事为纲、以言为目、言事相兼的独特著述体例，梳理着一个个历史事件的前因后果和兴衰历程，再现了一幕幕生动活泼、多姿多彩的历史画卷。唐人刘知几之所以将《左传》单独列为"六家"之一，就是敏锐地看到了《左传》由先前言、事分立的撰史方式到以事系言、言事相兼的编年体例的变化和创新，他说："古者言为《尚书》，事为《春秋》，左右二史，分尸其职。盖桓、文作霸，纠合同盟，春秋之时，事之大者也，而《尚书》缺纪。秦师败绩，缪公诚誓，《尚书》之中，言之大者也，而《春秋》靡录。""逮左氏为书，不遵古法，言之与事，同在传中。然而言事相兼，烦省合理，故使读者寻绎不倦，览讽忘疲。"① 尽管《左传》这种"以事系言""言事相兼"的编排体例，将大量原始的记言史料经过润色加工，使之犹如一粒粒珍珠分布或镶嵌在相应的记事纲目之下，有些甚至已与记事融为一体，但是，若与《国语》记言形态相比，仍然有相当大一部分记言史料带有鲜明的原初色彩。从存在形式上来看，它们既有以"三段式"结构存在的实录性记言单元，也有以"以事系言"形式存在的叙事性记言单元；从内容性质上来看，既有国君对臣下发布的诰誓命令，也有臣下对国君进献的策谋谏言；既有行人之间的应对辞令，也有臣士之间的预言评论。它们与《国语》记言史料一起，共同构成了本书着重论述的主要内容。

---

① （唐）刘知几撰，（清）浦起龙释《史通通释·载言》，中华书局，1978，第33~34页。

第三章 《国语》《左传》记言史料
比较的意义

如本编前两章所述，《国语》244 则记言单元，根据其记言结构和形态主要分为两大类型，即独体式记言和组接式记言。其中，独体式记言共152 则，它们是《国语》基本的、最主要的记言类型；组接式记言共 14 则。这两大类记言因其相对独立完整的结构形式、王侯政治的谏议内容、典美博奥的语言风格，大都被古今学者视为较为原始可靠的史官记录，如晋代孔晁说："左丘明集其典雅辞令与经相发明者为《春秋传》，其高论善言别为《国语》。"① 司马光引其父之语云："先君以为左丘明将传《春秋》，乃先采集列国之史，因别分之，取其精英者为《春秋传》，而先所采集之稿，因为时人所传，命曰《国语》。"② 今人傅庚生说："我们今天一般的意见，《国语》可能是各国史乘的原始记载，也许经过当时的史家的整理，可是基本上还保存着各国史乘的本来面目，只不过详略去取之间有所更动罢了。"③ 白寿彝也认为《国语》是"还没有发展成为一部有完整形式的史书"④，都强调《国语》作为原材料的史书性质。因此，笔者以《国语》为标尺对照、考察《左传》中的史料，发现在《左传》中竟有534 则记言史料无论是在结构形式还是言说风格方面都与《国语》是一致的，其中独体式记言 476 则，组接式记言 47 则，另外还有 75 则《国语》少有的叙事性记言。对比、分析《国语》和占《左传》绝大比例的记言史料，对于我们重新审视《国语》和《左传》二书的史料来源、《左传》自身言与事的关系以及二书的作者等问题，都有一定的参考意义。

---

① 朱彝尊：《经义考》卷二〇九引，中华书局，1998，第 1071 页。
② 朱彝尊：《经义考》卷二〇九引，中华书局，1998，第 1071 页。
③ 傅庚生：《国语选注·序》，人民文学出版社，1959。
④ 白寿彝：《国语散论》，《人民日报》1962 年 10 月 16 日。

第一节　史官记言:《国语》《左传》共同的史料来源

关于《国语》《左传》二书的关系,张以仁先生全面综合前人的观点,大体归纳为四类:二书同为一人所作;二书原为一书分化;二书非为一人所作;二书非为一书分化。它们正反一组,针锋相对,莫衷一是。张先生在此基础上,从二书著作态度的不同、同述一事而史实有差异、部分叙述的相同、有关二书不同的旁证等多个角度进一步证明、申述《国语》和《左传》并非一书分化的观点,这可谓是对《国语》和《左传》关系最为全面、最为系统的论证。① 但是,张先生的论证仅仅专注于《国语》、《左传》及《史记》在采用相同史料时的差异方面,以证明二书风格迥异,来源非一而止,却并未进而论证这些材料为何会出现如此众多的异点,以及这些相似材料究竟来源于何处。因此,关于《国语》《左传》之间的关系,若仅停留在二书相同点或相异点的比较上是远远不够的,我们还应从史官记言的文化传统中充分认识二书原是先秦时期为数众多的记言类书籍的佼佼者,是在史官记言史料这一母体上开出的两朵奇葩。

《国语》标“语”为题,是对春秋时期各国语类史料的选编,其记言性质不言而喻。至于《左传》,人们往往将其与《国语》相提并论,认为一重在记言,一重在记事,如清人崔述说:“按《国语》之作,主于敷言,与《左传》主于记事者不同,故以‘语’名其书。”② 白寿彝也认为:“《国语》跟《左传》同记一个主题的,无论篇幅相差过多或字数约略相当,其总的精神还在于取舍的异趣,即一主记言,一主记事。”③ 事实上,《左传》“主记事”这一论断,并不符合《左传》载录内容的真实面貌,它在很大程度上忽视或掩盖了《左传》刻意记录和保存大量精彩人物言论的事实。如本编前两章所述,《国语》通篇存录的大量独体式记言和组接式记言,在《左传》中都普遍存在,而且在数量和规模上远较《国语》要多得多。据笔者《附录表二》统计,《左传》中独体式记言共476则,比

---

① 张以仁:《论〈国语〉与〈左传〉的关系》,《春秋史论集》,联经出版事业公司,1990。
② (清)崔述撰,顾颉刚编订《崔东壁遗书·丰镐考信录》卷六,上海古籍出版社,1983。
③ 白寿彝:《国语散论》,《人民日报》1962 年 10 月 16 日。

《国语》多 324 则；组接式记言共 47 则，比《国语》多 33 则；另外还有 75 则《国语》少有的叙事性记言。这足以表明《左传》不仅重在年月井井、追根究底的记事，对那些事关兴衰成败的预言、匡救君恶的诤言、委婉有力的辞令、对答如流的嘉言说语，也无不有闻必录，彪炳史册。明王鏊《春秋左传详节句解序》曰："《左传》二百四十二年列国诸侯征伐会盟，朝聘宴享，名卿大夫，往来辞命，其文盖灿然矣。于时若臧僖伯、哀伯、晏子、子产、叔向、叔孙豹之流，尤所谓能言而可法者。下是，虽疆场之人，亦善言焉：有若展喜、瑕饴甥、宾媚人、解扬、奋扬、蹶由是已。方伎之贱，亦善言焉：有若史苏、梓慎、裨灶、蔡墨、医和缓、祝鮀、师旷是已。夷裔之远，亦善言焉：有若郯子、驹支、季札、声子、沈尹戍、蓬启疆是已。闺门之懿，亦善言焉：有若邓曼、穆姜、定姜、僖负羁之妻、叔向之母是已。於戏！其犹有先王之风乎！"①

现存《左传》一书，虽然已是后人"属辞比事"、排比加工的结果，但其原有记事和记言的两种体例仍然十分明显。我们首先来看有关记事的史料。

一 史官记事史料

在《左传》中，有一部分史料的年月日时间清楚确凿，句式简洁明快，并且叙写事件发展的梗概，类似《春秋经》的大事记。如春秋后期爆发的王子朝之乱，始自周景王二十五年（前520），终止于周敬王十八年（前502），前后历时十九年，② 大小战斗 20 余次，动乱波及地点 50 多处，是周王室多起内乱中持续时间最长、卷入王族及公卿势力最多、人数伤亡最重的一次。《左传》对此有极为细致的记载，这里仅择取昭公二十二年的相关史料以窥其记事之特征。

---

① 《四部要籍序跋大全·经部·丁集》
② 事实上，《左传》自昭公七年（前535）就已经开始叙述王室的种种乱象，其中有昭公七年与昭公十一年的单氏之乱、昭公十二年的原氏与甘氏之乱、昭公十八年的毛氏之乱，另外，昭公十五年（前527）晋国叔向论周景王"一动而失二礼"、昭公十八年"原伯鲁不说学"、昭公二十一年泠州鸠论周景王铸无射钟等事件都预示了王室内乱发生的必然性。这些涉及周室的记载，都可视为王子朝事件的序曲。

　　夏，四月，王田北山，使公卿皆从，将杀单子、刘子。王有心疾。

　　乙丑，崩于荣锜氏。戊辰，刘子挚卒，无子，单子立刘蚠。

　　五月庚辰，见王，遂攻宾起，杀之，盟群王子于单氏。

　　（六月）丁巳，葬景王。王子朝因旧官、百工之丧职秩者与灵、景之族以作乱。帅郊、要、饯之甲，以逐刘子。

　　壬戌，刘子奔扬。单子逆悼王于庄宫以归。王子还夜取王以如庄宫。

　　癸亥，单子出。王子还与召庄公谋曰："不杀单旗，不捷。与之重盟，必来。背盟而克者多矣。"从之。樊顷子曰："非言也，必不克。"遂奉王以追单子，及领，大盟而复。杀挚荒以说。刘子如刘，单子亡。

　　乙丑，奔于平畤。群王子追之，单子杀还、姑、发、弱、鬷、延、定、稠，子朝奔京。

　　丙寅，伐之。京人奔山。刘子入于王城。

　　辛未，巩简公败绩于京。

　　乙亥，甘平公亦败焉。

　　秋，七月戊寅，以王如平畤，遂如圃车，次于皇。刘子如刘。单子使王子处守于王城。盟百工于平宫。

　　辛卯，鄩肸伐皇。大败，获鄩肸。

　　壬辰，焚诸王城之市。

　　八月辛酉，司徒丑以王师败绩于前城。百工叛。

　　己巳，伐单氏之宫，败焉。

　　庚午，反伐之。

　　辛未，伐东圉。

　　冬，十月丁巳，晋籍谈、荀跞帅九州之戎及焦、瑕、温、原之师，以纳王于王城。

　　庚申，单子、刘蚠以王师败绩于郊，前城人败陆浑于社。

　　十一月乙酉，王子猛卒。不成丧也。

　　己丑，敬王即位。馆于子旅氏。

　　十二月庚戌，晋籍谈、荀跞、贾辛、司马督帅师军于阴，于侯氏，于溪泉，次于社。王师军于氾，于解，次于任人。

闰月，晋箕遗、乐征、右行诡济师取前城，军其东南。王师军于京楚。

辛丑，伐京，毁其西南。

昭公二十二年（前 520）是王子朝之乱爆发的第一年，也是以王子朝为首的王族大宗和以单穆公、刘文公为首的地方小宗发生武装冲突最为激烈的一年。对此事件，《左传》自昭公二十二年夏四月周景王病死、周悼王即位，单、刘首先发难，攻杀王子朝之傅宾起开始，按月日的顺序将双方多次交战过程详细地记录了下来，其中六月记载了七天的事件，七月有三天，八月有四天，十月有两天，十一月两天，十二月（含闰月）有三天，如此高频率、高密度地集中叙述一个事件，而且笔削谨严，有条不紊，翔实可信，在《左传》记事中也是很典型的。像这类年月井井、历历可稽的编年记事，在《左传》中俯拾即是，极为普遍。"凡是这类时间具体而叙事平实的文字，都是史官于事后马上做的记录，它们是最可靠的第一手材料，具有极高的史料价值。"[1] 这些记事材料，足以印证"右史记事"的真实性和可信性，对于我们认识先秦史官记事的体式和真实面貌有着重要意义。可以想见，这类年月明确的记事类史料应是先秦"百国春秋"中极为重要的一种体式，它们所记的内容远比我们今天见到的《春秋经》《竹书纪年》要详尽、具体得多，因此，从这个意义上来说，《春秋经》应不是《鲁春秋》的原貌，它出自孔子笔削修订应是情契理合、没有问题的。

二 史官记言史料

对于《左传》的本来面目，自晋人王接明确提出《左传》是一部不依赖于《春秋经》而独立存在的著作之后，有许多学者便进而认为这样一部不传《春秋》的著作原应为纪事本末体，并致力于恢复其原有文本形态，改《左传》编年体为纪事本末体。如宋代章冲《春秋左传事类始末》、马之纯《春秋左传纪事》、孙调《左氏春秋事类》、胡维宁《左氏类编》、清

---

[1] 王和：《〈左传〉材料来源考》，《中国史研究》1993 年第 2 期。

代高士奇《左传纪事本末》、顾栋高《春秋大事表》、马骕《春秋事纬》、近代吴闿生《左传微》、韩席筹《左传分国集注》等，他们都是将《左传》分传入经后散乱割裂的史料按某一特定主题的形式连属起来，使之成为有始有终、连续完整的纪事本末体。但是，这样的分类仅表明今本《左传》在分传入经之前曾经过他人有目的的剪裁整理（这大概就是前面论述的《孔子史记》的史料分布形态），并不能反映《左传》史料来源的真实面目。这里要追问的是，今本《左传》的史料在经人论纂编排之前究竟是以何种形态存在？《国语》244 则语料中，与《左传》互见的竟有 116 则①，有些材料甚至完全相同。这种情形，是否即如传统所说皆为左丘明所作之故？还是如赵匡、李焘、赵翼等人所说《左传》取材于《国语》之故？还是另有他因呢？弄清这一问题，有助于我们深入认识《国语》和《左传》二者之间的关系。

今本《左传》中的史料，除了上述年月分明的记事类史料之外，还有一类与《国语》体式相同的记言类史料。如前所述，它们也分为独体式、组接式两大记言类型，共 523 则（见《附录表二》），占《左传》近一半篇幅。这类史料的划分，主要是与专门记言的《国语》"语"料形态相比照的结果。因此，下面将《左传》和《国语》记言史料相重合的部分做对比分析，以进一步明确二书之间的关系及《左传》一书原有的记言性质。笔者将《国语》244 则记言单元逐一与《左传》进行比对，共统计出二书均有涉及的记言史料共有 116 则，约占《国语》一半比例（见《附录表三》）。两相比较，可以发现二书中这些记言史料大体存在以下两种情形。

1. 《国语》《左传》中的记言史料基本相同。这类记言史料共有 65 则②，它们不仅所载史实大体相同，其中人物言论也基本相同。对于这类

---

① 据张以仁统计，《国语》与《左传》互见的语料共有 146 则（张以仁：《从〈国语〉与〈左传〉本质上的差异试论后人对〈国语〉的批评》，《春秋史论集》，联经出版事业公司，1990，第 116 页）；据白寿彝统计，《国语》同于《左传》者共有 104 条（白寿彝：《国语散论》，《人民日报》1962 年 10 月 16 日）。本书均未采纳，并作《附录表三》于文后以明之。

② 据张以仁统计，《国语》《左传》二书全同者共有 16 条（张以仁：《论〈国语〉与〈左传〉的关系》，《史学集刊》1936 年第 2 期）。事实上，对比发现，二书根本不存在完全相同的史料，或《左传》详《国语》略，或《国语》详《左传》略，或言辞相类，但字句有异，因此严谨地说，只能称之"基本相同"或"大体相同"。

材料，我们不能简单地断定《左传》采自《国语》，因为这并未从根本上回答《左传》史料的来源问题。"关于这，我们就只能得一个假设：那便是二书采用的材料相同。不同的两部书，各就该书的需要，同时采取相同的或不同的材料，这种情形一点也不足为奇。"① 考虑到先秦史官记言的传统，可以肯定地说，在《国语》《左传》二书编辑成书之前，周王室及各诸侯国"故府"中应存有相当大数量的记言史料。《国语·楚语上》所载楚国申叔时用以教育太子的"语"类教材，便应是这类史官记言史料的集锦。《国语》《左传》这类基本相同的记言史料也再次共同印证了春秋时期史官记言类文献的广泛流布。它们有的被二书原封不动地完整载录，如《附录表三》中的例 1、8、12、14、19、25、38、46、54、57、59、62、63、65、71、80、81、82、83、84、85、87、94、96、99、104、105、106、107、108、109 等。

有的已明显经过《左传》编者的删减润色，如同样是"内史过论神"，《国语·周语上》这样载录：

> 国之将兴，其君齐明、衷正、精洁、惠和，其德足以昭其馨香，其惠足以同其民人。神飨而民听，民神无怨，故明神降之，观其政德而均布福焉。国之将亡，其君贪冒、辟邪、淫佚、荒怠、粗秽、暴虐；其政腥臊，馨香不登；其刑矫诬，百姓携贰，明神不蠲而民有远志，民神怨痛，无所依怀，故神亦往焉，观其苛慝而降之祸。是以或见神以兴，亦或以亡。昔夏之兴也，融降于崇山；其亡也，回禄信于聆隧。商之兴也，梼杌次于丕山；其亡也，夷羊在牧。周之兴也，鸑鷟鸣于岐山；其衰也，杜伯射王于鄗。是皆明神之志者也。

《左传·庄公三十二年》这样载录：

> 国之将兴，明神降之，监其德也；将亡，神又降之，观其恶也。故有得神以兴，亦有以亡。虞、夏、商、周皆有之。

比较发现，《左传》的这四句话既在叙述层次方面紧密对应，又在语

---

① 张以仁：《论〈国语〉与〈左传〉的关系》，《史学集刊》1936 年第 2 期。

意旨趣方面高度凝炼，①　完全是《国语》的缩写版，其删减痕迹十分明显。类似的例子在《附录表三》中还有例 15、16、21、39、43、44、45、48、49、50、52、53、56、58、61、64、102、110 等。

还有的与上面情形恰恰相反，即对于同一主题的记言史料，《国语》记载得简略，《左传》记载得反而要详细，也呈现出《国语》编者对史料的裁剪痕迹。如同样是"魏绛谏悼公勿伐戎"，《国语·晋语七》和《左传·襄公四年》分别这样载录。

表十　　《国语》《左传》"魏绛谏悼公勿伐戎"事

《国语·晋语七》	《左传·襄公四年》
五年②，无终子嘉父使孟乐因魏庄子纳虎豹之皮以和诸戎。公曰："戎、狄无亲而好得，不若伐之。" 　魏绛曰："劳师于戎，而失诸华，虽有功，犹得兽而失人也，安用之？且夫戎、狄荐处，贵货而易土。予之货而获其土，其利一也；边鄙耕农不儆，其利二也；戎、狄事晋，四邻莫不震动，其利三也。君其图之！"公说，故使魏绛抚诸戎，于是乎遂伯	无终子嘉父使孟乐如晋，因魏庄子纳虎豹之皮，以请和诸戎。晋侯曰："戎狄无亲而贪，不如伐之。" 　魏绛曰："诸侯新服，陈新来和，将观于我。我德则睦，否则携贰。劳师于戎，而楚伐陈，必弗能救，是弃陈也。诸华必叛。戎，禽兽也。获戎失华，无乃不可乎？夏训有之曰：'有穷后羿——'"公曰："后羿何如？"对曰："昔有夏之方衰也，后羿自鉏迁于穷石，因夏民以代夏政。恃其射也，不修民事，而淫于原兽，弃武罗、伯因、熊髡、尨圉，而用寒浞。寒浞，伯明氏之谗子弟也，伯明后寒弃之，夷羿收之，信而使之，以为己相。浞行媚于内而施赂于外，愚弄其民而虞羿于田。树之诈慝，以取其国家，外内咸服。羿犹不悛，将归自田，家众杀而亨之，以食其子，其子不忍食诸，死于穷门。靡奔有鬲氏。浞因羿室，生浇及豷，恃其谗慝诈伪而不德于民，使浇用师，灭斟灌及斟寻氏。处浇于过，处豷于戈。靡自有鬲氏，收二国之烬，以灭浞而立少康。少康灭浇于过，后杼灭豷于戈，有穷由是遂亡，失人故也。昔周辛甲之为大史也，命百官，官箴王阙。于虞人之箴曰：'芒芒禹迹，画为九州岛，经启九道。民有寝、庙，兽有茂草；各有攸处，德用不扰。在帝夷羿，冒于原兽，忘其国恤，而思其麀牡。武不可重，用不恢于夏家。兽臣司原，敢告仆夫。'虞箴如是，可不惩乎？"于是晋侯好田，故魏绛及之。 　公曰："然则莫如和戎乎？"对曰："和戎有五利焉：戎狄荐居，贵货易土，土可贾焉，一也。边鄙不耸，民狎其野，稽人成功，二也。戎狄事晋，四邻振动，诸侯威怀，三也。以德绥戎，师徒不勤，甲兵不顿，四也。鉴于后羿，而用德度，远至迩安，五也。君其图之！"公说，使魏绛盟诸戎。修民事，田以时

---

①　至于其中"虞、夏、商、周皆有之"一语，《国语》仅列举夏、商、周三代之神，不及虞。对此，俞樾在《茶香室经说》中解释说："盖以虞夏同科，虞夏连言乃古人常语，此因夏事而连虞。"《尚书正义》亦云："马融、郑玄、王肃别录题皆曰虞夏书，以虞夏同科。"

②　这里的"五年"是指晋悼公五年，即鲁襄公四年。

两相对照，可以发现，《国语》所载"魏绛谏悼公勿伐戎"之语，正是《左传》的浓缩版本，其中用下划线标注的部分均与《国语》内容一一对应，仅是删掉了其中有穷后羿的故事罢了。同时，还可以看出，《左传》所载魏绛之语应是史官记载的原始材料：一是根据在魏绛和晋悼公对话之间加入的一句解释语"于是晋侯好田，故魏绛及之"，这明显是《左传》编者在有意提醒并告诉读者魏绛讲述有穷后羿故事是有针对性和真实性的；二是根据魏绛在谈到"有穷后羿——"① 时，晋悼公一句"后羿何如"的突然插问，极富谈话现场感，足以证明史官记录的真实性。像这样同一语料《国语》记载略而《左传》记载详的例子，在《附录表三》中还有例 23、41、46、60、67、68、70、75、76、77、94、95、99、100、103 等。由此可见，我们传统认为的《国语》史料都较《左传》原始的观点并非完全客观，它作为贵族教育教材，有些史料也已经过讲述者的剪裁加工。有时，《左传》中有些史料直接取材于史官记录档案，反而较《国语》更为真实可信。因此，《国语》和《左传》二书对比阅读，相互补充，相得益彰，更有利于我们真实深入地认识那个时代人们的精神风貌和情感世界。

2.《国语》《左传》记言史料仅有部分相同。从常理来说，一个人在某一特定的时间和地点发表的言论，若由不同的人加以记录，尽管每人使用的词汇或记录的篇幅长短不一样，但其所记录的言说旨意应是基本相同的。上述《国语》《左传》65 则基本相同材料便体现了这一点。不过，在《国语》《左传》中，有一类记言史料，虽然所记人物、事件相同，但其中的人物言说内容却差别很大，仅有部分相同。据《附录表三》统计，这类记言史料共有 51 则。

它们有的是因传闻异辞所致，如"富辰谏襄王勿以狄伐郑"，分别见载于《国语·周语中》和《左传·僖公二十四年》，但二者差别很大。先引原文比较如下：

---

① 对于此句的句读，杨伯峻解释说："魏绛之语未竟，下文是晋悼突然插问。诸说《左氏》书，惟日人中井积德《左传雕题略》得之。"（《春秋左传注》，中华书局，1990，第 936 页）

表十一　　《国语》《左传》"富辰谏襄王勿以狄伐郑"事

《国语·周语中》	《左传·僖公二十四年》
襄王十三年，郑人伐滑。王使游孙伯请滑，郑人执之。王怒，将以狄伐郑。 　　富辰谏曰："不可。古人有言曰：'兄弟谗阋，侮人百里。'周文公之诗曰：'兄弟阋于墙，外御其侮。'若是则阋乃内侮，而虽阋不败亲也。郑在天子，兄弟也。郑武、庄有大勋力于平、桓；我周之东迁，晋、郑是依；子颓之乱，又郑之繇定。今以小忿弃之，是以小怨置大德也，无乃不可乎！且夫兄弟之怨，不征于他。征于他，利乃外矣。章怨外利，不义；弃亲即狄，不祥；以怨报德，不仁。夫义所以生利也，祥所以事神也，仁所以保民也。不义则利不阜，不祥则福不降，不仁则民不至。古之明王不失此三德者，故能光有天下，而和宁百姓，令闻不忘。王其不可以弃之。"王不听。十七年，王降狄师以伐郑	郑之入滑也，滑人听命。师还，又即卫。郑公子士、泄堵俞弥帅师伐滑。王使伯服、游孙伯如郑请滑。郑伯怨惠王之入而不与厉公爵也，又怨襄王之与卫滑也。故不听王命，而执二子。王怒，将以狄伐郑。 　　富辰谏曰："不可。臣闻之：大上以德抚民，其次亲亲，以相及也。昔周公吊二叔之不咸，故封建亲戚以蕃屏周。管、蔡、郕、霍、鲁、卫、毛、聃、郜、雍、曹、滕、毕、原、酆、郇，文之昭也。邘、晋、应、韩，武之穆也。凡、蒋、邢、茅、胙、祭，周公之胤也。召穆公思周德之不类，故纠合宗族于成周而作诗，曰：'常棣之华，鄂不韡韡。凡今之人，莫如兄弟。'其四章曰：'兄弟阋于墙，外御其侮。'如是，则兄弟虽有小忿，不废懿亲。 　　今天子不忍小忿以弃郑亲，其若之何？庸勋、亲亲、昵近、尊贤，德之大者也。即聋、从昧、与顽、用嚚，奸之大者也。弃德崇奸，祸之大者也。郑有平、惠之勋，又有厉、宣之亲，弃嬖宠而用三良，于诸姬为近，四德具矣。耳不听五声之和为聋，目不别五色之章为昧，心不则德义之经为顽，口不道忠信之言为嚚。狄皆则之，四奸具矣。周之有懿德也，犹曰'莫如兄弟'，故封建之。其怀柔天下也，犹惧有外侮；捍御侮者，莫如亲亲，故以亲屏周。召穆公亦云。今周德既衰，于是乎又渝周、召，以从诸奸，无乃不可乎？民未忘祸，王又兴之，其若文、武何？" 　　王弗听，使颓叔、桃子出狄师

　　可以发现，对于富辰的这番进谏言辞，无论是在篇幅还是内容上，二书记载都迥然不同。《国语》用了249字，《左传》则用了440字，多出191个字；在语辞上，唯一相同的地方就是都引用了"兄弟阋于墙，外御其侮"这句诗，却对其作者还认识不一。但二者相逢，必有一真，仔细比较，笔者认为《左传》所载更为真实，原因如下。

　　（1）《国语》一开始所载"襄王十三年"应为"襄王十七年"。因为根据《左传》记载，郑曾两次伐滑：一在僖公二十年，即襄王十三年；一在僖公二十四年，即襄王十七年。《左传》编者可能担心后人引起误会，特地说明富辰这次进谏是发生在第二次伐滑之时，即"襄公十七年"："郑之入滑也，滑人听命。师还，又即卫。郑公子士、泄堵俞弥帅师伐滑。"徐元诰《国语集解》也据以改正。

（2）《国语》所云"兄弟阋于墙，外御其侮"为周文公之诗，应为
《左传》召穆公之诗。"兄弟阋于墙，外御其侮"，出自《诗经·小雅·常
棣》。关于《常棣》一诗的时代，杨树达先生《积微居金文说·六年生簋
跋》，依据金文《六年生簋跋》断定："《常棣》之诗必当依《左传》之说
为召穆公所作，《国语》及《毛》《韩》《诗序》《郑笺》之说皆非也。"①
马银琴根据《常棣》一诗所体现出来的融洽的宴飨乐歌特征，也断定此诗
产生于周宣王时期。②

（3）《国语》所云"郑武、庄有大勋力于平、桓"，应即《左传》"郑
有平、惠之勋"。对此，《国语集解》引唐尚书语云："王夺郑伯政，郑伯
不朝，王伐郑，郑祝聃射王中肩，岂得为功？'桓'当为'惠'。"而且，
据《国语》该句之后的两句"我周之东迁，晋、郑是依；子颓之乱，又郑
之缘定"，恰是分别对应周平王和周惠王时期之事，因此，《左传》"郑有
平、惠之勋"，是也。

（4）《左传》用"以德抚民"贯穿始终，既有周公、召穆公事例之古
今对比，又有大德、大奸之正反对比，开合有度，情契理合，全文一气呵
成，尊尊、亲亲的思想崇尚一以贯之。而《国语》富辰谏言的后半部分，
一改《左传》"四德"为"三德"，而且将合乎郑国实情的四德内容（庸
勋、亲亲、昵近、尊贤）置换为"仁、祥、义"三德，与先前所述的兄弟
亲亲之义不相连属，让人颇感突兀、勉强，带有浓厚的说教意味，因此不
如《左传》自然连贯、合情合理。

又如"襄王拒晋文公请隧""仓葛力辩退晋师"两则言论，分布在
《国语·周语中》《国语·晋语四》《左传·僖公二十五年》之中。它们在
《周语中》被分为两则语料，均载录甚详，篇幅较长（前则368字，后则
229字），大概是由于在王道衰微、周室不振的春秋时期，已很少有像周襄
王这样敢于面对霸主无理要求而义正词严、委婉有力地予以回绝的周王
了，也很少像仓葛这样感怀王德、不畏强权的忠臣了，因此，他们的此番
言论被周朝史官所激赏而详细载录下来。但在《国语·晋语四》和《左
传》中，它们被合为一则史料，而且篇幅极大地减省（前则仅15字，后

---

① 杨树达：《积微居金文说》，中华书局，1997，第249页。
② 马银琴：《两周诗史》，社会科学文献出版社，2006，第232页。

则仅99字），言辞也迥然不同，这大概是由于周襄王和仓葛这种极力抗拒晋文公的行为对于晋人来说都是很不光彩之事，故人物语气、情感都较《周语》平和得多。不过，《国语·晋语四》和《左传》的记载也不尽相同，相比而言，《左传》记载要更原始一些，因为从周襄王拒绝晋文公请隧的背景介绍来看，《左传》的时间、事件记载极为清晰、具体："三月甲辰，次于阳樊，右师围温，左师逆王。夏四月丁巳，王入于王城。取大叔于温，杀之于隰城。戊午，晋侯朝王。"这显然是直接录自晋国史官原始档案。而《国语》记载仅以"二年春"开始，重在事件的陈述："公以二军下，次于阳樊；右师取昭叔于温，杀之于隰城。左师迎王于郑。王入于成周，遂定之于郑。"这显然已是在晋国原始档案基础上的转述，其中改《左传》"大叔"而称其谥为"昭叔"、改"杀大叔于隰城"的时间"夏四月丁巳"为"二年春"等更进而印证该语料的事后转述性质。涉及人物言语方面也可看出《国语》转述者的主观发挥成分，如《左传》"此谁非王之亲姻，其俘之也"一句，《周语中》作"夫亦皆天子之父兄甥舅，若之何其虐之也"，二者表述基本一致，但《国语·晋语四》则在此基础上列举"夏商之嗣典、周室之师旅，樊仲之官守"以进而论证阳人皆"王之姻亲"的正确性。

像这样同一历史事件存在不同流传版本（即传闻异辞）的情形在先秦典籍中是极为普遍的。在主要依赖口耳相传进行信息传播的先秦时期，传播者根据各自的不同理解和目的，或各取所需，或随意附会，甚至借口代言，张冠李戴，从而造成大量传闻异辞的出现。《公羊传·隐公元年》云："所见异辞，所闻异辞，所传闻异辞"，便将这种异辞产生的原因进一步分为"所见""所闻""所传闻"三种类型。例如，同是引述辛伯谏周桓公之语，《左传·桓公十八年》说："辛伯谏曰：'并后、匹敌、两政、耦国，乱之本也。'"《左传·闵公二年》说："狐突之言曰：'昔辛伯谂周桓公云：内宠并后，外宠二政，嬖子配适，大都耦国，乱之本也。'"《韩非子·说疑篇》说："故曰：孽有拟适之子，配有拟妻之妾，廷有拟相之臣，臣有拟主之宠，此四者，国之所危也。"其中，辛伯之言便分明经历了桓公十八年"所见"、闵公二年狐突"所闻"、《韩非子·说疑》篇"所传闻"的传播过程，语意相同而文字各异，这都是和口耳传事的不确定因素有密切关系。因此，先秦史料的传播与编纂也大都经历先由史官初次记录史实，然后进入以祖述历史为鉴戒的口耳传播渠道，在一定的机缘成熟后再次书写纂录，然后再次进入流传阶段，即史官实录——口耳相传——二次载录——口耳相传……这是一个动态的文献不断生成的过程。余嘉锡先生总结的古书通例之一便是"古书不皆手著"，其中古事古言，"或其人平日所诵说，弟子熟闻而笔记之，或是读书时之札记，后人录之以为书也"①。清楚这一点，对于动态、灵活地认识先秦古书的作者和成书过程以及辨别史料的真伪都是极为重要的。

《国语》中大量因果分明的完整语料，在编辑成书之前，早已作为贵族公共教育素材在社会广为传布，已非其原始记录了。对此，只要看看二书中言说者的称谓多以谥号相称，便一目了然。相对来说，《左传》中的大量语料，倒是因其时间清晰具体、言说背景真实客观而更为原始、可靠得多。它毕竟是左丘明出于"惧失其真"的动机将《孔子史记》中采录的史料排比、润色而成的，因而更加接近于史官实录。这也再次表明我们传统认为的《国语》史料比《左传》更为原始的观点并不完全准确。

《国语》《左传》二书仅有微同部分的记言史料，还存在一种直接省略相关人物言谈内容的情形。如《周语中》"单襄公论郤至必亡"章，尽管没有直接载录郤至见邵桓公时的言论，但在邵桓公向单襄公转述的过程中，郤至夸耀其鄢陵之战克楚之功的言论却形神毕备，被完完整整地保存了下来，共有380多字。但在《左传·成公十六年》中，可能虑及篇幅限制，仅以一句"骤称其伐"直接略过。至于单襄公的评论，也仅寥寥数语，极为简省，与《周语中》数引前训及礼义公德进行详细议论大不相同；又如《晋语四》"赵衰荐贤"章，共载录了赵衰四则言论，一则荐郤谷为元帅，另外三则均为辞卿让贤之论，中间还插入了狐偃让贤的一则言论。而《左传·僖公二十七年》仅记载了赵衰荐郤谷的言论，余三则皆略，仅以"让"字带过。这种不同可从表十二对比中分明看出，为清晰起见，笔者将二者相关史料一一对应。

---

① 余嘉锡：《余嘉锡说文献学》，上海古籍出版社，2001，第266页。

表十二　　《国语》《左传》"赵衰荐贤"事

《国语·晋语四》	《左传·僖公二十七年》
文公问元帅于赵衰,对曰:"郤縠可,行年五十矣,守学弥惇。夫先王之法志,德义之府也。夫德义,生民之本也。能惇笃者,不忘百姓也。请使郤縠。"公从之	冬,楚子及诸侯围宋。宋公孙固如晋告急。先轸曰:"报施救患,取威定霸,于是乎在矣。"狐偃曰:"楚始得曹,而新昏于卫,若伐曹、卫,楚必救之,则齐、宋免矣。"于是乎搜于被庐,作三军,谋元帅。赵衰曰:"郤谷可。臣亟闻其言矣,说《礼》《乐》而敦《诗》《书》。《诗》《书》,义之府也;《礼》《乐》,德之则也;德、义,利之本也。夏书曰:'赋纳以言,明试以功,车服以庸。'君其试之!"乃使郤谷将中军,郤溱佐之
公使赵衰为卿,辞曰:"栾枝贞慎,先轸有谋,胥臣多闻,皆可以为辅佐,臣弗若也。"乃使栾枝将下军,先轸佐之。取五鹿,先轸之谋也。郤縠卒,使先轸代之。胥臣佐下军	命赵衰为卿,让于栾枝、先轸。使栾枝将下军,先轸佐之。荀林父御戎,魏犫为右
公使原季为卿,辞曰:"夫三德者,偃之出也。以德纪民,其章大矣,不可废也。"使狐偃为卿,辞曰:"毛之智,贤于臣,其齿又长。毛也不在位,不敢闻命。"乃使狐毛将上军,狐偃佐之	使狐偃将上军,让于狐毛而佐之
狐毛卒,使赵衰代之,辞曰:"城濮之役,先且居之佐军也善,军伐有赏,善君有赏,能其官有赏。且居有三赏,不可废也。且臣之伦,箕郑、胥婴、先都在。"乃使先且居将上军	
……	

从表十二对比中可以分明看出,《左传》成书之前的原材料,应是集录了包含《国语》在内的大量"语料",只是在编辑成书时,为使此后城濮大战的叙事更加简明扼要,篇幅也不至于过于冗长,经过了鬼斧神工、脱胎换骨般的锤炼、熔铸、浓缩。若没有《国语》的映照,有谁能想到《左传》仅一个"让"字背后竟有如此曲折故事和高风亮节!从这个意义上来说,《国语》为我们保存了大量《左传》所不载的史料,流传至今,弥足珍贵。两相对照,二者相互生发,相互补充,世称"内外传",洵为不虚!

《国语》这类存有某一人物言辞而《左传》省略的例子有很多,如

《附录表三》例 7、9、18、20、22、24、27、32、37、51、55、66、86、89、93、111、116 等皆是如此。

至此，就《国语》《左传》共有的这 116 则记言史料来看，它们有的是采自同一史料，因而呈现出基本相同的风貌；有的是采自不同的史料，因而呈现出传闻异辞的面貌。尽管它们之间在内容上千差万别，诸如长短不一、简略各异、语辞不同，但万变不离其宗，它们皆来自同一母体——史官记言，则是毫无疑问的，因为自商代尹氏作册以来所形成的史官记言传统，是先秦史料文献生成的最主要来源之一，《国语·楚语上》所载申叔时教太子时使用的教材如"令""语""故志""训典"等，也都是这一类记言文献的不同类型汇纂。先秦时期，周王朝和各诸侯国都有自己的历史档案存放处，如"盟府""故府""周府"等，① 史官所记录的记言类史料和记事类史料都存放于此。《国语》和《左传》编者便是根据各自所看到的不同历史档案及编写宗旨而编纂成书的。《国语》一书直接或间接采自记言史料自不待言，《左传》中的人物言论，有的是为适应解经的需要，经过编者的删削加工，已非其本来面貌，但仍有一些记言并非完全为解经，而是出于保存文献的目的而完整载录其中，如隐公四年石碏谏卫庄公勿立州吁，桓公二年臧哀伯谏鲁桓公勿置大鼎于大庙，桓公六年季梁谏随侯修政，桓公六年申繻对鲁桓公命名之问，庄公三十二年内史过论神，僖公十四年庆郑谏晋公救济秦国，僖公二十四年富辰谏襄王勿伐郑，文公五年宁嬴之妻论阳处父等；而且，它们的记言宗旨与《国语》一样，都是"重言"明德以垂范后世。因此，从这个意义上来说，《国语》和《左传》是一对开放在同一母体即史官记言传统上的姊妹花，如果脱离开与《春秋经》的纠缠，过去学者所云二者为"内外传"的说法是有一定道理的。至康有为、钱玄同等人，极力主张《国语》《左传》均为刘歆《新国语》一书之分化②，则失之拘泥矣。

---

① 《左传·僖公五年》，宫之奇曰："虢仲、虢叔，王季之穆也；为文王卿士，勋在王室，藏于盟府。"襄公二十五年，魏绛曰："夫赏，国之典也，藏在盟府，不可废也。"定公元年，士弥牟曰："晋之从政者新，子姑受功，归，吾视诸故府。"定公四年，子鱼曰："藏在周府，可覆视也。"

② 康有为《新学伪经考》云："盖五十四篇者，左丘明之原本也。歆既分其大半凡三十篇以为《春秋传》，于是留其残胜，掇拾杂书，加以附益，而为今本之《国语》，故仅得二十一篇也。"

第二节　言事相兼:《左传》史料性质的重新评判

关于《左传》的史料性质,人们一般将其与《国语》相比较,认为《国语》是一部记言之书,《左传》是一部记事之书。《国语》作为各国语料汇编,其记言性质显而易见。但是,《左传》的史料形态远较《国语》复杂得多,就言事关系来看,既有年月分明、简洁明快的"标题式"记事史料,也有以记事为主、兼及记言的叙事类史料;既有相对独立、首尾完整的独体式记言史料,也有以多则独体式记言串联而成的富有情节性的组接式记言史料。这一切,都已在前面章节有充分论析。因此,《左传》一书的史料形态丰富多样、类型不一,仅以记事或纪事本末,如何能够涵摄得了呢?尽管今本《左传》已经过左丘明精心属辞比事、分传解经的整理加工,但仍或多或少地映照出春秋时期各诸侯国历史档案的原有存在形态,即以时间为序、言事分立的史料形态。为说明这一点,笔者下面排比《左传》中有关"齐桓公称霸"的史料,即可清晰地展现当时春秋史官所记史实的体例特征。[①] 同时,因为《史记·齐太公世家》也载录了这一历史事件,所以笔者将二者相对应的史料列表做对比,以深入认识史学家对于同一批量史料的取舍、裁剪情况以及裁剪前史料的存在形态。

表十三　《左传》"齐桓公称霸"事

《左传》	
庄公十年(前684)	春,齐师伐我。公将战。曹刿请见。其乡人曰:……
庄公十一年(前683)	齐侯之出也,过谭,谭不礼焉。及其入也,诸侯皆贺,谭又不至。冬,齐师灭谭,谭无礼也。谭子奔莒,同盟故也
庄公十三年(前681)	春,会于北杏,以平宋乱。遂人不至。夏,齐人灭遂而戍之
庄公十三年(前681)	冬,盟于柯,始及齐平也
庄公十四年(前680)	春,诸侯伐宋。齐请师于周。夏,单伯会之。取成于宋而还。冬,会于鄄,宋服故也
庄公十五年(前679)	春,复会焉,齐始霸也。秋,诸侯为宋伐郳。郑人间之而侵宋
庄公十六年(前678)	夏,诸侯伐郑,宋故也。 冬,同盟于幽,郑成也

---

① 表格中所列《左传》史料,大多依据吴闿生《左传微》"齐桓之霸"篇,稍做增删。

庄公十七年（前677）	春，齐人执郑詹，郑不朝也。 夏，遂因氏、颌氏、工娄氏、须遂氏飨齐戍，醉而杀之，齐人歼焉
庄公二十二年（前672）	春，陈人杀其大子御寇。陈公子完与颛孙奔齐。颛孙自齐来奔。齐侯使敬仲为卿。辞曰：……
庄公二十七年（前667）	夏，同盟于幽，陈、郑服也。 冬，王使召伯廖赐齐侯命，且请伐卫，以其立子颓也
庄公二十八年（前666）	春，齐侯伐卫，战，败卫师，数之以王命，取赂而还
庄公三十年（前664）	冬，遇于鲁济，谋山戎也。以其病燕故也
庄公三十一年（前663）	夏，六月，齐侯来献戎捷，非礼也。 夷之功，则献于王，王以警于夷；中国则否。诸侯不相遗俘
庄公三十二年（前662）	春，城小谷，为管仲也。 齐侯为楚伐郑之故，请会于诸侯。宋公请先见于齐侯。夏，遇于梁丘
闵公元年（前661）	狄人伐邢。管敬仲言于齐侯曰："戎狄豺狼，不可厌也；诸夏亲昵，不可弃也。宴安鸩毒，不可怀也。《诗》云：'岂不怀归，畏此简书。'简书，同恶相恤之谓也。救邢以从简书。"齐人救邢。狄人伐邢
闵公二年（前660）	冬，十二月，狄人伐卫。卫懿公好鹤，鹤有乘轩者……
僖公元年（前659）	春，诸侯救邢。邢人溃，出奔师。师遂逐狄人，具邢器用而迁之，师无私焉。 夏，邢迁于夷仪，诸侯城之，救患也。凡侯伯，救患、分灾、讨罪，礼也。 夫人氏之丧至自齐。君子以齐人之杀哀姜也为已甚矣，女子，从人者也
僖公二年（前658）	春，诸侯城楚丘而封卫焉。不书所会，后也
僖公三年（前657）	齐侯与蔡姬乘舟于囿，荡公。公惧，变色；禁之，不可。公怒，归之，未绝之也。蔡人嫁之
僖公四年（前656）	春，齐侯以诸侯之师侵蔡。蔡溃，遂伐楚。楚子使与师言曰：……
僖公五年（前655）	会于首止，会王大子郑，谋宁周也
僖公六年（前654）	夏，诸侯伐郑，以其逃首止之盟故也。围新密，郑所以不时城也

僖公七年（前653）	春，齐人伐郑。孔叔言于郑伯曰：…… 秋，盟于宁母，谋郑故也。管仲言于齐侯曰：……
僖公八年（前652）	春，盟于洮，谋王室也。郑伯乞盟，请服也。襄王定位而后发丧
僖公九年（前651）	夏，会于葵丘，寻盟，且修好，礼也。王使宰孔赐齐侯胙，曰：…… 秋，齐侯盟诸侯于葵丘，曰：……

这里，笔者之所以不厌其烦地将《左传》有关"齐桓公称霸"的主要事件全部集中罗列出来，就是要尽可能地还原孔子修《春秋经》之前齐国史书的载录形态：如果将公元前651年的"葵丘之盟"视为齐桓公霸业之巅峰，那么对此之前的桓公争霸过程，《左传》从公元前684年长勺之战开始，至"葵丘之盟"，在长达34年的时间内，共记录了36件史事。从表十三可以清晰地看出，这36则史料无论是在记录的体例上还是因果逻辑上都是浑然一体的。首先，这些事件都有统一的行文格式，即"时间＋事件"，其中"事件"的记载大都言简意赅、简明扼要，句式简洁明快，类似于《春秋经》。这也与上一节《左传》"记事史料"的分析是一致的。至于每则事件前面或后面以"……也"句式出现的语词，都是此后经师，特别是孔子解释的话语，并非原有史料的组成部分。其次，这些事件在《左传》编纂时都被以《鲁春秋》为纲的编年体例所打破并与他国史料重新加以编排，故有割裂、破碎之感，现在将它们再次聚拢到一起，发现这些史料均围绕"齐桓公称霸"这一中心事件展开，前后之间存在明显的因果逻辑关系，"九合诸侯，一匡天下，为五伯长"[1]，它们如百川汇海，终致桓公霸业。因此，可以肯定地说，这些史料应该就是孔子修《春秋经》时在周王室看到的"《齐春秋》"档案原貌。对此，近人吴闿生也评论说："此篇则疑出左氏之旧，以其全篇一贯，自为章法，且其词气视他篇亦极有辨也"[2]，也承认这类史料的原史性质。

对于这34年的齐桓公霸业，除了依序编年、简明扼要的记事纲目之

---

① 《荀子·王霸》，《诸子集成》本，上海书店出版社，1986，第145页。其中"九"取"虚数说"，为数量多义。

② 吴闿生撰，白兆麟校注《左传微》，黄山书社，1995，第93页。

外,《左传》还载录了许多人物的言论和事迹,如曹刿论战、陈公子完辞卿、管仲谏齐侯伐邢、齐楚召陵之盟、孔叔谏郑伯服齐、周襄王赐齐桓之命等。对于这类史料,它们究竟原本就与上面记事类史料杂糅在一起,还是另有一套归类体系呢?笔者考察后认为,这些较为详细的人物言行在各诸侯国"历史档案馆"内自有一套独立的保存系统,原因有三。

一是自西周以来史官记言、记事职能的划分,形成了以《春秋》为代表的记事类史料和以《尚书》为代表的记言类史料两大文献系统,也开创了中国史学史上的第一次文献分类。唐代刘知几评论说:"古者言为《尚书》,事为《春秋》,左右二史,分尸其职。盖桓、文作霸,纠合同盟,春秋之时,事之大者也,而《尚书》阙纪。秦师败绩,缪公诚誓,《尚书》之中,言之大者也,而《春秋》靡录。此则言、事有别,断可知矣。"据此,他将史书体例一分为六,首列《尚书》家和《春秋》家,实即记言家和记事家。清人浦起龙引朱熹言论评论道:"朱子尝言,古史之体可见者,《书》《春秋》而已。《史通》首此二家,皆谈史不谈经。注家执经言经,繁引义疏,都无交涉。其首《尚书》家者,刘氏特以记言之体当之云尔。"① 记言、记事二体作为最早的史学分类,孕育了后世史书诸多体式如编年体、国别体、纪传体、纪事本末体等的所有雏形。本书上编第一章对此已有详论,兹不赘述。因此可以推测,在先秦各诸侯国"历史档案馆"内,记言和记事两类史料绝不会无序地混放在一起,而是有着各自独立的存放系统,后世所谓的"简策"之论应由此而生。②

二是西晋初年在魏王冢中出土的魏国史书《竹书纪年》和 1975 年在湖北云梦出土的《睡虎地秦墓竹简·编年记》,分别是有关战国时期魏国和秦国的历史大事年表,其年月分明、简明扼要的记事风格也再次印证了先秦时期史官言、事分记的史书体例特征。据此,按照国别集录的《国语》类史料也应是直接取材于春秋时期各诸侯国"历史档案馆"中的记言类文献。

三是在《左传》有关齐国"齐桓公称霸"的 36 件史事中,共附记了9 则记言史料,它们均非史官记事之时的原有记录,带有明显的编者附录痕迹。下面,笔者分别予以分析。

---

① (唐)刘知几撰,(清)浦起龙释《史通通释》,中华书局,1978,第 33~34 页。
② 详见本书上编第一章第四节。

1. 庄公十年"曹刿论战"。《国语·鲁语上》也载录此事，但仅有鲁庄公与曹刿的两问两答。《左传》所载，自曹刿战前"请见"至"入见"、参战、"既克"，是一个完整的战事过程，而且，每一环节都有曹刿的相关言论，既有对"肉食者""未能远谋"的不屑，也有对战前备战的独到见解，还有作战过程中的沉着应对和战后对作战理论的高度概括，首尾完整，一气呵成，很明显是在《鲁语》基础上加工润色的传闻史料。首句"齐师伐我"也表明此则材料来自鲁国。另外，曹刿与鲁庄公在战前的三问三答，其形式及言辞与鲁桓公六年季梁谏阻随侯伐楚、僖公五年宫之奇谏阻虞公假道、僖公二十七年子犯谏晋文公教民等对话基本一致，具有明显的模式化色彩，可进一步印证该史料事后传闻的判断，只不过是为解释鲁国长勺之战而特意移录于此。

2. 庄公二十二年陈公子完事迹。公子完为避陈难逃亡至齐，齐桓公任为工正，这在当时可能并非大事，但相对于190多年后成子得政，代齐有国来说，却事非小可。因此，《左传》编者在此汇录了有关公子完的四则个人史料，即辞让卿位、论饮酒礼、妻嫁占辞、出生占辞。显然，这四则语料发生的时间、空间不一，原本各自独立，并无内在联系，现为《左传》编者为突出公子完奔齐对于齐国此后命运的重大意义而从众多记言史料中采录排比于此。而且，多次称公子完之谥号"敬仲"，更为非实录之证。除此之外，文末"及陈之亡也，陈桓子始大于齐；其后亡也，成子得政"一语的确凿证验，以及此后昭公三年晏婴"吾弗知齐其为陈氏矣"、昭公八年史赵"继守将在齐，其兆既存矣"等屡见的类似预言，可知《左传》编者确实看到了公元前481年田氏代齐这一重大事件的发生。[①] 这是春秋后期齐国大夫专政的一个标志性事件，也是整个春秋时期世运衰变的

---

① 有学者据此预言来断定《左传》成书于公元前386年田和代齐为侯之后（牛鸿恩：《论〈左传〉成书年代》，《首都师范大学学报》1994年第5期），但笔者认为，《左传》在三则预言之后的预言结果中已对此交代得非常明白，"及陈之亡也，陈桓子始大于齐"一句，即指昭公八年楚灭陈后，陈桓子位至卿位（此时陈桓子为上大夫，杨伯峻释上大夫即卿位，见《春秋左传注》，中华书局，1990，第221页），此与"五世其昌，并于正卿"相应；"其后亡也，成子得政"，即指公元前481年田成子弑简公立平公，此时虽未为侯，但此后，"齐国之政皆归田常"（《史记·田敬仲完世家》），篡夺之势已成，与"八世之后，莫之与京"相应，此即"成子得政"之意，如理解成公元前386年田和封侯一事，实属过度解读。

一个重要事件,故《左传》编者要在此事先伏笔,以示事件发生之必然。

3. 闵公元年管仲谏齐桓公救邢。首先,这则记言史料符合《国语》标准的"三段式"语料特征,即记言背景("狄人伐邢")、记言内容("管敬仲言于齐侯曰……")、记言结果("齐人救邢"),所以这则史料来源于《齐语》一类的语料无疑。其次,称管仲之谥"敬",表明该语料为事后补录。因此,这则材料也应为解释"齐人救邢"而移录至此。

4. 闵公二年卫懿公抗狄一事。判定这则故事为《左传》编者采录他处的一个最明显证据就是文末"僖之元年,齐桓公迁邢于夷仪。二年,封卫于楚丘。邢迁如归,卫国忘亡"①,因为这几句在此后的僖公元年和僖公二年又分别出现并加以解释:"(僖公元年)夏,邢迁于夷仪,诸侯城之,救患也。凡侯伯,救患、分灾、讨罪,礼也";"(僖公)二年春,诸侯城楚丘而封卫焉。不书所会,后也。"这显然表明闵公二年的这几句是"卫懿公抗狄"故事原本就有,《左传》编者采录时并未加以删节,以致重复。另外,"卫懿公抗狄"这个故事,自战前因卫懿公好鹤,国人怠战,至开战后卫懿公及其大臣毅然从戎、英勇奋战、誓死卫国,再至战败后举国逃徙,百姓流离,最后桓公救援,城封楚丘,整个叙事紧张激烈,无一平笔,极富变化之能事。特别是对国人讥鹤、懿公别妻、宁死护旗、二臣诈降等细节的描写,更是极力凸显卫国君民在国难当头时同仇敌忾、视死如归的精神,令此场战事带有强烈的悲壮色彩。一般来说,历史事件的细节越具体,历史想象的成分往往越多。因此,"卫懿公抗狄"的故事,很可能是《左传》编者采自传闻,即司马迁《史记·十二诸侯年表序》所云"论史记旧闻"中的"旧闻"。

5. 僖公四年齐楚召陵之盟。在这次盟会前有两则记言史料,它们分别是楚使与管仲、齐桓公与屈完的外交辞令。从总体上来看,这两则外交辞令虽然都记载了齐楚双方的有关言论,但记录者的立场显然还是站在楚国这一边:第一次外交较量,面对管仲给出的三项看似咄咄逼人的战争理由,楚国使者均一一予以驳回,有理有节,甚是有力;第二次外交较量,面对齐桓公兵临城下、耀武扬威的强大压力,楚国使者仍然不卑不亢、沉

---

① 这一句与"卫懿公抗狄"事件在《左传》闵公二年原文中被分割两处,其实原应为一个整体,为褒扬齐桓公存邢救卫之功,故用重笔收之。这类将史料原文分割数处的例子,在《左传》中是很普遍的现象。

着应对、毫不妥协，最终逼迫齐国盟约退兵，以齐国为首的诸侯联军并没有达到预期目的。另外，第一次外交辞令中，楚国方面派使者应对，但其辞令中的"寡人"一词，显然是楚王语气，可见是转述楚王之令，实录特征十分明显。① 因此，这两则外交辞令应是《左传》编者采自楚国记言类历史档案。

6. 僖公七年郑国孔叔谏郑文公服齐。此则记言材料完全是郑国在齐国兵临城下时的君臣谋议，显然是《左传》编者采自郑国史官的记言史料。关于孔叔的言论，除此之外，在僖公三年、僖公五年也曾先后出现过两次，都是典型的"语体"。此后插入的申侯自楚逃郑的身世故事，亦来自"旧闻"史料。

7. 僖公七年管仲谏桓公修德。关于管仲的言论在《左传》中一共出现了5次，均为典型的"语体"，都重德尚礼，它们很可能来自类似后世《管子》一类的"家语"汇编。

8. 僖公九年周襄王使宰孔册命齐侯。这一则语料亦见于《国语·齐语》《管子·小匡》篇，而且大同小异，足可表明它原为史官记言史料而为《左传》编者移录至此。

9. 僖公九年葵丘盟约。在先秦时期，诸侯国之间在会盟时达成的盟约，因其神圣性与严肃性，一般拥有专门的存放机构。《周礼·秋官·大司寇》云："凡邦之大盟约，莅其盟书而登之于天府，大史、内史、司会及六官皆受其贰而藏之。"盟约一般一式数份，分别由不同的官员保存在不同的地方。保存盟书的地方称为"天府"，也称为"盟府"，即"载在盟府，大史职之"，故清人孙诒让说："盖凡盟书，皆为数本，一本埋于坎，盟者各以一本归，而盟官复书其辞而藏之。其正本藏天府及司盟之府，副本又别授六官，以防遗失，备检勘，慎重之至也。"② 1965年、1980年分别在山西侯马和河南温县集中出土了大量的春秋时期的玉石盟书，就证明了这一点。因此，《左传》此处的葵丘盟约当为《左传》编者移录自"盟府"。③

① 司马迁在《史记·齐太公世家》中改对话主体为"楚成王"，并删掉管仲答语中的"寡人"二字，以实现口吻一致。实际大可不必，因为：一则楚成王战前亲自挑战不合礼制；二则使者转述国君之语是外交辞令中的普遍现象。

② （清）孙诒让：《周礼正义》，中华书局，1987，第2855页。

③ 关于葵丘盟约的内容在《孟子·告子下》和《谷梁传》中都有相关记载，但内容迥异。对此，吕静认为这两处记载是"作者们将自己的理念悄悄塞入历史，通过古人之口，说出自己的理念"（《春秋时期盟誓研究》，上海古籍出版社，2007，第127页）。

除此之处，笔者再举两个更为明显的移录他国史料的例子。

1. 隐公四年，石碏在劝石厚通过朝陈来觐见周王时说"陈桓公方有宠于王"，对此处的"陈桓公"这一称谓，杨伯峻解释说："此时陈桓公未死，不应举其谥，此或《左传》作者偶疏之笔。"① 这种"偶疏之笔"，实则并不偶然，对照《国语》，对说话者称其谥号的现象甚为普遍。这足以表明这一史料是《左传》编者直接取材于《国语》一类语料。

2. 僖公二十七年，子犯劝谏晋文公勿战一事，其中"出穀戍，释宋围，一战而霸，文之教也"一语，显然是针对僖公二十八年"城濮之战"而言，此处是为突出子犯此言的效用，原应属《国语》一类的语料，《左传》编者移录至此，并未加以删节。

至此，可以清晰地看出，由于先秦史官存在记事、记言职能的分工，由此便相应生成记事类和记言类两大形态的史料。记事类史料大都时间明确，言简意赅，句式简短，如《春秋》；记言类史料既包括以一人言论为主的独体式记言，也包括以某一事件为主线串联多人言论的组接式记言和叙事型记言，它们均分门别类、井然有序地存放在周王室及各诸侯国的历史"档案库"内。孔子西观周室，所看到的史书形态应即如此。据《史记·十二诸侯年表序》，孔子对所看到的史料进行了一定程度的编排纂修，即以《鲁春秋》为纲，按照事件发生的先后顺序将相关的言辞附属或连缀在一起，最终编成一部纲举目张、有史有论以"《春秋》教"的讲义——《孔子史记》。上面所列举的"齐桓公称霸"例子，便鲜明地体现了这一点，既将"齐桓公称霸"的大事记基本照录下来，又将与此相关的人物言论一一"对号入座"，提纲挈领，有条不紊。我们将公元前684年齐鲁长勺之战至公元前651年葵丘会盟这34年间齐国与其他诸侯国发生的众多历史事件及相关言论排列在一起，便会发现，它们均围绕"齐桓公称霸"这一中心事件次第展开，这正如齐桓公本人所讲："寡人兵车之会三，乘军之会六，九合诸侯，一匡天下。"② 同时为增强所述事件的丰富性、生动性，孔子又搜罗大量的史官记言史料或传闻一一对应附属其下，从而令事件骨肉丰满、清晰完整。就在这种选材、裁剪、加工的过程中，寄寓孔子

---

① 杨伯峻：《春秋左传注》，中华书局，1990，第37页。
② 《史记·齐太公世家》，中华书局，1959，第1491页。

彰明王道、反对霸道、以为后世树立人伦仪表的"微言大义",如"齐桓公称霸",通篇以"刺桓,以'不务德而勤远略'为主"①,开始称霸,便记其以恩怨侵鲁、灭谭、灭遂、伐宋,恃强凌弱,肆意侵吞,最无霸者之度。中间叙桓公九合诸侯,"皆用简括之笔,以为章法,实亦寓轻忽之意"②。最后在标志齐桓公霸业巅峰的葵丘盟会后,借周天子使者宰孔之口,断定其盛极必衰,必有内乱,"意中菲薄特甚,文尤有远神"③。此与孟子所云"其事则齐桓晋文,其文则史,孔子曰:'其义则丘窃取之矣'"④——对应,若合符契。《左传》原本"事""文""义"三位一体,集中体现了孔子进行"《春秋》教"前属辞比事、言事杂糅的功夫。

因此,可以断定,孔子为进行"《春秋》教"所编纂的《孔子史记》第一次打破先秦史书言、事分立的状态,进而属辞比事、言事杂糅,形成一个个叙事完整、因果分明的历史故事。此书即《左传》编辑成书前的底本。近人吴闿生说:"左氏古本,每事自为一章。分传者依经次第,割散传文。"⑤顾颉刚在考察"《左传》原本"时也说:"当时《左传》原亦杂记体之史,犹《国语》、《战国策》、《说苑》、《新序》、《世说新语》、《唐语林》、《宋稗类钞》、清之野史等类,其故事为一条条者。"⑥两者都承认《左传》成书之前史料独具首尾、言事相兼的特征。唐人刘知几最早认识到先秦史官在编纂方式上所经历的由言、事分立到言事相兼的转化,他说:"古者言为《尚书》,事为《春秋》,左右二史,分尸其职。盖桓、文作霸,纠合同盟,春秋之时,事之大者也,而《尚书》缺纪。秦师败绩,缪公诫誓,《尚书》之中,言之大者也,而《春秋》靡录。此则言、事有别,断可知矣。逮左氏为书,不遵古法,言之与事,同在传中。然而言事相兼,烦省合理,故使读者寻绎不倦,览讽忘疲。"⑦刘知几高度评价了《左传》在史书编纂体例上的贡献,即在《左传》成书之前,受"左右二史"不同载录职能的影响,遂形成记言类和记事类两大史料形态,至左丘

---

① 吴闿生撰,白兆麟校注《左传微》,黄山书社,1995,第92页。
② 吴闿生撰,白兆麟校注《左传微》,黄山书社,1995,第93页。
③ 吴闿生撰,白兆麟校注《左传微》,黄山书社,1995,第101页。
④ (汉)赵岐注,(宋)孙奭疏《孟子注疏》,《十三经注疏》,中华书局,1980,第2728页。
⑤ 吴闿生撰,白兆麟校注《左传微》,黄山书社,1995,第1页。
⑥ 顾颉刚讲授,刘起釪笔记《春秋三传及国语之综合研究》,巴蜀书社,1988,第36页。
⑦ (唐)刘知几撰,(清)浦起龙释《史通通释·载言》,中华书局,1978,第33~34页。

明，为确保孔子"《春秋》教"属辞比事、经传同修的教学方法之真，遂将孔子参考的这两大类史料及相关解说按照编年的顺序有机结合起来，从而开创了"言事相兼，烦省合理"的史书编纂新体例，开后世纪事本末体历史叙事的先河。

下 编

《国语》《左传》记言类型研究

引　言

明人陈洪谟云："文莫先于辨体，体正而后意以经之，气以贯之，辞以饰之。体者，文之干也。……"① 受"宗经"思想的影响，人们常常将"五经"视为古代文体的源头，如北齐颜之推《颜氏家训·文章》篇就说："夫文章者，原出'五经'：诏、命、策、檄，生于《书》者也；序、述、论、议，生于《易》者也；歌、咏、赋、颂，生于《诗》者也；祭祀、哀诔，生于《礼》者也；书、奏、箴、铭，生于《春秋》者也。"② 另外，刘勰的《文心雕龙·宗经》、任昉的《文章源起》、徐师曾的《文体明辨》等也都沿袭此说。然而，从文章自身发展的实际来看，"文出'五经'"之说，既过于主观，也不无牵强。《汉书·艺文志》将先秦史官文献分为以《尚书》为代表的"记言体"和以《春秋》为代表的"记事体"，这正是对史官文献本身实际情形的高度概括。其中，史官"记言"类文献事实上已经孕育着后世文章的众多体裁，甚至很多人物言论本身就是一篇完整优美的议论文。上述颜之推所云"原出'五经'"的18类文体中，除去"原出"于《诗》的4类文体外，其他14类文体都和战国前的人物言论有着密切关系。"因此中国古代文体分类的原初形态无疑是以不同的'言说'方式作为分类标准的。"③ 可以说，先秦史官"记言"类文献是孕育后世文章众多文体的"母体"，它对后世各种文体的形成产生了重要影响。

对于先秦史官文献中人物言说的分类，《尚书》篇题所含的典、谟、训、诰、誓、命等词语已明确表明了君臣言说性质和用途的不同。如"'诰'是君对臣下的讲话，'谟'是臣下对君的讲话，'誓'是君主誓众

---

① 转引自（明）徐师曾著，罗根泽校点《文体明辨序说》，人民文学出版社，1962，第80页。

② （北齐）颜之推：《颜氏家训》，《诸子集成》第八册，上海书店，1954，第19页。

③ 郭英德：《中国古代文体学论稿》，北京大学出版社，2005，第3页。

之词，而且多是军事行动的誓词，'命'为册命或君主某种命词，'典'载重要史事经过或某项专题史实"①。此后，《国语》《左传》中的大量史官"记言"类史料又直接催生了众多文体：《文心雕龙》以篇名标明的33类文体，刘勰举《尚书》《左传》《国语》等人物言论40余处以明其源起，涉及乐府、赋、颂、赞、祝、盟、铭、箴、诔、碑、哀、吊、谐、隐、史传、诸子、论、说、檄、移、章、表、议、对、书、记26类。刘勰的这一种分类遂为后来的文体论者所继承和发展，如明代吴讷的《文章辨体》（59类）和徐师曾的《文体明辨》（127类），清代储欣纂集的《唐宋十大家类选》（六门30类）和姚鼐编撰的《古文辞类纂》（13类）等，虽在具体分类上有增有减，但其名称大体不离刘勰所列。宋代陈骙曾在其《文则》中专将《左传》"摘其英华，别为八体"：命、誓、盟、祷、谏、让、书、对，并分别举例加以说明。② 很明显，这种分类也是着眼于《左传》"记言"而言的。尽管这些分类在具体种类和名称上差别很大，但其分类的标准却是相同的，即根据人物言论本身的性质和言说功能的不同而进行划分，从而能够较准确、直观地显示每类文体最主要的特征，使人一目了然、顾名思义。然而，人们言说场合和意图的千变万化，决定了言说内容也随时、随地、因人而异，因此，根据言说内容性质进行文体分类，易流于分类过细和碎杂之弊。如明人徐师曾的《文体明辨》在吴讷《文章辨体》59类文体的基础上增广至127类，难怪《四库全书总目提要》批评说："千条万绪，无复体例可求，所谓治丝而棼欤！"③

宋人真德秀不满前人分类暗昧驳杂，首选《左传》《国语》之文及后世"明义理切世用"之文，分为辞命、议论、叙事、诗赋四大类，名之曰《文章正宗》，"欲学者识其源流之正也"。其中，辞命、议论两大类，首先选取的是《国语》《左传》的"记言"类文章：前者"独取《春秋》内、外传所载周天子谕告诸侯之辞、列国往来应对之辞下至两汉诏册而止"；后者则为"告君之体"，"独取《春秋》内、外传所载谏争论说之辞、先

① 刘起釪：《尚书学史》，中华书局，1989，第9页。
② （宋）陈骙：《文则》，中华书局，1985，第28页。
③ （清）永瑢、纪昀主编《四库全书总目提要·集部》第192卷，中华书局，1965，第1750页。

汉以后诸臣所上书疏封事之属"，以为学者议论之"准的"。① 这种分类显然直承《汉书·艺文志》言、事之分，甚为符合三代之文的实际情形。而且尤为重要的是，这种分类注意到言说者的身份和角色对言说性质的决定作用，如云辞命为"王言之体"，议论为"告君之体"，故《文章正宗》被人赞为"义例精密""古今文辞，固无出此四类之外者"②。此后，章学诚亦遵此言、事分类标准，将《左传》文体分为论事、传赞、辞命、叙例、考订、叙事、说理 7 类。他说："文体虽繁，要不越此六七类例。其源皆本六经，而措力莫切于《左传》，学者其可不尽心乎?"③ 章学诚所分 7 类中的论事、传赞、辞命、说理四体属于《左传》记言分类，除真德秀所言的"辞命""议论（即论事、说理）"外，鉴于《左传》当事人或史官品评人物或事件之多，故又增"传赞"一类。这种基于史官记言、记事功能基础上的分类，对于言事相兼的《左传》来说，确乎赅备广摄，但又不免失之疏阔。

俗语云："到什么山上唱什么歌。"在人物对话中，对话者的身份和对话的语境决定了对话内容的性质，换句话说，对话者在某种特定场合发布的言辞就具有某种特定的文体形态。因此，对于不同人物言说的分类标准，言说内容的性质固然重要，但决定这种言说内容的言说者和言说语境也同样重要。《国语》《左传》所载录的人物言论内容丰富多样，涉及国计民生的各个方面；言说主体也范围广泛，涵盖了当时社会的各个阶层，如若侧重某一方面的分门别类，势必条流多品、"治丝而棼"。但若将言说主体和言说内容二者结合起来，着眼于其共同的社会角色和功能——君臣论政——进行分类，则会由人观言，由言见体，更为切实赅备、简要清晰。就君臣论政而言，不外乎以下几种情形：君对臣发布的训诰、命令，即君臣诰命；臣对君进献的谏议、对策，即君臣谏对；君与君之间的聘问、应对，此多由行人代言，即行人辞令；臣与臣之间的论辩或臣、民独立的品评，即君子论赞。下面，笔者就其中每一大类生成的具体文化背景、源流变化、文体特征及影响等方面分别做详细阐述。

---

① （宋）真德秀：《文章正宗纲目》，景印文渊阁《四库全书》。
② （明）吴讷著，于北山校点《文章辨体序说》，人民文学出版社，1962，第 9 页。
③ （清）章学诚：《章学诚遗书》，文物出版社，1985，第 686 页。

第一章　君臣命誓

商周时期的最高统治者称"王"。董仲舒《春秋繁露·王道通》云："三画而连其中谓之王。三画者，天、地与人也，而连其中者，通其道也。"① 这种基于字形上的解释形象而准确地将"王"之"天人合一"的政治宗教意蕴揭示了出来，即他们既是依仗君权神授替天行道的宗教领袖，也是凭借自身臻至圣境的道德修养替民立言的政治领袖。"帝王把天道引渡给人间，统摄天地之道，而且他本身就是道的化身，即所谓的'体道'。"② 这种代行天道与人道的独特身份，使商周帝王们的话语获得了不容置疑的权威性与合法性。正如《尚书·说命》所云："天子惟君万邦，百官承式。王言惟作命，不言，臣下罔攸禀令。"王的话就是政教号令，王不出言，臣下就无从受命。天子在各种仪式场合针对臣民发布的诰诫、命令等，经史官载录，便成为当时乃至以后规范人们政治行为的指导思想，如大量出土的含有命辞的甲骨卜辞、含有册命类文献的商周铜器铭文以及现存《尚书》中的大量王言等。在当时普遍盛行天命信仰和君权天授的时代，帝王因被尊为人间"天子"而享有至高无上的权力，他们的言论也因代天立言的神圣性，从而在当时丰富的书写文献中独领风骚，一枝独秀。刘勰《文心雕龙·诏策》说："王言之大，动入史策，其出如绋，不反若汗。"《史记·晋世家》也说："天子无戏言。言则史书之，礼成之，乐歌之。"君王地位至尊，话一出口，即为号令，便要载入史策，无法收回。在以记言为主的《尚书》中，这些王言因其言说场合的不同而被赋予了不同的名称。对此，明人吴讷《文章辨体序说》引宋人张表臣《珊瑚钩诗话》解释说："道其常而作彝宪者谓之'典'；陈其谟而成嘉猷者谓之

---

① （汉）董仲舒著，王心湛校勘《春秋繁露集解》，广益书局，1936，第102页。
② 刘泽华：《天人合一与王权主义》，《天津社会科学》1996年第4期。

'谟'；顺其理而迪之者谓之'训'；属其人而告之者谓之'诰'；即师众而誓之者谓之'誓'；因官使而命之者谓之'命'。"① 朱自清《经典常谈》也说："平时的号令叫'诰'，有关军事的叫'誓'。君告臣的话多称为'命'；臣告君的话却似乎并无定名，偶然有称为'谟'的。"② 可以看出，占《尚书》绝大部分篇数的"诰""誓""命"三体均为帝王之言。每一篇王言，都伴随着一场锡命典礼的隆重举行，包括命辞的创制润色、锡命时间和地点的选择、锡命人选的指定分工、锡命礼仪的严格操守等，也都是当时天命信仰与周王"天子"正统身份确认的现实操演与伦理定位，进而凝聚成天王合一、一心辐辏的价值思维与文化传统。

东迁以后，随着人们天命观念的淡化和君王自身道德修养的荒颓，周王诰命的合法性和权威性受到极大的冲击，甚至遭到轻视，矫命和僭越之事时有发生。与此相对应，带有浓厚君权天授色彩的王之命辞随着王权的沉浮，在春秋史官的记言中也已失去了超然的地位，无论数量、篇幅还是功能都发生了很大变化。不过，正是由于王命的式微，春秋时期各诸侯国频繁会盟所签订的众多盟誓之辞蓬勃兴起，取代王命以约束、协调、统一各诸侯国的政治行为，从而形成一种新的辞令文体——盟誓。显然，这里的"誓"已与周初征战前的誓师辞有着显著的不同，它是协调和规整各盟国的共同行动纲领。鉴于此，笔者将春秋时期的王侯之言称为"王侯命誓"，意指春秋时期的王侯号令分为"命"和"誓"两大类型。下面试与西周文献相对比分别论之，看看它们在春秋时期呈现出什么样的新特征。

第一节 《国语》《左传》命辞的式微

命，作为一种文体，最早明确始自《尚书》篇名划分，如《顾命》《文侯之命》《毕命》《冏命》等。孔安国《尚书序》云："典、谟、训、诰、誓、命之文凡百篇。"③ 也将"命"列为《尚书》"六体"之一。故历来文体论者都将"命"作为一种文章体式单独列出，如北齐颜之推《颜氏

---

① 转引自（明）吴讷著，于北山校点《文章辨体序说》，人民文学出版社，1962，第12页。
② 朱自清：《经典常谈》，北京出版社，2004，第20页。
③ （汉）孔安国传，（唐）孔颖达正义《尚书正义》，北京大学出版社，1999，第10页。

家训·文章》篇云："夫文章者，原出'五经'：诏、命、策、檄，生于《书》者也。"① 宋人真德秀《文章正宗》云："学者欲知王言之体，当以《书》之诰、誓、命为祖而参之。"② 陈骙《文则》列春秋之八体，"一曰命，婉而当"③。明吴讷《文章辨体》云："考之于《书》，命者，以之命官，若《毕命》《冏命》是也。"④ 这里所说的"命"，据出土的有关商周铜器铭文和《尚书》"命"篇本义，主要是指周王在封官授赏仪式上的册命行为或册命之辞，如《伯晨簋》中的"隹王八月辰才丙午，王命韩侯白晨，曰……"，《君夫簋》中的"王才康宫大室，王命君夫，曰……"⑤ 等，其中的"命"（有时作"令"）均为动词"册命"，也作"锡命"；而后面"曰"的内容为名词"册命"，即书于简策的王命，《尚书》中的《顾命》《文侯之命》也是这样。

　　鉴于周初君王集神权与王权于一身的崇高地位和"封建亲戚以蕃屏周"的分封制度，举凡继承王位、封官授爵、赏赐或诰诫臣下，都要举行庄严隆重的册命礼。这些册命内容最初大都由史官真实、虔敬地书写或实录，受封者也往往将此受封经过和册命载于彝器以示荣耀，因而产生了大量的册命文献。今日能见到的这些册命类文献主要保存在《尚书·周书》和铜器铭文之中，⑥ 而且大都呈现出篇幅较长、语气逼真、节奏顿挫、风格庄重等显著特征。

　　东迁之后，王道衰微，政令松弛，名存实亡，原来神圣不可侵犯的王侯命令此时已失去了其原有的光环，矫命、僭命甚至抗命之事时有发生，如鲁桓公五年，郑庄公繻葛之役公然对抗王命，射桓王中肩；葵丘盟会后，齐桓公"挟天子以令诸侯"；僖公十一年，晋惠公不敬周襄王赐命；文公十八年，季文子更改宣公赐邑于莒仆之命；等等。因此，《国语》《左传》中有关"命体"之文保存下来的非常少。《国语》《左传》中所见周王及诸侯较完整的命辞，仅有 24 例。其中王命之辞 11 例，诸侯命辞 13 例（见

①　（北齐）颜之推：《颜氏家训》，《诸子集成》第八册，上海书店，1954，第 19 页。

②　（宋）真德秀：《文章正宗》，景印文渊阁《四库全书》。

③　（宋）陈骙著，刘彦成注译《文则注译》，书目文献出版社，1988，第 185 页。

④　（明）吴讷著，于北册山校点《文章辨体序说》，人民文学出版社，1962，第 36 页。

⑤　分别见马承源主编《商周青铜器铭文选》，文物出版社，1988，第 234、226 页。

⑥　据陈汉平统计，今日所见王室册命金文，除数器同铭者外，共有 80 例。参见《西周册命制度研究》，学林出版社，1986，第 21 页。

表十五，其中晋悼公赐魏绛之命辞，二书重见）。关于周代册命制度及文体，目前学界已取得了丰硕的研究成果，如齐思和先生的《周代锡命礼考》[①]、陈汉平先生的《西周册命制度研究》[②]、陈梦家先生的《西周铜器断代·册命篇》[③]、张光裕先生的《金文中册命之典》[④]、何树环先生的《西周锡命铭文新研》[⑤]、黄盛璋先生的《西周铜器中册命制度及其关键问题新考》[⑥]、董芬芬先生的《春秋辞令文体研究》[⑦] 等，分别对周代锡命的具体仪式、赐物、文体特征等方面进行了较为深入系统的研究，创获良多。有鉴于此，本书命辞研究将重在比较西周和春秋时期之册命文体在篇幅长短、语言风格、命辞功能等方面体现出来的不同特征，以更为清晰地勾勒出该文体在先秦时期的发展变化以及由此折射出的深层政治思想动因。

一 由繁复到简省

从篇幅结构上看，周代铭文一般包括册命的时间、地点、册命仪式、册命授职、赐物、受命仪式、作器铭识七个部分。如周懿王时的"师虎簋"：

> 唯元年六月既望甲戌，王在杜居，格于大室。邢伯入右师虎，即立中廷，北向。王呼内史吴曰："册令虎。"王若曰："虎，载先王既令乃祖考事，适官司左右戏繁荆。今余唯帅型先王令，令汝更乃祖考，适官司左右戏繁荆。敬夙夜勿废朕令。赐汝赤舄，用事。"虎敢拜稽首，对扬天子丕鲁休，用作朕烈考日更尊簋。子子孙孙其永宝用。[⑧]

① 齐思和：《周代锡命礼考》，《中国史探研》，中华书局，1981。
② 陈汉平：《西周册命制度研究》，学林出版社，1986。
③ 陈梦家：《西周铜器断代》，中华书局，2004。
④ 张光裕：《金文中册命之典》，《雪斋学术论文集》，艺文印书馆，1989。
⑤ 何树环：《西周锡命铭文新研》，文津出版社，2007。
⑥ 黄盛璋：《西周铜器中册命制度及其关键问题新考》，《考古学研究》，三秦出版社，1993。
⑦ 董芬芬：《春秋辞令文体研究》，上海古籍出版社，2012。
⑧ 马承源主编《商周青铜器铭文选》（三），文物出版社，1988，第168页。

这篇铭文是形式上比较完整的册命铭文，可以作为西周册命铭文的代表。从中可以再现当时完整的册命礼仪过程：在之前卜定的吉日良辰（"唯元年六月既望甲戌"），周天子亲自莅临神圣的宗庙太室（"王在杜居，格于大室"），南面站立；执政卿士延引受命者入庙内中廷北面而立（"邢伯入右师虎，即立中廷，北向"）；内史代王宣读王命（"王呼内史吴曰……'适官司左右戏繁荆。敬夙夜勿废朕令'"），册命授职，随后赠予赏赐器物（"赐汝赤舄，用事"）；受命者行稽首大礼（"虎敢拜稽首，对扬天子丕鲁休"），并作器铭识，显扬先祖，明示后世。这与《礼记·祭统》关于册命礼仪的记载是一致的："古者明君爵有德而禄有功，必赐爵禄于大庙，示不敢专也。故祭之日，一献，君降立于阼阶之南，南乡，所命北面，史由君右，执策命之，再拜稽首，受书以归，而舍奠于其庙。"其中自"君降立于阼阶之南"至"舍奠于其庙"所描述的就是册命典礼的基本程序。类似的西周册命类文献在传世典籍中也有很多，如《尚书》中的《顾命》《康诰》《召诰》《金縢》《洛诰》等，《诗经》中的《崧高》《烝民》《韩奕》《江汉》《黍苗》等，都与册命典礼密不可分。根据金文，西周王室举行锡命礼极为频繁，陈汉平先生统计说："今日所见王室册命金文，数器同铭者除外，共得八十例。"①

这种神圣而隆重的册命仪式至春秋时期发生了很大变化。

首先，直接来自周王室的册命频率和数量遽然减少，春秋240多年间，见于传世典籍记载的周王锡命礼总计仅9次。

1. 《左传·庄公元年》："王使荣叔来锡桓公命。"

2. 《左传·僖公九年》："夏，会于葵丘，寻盟，且修好，礼也。王使宰孔赐齐侯胙。"

3. 《左传·僖公十一年》："春，天王使召武公、内史过赐晋侯命。"②

4. 《左传·僖公十二年》："王以上卿之礼飨管仲。"

5. 《左传·僖公二十八年》："己酉，王享礼，命晋侯宥。王

---

① 陈汉平：《西周册命制度研究》，学林出版社，1986，第21页。
② 此例在《国语·周语上》也有记载："襄王使召公过及内史过赐晋惠公命。"

命尹氏及王子虎、内史叔兴父策命晋侯为侯伯。"①

6. 《左传·文公元年》："夏，王使毛伯卫来锡公命。"

7. 《左传·成公八年》："秋，召桓公来赐公命。"

8. 《左传·襄公十四年》："王使刘定公赐齐侯命。"

9. 《左传·昭公七年》："王使成简公如卫吊，且追命襄公。"

见载于《国语》《左传》的这些册命，与西周时期相比，不但数量锐减，而且命辞大都断章截句，篇幅较短且仪式感不强，体现了命辞由繁富到简省的变化。西周金文中的册命多由"王若曰"发凡起例，意即"王这样说"，表明命辞内容为王之真实意旨或代天立言，这也是西周命辞之通例。② 命辞内容大都包括册命缘由、授命赐物、嘉勉用事等内容，如《尚书·康诰》反复呼告申述，周详绵密，入情入理，全文长达 968 字，可谓命制鸿篇。即使在契刻繁难的金文中，某些命辞仍被受命者加以完整移录，如著名的《毛公鼎》《大禹鼎》《牧簋》等册命铭文，篇幅也都长达三四百字。而上列 9 例春秋周王册命，仅第 2、4、5、8、9 例载有简单命辞。与西周册命相比较，这些命辞皆断章摘句，简短得多，如僖公二十八年践土会盟，周襄王正式册命晋文公为霸主。由于这次会盟是葵丘会盟后的又一次诸侯大会，是在城濮大战晋文公战胜强楚、稳定中原、捍卫周王室安全的形势下召开的，而且此前晋文公帮助王室平定王子带之乱，勤王复位，劳苦功高，因此，这次对晋文公的册命规格理应空前隆重，从周襄

---

① 此例在《国语·周语上》也有记载："襄王使大宰文公及内史兴赐晋文公命。"

② 对于"王若曰"的理解，学界存在多种说法，归纳起来，主要有以下三种。一是"记言程式"说，如董作宾《王若曰古义》说："凡王命之见于笔录者，其开始必作'王若曰'，盖彼时之公文程序然也。"（《说文月刊》第四卷合订本，1944）二是"代宣王命"说，如陈梦家据西周金文辞例说："周诰中的'王若曰'乃是史官或周公代宣王命。"（《尚书通论·王若曰考》，河北教育出版社，2000，第 186 页）于省吾先生的观点与此略同，认为"王若曰"应解作"王如此说"（《"王若曰"释义》，《中国语文》1966 年第 2 期）。三是"代神发言"说，如过常宝先生在《论〈尚书〉语体的文化背景》中认为"王若曰"实际上就是"王代神发言"（《北京师范大学学报》2008 年第 4 期）。叶修成也认为："'王若曰'实际上就是这种神道设教的标志性提示语。"（《西周礼制与〈尚书〉文体研究》，中国社会科学出版社，2016）三种说法看似各执己见，意见不一，实际上并不矛盾。因为商周"君权神授"的宗教信仰和"王"为"天子"的特殊身份，决定了"王言"和"神意"的统一性，因此无论是史官代王言说还是王代神言说，实质上是一回事。

王所赐礼器之丰厚即可窥见一斑。与此相应，内史叔兴宣读的册命文书也定是相当繁富典雅。但是，《左传》对于命辞的记载仅仅一句话："王谓叔父，敬服王命，以绥四国，纠逖王慝！"仅录嘉勉用事，语词也极为简省。对于葵丘会盟齐桓公初次称霸，《左传》对整个仪式的记载也仅用了101字，至于命辞也仅录最后一句"以伯舅耋老，加劳，赐一级，无下拜"而已。而周平王赐晋文侯之命，则出现在宣公十二年晋随季（士会）责问楚少宰侵郑时的征引中："与郑夹辅周室，毋废王命！"更为简短。襄公十四年周灵王赐齐灵公之命是《左传》《国语》记载最为完整的一篇命辞，但同西周册命相比，也篇幅短小，仅有61字。

其次，至春秋，周王室的赐命方式也发生了重大变化。据统计，陈梦家先生《西周铜器断代》共收录有关西周王室册命贵族的事例58起，周天子全都亲自参加，诸侯也都前往王室接受赐命。① 《礼记·王制》："大国三卿，皆命于天子。"诸侯及卿大夫即位，只有得到周王的赐命，方为合法。但是，《左传》上列9例周王册命中，仅有2例来自周王的直接赐命，其余7例皆为周王派遣使者前往赐命，而且还都是诸侯即位数年甚至死后才得到赐命的。如晋惠公是在即位后第二年（鲁僖公十一年），周襄王才派内史过等前来赐命。在册命仪式上，晋惠公"受玉惰"，表现出对王命的轻蔑。对于齐桓公，《春秋》经传没有记载即位之初是否有周王册命，而庄公二十七年周惠王因欲齐国出兵讨伐卫国，于是派召伯廖前来册命，这已是齐桓公即位二十年后的事情了。不仅如此，据《左传·襄公十四年》，齐灵公受到周灵王赐命，也是即位后二十三年的事情。甚至有些诸侯生前未受到王室赐命，死后却受到了追封。如庄公元年周庄王派遣荣叔对已经下葬的鲁桓公进行赐命，大概是为了安抚鲁国君臣对鲁桓公在齐国遇害的悲愤情绪。昭公七年，卫襄公卒，应卫国的请求，周景王派遣郕简公前往卫国吊唁，并且对卫襄公进行了追命。

因此，春秋时期，周王册命频率的骤减、册命方式的变化以及受命诸侯对周王室表现出的冷漠和不敬，都与西周神圣而庄严的赐命传统背道而驰，是不合礼法的。《谷梁传》曰："礼有受命，无来锡命。赐命非正也。

---

① 景红艳：《论春秋时期周王室的锡命礼及其历史特征》，《山西师范大学学报》（社会科学版）2016年第2期。

生服之，死行之，礼也。生不服，死追锡之，不正甚矣。"这也从另一个侧面表明了春秋诸侯坐大，天命式微，以周天子为共主的封建王朝名存实亡，走向了穷途末路。

二 由古奥到平实

在语言风格上，同西周命辞相比，春秋命辞呈现出由古奥到平实的变化。"周诰殷盘，佶屈聱牙"①，道出了今文《尚书》文辞古奥难懂的特点，也道出了古今治《尚书》者的困惑。对此，蒋伯潜先生解释道："《尚书》的文章所以难懂，所以使我们觉得'佶屈聱牙'，便因为是古代的白话文告的缘故呀！……口头的语言，既因古今时代之异而大大地变动，写成文字的古代语言却没有变，所以非能通解古今语者，便觉得它们古奥难懂，'佶屈聱牙'了。"② 刘起釪先生通过对《大诰》篇的词汇和语法进行分析，进一步印证说："周初语言是渭水流域与附近地区的姬、姜两族的方言。……周初的渭水流域方言中的一些独特的东西，就是在周代的历史发展中逐渐被扬弃的。春秋战国的语言中已不用它，到汉代，出生于关中的司马迁已完全不懂这些方言中的独特的东西了。"③ 诸如《大诰》《康诰》命辞中的"诞""越""罔""肆""矧惟""爽惟"等虚词和"肇造""时叙""祗遹""棐忱""时臬""大戛""民宁""猷裕"等实词，便是西周时期特有的方言词汇，在东周之后的文言中便消失了。命辞特有的语法结构及反复叮咛、细致入微的行文方式，都令命辞呈现出扞格不畅、古奥艰深的语言特征。至春秋时期，周王命辞则要平实晓畅得多。为了更为清晰地看出西周至春秋时期命辞的变化趋势，笔者特选取《尚书·康诰》和《左传·襄公十四年》周灵王赐齐灵公之命辞（简称"周灵王之命"）④列表比较。

---

① 顾易生、徐粹育编撰《韩愈散文选集》，上海古籍出版社，1997，第57页。
② 蒋伯潜、蒋祖怡：《经与经学》，上海书店，1997，第52~53页。
③ 刘起釪：《尚书研究要论·〈大诰〉篇的词汇和语法反映了西周语言特色》，齐鲁书社，2007，第531~532页。
④ 这是《国语》《左传》中唯一一则完整地载录周王册命的记载，而且由刘定公代宣王命可以断知，这则命辞应为事先拟制的原文，尤为珍贵，可视作春秋命辞之标本。

表十四　《尚书》《左传》"周灵王之命"

命辞结构	《尚书·康诰》	《左传》"周灵王之命"
册命缘由	王若曰："孟侯，朕其弟，小子封。惟乃丕显考文王，克明德慎罚；不敢侮鳏寡，庸庸，祗祗，威威，显民，用肇造我区夏，越我一、二邦以修我西土。惟时怙冒，闻于上帝，帝休，天乃大命文王。殪戎殷，诞受厥命越厥邦民，惟时叙，乃寡兄勖。肆汝小子封在兹东土	昔伯舅大公，右我先王，股肱周室，师保万民，世胙大师，以表东海。王室之不坏，繄伯舅是赖
授命赐物	王曰："呜呼！封，汝念哉！今民将在祗遹乃文考，绍闻衣德言。……王曰："呜呼！肆汝小子封。惟命不于常，汝念哉！无我殄享，明乃服命，高乃听，用康乂民。"	今余命女环：兹率舅氏之典，纂乃祖考，无忝乃旧
嘉勉用事	王若曰："往哉！封，勿替敬，典听朕告，汝乃以殷民世享。"	敬之哉，无废朕命

　　周灵王赐齐灵公之命，由于系刘定公代为宣告，可以断定与《康诰》一样，应为事先拟就的书面诰命，故命辞多四字一句，整饬精练，节律分明，而且语言雅而不奥、平实易晓，与《康诰》因多使用关中独特的方言古语而生发扞格难通、古奥生涩之感，有着迥然的不同。周灵王时期（前7世纪）已距周公（前11世纪）400多年，而且东迁以后，"洛阳成为政治和文化中心，它的语言便进一步发展为共同语，被称为'雅言'。洛阳一带的语言被称为'雅言'，固然有'正言'的意思，但也与河南这一地理概念有关"①。虽然此时周王室已失去作为共主的强大政治势力，但这种以河洛为中心的"雅言"的形成，却成为维系各诸侯国之间政治文化交流的纽带，也奠定了此后几千年华夏共同语的基础。因此，有人将西周至春秋时期表现在语言方面的这种巨大变化称为中国语言学史上的第一次革命。② 不过，尽管春秋时期这些命辞旁征博引、理据充分，时而呈现出"君命不贰"、强硬有力的一面，但在王命衰微、侯伯力政的时代背景之下，其命辞功能却带有显著的日薄西山、无力回天的无奈与悲凉色彩。

---

① 李新魁：《李新魁自选集·汉语共同语的形成与发展》，河南教育出版社，1993，第273页。
② 如郭沫若先生将这一时期"新文言"的出现称为"春秋时代的五四运动"（《郭沫若全集》第19卷《论古代文学》，人民文学出版社，1992，第266页）。傅道彬先生在其《春秋时代的"文言"变革与文学繁荣》一文中也认为："春秋时代，文言实现了从旧体文言到新体文言的历史跨越。"（《中国社会科学》2007年第6期）

三　由王命崇拜到政令衰颓

在命辞效用方面，同西周命辞相比，春秋赐命之辞呈现出由王命崇拜到政令衰颓的态势变化。据西周封建制度，"溥天之下，莫非王土；率土之滨，莫非王臣"①，诸侯或王臣即位，必须经由周天子亲自册封才算合法，故《礼记·祭统》云："古者明君爵有德而禄有功，必赐爵禄于太庙，示不敢专也。"《说文》也云："册，符命也。诸侯进受于王也。"如前所述，册封时，必须经过隆重而神圣的赐命礼。赐命礼必于宗周或成周之太庙举行，②并且由周天子亲自册封，以示所受之命来自神授，神圣不可侵犯；命辞一般先是追述文王、武王之德，然后褒扬受命者祖先功绩，以示受命诸侯与周王"犹衣服之有冠冕，木水之有本原，民人之有谋主"（《左传·昭公九年》）的伦理关系；受命者无不对扬王休、拜手稽首，而且镂诸金石，传遗后世，光宗耀祖。这一切，都无不凸显出周天子是诸侯及王臣获得正统地位的唯一源泉，地位至高无上。一次次赐命典礼的举行，实际都是对周王"天子"信仰的仪式性现实操演与心理认同，都是对周天子的威权与正统地位的最强有力的贯彻与普及。频频出现于赐命之辞中的"夙夜匪解""无宁荒""毋怠荒"等饱含叮嘱意味的词汇，更是将受命者对天子威权的畏惧以及恪守王命、朝夕勤勉之情淋漓尽致地展现了出来。如《尚书·康诰》，仔细涵咏、体会命辞中"呜呼""敬哉""已""往哉"等感叹语气词的反复运用和"孟侯""朕其弟""小子封"等同义称谓词的亲昵称呼以及周详反复且至慎至审的谆谆叮咛，周公和康叔兄弟间推心置腹、声情并茂的册命场景则会令人身临其境、感同身受，亲情和民情、家事和国事交织在一起，既寄寓康叔肝胆相照、共创伟业的殷殷厚望，也赋予命辞刚柔相济、恩威并重的独特魅力。而且，文王、武王、成王、周公等周初统治者，以其受命称王、解民于倒悬的强大文治武功，赢得了臣

① （汉）毛亨传，（唐）孔颖达正义《毛诗正义·小雅·北山》，《十三经注疏》，中华书局，1980，第463页。

② 齐思和先生据郭沫若《两周金文辞大系考释》一书中所收录的55件锡命彝器，考察后说："此五十五次锡命，除二三次之例外，大抵皆举行于周之宗庙。"（齐思和：《周代锡命礼考》，《中国史探研》，中华书局，1981，第105页）

民无比的敬仰与狂热的膜拜。由命辞本身繁富周详、咳唾兼录、形神毕备的"语录"特征，也可窥测史官入记时的虔诚、敬畏之心态。因此，西周时期，周王册命承担了维持当时政治秩序和社会秩序的意识形态功能，具有神圣不可侵犯的力量。

春秋时期，各国诸侯开始对周王赐命表现出明显的懈怠不恭与冷漠不敬的态度。除了上述周天子或为与大国诸侯进行政治交易，或为讨好和巴结诸侯而不得不行施赐封权力之外，很多诸侯连即位都没有经过周天子的赐命认可，这在西周时期是不可想象的。以秉承周礼较好的鲁国为例，春秋十二公仅鲁文公即位后有赐命，① 其余国君即位均无赐命的记载。在诸侯即位这样重大政治问题上都可以无视赐命而先斩后奏，可见周天子的政治影响力已沦落到何等衰颓的地步。不仅如此，即使新君即位，偶有周王赐命的个案，受命诸侯也往往表现出懈怠不敬的态度。如《左传·僖公十一年》："天王使召武公、内史过赐晋侯命，受玉惰。"晋侯即晋惠公，在他即位之前，晋公室因骊姬之乱引发了群公子争位的政治内讧。晋惠公通过贿赂秦国，取得了逐霸西戎的秦穆公和已为中原霸主的齐桓公的支持。僖公十年"夏四月，周公忌父、王子党会齐隰朋立晋侯"。晋惠公即位后的第二年春天，周襄王派内史过等前往晋国，对已经即位的晋惠公进行锡命。在赐命仪式上，重利轻义的晋惠公"受玉惰"，对周王所赐之物表现出傲慢无礼、冷漠无情的样子；而且据《国语》记载，"晋侯执玉卑，拜不稽首"。"拜手稽首"或"拜稽首"，是在西周时期锡命类铭文中经常出现的固定用语，是周王与诸侯之间的重要赐命礼仪之一，是对天子至敬和感恩的表现。但是，晋惠公受王赐命，拜不稽首，鲜明地表现出周天子在晋惠公心目中可有可无甚至不屑一顾的地位。

更显著的是，春秋时的许多命辞是周王在诸侯挑衅、忍无可忍时被迫发出的。如僖公二十五年，晋文公出兵南下，将被王子带赶到郑地汜水的周襄王营救回国。襄王不胜感激，劳之以地，以示酬报。不料晋文公并不满足，提出"请隧"的要求，即要求与王之葬礼一样的规格，甚为无理，襄王被迫发布"拒隧"之命；又如宣公三年，周定王使王孙满代宣"拒

---

① 据《春秋经》载，鲁文公即位是在文公元年（前626）正月，周襄王派遣毛伯锡命是在当年四月，故为事后追命。

鼎”之命，也是在楚庄王观兵周疆、问鼎大小的极端无礼下宣布的。而且，在春秋时期，“王命”常常被诸侯乔装改扮，成为诸侯争霸时的一种合法性“包装”，被借以逞肆自己的私欲、野心。这种王道的衰微与王命的无力态势，呼唤一种新的道义力量出场来整合、匡救濒临崩溃的政治秩序，“盟誓”便应运而生。

春秋时期周王室赐命礼仪之所以黯然失色，失去其原有的政治影响力，除众所周知的王权日替、王纲益坠，诸侯坐大、尾大不掉的原因之外，还有更为深层的思想动因，那就是维系周室庞大政权稳定的天命信仰的动摇甚至沦丧。天命信仰源自上古先民对变幻莫测的强大自然力的敬畏与崇拜，在颛顼以前，一度形成“民神杂糅，不可方物，夫人作享，家为巫史”[1] 的原始宗教。经过颛顼时重、黎二氏“绝地天通”的宗教改革，原来处于自发状态的个人天命信仰权力被专职的巫觋祝宗所控制，以致“民神异业，敬而不渎”，从此形成神权与王权合而为一的政治形态。此后，历经帝喾、帝尧、帝舜和夏、商、周三代，朝代更迭，政权兴替，这种以天命观念为核心的宗教文化支撑着多元一体的政治格局，成为维系华夏各民族之共同的秩序原则和不变的精神支柱，而且经历了一个由粗陋形态向成熟形态不断发展转化的过程。

至西周，“周初人对于皇天上帝之虔信畏敬，可谓极矣。盖此正当周室全盛时代，无往不利，故周人遂自以为天之骄子，其成功皆得天之助。故成功愈大，对于天之信仰亦愈坚”[2]。周人一方面以史为鉴，将三代的历史作为一个整体进行宏观理性思考：“我不可不监于有夏，亦不可不监于有殷”[3]。从殷周的兴亡一直追溯到夏商成败，认识到“天命靡常”[4]“天畏棐忱”，认识到“皇矣上帝，临下有赫。监观四方，求民之莫”[5]，天帝作为宇宙最高主宰，高高在上，时刻都在监视着人间的君王是否玩忽职

① 徐元诰：《国语集解·楚语下》，中华书局，2002，第515页。
② 齐思和：《西周时代之政治思想》，《中国史探研》，中华书局，1981，第153页。
③ 《尚书·召诰》，见（汉）孔安国传，（唐）孔颖达正义《尚书正义》，《十三经注疏》，中华书局，1980，第213页。
④ 《诗经·大雅·文王》，见（汉）毛亨传，郑玄笺，（唐）孔颖达正义《毛诗正义》，《十三经注疏》，中华书局，1980，第505页。
⑤ 《诗经·大雅·皇矣》，见（汉）毛亨传，郑玄笺，（唐）孔颖达正义《毛诗正义》，《十三经注疏》，中华书局，1980，第519页。

守，是否关心民生疾苦。另一方面以清醒的理性认识到，为了永保王位，获得天帝的福佑，必须通过敬德的人事努力，励精图治，向上向善，以"祈天永命"。这种"'以德配天'是周人的宗教神学的核心命题"①。敬德，是沟通天人关系的纽带。就天而言，"皇天无亲，惟德是辅"②，"永言配命，自求多福"③，天神不但是自然的主宰，而且密切关注人间的所作所为，并根据人们的德业修为赐予相应的福祸。这就在传统的天命信仰中增加了新的内涵，使之具有义理之天的道德含义。就人而言，"天生烝民，有物有则。民之秉彝，好是懿德"④，唯有敬德才能符合天命，率性合道，天人合一。在这个动态的过程中，"维天之命，於穆不已"⑤，天始终作为一种主宰万物的神秘而又真切的创生动力，激发人们的敬畏与崇拜，并通过不懈地进德修业，彰显德行，努力做到以人合天，从而尽人事而知天命。

　　周人这种虔诚的天命信仰并没有存续太长的时间。自昭王南征而不返，王之威信便已下降；穆王征讨犬戎，不修文德，自此远人不服，王道始衰，《国语》始记："懿王之时，王室遂衰，诗人作刺"⑥；下逮厉王，防民之口，好利敛怨，遂被放逐；凌夷至于幽王，内则小人当道，荒淫无度，外则四夷交侵，日蹙百里。昭、穆、懿、厉，西周诸王前赴后继地不断带头破坏"敬德保民"的太和之道，恣意妄为，独断专行，一再亵渎和践踏文王、武王、周公所崇奉的"替天行道"的神圣天命信仰。至春秋，更是一个无道乱世，"弑君三十六，亡国五十二，诸侯奔走不得保其社稷者不可胜数"⑦，霸主迭兴，以力假仁，弱肉强食，周王室由天之骄子一变而为名存实亡、毫无尊严可言的极痛苦之王族。当此哀告无门之时，天既

---

① 余敦康：《中国宗教与中国文化》第二卷《宗教·哲学·伦理》，中国社会科学出版社，2005，第51页。

② 《尚书·蔡仲之命》，见（汉）孔安国传，（唐）孔颖达正义《尚书正义》，《十三经注疏》，中华书局，1980，第227页。

③ 《诗经·大雅·文王》，见（汉）毛亨传，郑玄笺，（唐）孔颖达正义《毛诗正义》，《十三经注疏》，中华书局，1980，第505页。

④ 《诗经·大雅·烝民》，见（汉）毛亨传，郑玄笺，（唐）孔颖达正义《毛诗正义》，《十三经注疏》（上），中华书局，1980，第568页。

⑤ 《诗经·周颂·维天之命》，见（汉）毛亨传，郑玄笺，（唐）孔颖达正义《毛诗正义》，《十三经注疏》，中华书局，1980，第585页。

⑥ 《史记·周本纪》，中华书局，1959，第140页。

⑦ 《史记·十二诸侯年表序》，中华书局，1959，第509页。

不佑，神亦不助，于是周室惨淡经营的天命信仰，遂受到根本的动摇。其见之于此时期之《诗》者，也由敬天畏天一变而为一系列怨天、恨天甚至咒天之情绪渲泻和信仰危机。如《小雅·节南山》："天方荐瘥，丧乱弘多。"《小雅·雨无正》："浩浩昊天，不骏其德。降丧饥馑，斩伐四国。""如何昊天，辟言不信。"《小雅·巧言》："悠悠昊天，曰父母且。无罪无辜，乱如此惯。"《大雅·瞻卬》："瞻卬昊天，则不我惠，孔填不宁，降此大厉！"天道无亲，常与善人，这一切都充分表明由于统治者自身腐化堕落、滥用职权，传统的天神信仰失却了承载的主体，从根本上破坏了支撑此宗教信仰的心理基础。尤其是《王风·黍离》："彼黍离离，彼稷之苗。行迈靡靡，中心摇摇。知我者谓我心忧，不知我者谓我何求。悠悠苍天，此何人哉？"仿佛如屈原一样的哲人，茕子独立，旷野流浪，面对苦难的人间，沉重的心灵，苦闷彷徨，上下求索，在强烈忧患意识的驱动下究天人之际，开始进行带有哲理意味的本源性的思考，这标志着神学时代的结束和人的自我意识的觉醒，"一个喧闹沸腾的思想解放哲学突破的时代即将来临"[1]。

表十五 《国语》《左传》命辞一览

出处		宣命对象	宣命背景仪式	宣命内容	宣命结果
国语	周语中	周襄王——晋文公	晋文公既定襄王于郑，王劳之以地，辞，请隧焉。王不许	不许隧请之诰	文公遂不敢请，受地而还
	周语中	周襄王——晋文公	温之会，晋人执卫成公归之于周。晋侯请杀之	不杀卫侯之诰	晋人乃归卫侯
	周语中	周定王——随会	晋侯使随会聘于周，定王享之肴烝，原公相礼	宴用肴烝礼之诰	武子遂不敢对而退，归乃讲聚三代之典礼
	晋语三	郤乞（代晋惠公言）——国人	公在秦三月，闻秦将成，乃使郤乞告吕甥，吕甥教之言	辞主社稷之诰	众皆哭焉，作辕田

---

[1] 余敦康：《中国宗教与中国文化》第二卷《宗教·哲学·伦理》，中国社会科学出版社，2005，第87页。

	出处	宣命对象	宣命背景仪式	宣命内容	宣命结果
国语	晋语七	晋悼公——诸大夫	既弑厉公，栾武子使武子、彘恭子如周迎悼公	将即位之诰	乃盟而入
	晋语七	晋悼公——魏绛	公赐魏绛女乐一八、歌钟一肆	赏赐魏绛之诰命	
	吴语	吴王夫差——大夫	吴王伐越，越王命诸稽郢行成于吴	许越行成之诰	乃许之成
	吴语	夫差——申胥	吴王反自伐齐，乃讟申胥。	罪杀申胥之诰	申胥自杀
	吴语	周敬王——王孙苟	吴王夫差既退于黄池，乃使王孙苟告劳于周	嘉奖夫差之诰	
	越语	勾践——国人	卑事夫差	与民生息之诰	是故败吴于囿，又败之于没，又郊败之
左传	隐公十一年	郑庄公——百里、公孙获	郑伯使许大夫百里奉许叔以居许东偏，又使公孙获处许西偏	遣居许鄙之诰	
	僖公九年	宰孔（代周襄王）——齐桓公	会于葵丘，王使宰孔赐齐侯胙	赏赐齐侯之诰命	齐侯下拜，登受
	僖公十二年	周襄王——管仲	管仲平戎于王，王以上卿之礼飨管仲	赐管仲之命	管仲受下卿之礼而还
	僖公二十八年	周襄王——晋文公	丁未，献楚俘于王。己酉，王享礼，命晋侯宥。王命尹氏及王子虎、内史叔兴父策命晋侯为侯伯	赏赐晋文公之命	受策以出，出入三觐
	宣公三年	王孙满（代周定王）——楚庄王	楚子伐陆浑之戎，遂至于洛，观兵于周疆，且问鼎之大小轻重	责问鼎之诰	
	成公二年	单襄公（代周定王）——晋景公	晋侯使巩朔献齐捷于周，王弗见，使单襄公辞焉。	责让献齐俘之诰	王以巩伯宴，而私贿之

出处		宣命对象	宣命背景仪式	宣命内容	宣命结果
左传	襄公十一年	晋悼公——魏绛	郑人赂晋侯以女乐二八，晋人以乐之半赐魏绛	赏赐魏绛之诰命	魏绛于是乎有金石之乐
	襄公十三年	楚共王——大夫	楚子疾	命谥之诰	及五命乃许
	襄公十四年	刘定公（代周灵王）——齐灵公	王使刘定公赐刘侯命	赐齐灵公之诰命	
	襄公十五年	周灵王——籍谈	十二月，晋荀跞如周，葬穆后，籍谈为介	责难其数典忘祖之诰	籍谈不能对
	襄公三十二年	富辛、石张（代周敬王）——晋大夫	秋八月，王使富辛与石张如晋，请城周	请城周之诰	城之
	昭公三年	晋平公——公孙段	夏四月，郑伯如晋，公孙段相，甚敬而卑，礼无违者	赐其州田	再拜稽首，受策以出
	昭公九年	詹桓伯（代周景王）——韩宣子	周甘人与晋阎嘉争阎田。晋梁丙、张趯率阴戎伐颍	责让晋率戎伐颍之诰	晋致阎田，反颍俘
	昭公二十六年	王子朝（专权）——诸侯	冬十月丙申，王起师于滑。十一月辛酉，晋师克巩。王子朝奔楚	立己息乱之诰	

第二节　《国语》《左传》誓辞的勃兴

春秋时期，王道的衰微与王命的无力态势，呼唤一种新的道义力量出场来整合、匡救濒临崩溃的政治秩序，频繁"盟誓"便应运而生。盟与誓，内涵本有所区别，《礼记·曲礼下》所云"约信为誓，莅牲曰盟"是说，用言语约束叫作誓；面对神灵，杀牲歃血、缔结条约叫作盟。由于"盟"时也要宣誓，并且通过向神灵宣誓以约束人们行为与誓在本质上是一致的，"盟为用牲之誓"[①]，故"盟誓"常常连称。如《左传》昭公十年：

---

① 陈梦家：《东周盟誓与出土载书》，《考古》1996 年第 5 期。

"世有盟誓，以相信也"；襄公九年："盟誓之言，岂敢背之？"成公十三年："申之以盟誓，重之以昏姻"；等等。不过，因"凡自表不食言之辞，皆曰誓"①，因此，誓的使用范围较盟要广，除比较正式的盟誓和战争誓辞之外，还有一些个人私誓，如《左传》隐公元年："（郑庄公）遂置姜氏于城颍，而誓之曰：'不及黄泉，无相见也。'"宣公十七年："（郤）献子怒，出而誓曰：'所不此报，无能涉河！'"襄公十八年："（殖绰）顾曰：'为私誓。'州绰曰：'有如日。'乃弛弓而自后缚之。"本书所述之誓，着眼于其广义言之。

从文献记载来看，春秋以前，虽然盟誓活动早已出现②，但主要用于军事战争之前，目的是鼓舞士气和提高战斗力，与当时广泛存在的大规模的祭祀活动相比，盟誓活动明显相形见绌。故《左传》昭公四年云："夏启有钧台之享，商汤有景亳之命，周武有孟津之誓，成有岐阳之蒐，康有丰宫之朝，穆有涂山之会。"又说"夏桀为仍之会，有缗叛之；商纣为黎之蒐，东夷叛之；周幽为大室之盟，戎狄叛之"。《尚书》中的《甘誓》、《汤誓》、《泰誓》（上、中、下）、《牧誓》、《费誓》、《秦誓》八篇③，尽管它们涵摄夏、商、周三代，时间跨度相当长，但其内容均与战争有关，

---

① （汉）许慎撰，（清）段玉裁注《说文解字注》，上海古籍出版社，1988，第 92 页。

② 受儒家征圣尚德思想的影响，人们传统上认为以宣誓诅咒为标志的盟誓是春秋时期周德衰落、信义缺失的产物，如《公羊传》说："古者不盟，结言而退。"《谷梁传》在释隐公八年经文"秋七月庚午，宋公、齐侯、卫侯盟于瓦屋"时，进一步说："外盟不日，此其日，何也？诸侯之参盟于是始，故谨而日之也。浩誓不及五帝，盟诅不及三王，交质子不及二伯。"此后，《荀子·大略》、王充《论衡·自然》、刘勰《文心雕龙·祝盟》、徐师曾《文体明辨序说·盟》等都转相引用、沿习此说，影响甚大。事实上，春秋之前的三王五帝时代也并非"道化淳备，不须浩誓而信自著"（《春秋谷梁传注疏》，《十三经注疏》，中华书局，1980，第 2370 页）的一片理想净土，不同部族、邦国之间的盟誓组合、武力征服从来就没有停止过。谢维扬先生在考察古代部落酋邦之间的关系时说："从中国传统时期较早时期起，中国境内已经存在一些分布在不同地域中的酋邦，在它们各自内部发生的为争夺最高权力的斗争，表明它们的组成和结构都还不十分稳定，而在它们相互之间也存在着为扩张势力和争夺更大控制权的斗争，这使得这些酋邦所代表的人群之间发生的频繁的接触和交往，乃至相互渗透。"（《中国早期国家》，浙江人民出版社，1995，第 258 页）

③ 陆德明《经典释文》卷三据百篇《书序》云："《尚书》誓，凡十篇，正八，摄二，一篇亡。"（中华书局，1983，第 36 页）宋熊朋来《经说》卷二对此列出具体篇名："誓十篇，正者八：《甘誓》、《汤誓》、《泰誓》三篇、《牧誓》、《费誓》、《秦誓》；摄者二：《胤征》《汤征》。"（《经说》，景印文渊阁《四库全书》）虽然其中《甘誓》、《汤誓》、《泰誓》（上、中、下）材料的可信度不如其他篇目，但此誓师事件的客观性却是不容置疑的。

都是战争誓辞。与盟誓制度大发展的春秋、战国时期相比，这一时期盟誓的频率、范围、规格等都大大小于东周时期。据统计，从鲁隐公元年到哀公二十七年的 254 年中，诸侯国之间大大小小的盟誓就有 200 多次①，分别有盟、誓、盟誓、命、诅、盟诅、诅命、誓命、胥命、质誓等不同的称谓；按盟誓者的愿望和态度，有乞盟、请盟、抢盟、寻盟、争盟、改盟、必盟、拜盟、莅盟、主盟、与盟、卒盟、复盟；按盟誓的方式，则有朝盟、入盟、来盟、聘盟、会盟、赐盟、私盟、私誓、伪盟、斋盟、贿盟、要盟、强盟、劫盟、城下之盟、割臂盟、割心盟等；按盟誓的结果，则有受盟、弃盟、渝盟、背盟、叛盟、逃盟、奸盟等。《春秋》及其"三传"中，仅"盟"字就出现了 700 多次，是使用频率最高的字眼之一。20 世纪 30 ~ 80 年代，先后在河南、山西等地出土的春秋沁阳盟书、侯马盟书、温县盟书，总数达 15000 余件。② 还特设"盟府"贮放盟书，如僖公二十六年记载，西周初年，因周公和姜太公"股肱周室"，辅佐成王有功，被分封为诸侯，建立鲁国和齐国，"成王劳之，而赐之盟曰：'世世子孙无相害也。'载在盟府，大师职之"；僖公五年则记载了虢国的始封君也是有功之臣，"虢仲、虢叔，王季之穆也，为文王卿士，勋在王室，藏于盟府"。春秋时期盟誓活动之频繁，使用范围之广泛，于此可见一斑。

　　对于"盟誓"这一文化现象，学界已进行了较为充分的探讨。较有代表性的如陈梦家《东周盟誓与出土载书》③、郭沫若《侯马盟书试探》④、吴承学《先秦盟誓及其文化意蕴》⑤、吕静《春秋时期盟誓研究》⑥、董芬芬《春秋辞令文体研究》⑦ 等论著，对先秦盟会制度的产生和发展、盟誓的仪程、盟书的种类、盟誓的文体构成及文化内涵等，都有十分深入而细致的研究，让人们对"盟誓"这一独特文化现象有了较为明晰的认识。在此基础上，本书将重点对《左传》《国语》中的盟誓之辞所体现出来的盟

---

① 据徐杰令《春秋会盟礼考》一文统计，《春秋》《左传》二书共记邦国之间盟 108 次，会 85 次，会盟 45 次，遇 6 次，胥命 2 次，共计 246 次。（《求是学刊》2004 年第 2 期）
② 参考雒有仓《天人之际——先秦盟誓制度研究》，硕士学位论文，西北大学，1999。
③ 陈梦家：《东周盟誓与出土载书》，《考古》1966 年第 2 期。
④ 郭沫若：《侯马盟书试探》，《文物》1966 年第 2 期。
⑤ 吴承学：《先秦盟誓及其文化意蕴》，《文学评论》2001 年第 1 期。
⑥ 吕静：《春秋时期盟誓研究》，上海古籍出版社，2007。
⑦ 董芬芬：《春秋辞令文体研究》，上海古籍出版社，2012。

约实质及功用做深入探讨，借此洞见春秋时期各诸侯国道德、神灵信仰与社会现实政治之矛盾关系。①

一　效忠与背叛

分封制是西周最重要的政治制度。由于分封的主要对象首先是以周天子为中心的王室成员，他们之间都有着同宗连根的浓浓血缘关系，因此，西周君臣关系往往是叔伯甥舅关系，臣对君的道德规范在很大程度上以"孝"的形式出现，极为重视尊祖敬宗、慎终追远，旨在确立血浓于水、天下同宗、荣辱与共的命运共同体政治理念。孔子深知"孝"为西周治国法宝，他说："先王有至德要道，以顺天下，民用和睦，上下无怨。"（《孝经》）还说："明乎郊社之礼、禘尝之义，治国其如示诸掌乎！"（《礼记·中庸》）《礼记·祭义》也说："祀乎明堂，所以教诸侯之孝也。"故西周的宗法分封使血缘关系与政治关系紧密结合，统治者很自然地利用血缘的孝亲原则为政治服务。王国维在论述周代的宗法制度时说："周人以尊尊之义经亲亲之义而立嫡庶之制，又以亲亲之义经尊尊之义而立庙制，此其所以为'文'也。"② 可见，西周宗法制度的本质是君统与宗统、尊尊与亲亲的合二为一，而孝道正是通过嫡庶之制与宗庙之制来体现尊尊与亲亲合二为一的意识形态。可以说，"孝"无所不包，无所不至，它是西周最重要的治国理念，也是对社会各阶层最重要的伦理道德要求。难怪曾子不无感慨地说："夫孝，置之而塞乎天地，溥之而横乎四海，施诸后世而无朝夕，推而放诸东海而准，推而放诸西海而准，推而放诸南海而准，推而放诸北海而准。《诗》云：'自西自东，自南自北，无思不服。'此之谓也。"③

春秋时期，"礼乐征伐自诸侯出"，周天子丧失了天下共主的地位，诸侯林立、列国纷争的局面逐步呈现。由于各诸侯国之间或为同姓兄弟关系，或为姻亲关系，传统以尽孝天王为核心的宗法观念渐渐失去了天然的

---

① 散见于《左传》《国语》中的盟约见文末所附"《左传》《国语》盟书一览"。参考吕静《春秋时期盟誓研究》，上海古籍出版社，2007，第214~218页。

② 王国维：《观堂集林·殷周制度论》，河北教育出版社，2001，第297页。

③ （清）孙希旦：《礼记集解·祭义》，中华书局，1989，第1227页。

依托。代之而起的是那些在争霸过程中异军突起的霸主们，为了对抗敌人、增强自己实力而不断拉拢盟友，举行盟会，缔结盟约，建立同盟关系。在这一同盟关系中，盟主们也往往以诸侯之长的身份效法先前周王尊尊、亲亲的治国理念，以其超强的军事实力要求盟友对自己绝对效忠、忠心不贰。忠心不贰，是所有盟约中最基本的要求。这一点，可以通过《左传》所载录的零星誓辞中得到鲜明的印证。

> 《宣公十二年》晋宋卫曹清丘之盟："恤病，讨贰。"
>
> 《宣公十五年》宋楚之盟："我无尔诈，尔无我虞。"
>
> 《成公十二年》晋楚西门之盟："凡晋、楚无相加戎，好恶同之。……谋其不协，而讨不庭。"
>
> 《襄公九年》晋郑戏之盟："自今日既盟之后，郑国而不唯晋命是听，而或有异志者。"
>
> 《襄公十一年》晋鲁宋卫曹齐莒邾滕薛杞与郑亳之盟："凡我同盟……同好恶，奖王室。"
>
> 《襄公十六年》诸大夫盟齐大夫高厚："同讨不庭。"
>
> 《昭公二十五年》臧昭伯之盟："戮力一心，好恶同之。"
>
> 《哀公二十年》晋吴黄池之盟："好恶同之。"
>
> 《哀公二十六年》宋六卿唐盂之盟："三族共政，无相害也。"

这些盟约，大到列国之间的政治、经济、军事结盟，小到贵族大夫甚至平民百姓的会盟宣誓，无不强调参盟成员都要戮力同心，团结一致。如上述盟约中提到的"讨贰"，即严讨贰心；"讨不庭"，即惩讨不忠于盟主；"好恶同之"，即同甘共苦：都反复申明戮力同心的信心和决心。同心同德，是一个群体保持强大生命力的根本动力，是维系各成员集体协作的根本纽带。离心离德，便会一盘散沙，毫无力量可言。《左传·昭公二十四年》周大夫苌弘总结周朝所以兴盛的原因时说："《大誓》曰：'纣有亿兆夷人，亦有离德；余有乱臣十人，同心同德。'此周所以兴也。"引用《尚书·泰誓》之语，认为周朝之所以能凭借为数不多的治世能臣推翻强大的商朝，最重要的法宝就是"同心同德"，而商纣王虽有亿万民众，但君民寇仇，相背而行，终致亡国。春秋会盟，在一定程度上起到了团结协作、维护和平的政治功能。如齐桓公，从庄公十三年的"北杏之会"开始，积极对外发展，着手开创称霸诸侯的宏大事业。为了顺利实现其霸主梦想，他树起了"尊王攘夷"的大旗，利用结盟的手段，成功地将中原诸侯一一控制麾下。齐桓公在位 40 余年间，先后召集和主持的大小会盟达 39 次之多，① 《左传·僖公二十六年》："桓公是以纠合诸侯而谋其不协，弥缝其阙而匡救其灾。"通过不断会盟，解决诸侯之间的纠纷，补救诸侯的缺失，抚恤救援诸侯的灾害。葵丘之盟，为齐国最盛之时，齐桓公与各国诸侯相约"凡我同盟之人，既盟之后，言归于好"，并具体规定"毋雍泉，毋讫籴，毋易树子，毋以妾为妻，毋使妇人与国事"，对各诸侯国间的关系及各诸侯国内的秩序进行了统一的规范，安定诸侯，统一行动，使"大国惭愧，小国附协"②。据统计，在齐桓公主盟期间，除对蛮夷发动战争外，中原诸侯国仅发生了 5 次战争，社会略呈和平稳定景象。又如晋楚弭兵之会，特别是第二次宋蒙门之盟，相互约定"晋楚之从交相见"。晋楚共为盟主，各国都要向晋楚两国同样进贡，晋楚平分霸权。此后 40 多年，中原几乎不再有大的战争，呈现出相对安定的局面，体现了会盟促进休战、实现和平的功能。会盟，《左传》又屡屡称为"同盟"，准确表明同心同德、忠贞不贰是盟约生效的灵魂。

不过，理想与现实总会存在一定的差距。春秋时期各诸侯国之间关系的不断重新组合调整、分离聚合，充分体现了国与国之间没有永久的朋友，只有永久的利益。盟友之间貌合神离、"口血未干而背之"的现象比比皆是。如成公十一年，秦晋令狐之盟，由于双方一开始便相互猜疑，隔河而盟，所以秦桓公回国后就背盟，与楚、白狄联合。成公十二年，晋楚两国在宋西门外会盟，相约"凡晋楚无相加戎，好恶同之"，谋求两国和平共处，同甘共苦。但因楚国司马子反缺乏诚意，事隔三年，楚共王撕毁盟约便起兵北进攻打郑国，继侵卫国。甚至朝秦暮楚、心有两属的现象也时有出现，如成公二年"蜀之盟"，就是鲁国在亲晋的同时，"畏晋而窃与楚盟"，《左传》称此盟为"匮盟"，即缺乏诚意的盟会。因此，第二年，鲁又和晋、宋、卫、曹联合攻打"蜀之盟"的同盟国——郑国。由此看来，这类盟会也是当时形势所逼，不得已而为之。

---

① 吕静：《春秋时期盟誓研究》，上海古籍出版社，2007，第 115 页。
② 徐元诰：《国语集解·齐语》，中华书局，2002，第 241 页。

二　明信与阴谋

春秋时期的盟约，是参盟各方通过协商以达成符合各方意愿的共同约定，以共同信守诺言、坚守誓约为前提。"信者，言之瑞也，善之主也"①，离开诚信这一前提，盟约则沦为一纸空文。因此，盟约历来无不强调明信的重要性。《左传·昭公十三年》载刘献公之语："盟以底信。"昭公十六年："世有盟誓，以相信也。"哀公十二年载子贡言："盟，所以周信也。"《国语·鲁语下》云："夫盟，信之要也。"这都意味着结盟各方要对所达成的约誓全面信守，不能出尔反尔。而且盟誓仪式本身也是一个不断增进信任、强化信任的过程。征会、杀牲、歃血、盟誓、埋书、拜盟、温盟等，这一系列伴随着强烈宗教色彩的结盟仪式，已成为春秋时期国家、家族和个人之间化解矛盾、增进信任、凝聚力量的重要手段。

春秋时期对"信"这一观念的呼唤和强调，最为突出的体现便是盟约中面对神灵所发下的旦旦誓辞。如背盟约，神灵降罚，轻则"无享国"，不能长久执政；重则"蹔其国家""无有老幼"，亡国败家，绝后乏祀，这都鲜明体现了信守诺言是盟约有效的生命力。

无论是诸侯之间还是诸侯内部君臣之间，为了得到更多的支持力量，稳定时局，维持政治秩序，他们往往频繁利用盟誓来拉拢盟友，强化同盟关系。因此，经过多方反复商讨、形诸简帛的盟誓之辞，在礼乐制度形同虚设的春秋时期，一定程度上起到了制约人们行为、维护社会稳定的法律作用。如僖公二十八年著名的践土之盟，乃是以晋国为首的中原盟国集团在城濮大胜以楚国为首的南方盟国集团后的一次空前盟会，参与国包括陈、蔡、宋、卫、莒、郑、齐、鲁、秦九个国家。虽然这次盟会的誓辞内容没有被完整留存下来，但从此后数十年间人们的多次征引和评论中可以看出这些约辞对中原诸侯国的影响力：《左传·襄公二十五年》郑子产引用盟约"各复旧职"，来应对晋士庄伯戎服献捷之责难，使士庄伯哑口无言；昭公二十五年，晋士伯引盟约"同恤王室"，来反驳宋乐大心不欲输粟之请求；定公元年，薛宰亦引用盟约"各复旧职"，来驳斥宋仲几不接

———————————

① 《左传·襄公九年》。

受城成周之理由，宋国理亏，故晋人拘捕了宋仲几；定公四年，周王室卿士刘文公合诸侯于召陵，卫国祝佗引盟约所载诸侯排序，证明卫国应排在蔡国之前，并最终如愿以偿；等等。又如昭公十九年，晋国欲干涉郑国大夫驷氏选立继承人，子产则引用昭公十三年晋国主持的平丘盟辞"无或失职"，意在提醒晋国应信守承诺，不要干涉郑国内政，晋人无言以对；昭公十六年，子产征引郑先祖桓公与商人曾立誓辞"尔无我叛，我毋强贾，毋或匄夺。尔有利市宝贿，勿与知"，以此为由来拒绝晋韩起买玉要求，意恐引发晋卿大夫贪得无厌之欲望。可见，春秋时期的大多数盟约，由于是参盟各方共同意愿的表达，往往成为此后协调各种关系、解决矛盾争端的纲领性文件。正如《周礼·宗伯》所载诅祝一官"作盟诅之载辞，以叙国之信用，以质邦国之剂信"，盟誓以昭信，体现参盟各方之真诚合作，正是会盟的用意所在。

另外，春秋时期会盟以求互信，又恰恰反映了当时社会信任缺失的现实。事实上，盟约本来就是社会失信的产物。《荀子·大略》篇中说："诰誓不及五帝，盟诅不及三王，交质子不及五伯。"也就是说，在民风淳朴、虞诈未兴的上古时代，人们之间和平共处，相安无事，盟诅观念非常淡薄。《左传·昭公十三年》晋叔向云："明王之制，使诸侯岁聘以志业，间朝以讲礼，再朝而会以示威，再会而盟以显昭明。"可知，西周时期，诸侯三年一朝、六年一会、十二年一盟，会盟已制度化、典章化。盟会史例也屡见史籍，《左传·昭公四年》云："周武有孟津之誓，成有岐阳之蒐，康有丰宫之朝，穆有涂山之会。"但此时的盟会旨在"讲礼于等，示威于众"，周天子根据诸侯治国理政和对周王室的贡献情况在会盟时予以赏罚，以加强对各地的控制。而且，"天下太平之时，诸侯不得擅相与盟，惟天子巡狩至方岳之下，会毕，乃与诸侯相盟。同好恶、奖王室，以昭事神、训民、事君"①。因此，此时期的会盟之权牢牢掌握在周王室手中，"盟誓之制俨然是王室的专利，所以称之'王室化'"②。

春秋时期，"世道交丧，盟诅滋彰"③，原属周天子专利的"王室化"会盟已消失。各诸侯国之间利用不断会盟结成军事集团，相互进行讨伐和

---

① 《资治通鉴·周纪二》显王十八年。
② 李模：《试论先秦盟誓之制的演化》，《殷都学刊》1997 年第 4 期。
③ 《谷梁传》隐公八年范宁注。

兼并；各诸侯国君臣和卿大夫之间也常常进行会盟，争夺权力，巩固联盟。此时，虽然传统崇德尚信的思想仍有影响，认为盟不可背，背盟不祥，但在激烈的争霸战争或权力争夺以及关系生死存亡的利益驱使下，传统道德的自觉约束力和社会维护功能又往往黯然失色、杯水车薪。因此，会盟过程及会盟之后阴谋暗涌、背信弃义的事情时有发生。《左传·宣公十一年》郑子良说："晋楚不务德而兵争，与其来者可也。晋楚无信，我焉得有信。"成公十五年楚将子反说："敌利则进，何盟之有？"这种公开对"信"的厌恶和对利的追逐态度，代表了春秋时期相当多一部分人的思想。归纳起来，春秋盟会时恃强凌弱、见利渎盟的现象主要体现在以下四个方面。

1. 强盟（亦称要盟、劫盟）：以武力强迫、要挟对方盟誓，甚至执杀使者。如襄公九年，晋国与郑国在戏地盟誓。晋士庄子制作盟书，盟辞中便有要挟郑国的内容："自今日既盟之后，郑国而不唯晋命是听，而或有异志者，有如此盟！"郑国公子騑坚决反对，他要求在盟书上增加"自今日既盟之后，郑国而不唯有礼与强可以庇民者是从，而敢有异志者，亦如之"。晋人刚离开，楚军来讨，郑卿子驷、子展便叛晋归楚，并且说戏地盟誓"要盟无质，神弗临也，所临唯信！信者，言之瑞也，善之主也，是故临之！明神不蠲要盟，背之可也"。又如，定公十年，齐鲁在夹谷盟誓，齐在盟辞中也加入要盟内容："齐师出境，而不以甲车三百乘从我，有如此盟！"甚至还出现兵临城下的城下之盟。如桓公十二年，楚武王攻打绞国，绞国大败，楚为城下之盟而还；文公十五年，晋郤缺率军入蔡，结城下之盟而还；哀公元年，吴王夫差大败越王勾践，勾践贿赂吴太宰嚭，与吴讲和的盟誓也是城下之盟。这类盟书中双方的地位是不平等的，毫无诚信可言。

2. 匿盟：参盟者对盟誓阳奉阴违、缺乏诚意。春秋时期，匿盟现象时有发生。晋楚邲之战后，晋国的霸主地位开始动摇。在楚国的压力下，原来归附晋国的一些诸侯开始背着晋国，与楚国在蜀地结盟，故《春秋经》成公二年云："公及楚人、秦人、宋人、陈人、卫人、郑人、齐人、曹人、邾人、薛人、鄫人盟于蜀。"经文不书写参加盟会的各诸侯卿的名字，《左传》解释为"卿不书，匿盟也。于是乎畏晋而窃与楚盟，故曰匿盟"。孔颖达说："私窃为盟，盟终不固，此盟是匿乏之道也。"尤其是夹在晋楚两大强国之间的郑国，为保全自己，更是"唯强是从"，左右摇摆，对盟约弃若敝屣，视同儿戏。如宣公元年，郑穆公认为晋国无力保护自己，始与楚结盟；宣公三年，郑又在晋国压力下与晋讲和，签订盟约；宣公十年，郑又与楚讲和，晋率诸侯军队攻打郑国，订立和约后返回；宣公十一年，楚伐郑，郑又与楚庄王在辰陵结盟。十一年内，郑国摇摆于晋楚之间，屡盟屡背，毫无诚信可言。宣公十一年，郑卿子良的一番话道出了实情："晋楚不务德而兵争，与其来者可也！晋楚无信，吾焉得有信？"上梁不正下梁歪，郑国视盟约如儿戏，朝令夕改，完全是晋楚大国不守道德、相互争霸所造成的被迫防御的结果。

3. 伪盟：伪造结盟现场，制造虚假盟书来欺骗或陷害对方或第三者。如《左传》僖公二十五年，秦军通过"宵坎血加书，伪与子仪、子边盟者"，制造虚假信息以欺骗商密人，不费一卒，顺利囚获申公子仪、息公子边；襄公二十六年，宋国伊戾趁太子痤宴飨楚使者的时机，"则欤，用牲，加书，征之"，制作假盟书以陷害太子，终致太子自缢；昭公六年，宋国寺人柳亦复制伊戾之伎俩，制作假盟书以驱逐其仇敌华合比。这类伪盟的出现，极大地亵渎和破坏了盟约的神圣性。

4. 争盟：诸侯会盟时为争夺盟主权力所进行的恃强凌弱、尔虞我诈的斗争。在春秋时期的盟誓仪式中，主盟者执牛耳、歃血，即谁先歃血，就意味着谁是盟主，所以盟誓时诸侯经常争先歃血。如《左传》襄公二十七年，旨在弭兵和平的宋西门之盟上，具有讽刺意义的是，楚国士兵衣内裹甲，杀气腾腾，与晋争先。在晋国的让步下，楚获主盟权；哀公十三年，吴王夫差与晋、鲁等诸侯国君在黄池会盟，"吴、晋争先"，晋定公惧于吴之军力，承认夫差为盟主。

总之，春秋争霸战争，一方面，以争霸者为核心形成的诸侯集团内部，通过不断会盟，协调利益，统一行动，明确各自的权利和义务，在一定程度上促进了"信"观念的发展，背信失盟往往导致同盟瓦解；另一方面，由于支配结盟的最重要的驱动力毕竟是各国的现实利益，在残酷的暴力角逐中，相继称霸的晋、楚、吴、越等大国，为获得更多国家的支持，又恃强凌弱、明争暗斗、威逼利诱，可谓无所不用其极。介于大国之间的众小诸侯国，更多选择的是"唯强是从"、唯利是图，因而互相背信弃盟的事屡见不鲜，进而导致产生了信用危机。这种守信与背信的冲突至春秋后期越来越尖锐，"信义外交"逐渐为"实力外交""谋略外交"所取代。

三　神权与强权

春秋盟誓要想得到有效的维护和执行，在当时一方面依靠上述人与人之间诚信相待的道德自律，另一方面还要依靠神灵的护佑和监督。周人相信鬼神的存在，对鬼神怀有深深的敬意，并坚信天地鬼神能监视人间的一切。《礼记·祭统》云："礼有五经，莫重于祭。"《左传·文公三年》："祀，国之大事也。"周人礼制中对祭礼至高无上的推崇和倡导，充分表明鬼神信仰已是承载周人政治制度、社会规则及精神导向的首要载体。他们相信，鬼神具有道德的评判力量，合理、合礼、行德政便会受到神的庇佑而事成，否则就会受到惩罚而事败，用《墨子·明鬼》中的话来说，便是"鬼神之能赏贤而罚暴也。盖本施之国家，施之万民，实所以治国家利万民之道也"。这种鬼神信仰，至春秋时期，仍然弥漫盛行，对当时社会生活产生了相当大的影响。《左传》《国语》中记载了大量有关鬼神精怪的事件以及与此相关的各式各样的占卜祭祀仪式，还有当时人们对鬼神的各种认识和评价。此即傅斯年所说："试看《左氏》《国语》，几为鬼神、灾祥、占梦所充满，读者恍如置身殷商之际！"①

体现在春秋盟约中，遵守盟约便是敬天、信神，否则就会遭到神的惩罚。《左传·襄公十一年》晋国在亳地主盟的十二个诸侯国盟约便是一个典型："凡我同盟，毋蕴年，毋壅利，毋保奸，毋留慝，救灾患，恤祸乱，同好恶，奖王室。或间兹命，司慎、司盟，名山名川，群神群祀，先王先公，七姓十二国之祖，明神殛之，俾失其民，坠命亡氏，蹈其国家。"其中吁请监督的神灵非常广泛，既有"司慎""司盟"等监察天神，也有大山大川等各种天神，还有在祀典之内的各国祖先神。对于违背盟约者，则使其亡国灭种，断子绝孙，诅咒异常凶狠。其他如僖公二十八年践土之盟："有渝此盟，明神殛之，俾队其师，无克祚国，及而玄孙，无有老幼。"成公十二年晋楚西门之盟："有渝此盟，明神殛之，俾队其师，无克祚国。"这些诅辞皆大同小异，严厉异常，充分体

---

① 傅斯年：《傅斯年战国子家与史记讲义》，天津古籍出版社，2007，第88页。

现了当时人们对信守诺言、维护和平愿望的强烈呼唤。即使在随时随地的个人誓辞中，也往往以"有如……"的句式引入、邀请监察的神灵，如鲁僖公二十四年，重耳为表达继续与子犯同舟共济、戮力创业的意愿，对子犯起誓说："'所不与舅氏同心者，有如白水！'投其璧于河。"① 此外，"有如河""有如日""有如大川""有如上帝"等类似的起誓句式，在《左传》中时有出现。这些严厉的诅咒之辞，直至今日仍流行于人们的口头宣誓之中。

综合起来说，保存在《左传》中的春秋盟约具有以下特征。

1. 盟约的神谕性。盟约是人们在神灵崇拜之下所创造的能量话语。人们举行会盟，往往选择寄寓神灵的宗庙或郊祀场所，举行杀牲、歃血、盟誓、埋书等一系列庄重仪式，目的是吁请神灵，在神灵的面前做出庄严承诺，形成大家一致认可的盟约，即载辞，并请求神灵予以监督、赏罚。因此，春秋盟约不同于其他形式的记言，它是在一整套仪式表演之中带有神灵意旨的神力语言，具有不容置疑的命令性、强制性。如《左传·襄公十一年》十二个诸侯国亳之盟约："凡我同盟，毋蕴年，毋壅利，毋保奸，毋留慝，救灾患，恤祸乱，同好恶，奖王室。"接连四个"不要"：不要囤积粮食，不要垄断利益，不要庇护罪人，不要收留坏人；四个"应该"：应该救济灾荒，应该安定祸乱，应该统一好恶，应该辅助王室。全为祈使命令句式，言简意赅，铿锵有力，具有不可违抗的威慑力与直截了当的强制性。若无对神灵的崇拜与敬畏，很难想象如此强硬的语言带给人的心理

① 对于"有如白水"誓辞的理解，杜预《春秋左传注》将"如"释为"若"，"有如白水"解释为"像白水那样"。韦昭在注释《国语·晋语》"公子曰：所不与舅氏同心者，有如河水"时，释"如"为"往也"。于是，"有如河水"便成了"往河水"之意了。显然，二者的注解都是就句论句，没有充分考虑到誓文独有的宗教观念和结构行文特色。事实上，通观此类誓辞的上下文语境，大都应用一种固定的格式，即"所（不）……者，有如……"，也就是说，这是一个表假设条件的复句，大意为"如果（不）怎么样，就有此……为证"。《左传》中重耳所说的"所不与舅氏同心者，有如白水"，自然应为"如果不与舅氏同心的话，就有此河神为证"。那么，让河神做证的目的又是什么呢？如上述，鉴于河神在诸神中的重要地位，此誓辞的言外之意，正如僖公二十八年宛濮之盟的盟辞中所云："有渝此盟，以相及也。明神先君，是纠是殛。"其中，"纠"是"察、视"之意。"殛"，《尔雅·释言》："殛，诛也。"即宣誓者请求神灵监视、督察，如食言，则降灾于己，这是一种典型的自我诅咒誓语。因此，同样的重耳誓辞，《史记·晋世家》表述为："重耳曰：若反国，所不与子犯共者，河伯视之。"将"有如白水"更易为"河伯视之"，实可谓一语中的，词意豁然。

上的承受力以及人的接纳认可程度。而且，盟誓之后，盟书一式两份，一份埋于盟所地下，一份藏于诸侯宗庙，都旨在告誓神明，取信于神，更加强化了盟约的神谕性特征。

2. 盟约的自足性。由于会盟的仪式及盟约的形成都是人们神灵信仰的产物，因此，盟约内容就是神灵意旨的具体体现，它本身已具有不容置疑的权威与神力，不需要诉诸第三方来监视与赏罚，因而具有自我实现的自足性。遵守盟约，即听从神的意旨，依神而行。否则，便是违抗天命，就会遭到天谴。一切皆在神灵信仰中自足完成。如僖公二十八年宛濮之盟的盟辞中云："有渝此盟，以相及也。明神先君，是纠是殛。"其中，"纠"是"察、视"之意。"殛"，《尔雅·释言》云"殛，诛也"，即神灵和先君会监视和诛杀那些违背盟约的人，降祸于他。又鲁襄公十八年，中行献子随晋平公伐齐，将要渡过黄河的时候，他以朱丝系双玉来祷告这次征伐"苟捷有功，无作神羞"，并请求神灵为自己的决心做证，"唯尔有神裁之"。祷告完毕，随即"沈玉而济"。现存《左传》所存录的盟约誓辞，大都明确表明监督盟约践履的主体为"明神"或"祖先神"，这充分体现了人们对于神灵的虔诚的崇拜与敬畏，这样的监督，在现实生活中是难以完成的。

3. 盟约的格式化。盟约是会盟仪式的产物。由于会盟过程的一系列礼仪具有明显的程式化特征，因而体现神性意旨的盟约也具有固定的格式和套语。对此，刘勰在《文心雕龙·祝盟》中说："夫盟之大体，必序危机，奖忠孝，共存亡，戮心力，祈幽灵以取鉴，指九天以为正，感激以立诚，切至以敷辞，此其所同也。"这里已将盟约的格式简要总结出来了。其中"序危机"，指盟誓的缘由；"奖忠孝，共存亡，戮心力"，指盟约的主体，即参盟各方所应遵守的具体条款；"祈幽灵以取鉴，指九天以为正"，指违盟的诅咒，即盟誓者如果背盟，将要受到鬼神的严惩。这三项，是一份盟书的基本格式，对此，表十六所列盟誓之辞可予以充分证明。

除固定的格式之外，盟约还有一些格式化的套语。吕静先生通过对春秋誓辞的归纳研究，将春秋誓辞常用的文言句式概括为以下几种类型："（一）'凡……''凡我同盟之人……'等文言句式，引出以下具体的契约内容；（二）'而……不……者''所……不……者''敢不……者'等假设否定连词引出条件式的契约条款；（三）以'无……''毋……'等否定助词引导出禁区止性契约。"然后，"在契约条款之后，通过'有渝此盟……''有如……'等条件式文言句，邀唤出神灵，请求神灵监察宣誓人今后遵守、执行誓言的情况"。① 至于祝辞和诅辞，各盟约也大同小异。祝辞大都使用"同好恶""戮力一心""奖王室"，强调同甘共苦，同心协力，利于社稷；诅辞更是频频使用"明神殛之""俾队其师，无克祚国""及而玄孙，无有老幼"等类似文辞，吁请神灵鉴察，指上天为证，如有违盟，参盟成员本人及后人、军队乃至国家都将受到天神的惩罚。

春秋盟约这种对神灵发誓的言语效力，只有在虔诚的宗教信仰中才是无可违抗的，才是有效用的。离开了虔诚的神灵信仰，盟约中信誓旦旦的约誓之辞就会成为自欺欺人、掩耳盗铃的戏言。事实上，春秋盟会的频频举行，并不表明当时人们对诚信的遵守与捍卫，恰恰相反，越发反映出人们对盟誓的漠视与倦怠。正如《左传·桓公十二年》君子所说："苟信不继，盟无益也。《诗》云：'君子屡盟，乱是用长。'无信也。"春秋时期，大国为争取、拉拢更多的同盟，虽然常常以信相号召，但利益毕竟是根本的。残酷的暴力角逐无情地冲击着人们对崇德尚礼传统观念的固守，挑动着人们见利忘义的劣性。在许多情况下，春秋盟誓其实是诸侯之间以强凌弱、以大欺小的结果，盟誓之制实际上成了大国施加于小国身上的"紧箍咒"。据统计，春秋时期诸侯通过会盟、联合的集团作战方式去攻打不顺服自己的国家就有48次，②《左传》称之"会伐"或"讨不服"。这些被攻打的国家多为郑国、宋国、卫国、陈国等弱小的国家。盟会在一定程度上成了大国称霸和欺压弱小诸侯国的工具。上文所举强盟、匮盟、伪盟、争盟都充分表明了盟约双方的不平等性。襄公九年，在晋郑戏之盟会上，晋国士庄子制作盟书，竟直接要求郑国"唯晋命是听"。对此，郑公子騑的一番愤愤不平的申诉，就道出了当时小国的真实心声。他说："天祸郑国，使介居二大国之间，大国不加德音，而乱以要之，使其鬼神不获歆其禋祀，其民人不获享其土利，夫妇辛苦垫隘，无所厎告。"介于大国之间的小国为了生存，或忍气吞声，通过"聘而献物"的办法满足大国的要求，"职贡不乏、玩好时至"以取悦大国，甚至到了"无岁不聘，无役不

---

① 吕静：《春秋时期盟誓研究》，上海古籍出版社，2007，第225、228页。
② 邓曦泽：《冲突与协调：以春秋战争与会盟为中心》之附录3"春秋左传会盟"，人民出版社，2015，第537~573页。

从"、战战兢兢、不敢"忘职"的地步；或直接采取"唯强是从"的策略，苟且偷安。最为明显的例子便是介于晋楚之间的郑国。因为郑国处于中原腹心位置的独特战略意义，晋楚争霸80余年间，为争夺郑国，共发动了96场战争。[①] 在这个过程中，郑国为在夹缝中求生存，不得不选择"唯强是从"的国策，亦如文公十七年郑国子家所言："居大国之间，而从于强令，岂其罪也？"像郑国这样的中等诸侯国尚且如此，小国更是不堪大国的征讨。对此，襄公二十九年，晋国女叔侯便直接说出了晋国逐渐强大的实质："虞、虢、焦、滑、霍、扬、韩、魏，皆姬姓也，晋是以大。若非侵小，将何所取？武、献以下，兼国多矣，谁得治之？"襄公十九年，鲁国季武子也说："小国之仰大国也，如百谷之仰膏雨焉。"襄公二十七年，宋国子罕说："凡诸侯小国，晋、楚所以兵威之，畏而后上下慈和，慈和而后能安靖其国家，以事大国，所以存也。"宣公十四年，孟献子说："臣闻小国之免于大国也，聘而献物，于是有庭实旅百；朝而献功，于是有容貌、采章、嘉淑，而有加货，谋其不免也。"这些言论都清楚地表明了春秋时期众多诸侯小国在大国角力争霸的名利场中战战兢兢、如履薄冰般艰难生存的真实处境。

司马迁在《史记·十二诸侯年表序》中对西周进入春秋时期的政治转向概括说："是后或力政，强乘弱，兴师不请天子。然挟王室之义，以讨伐为会盟主，政由五伯，诸侯恣行，淫侈不轨，贼臣篡子滋起矣。"这可谓是对春秋会盟本质的精当总结。春秋时期频繁的会盟，尽管也会带来短暂的社会和平与安宁，尽管也大肆张扬对天王的效忠、对盟约的信守和对鬼神的敬畏，但事实上盟主们真正崇尚的是"力政"，目的是控制国家秩序，争夺国家霸权。这种建立在以强凌弱基础上的争霸思维从根本上左右着盟主政策的方向，以牺牲他国安全为代价，谋求自身利益的最大化，是盟主制定盟约的真实动机。在霸主一味推行构建军事同盟、谋求争霸野心的驱动下，所谓的"尊王"、明信、神权等正义的标签，实际上已成为"诸侯恣行"、以大侵小的遮羞布。这也正是对孟子所说的"以力假仁者霸，霸必有大国"的最好诠释。

---

　①　邓曦泽：《冲突与协调：以春秋战争与会盟为中心》之附表21"晋楚拉锯期间晋楚争　　　郑"，人民出版社，2015，第309～315页。

表十六　　《国语》《左传》誓辞一览

时间	盟誓名称	盟誓背景	盟约		
			序章	具体约定	
桓公元年	鲁郑越之盟	公及郑伯盟于越，结祊成也			渝盟，无享国
僖公九年	葵丘之盟	秋，齐侯盟诸侯于葵丘		凡我同盟之人，既盟之后，言归于好	
僖公二十六年	楚郑之盟	郑伯始朝于楚。楚子赐之金，既而悔之		无以铸兵	
僖公二十六年	成王赐盟	昔周公、大公股肱周室，夹辅成王。成王劳之，而赐之盟		世世子孙无相害也	
僖公二十八年	践土之盟	癸亥，王子虎盟诸侯于王庭	王若曰：晋重、鲁申、卫武、蔡甲午、郑捷、齐潘、宋王臣、莒期	凡我同盟，各复旧职。同恤王室，皆奖王室，无相害也	有渝此盟，明神殛之，俾队其师，无克祚国，及而玄孙，无有老幼
僖公二十八年	宛濮之盟	宁武子与卫人盟于宛濮	天祸卫国，君臣不协，以及此忧也。今天诱其衷，使皆降心以相从也。不有居者，谁守社稷？不有行者，谁扞牧圉？不协之故，用昭乞盟于尔大神以诱天衷	自今日以往，既盟之后，行者无保其力，居者无保其罪	有渝此盟，以相及也。明神先君，是纠是殛
宣公十二年	清丘之盟	晋原縠、宋华椒、卫孔达、曹人同盟于清丘		恤病，讨贰	
宣公十五年	宋楚之盟	宋及楚平，华元为质		我无尔诈，尔无我虞	

时间	盟誓名称	盟誓背景	盟约		
			序章	具体约定	
成公十二年	晋楚西门之盟	癸亥，盟于西门之外		凡晋楚无相加戎，好恶同之，同恤灾危，备救凶患。若有害楚，则晋伐之；在晋，楚亦如之。交贽往来，道路无壅。谋其不协，而讨不庭	有渝此盟，明神殛之，俾队其师，无克胙国
成公十三年	晋秦之盟	（秦桓公）欲徼福于先君献、穆，使伯车来命我景公		吾与女同好弃恶，复修旧德，以追念前勋	
襄公九年	晋郑戏之盟	晋士庄子为载书（郑）公子騑趋进	天祸郑国，使介居二大国之间，大国不加德音，而乱以要之，使其鬼神不获歆其禋祀，其民人不获享其土利，夫妇辛苦垫隘，无所厎告	自今日既盟之后，郑国而不唯晋命是听，而或有异志者 自今日既盟之后，郑国而不唯有礼与强可以庇民者是从，而敢有异志者	有如此盟亦如之
襄公十年	平王赐盟			世世无失职①	
襄公十一年	亳之盟			凡我同盟，毋蕴年，毋壅利，毋保奸，毋留慝，救灾患，恤祸乱，同好恶，奖王室	或间兹命，司慎、司盟，名山名川，群神群祀，先王先公，七姓十二国之祖，明神殛之，俾失其民，坠命亡氏，踣其国家

---

① 《国语·晋语四》作"世相起也"。

续表

时间	盟誓名称	盟誓背景	盟约		
			序章	具体约定	
襄公十六年	溴梁之盟	诸大夫盟高厚，高厚逃归。于是叔孙豹、晋荀偃、宋向戌、卫宁殖、郑公孙虿、小邾之大夫盟		同讨不庭	
襄公十九年	督阳之盟	春，诸侯还自沂上，盟于督扬		大毋侵小	
襄公二十年	盟东门氏			毋或如东门遂不听公命，杀适立庶	
襄公二十年	盟叔孙氏也			毋或如叔孙侨如欲废国常，荡覆公室	
襄公二十年	盟臧氏			毋或如臧孙纥干国之纪，犯门斩关	
襄公二十五年	大宫之盟	丁丑，崔杼立而相之，庆封为左相，盟国人于大宫		所不与崔、庆者……婴所不唯忠于君、利社稷者是与	有如上帝
昭公四年	晋楚之盟			晋楚之从交相见也	
昭公十六年	郑桓公与商人之盟			尔无我叛，我无强贾，尔有利市宝贿，我勿与知	
昭公十九年	平丘之盟			无或失职	
昭公二十五年	臧昭伯之盟			戮力一心，好恶同之。信罪之有无，缱绻从公，无能外内	

续表

时间	盟誓名称	盟誓背景	盟约		
			序章	具体约定	
定公十年	夹谷之盟	齐人加于载书	齐师出境	（齐方）而不以甲车三百乘从我者，有如此盟。（鲁方）而不反我汶阳之田，吾以共命者	亦如之
哀公十五年	卫太子之盟			苟使我入获国，服冕、乘轩，三死无与	
哀公二十年	黄池之盟			好恶同之	
哀公二十六年	宋空泽之盟			无为公室不利	
哀公二十六年	唐盂之盟			三族共政，无相害也	

第二章　听政制度与君臣谏对[*]

和《国语》《左传》王命衰颓形成鲜明对比的是，春秋时期臣民积极参政议政的热情空前高涨、活跃：或对君王疑惑进行知识性解释和评论，或为君王决策提供建设性意见，或对君王的错误言行直言净谏。这些言论大多独立成章，声情并茂、词约意丰，字里行间充溢着参政立德、资政立功和议政立言的高度责任感与使命感，成为《国语》《左传》记言的主要内容。根据臣下对君王言说的方式和内容性质，可以将这些言论分为以回答君王咨询为主要内容的君臣对问和以参与政治、规谏君过为主要内容的君臣谏言两大类型。下面，笔者拟对每一类型产生的文化背景、源流演变、内容特征及体式影响进行详细论析。

第一节　周代听政制度的建立

从理论上讲，商周时期，只有那些德臻化境、术感鬼神的"圣人"才做王，才配称为"天子""民之父母"[①]，以替天行道、代民立命。因此，典籍中对"圣人"的功能描述亦是充满了理想色彩，如《礼记·礼运》："圣人参于天地，并于鬼神，以治政也。"《淮南子·泰族训》："圣人者，怀天心，声然能动化天下者也。"[②]《大戴礼记·曾子天圆》："圣人为天地主，为山川主，为鬼神主，为宗庙主。"[③]《墨子·兼爱上》："圣人以治天

---

[*]　此章部分内容，作为项目阶段性成果以《先秦听政制度与谏体文学的兴盛》为题发表于《学术论坛》2012 年第 1 期。
① "天子"之称，始于《尚书·西伯戡黎》："天子，天既讫我殷命。""民父母"之称，见于《洪范》："天子作民父母以为天下王。"
② （汉）刘安著，高诱注《淮南子》，《诸子集成》本，中华书局，1954，第 347 页。
③ 高明注译《大戴礼记今注今译》，台湾商务印书馆，1977，第 210 页

下为事者也。"① 由此也可看出,"治天下""化天下"正是"圣人"治政最根本的职能,"圣人"是最为理想的君王,"圣人之治"是最为理想的社会形态。

然而,圣王毕竟也是现实中的个体成员,终究摆脱不了世俗个体感官、智力等方面所受到的事实束缚,而且,"世禄之家,鲜克由礼"②,世卿世禄制也难以保证每一位世袭君主的"圣人"品格,因此,如何确保君王圣明贤能和国家政治体制健康合理运行,便成为自古以来政治家、思想家们反复探究的核心问题。而自西周以来的君主"听政"制度,以其荟萃众人智慧、延展君主耳目、补察时事政治等优点逐渐成为君主制社会健康有序运行的可靠保障。

君王听政的传统,大概承自酋邦时代氏族部落组织"长老议事"的习惯。进入王政时代以后,这一传统仍得以延续。对此,《管子·桓公问》有过一段追述:"黄帝立明台之议者,上观于贤也;尧有衢室之问者,下听于人也;舜有告善之旌,而主不蔽也;禹立谏鼓于朝,而备讯唉;汤有总街之庭,以观人诽也;武王有灵台之复,而贤者进也。此古圣帝明王所以有而勿失、得而勿忘者也。"③《吕氏春秋·赞能》篇也有一段与此相类似的论述:"人主欲自知,则必直士。故天子立辅弼,设师保,所以举过也……尧有欲谏之鼓,舜有诽谤之木,汤有司过之士,武王有戒慎之鞀,犹恐不能自知。"④ 由其中尧、舜、禹、汤、武王的圣王序列来看,不乏有美化圣王之政的成分,但可知听政兴国的传统是由来已久的。在周代之前,人们尊神尚卜,大小事情都要通过占卜筮问的方式征询天命神旨来定夺行动计划,因此,议事听政并不是主要的决策方式,也没有形成一种定制。

周代崇尚的尽人事而知天命思想的最重要表现形式便是对民意的普遍重视以及由此形成的听政制度。一般说来,一项制度的确立,至少要具备两个条件:一是要有法定层面的政策保障,以确保此制度的稳定性、长期

---

① (清)孙诒让:《墨子间诂》,上海书店,1988,第62页。
② (汉)孔安国传,(唐)孔颖达正义《尚书正义》,《十三经注疏》,中华书局,1980,第245页。
③ 戴望:《管子校正》,《诸子集成》本,中华书局,1954,第302页。
④ (战国)吕不韦著,(汉)高诱注《吕氏春秋》,《诸子集成》本,中华书局,1954,第310页。

性；二是要有贯彻执行此政策的专门机构，以确保此制度的可行性、有效性。笔者下面对周代的听政制度做考察。

首先，在政策规定方面，据《尚书·洪范》载，周灭商的第二年，周武王便向殷朝遗老箕子咨询为国之道。① 在箕子所述的"九畴"大法中，第七条"稽疑"一法便是对君王听政制度的规定，"汝则有大疑，谋及乃心，谋及卿士，谋及庶人，谋及卜筮"即要求君主在遇有重大决策之时，首先自己考虑，然后与卿士商讨，再与庶人商讨，最后才通过卜筮探询天命，明确规定了天子决策不能独断专行，要充分吸纳、倾听臣民意见。同时，在《周礼》《礼记》等典籍中也记载了许多臣下负有向君王规谏的义务。如：

> 《周礼·地官·保氏》："保氏，掌谏王恶，而养国子以道。"
> 《礼记·王制》："天子斋戒受谏。"
> 《礼记·礼运》："王前巫而后史，卜筮瞽侑，皆在左右。"
> 《礼记·曲礼下》："为人臣之礼，不显谏，三谏而不听则逃之。"
> 《周官·小司寇》云："掌外朝之政，以致万民而询焉。一曰询国危；二曰询国迁；三曰询立君。"
> 《周礼·春官》：载内史掌"王之八枋之法……受纳访，以诏王听治。"
> 《国语·晋语八》："夫事君者，谏过而赏善，荐可而替否，献能而进贤，择材而荐之，朝夕诵善败而纳之。道之以文，行之以顺，勤之以力，致之以死。听则进，否则退。"

不仅如此，《礼记》中还有一些记载表明，为培养周天子的听政能力和德才涵养，自其幼为太子之时，便专设太师、太傅、太保以教导抚育。

---

① 对于《洪范》的成书，传统观点认为是由周初史官笔录箕子对武王之问而成，如《史记·周本纪》："武王已克殷后二年，问箕子殷所以亡"；《宋微子世家》："武王既克殷，访问箕子"，并引其全文；《书序》："武王胜殷，杀受，立武庚，以箕子归。作《洪范》"；等等。但近代以来，学者多否定箕子的著作权，提出"战国初期说""战国中世说""战国之末说""春秋中叶说"等。按，尽管《洪范》中有后人加入、润饰的成分，但据先秦史官的记言传统及周初意识形态建设的需要，其主体部分成于周初，应属可能，这也符合先秦古书之"通例"。

《礼记·文王世子》："立太傅少傅以养之，欲其知父子君臣之道也。师也者，教之以事而喻诸德者也。保也者，慎其身以辅翼之，而归诸道者也。"

《大戴礼记·保傅》："及太子既冠成人……于是有进膳之祿，有诽谤之木，有敢谏之鼓，鼓史诵诗，工诵正谏，士传民语；习与智长，故切而不攘；化与心成，故中道若性；是殷、周所以长有道也。"

此外，类似的关于听政制度的记载在《国语》《左传》等典籍中也时有反映。

《国语·周语上》："故天子听政，使公卿至于列士献诗，瞽献曲，史献书，师箴，瞍赋，矇诵，百工谏，庶人传语，近臣尽规，亲戚补察，瞽、史教诲，耆、艾修之，而后王斟酌焉，是以事行而不悖。"

《国语·晋语六》："吾（范文子）闻古之王者，政德既成，又听于民，于是乎使工诵谏于朝，在列者献诗，使勿兜风听胪言于市，辨袄祥于谣，考百事于朝，问谤誉于路，有邪而正之，尽戒之术也。"

《左传·襄公四年》："昔周辛甲之为大史也，命百官，官箴王阙。"

《左传·襄公十四年》："是故天子有公，诸侯有卿，卿置侧室，大夫有贰宗，士有朋友，庶人、工、商、皂、隶、牧、圉皆有亲昵，以相辅佐也。善则赏之，过则匡之，患则救之，失则革之。自王以下，各有父兄子弟，以补察其政。史为书，瞽为诗，工诵箴谏，大夫规诲，士传言，庶人谤，商旅于市，百工献艺。"

《尚书大传·虞夏传·皋陶谟》："古者天子必有四邻，前曰疑，后曰丞，左曰辅，右曰弼。"

……

上述材料充分表明，源自上古部落联盟民主议事的听政传统在周代已确立了较完善的保障制度。尽管表述各异，但其旨意却是一贯的，即天子执政，绝不能独断专行、刚愎自用，而是要恭承民命、博洽舆情以代民行政、替天行道。同时，在制度设计上也明确规定了自公卿至庶人百工都有参政议政、献言献策以"补察其政"的权利和义务，而且对每一阶层的进言方式也都有相应的规定。从这一意义上来说，周代天子政治实际上也是民意政治，是民本思想的集中体现，同时王权的行使和运作也可因此受到一定程度的制约。梁启超对此予以高度肯定："要之我国有力之政治理想，乃欲在君主统治之下，行民本主义之精神。此理想虽不能完全实现，然影响于国民意识者既已甚深。故虽累经专制摧残，而精神不能磨灭。"①

其次，在具体听政实践方面，验之史实，在西周及此后的春秋战国时期，遇事"稽疑"、听政纳言便成为周王及各国诸侯的一项执政传统，也成为一种有效执政、决策的制度保障。如《晋语四》胥臣述周文王："及其即位也，询于'八虞'，而谘于'二虢'，度于闳夭而谋于南宫，诹于蔡、原而访于辛、尹，重之以周、邵、毕、荣，忆宁百神，而柔和万民。"《周语上》樊穆仲述鲁孝公："肃恭明神而敬事耇老；赋事行刑，必问于遗训而谘于故实，不干所问，不犯所谘。"《国语·楚语上》左史倚相说："昔卫武公年数九十有五矣，犹箴儆于国，曰：'自卿以下至于师长士，苟在朝者，无谓我老耄而舍我，必恭恪于朝，朝夕以交戒我；闻一二之言，必诵志而纳之，以训导我。'"《国语·楚语上》白公述齐桓公、晋文公："近臣谏，远臣谤，舆人诵，以自诰也。"

至于听政的具体形式，既有君王时常召集的朝堂合议，也有君王随时主动征询的问对、臣民积极匡政的谏议等，由此形成了保存在《左传》《国语》中的大量君王与臣下的咨访问对、大臣向君王的谏疏献言、臣民对国政的辩论评议等记言内容，这也是《国语》《左传》记言的主要内容。对此，下面将分别予以述之。

不过要说明的是，君主听政制度固然可以为臣民自由议政、下情上达开辟一条顺畅渠道，但若据此而过高评价封建政治的民主性质，则过于理想化和表象化。因为臣民谏议的采纳与生效与否，最终决定于权力至上的君王的好恶与贤愚。正如梁启超所说："要而论之，我先民极知民意之当

---

① 梁启超：《先秦政治思想史·序论》，天津古籍出版社，2004，第 7 页。

尊重，惟民意如何而始能实现，则始终未尝当作一问题以从事研究。故执政若违反民意，除却到恶贯满盈群起革命外，在平时更无相当的制裁之法。此吾国政治思想中之最大缺点也。"① 这也正是屡谏多无果或谏臣多悲剧的根本原因。

第二节　《国语》《左传》君臣对问

一

对问体，顾名思义，是一种以对主体之间的一问一答或数问数答为文章结构形式的文体，最早见载于《文选》卷四十五，仅收宋玉《对楚王问》一篇。同时代的刘勰《文心雕龙·杂文》也认同这一说法："宋玉含才，颇亦负俗，始造《对问》，以申其志，放怀寥廓，气实使之。"② 此后，明人吴讷《文章辨体序说》改称"问对"，③ 并具体分实问实答和虚设问答两种类型："问对体者，载昔人一时问答之辞，或设客难以著其意者也。《文选》所录宋玉之于楚王，相如之于蜀父老，是所谓问对之辞。至于《答客难》《解嘲》《宾戏》等作，则皆设辞以自慰者焉。"④ 可见，对于"对问"一体，他们都将最早以"对问"命名的宋玉《对楚王问》作为此体的开端。事实上，任何一种文章样式，绝非某一作家的天才独创，亦绝非哪一篇作品即能独领风骚、蔚然成"体"的。它必然是众多作者在长期的创作实践中对某类文章的关键特征逐渐认同并自觉应用创作的结晶。因此，刻意将某一文体的源起归溯于特定的作家或作品都存在主观臆断、削足适履的危险。对于"对问"体而言，"问和答，是最初的思维活动，在原始时，要思维，就必得有两个人。……在一切古老的和感性的民族那

---

① 梁启超：《先秦政治思想史·序论》，天津古籍出版社，2004，第40页。
② （南朝梁）刘勰著，王运熙、周锋译注《文心雕龙译注》，上海古籍出版社，1998，第109页。
③ 至于究竟称"对问"还是"问对"，若仅着眼于文章的形式而言，似无区辨之必要。但由于"对问"体内容大都体现为以问为宾，以对为主；问为引子，对为骨干；问是起、转，对是承、合，故《文选》名之"对问"更为准确恰当地体现此类文体的结构特征和内容性质。兹从。
④ （明）吴讷著，于北山校点《文章辨体序说》，人民文学出版社，1962，第48页。

里，思维和说话是一回事；他们只有在说话时才思维，他们的思维，仅仅是交谈罢了"①。因此，可以断定早在文字产生之前，问和答便是人们最基本、最普遍的交流形式，这也就不难理解为什么文字产生以后首要载录内容的形式大都为问答体式了。这一点，也正好为大量殷墟卜辞的发现所证实。殷商时期以神为本、尊神尚祀的思想崇尚，驱使以商王为中心的巫觋集团"率民以事神，先鬼而后礼"②，每天都要对发生以及要去处理的大小事件进行占卜，上至祭祀征伐、婚丧嫁娶、立邑任官，下至天象气候、出入田猎、生育疾病等，事无巨细，大小皆卜，由此形成了为数众多的以人神问对为主要内容的甲骨卜辞。可以说，我国古代散文的蓬勃成长历程正是由孩童般的天真稚嫩的"天问"开始的，也正是问对这种虚实相生、开合自由的特性，孕育并奠定了后世许多文体的雏形。

《尚书》作为我国最早的一部历史文献，其内容和体例绝大多数是君王与臣下的对话言论，号为"记言"之书。但《尚书》中的君臣对话，大都是帝王以"天子"和天下共主的独特身份对臣民所发布的诰诫和命令，具有神圣庄严、不容置疑的法典性质，很少有君王向臣民咨政议政的问对记录。唯有根据传说加工的《尧典》《皋陶谟》《洪范》存有上古求贤问政的踪迹。如《尧典》③ 共记录尧与四岳针对举贤问题的五次问对，在前三次分别举荐丹朱、共工和鲧失败后，最后为举荐虞舜时的两次问对：

> 帝曰："咨！四岳。朕在位七十载，汝能庸命巽朕位？"岳曰："否德忝帝位。"曰："明明扬侧陋。"师锡帝曰："有鳏在下，曰虞舜。"
>
> 帝曰："俞！予闻，如何？"岳曰："瞽子，父顽，母嚚，象傲；克谐以孝，烝烝乂，不格奸。"
>
> 帝曰："我其试哉。"女于时，观厥刑于二女。厘降二女于妫

---

① 〔德〕费尔巴哈：《基督教的本质》，荣震华译，商务印书馆，1984，第 126 页。

② （汉）郑玄注，（唐）孔颖达正义《礼记正义·表记》，《十三经注疏》，中华书局，1980，第 1642 页。

③ 对于《尧典》的成书，聚讼不已。其中，范文澜之论较为平实可信："《尧典》等篇，大概是周朝史官掇拾传闻，组成有系统的纪录；虽然不一定有意造伪，夸大虚饰，却所难免。其中'禅让'帝位的故事，在传子制度实行已久的周代史官，不容无端发此奇想，其为远古遗留下来的史实，大致可信。"（《中国通史简编》，河北教育出版社，2000，第 15 页）

汭，嫔于虞。帝曰："钦哉！"

帝尧开宗明义，表明自己年事已高，欲从四岳中寻找能够顺应天命承继王位的人。众臣谦让而举虞舜，尧顿起兴致，更询舜迹，并当场决定，表示传之以位。君臣间二问二答，一方求贤若渴，虚怀若谷；另一方唯贤是举，谦逊大度，谈吐之间，既将传说时代禅让传贤、民主议事的政治传统真实映现出来，也将后世儒家所憧憬的圣人治国、上下和谐的理想政治蓝图寄寓其中。此外，《逸周书》中有不少篇目记载了周王身体力行、从善如流的咨政实践，如《酆保解》中周公对文王问治国之道，《大开武》《小开武》《寤敬解》《大聚解》中周公对武王问为政之道，《大戒解》《官人解》中周公对成王问选人、用人之道等。《尚书》《逸周书》中的君臣对问，更多侧重的是颂扬理想君王任人唯贤、从善如流的高尚政治品格，这既不同于商代唯神是问、唯卜是从的人神问对形态，也不同于后世《国语》《左传》中的抑君扬臣的对问形态。

二

历史进入春秋时期，尽管周天子仍是名义上的诸侯共主，各国诸侯也争相以王命相号召，讨不庭，征不从，以捍王室，但是，王纲日颓、私室日壮的社会现实却令君臣话语角色悄然发生了重大的变化：一方面，西周自成康以后王侯自身的腐败与堕落使其逐渐丧失了代天立言的话语权威性与神圣性，也令周初确立的"尽人事以知天命"的治国之道失缺了合格的承载主体，变成了一种虚置的空想，这体现在史籍之中，便是王侯话语的缺失；另一方面，当时以承传王官之学为使命的各国有识之士为匡救时政、救亡图存而积极地奔走呼告、抗言净谏，其精彩的谏议策谋等众多辞令却被视为嘉言懿语、"警世通言"而被史官加以载录、传诵和效法，由此形成了春秋时期的一个突出特征，即"君子弘道"。它犹如奋进的黎明号角，在漫长而沉闷的黑夜中给人以希冀与力量。这首先表现在众多臣下与君主的对问晤谈中。

据笔者统计，《国语》《左传》中较独立完整的君臣对问共有112则，其中《国语》47则，《左传》65则（见表十七、十八。其中包括《国语》《左传》大体相同的对问资料10则）。所谓的"独立完整"，是指那些在

《国语》《左传》中以独立成章的形式出现的君臣对问或家庭生活中有类君臣的夫妻、母子对问，不包括散见于重大事件中的零星人物对问。其基本结构形式是事件起因＋君问＋臣对＋结果或评论。如隐公五年众仲与鲁隐公之间的一次对问：

> 九月，考仲子之宫将万焉。（起因）
>
> 公问羽数于众仲。（君问）
>
> 对曰："天子用八，诸侯用六，大夫四，士二。夫舞，所以节八音而行八风，故自八以下。"（臣对）
>
> 公从之。于是初献六羽，始用六佾也。（结果）

这些人物对问的内容主要包括两大类型。

一是以史官为主的知识阶层凭借其广博的学识，积极为君主提供异常自然现象或人事现象的解释及应对策略。其中对异常自然现象的解释包括鬼神、星象、地震等，如《周语上》内史过对周惠王解释"有神降于莘"，昭公二十九年史墨对范献子解释"龙见于绛郊"，《左传》僖公十六年内史叔兴对宋襄公解释"陨石""六鹢"之吉凶，《晋语五》绛人为伯宗解释"梁山崩"之由，《左传》昭公七年士文伯为晋平公预言受日食灾祸之国，昭公八年师旷为晋平公解释魏榆石言之由，哀公六年周太史为楚昭王解释有云"夹日以飞"之由等；异常人事现象的解释包括梦魇、疾病及其他灾异等，如《左传》襄公九年士弱为晋悼公解释宋火灾之由，成公十年桑田巫与医和分别为宋景公解释"大厉"和"二竖子"之梦，昭公三十一年史墨释赵简子"童子嬴而转以歌"之梦，昭公元年子产和医和对晋平公疾病的解释，《鲁语下》仲尼分别为季桓子、吴客、陈使释不明之发现等。

这些解释异彩纷呈，各有千秋，都来源于解释者对"天道"的体认和领悟。在春秋人们的心目中，上天是一个无所不能的至上神，时时处处在监督、察视着世间百态、人世万象，操纵着人间的祸福吉凶。但是，此时的"天意"不再是仅仅一味地通过占卜、祭祀来祈祷和领受，而更多的是通过星象变化、灾异谴告等方式主动呈现对人事特别是对政治优劣成败的态度，此即《国语·周语上》内史过所云之"天事恒象"，这与周初即确立的"以德配天"的"天命观"也是一致的。如《左传》襄公九年：

九年春，宋灾。……晋侯问于士弱曰："吾闻之，宋灾，于
是乎知有天道。何故？"对曰："古之火正，或食于心，或食于
咮，以出内火。是故咮为鹑火，心为大火。陶唐氏之火正阏伯居
商丘，祀大火，而火纪时焉。相土因之，故商主大火。商人阅其
祸败之衅，必始于火，是以日知其有天道也。"公曰："可必乎？"
对曰："在道。国乱无象，不可知也。"

　　襄公九年春，宋国发生了一场严重的火灾。这本来是很常见的人事灾
害，但晋平公不明白为何有人将这与"天道"联系起来。对此，士弱做出
了解释。原来，在尊神重祀的商代，大火星是商人崇拜的星辰之神。这在
《左传·昭公元年》中也有记载："昔高辛氏有二子，伯曰阏伯，季曰实
沈。居于旷林，不相能也，日寻干戈，以相征讨。后帝不臧，迁阏伯于商
丘，主辰，商人是因，故辰为商星；迁实沈于大夏，主参，唐人是因。"
人们以它的移动轨迹来判定时节，在商丘一地专设"火正"一职主持祭
祀。最初火正由陶唐氏阏伯担任，后殷祖相土接任此职。因此，大火星在
商人的心目中并不仅仅是自然神，更是和祖先崇拜结合起来的。正因如
此，商人考察总结历代祸败灾乱多缘于大火星的变化，因而渐渐明白火灾
正是大火星降灾谴告之象。这种察象审政的"天道观"，带有明显的天人
感应的思想。但由于只有那些精于历法知识而又长期主祭星辰的"瞽史"
才能认知、解读这种天象寓意，[①] 故对一般人而言，"天道"渺远而虚幻，
唯有恪尽职守、崇德尚礼的"人道"才是更为切实可行的"立功"之道。
　　二是以良臣为主的官僚阶层以其高涨的参政议政热情和高度的社会责
任感积极为君王献计献策，排忧解难。一方面为君王提供典礼知识咨询以
解疑答惑，如《国语·周语下》伶州鸠对周景王"乐律"之问，《楚语
上》申叔时对士亹教太子内容，《楚语下》观射父对答楚昭王"天地绝
通"之由和祭祀之礼，隐公七年和隐公八年众仲对答鲁隐公"羽舞之数"
和命"氏族之礼"，桓公六年申繻对答鲁桓公为子命名之礼，僖公二十四

---

　　① 如《国语·周语中》单襄公云："吾非瞽、史，焉知天道？"《周礼·春官》述保章氏所
掌："掌天星以志星辰日月之变动，以观天下之迁，辨其吉凶，以星土辨九州之地所封，
封域皆有分星，以观妖祥。"《礼记·月令》："乃命大史，守典奉法，司天日月星辰之
行，宿离不贷，毋失经纪，以初为常。"

年皇武子对答郑文公宴飨宋成公之礼，成公十八年臧武仲对季文子援晋出兵之数，襄公十二年晏桓子对齐灵公嫁女于周之礼，昭公二十五年子太叔对赵简子揖让周旋之礼等。另一方面又为君王提供为政治国的政策性建议以裨补时政。或对荐贤人，如《国语·周语上》樊穆仲荐鲁孝公导训诸侯，《晋语三》赵衰荐郤谷为元帅人选，《晋语五》和僖公三十三年臼季荐冀缺于晋文公，《晋语七》和襄公三年祁奚荐祁午为军尉等；或对论时事，如《周语中》单襄公论陈将亡，刘康公论鲁大夫将逃亡，《晋语七》和襄公四年魏绛论晋悼公伐戎之失，《晋语八》张老论赵文子饰室之弊，成公六年韩献子论晋景公迁都之失，襄公十四年师旷论卫人逐君等；或对献攻战之谋，如《鲁语上》和桓公十年曹刿谏鲁庄公修忠信以伐齐，《越语下》范蠡对献勾践伐吴之时机，僖公三十二年蹇叔对阻秦穆公伐晋，成公十六年伯州犁对答楚共王晋军战备等；或对献保民安国之道，如《齐语》管仲、有司向齐桓公屡进为政之道，《晋语三》和僖公二十七年子犯对晋文公得民之术，《晋语八》阳毕对晋平公安国之策等。

长期以来，周代王臣津津乐道的与“天道”相对的“人道”，构成了君臣对问最重要的思想资源和精神动力。《国语·周语下》记载单襄公对鲁成公“晋将有乱”之忧，就明确地对“人道（人故）”的内涵做了具体的论述。

> 柯陵之会，单襄公见晋厉公视远步高。晋郤锜见，其语犯。郤犨见，其语迂。郤至见，其语伐。齐国佐见，其语尽。
>
> 鲁成公见，言及晋难及郤犨之谮。单子曰：“君何患焉！晋将有乱，其君与三郤其当之乎！”鲁侯曰：“寡人惧不免于晋，今君曰‘将有乱’，敢问天道乎，抑人故也？”
>
> 对曰：“吾非瞽、史，焉知天道？吾见晋君之容，而听三郤之语矣，殆必祸者也。夫君子目以定体，足以从之，是以观其容而知其心矣。目以处义，足以步目，今晋侯视远而足高，目不在体，而足不步目，其心必异矣。目体不相从，何以能久？夫合诸侯，民之大事也，于是乎观存亡。故国将无咎，其君在会，步言视听，必皆无谪，则可以知德矣。视远，日绝其义；足高，日弃其德；言爽，日反其信；听淫，日离其名。夫目以处义，足以践德，口以庇信，耳以听名者也，故不可不慎也。偏丧有咎，既丧

则国从之。晋侯爽二，吾是以云。"

据《左传·成公十六年》，晋将伐郑，使栾黡乞师于鲁。鲁成公惧于其母穆姜之胁迫，未能及时出兵，并且又受到叔孙侨如在晋侯面前的谗毁，因此，在此次柯陵之会上，面对晋厉公及三郤趾高气扬的凌人态势，鲁成公惶恐不已，担心晋侯怪罪自己。但单襄公却对此做出了截然不同的预言，认为晋君"视远步高"及三郤"语犯""语迂""语伐"的行为本身，已经预示了他们将自取其咎，因为"观其容而知其心"，即人外在的言行举止直接反映了其内在的思想意志，具体来说，便是"目以处义，足以践德，口以庇信，耳以听名"，尤其是在这种庄重严肃的盟会场合，更是如此。现在晋厉公"视远"则昭其"日绝其义"，"足高"昭其"日弃其德"，"听淫"昭其"日离其名"，三郤"言爽"则"日反其信"，因此，单穆公劝告鲁成公此时忧虑的不是遭罪之惧，而是"无德之患"，因为齐、晋的遭祸，恰恰会给鲁国带来前所未有的"取伯（霸）"机遇。

在诸侯之间"唯力是视"的春秋争霸时代，单襄公"观容知心"之论的确令人耳目一新。这表明，此时一些思想高远的臣士仍然执着地固守自周初以来确立的"以德配天"的宗教信念，坚信无论是国家还是个人的前途命运都和执政者或个人的自身道德修养息息相关，而这种道德修养又不同于天道宿命的神秘玄空，它具体根植于自我个体一言一行、一举一动长期合乎礼仪的"修养"中，即《礼记·曲礼》所言"毋侧听""毋淫视""将入户，视必下""入户奉扃，视瞻毋回"之类的具体仪节，表现在人的等级差别上则又有"天子视不上于袷，不下于带、国君绥视、大夫衡视、士视五步"这类的具体规定。单襄公所言目、足、口、耳等容止应当分别契合的"义""德""信""名"等标准，正是"礼"的重要内涵，也是这一时代思想者的共识，如成公十三年刘康公所云："是以有动作威仪之则以定命也"，孟献子所云："礼，身之干也；敬，身之基也"，成公十五年申叔时所云："信以守礼，礼以庇身"等。这种将家国兴亡成败的命运系于个人道德修养水平的观点突破了人们长期蒙受天命神权浸染的思想桎梏，标志着一种新的精神时代——认识自我和发现自我的"人的自觉"时代的来临。当然，"人的自觉"既不是甘心匍匐于天神脚下的乖巧温顺，也不是放纵自我、唯我独尊的恣情逞欲，而是人自觉将自己的行为置放于"礼"的规范下所达到的优化自我、惠利他人的精神境界。上述众多的良臣善士为执政者竭忠尽智、排忧解难、进善卫道的行为，正是他们践履道德、礼法精神的生动体现。特别是当王朝政治腐败、生灵涂炭之时，捍卫人道、杀身成仁更是成为古往今来仁人志士拯世济民的最高道德升华。这种华光，最集中地映照于《国语》《左传》中众多赤胆忠心的臣民规谏实践之中。

三

对问体是史官最初的记言形式，表现在《国语》《左传》中便是大量君臣问对的实录，其间虽有史官的经营润色，但总体上仍然符合当时君臣对问的基本原貌，"斯盖当时发言，形于翰墨，立名不朽，播于他邦。而丘明仍其本语，就加编次"①。这种实问实答的对问形式，直接促进了后世语录体散文的形成。先秦诸子散文，如《论语》《孟子》《管子》《晏子春秋》等均直接继承了这种实录对问的形式，形成师徒对问或君臣对问的专门语录体形式。此后，汉代扬雄的《法言》、隋末唐初王通的《中说》、宋代程颢和程颐的《二程语录》及朱熹的《朱子语类》、明代王守仁的《传习录》（一部分）等也都是采用语录体的形式撰成。另外，古代考试过程中形成的大量策问、对策等应试文，也应以此为滥觞。

有意思的是，对问体对后世影响最大的其实并不是这种"时人出言，史官入记"的实录式问对形式，而是假设问对、借口代言的虚构式对问形式。因为对问体一问一答的文体形式，起承转合，自由灵活，长短适宜，自然成文，极大地活跃了写作主体的创作思维，拓展了艺术创作的自由空间，从而直接刺激了写作主体自觉创作意识的形成。后世文体论者所乐道的对问体均指此种虚设问对，而且均未注意到《国语》《左传》中已有的"代言"形式。如萧统《文选》"对问"类只选录宋玉《对楚王问》一篇，刘勰《文心雕龙·诠赋》认为"荀况《礼》《智》，宋玉《风》《钓》，爰锡名号……述客主以首引，极声貌以穷文"②。这里"述客主以首引"即指此假设问对。明人吴讷《文章辨体序说》虽有意分"昔人一时问答"的实

---

① （唐）刘知几撰，（清）浦起龙释《史通通释·申左》，中华书局，1978，第419页。
② （南朝梁）刘勰著，王运熙、周锋译注《文心雕龙译注》，上海古籍出版社，1998，第59页。

录式问对和"设客难以著其意"的虚构式问对，但观其举例却又全为虚构文例。① 徐师曾《文体明辨序说》明确专指虚构问对："按问对者，文人假说之词也。"② 近人刘永济先生承继这一观点并进一步申明之："自《卜居》《渔父》肇对问之端，宋玉因之，辞设客主，所以首引文致也。于是有对问之作。"③

　　事实上，我们称许《国语》《左传》近于实录，并不排除编纂者合理的想象加工，因为庞杂的史料、纷纭的事件，若没有史学家的陶铸化裁、删削净化，则只能是一堆毫无生气的历史遗骸。大凡优秀的历史著作，之所以令人百读不厌、警世醒魂、近于艺术品，都和史学家个人的史才、史学、史识水平密切相关。钱钟书所谓"设身处地，依傍性格身份，假之喉舌"，"史家追叙真人真事，每须遥体人情，悬想事势，设身局中，潜心腔内，忖之度之，以揣以摩，庶几入情入理"④；王船山所谓"设身于古之时势，为己之所躬逢；研虑于古之谋为，为己之所身任"⑤；章学诚所谓"论古必恕，非宽容之谓也。……恕非宽容之谓者，能为古人设身而处地也"⑥，皆强调史学家历史想象的重要性。因此，《国语》《左传》中除了"时人出言，史官入记"的实录式对问内容，尚有一些"假之喉舌"、借口代言的虚构式对问便是必然的了。当然，这种虚构是建立在对历史史实和历史规律洞彻领悟基础之上的"入情入理"的虚构，如人们熟知的僖公二十四年介之推母子对话、成公二年鉏麑死前叹言、《晋语四》骊姬与优施之密谋等皆是如此。自此以后，假设问对、借口代言的创作形式纷纷为历代作家所效仿。如庄子"著书十余万言，大抵寓言，人物土地，皆空言无事实"⑦。文中大量采用托言的方式，假设问对，借口代言，构建独特语境以传达抽象的哲理信息，将主客问对形式发挥到极致；其他如荀况《礼》《智》，宋玉《高唐》《神女》诸赋，皆沿用虚设人物问对的行文方式来展开全文。尤其是汉代散体赋的创作，更是直接承继了这一形式，成为汉大

---

① 参见（明）吴讷著，于北山校点《文章辨体序说》，人民文学出版社，1962，第48页。

② （明）徐师曾著，罗根泽校点《文体明辨序说》，人民文学出版社，1962，第134页。

③ 刘永济：《十四朝文学要略》，黑龙江人民出版社，1984，第86页。

④ 钱钟书：《管锥编》，中华书局，1986，第165、166页。

⑤ 王夫之：《读通鉴论·叙论四》，国学整理社，1936，第667页。

⑥ （清）章学诚：《文史通义·文德》，上海书店，1988，第80页。

⑦ 鲁迅：《鲁迅全集·汉文学史纲要》（九），人民文学出版社，1981，第364页。

赋在结构形式上最为突出的特征，足见其影响之深远。

表十七　　《国语》对问史料一览

	出处	问对主体	对问内容及性质	对问结果
1	周语上	樊穆仲——周宣王	对荐鲁孝公导训诸侯之由	乃命鲁孝公于夷宫
2	周语上	内史过——周惠王	对"神降于莘"之问	如言虢亡
3	周语上	内史过——周襄王	对晋将祸之由	如言晋祸
4	周语中	王孙满——周襄王	对秦将祸之由	如言秦败诸崤
5	周语中	单襄公——周定王	对陈将祸之由	如言陈亡
6	周语中	刘康公——周定王	对鲁大夫将祸之由	如言叔孙宣子、东门子家逃亡
7	周语下	单襄公——鲁成公	对晋将乱之由	如言晋乱
8	周语下	伶州鸠——周景王	对欲铸无射钟之问	不听，卒铸大钟
9	周语下	伶州鸠——周景王	对不知"钟和"之由	王崩，钟不和
10	周语下	伶州鸠——周景王	对"律"之问	
11	鲁语上	曹刿——鲁庄公	对伐齐之由	从之
12	鲁语上	里革——鲁成公	对晋人弑君之问	
13	鲁语下	仲尼——季桓子	对穿井获羊之问	
14	鲁语下	公父文伯之母——季康子	对方绩之由	
15	鲁语下	仲尼——吴客	对"获骨"之问	
16	鲁语下	仲尼——陈使	对"楛矢"之问	
17	齐语	管仲、有司——桓公	对为政之道	得志于诸侯
18	晋语一	优施——骊姬	对作难之谋	
19	晋语二	卜偃——献公	对攻虢之月	
20	晋语二	冀芮——穆公	对公子恃晋之问	
21	晋语三	寺人勃鞮——献公	对干命杀重耳之问	遽出见之
22	晋语三	箕郑——晋文公	对救饥之策	任其佐新上军
23	晋语三	赵衰——晋文公	对元帅人选	从之
24	晋语三	郭偃——晋文公	对为政难易之问	
25	晋语三	胥臣——晋文公	对育人之道	
26	晋语三	子犯——晋文公	对用民之道	从之，于是乎遂伯
27	晋语五	臼季——晋文公	对荐冀缺之由	从之，使为下军大夫
28	晋语五	郤献子、范文子、栾武子——晋灵公	对让军功	
29	晋语五	绛人——伯宗	对梁山崩之策	从之
30	晋语七	祁奚——晋悼公	对荐祁午之由	从之。殁平公，军无秕政

续表

	出处	问对主体	对问内容及性质	对问结果
31	晋语七	魏绛——晋悼公	对伐戎之失	从之，于是乎遂伯
32	晋语八	阳毕——晋平公	对国安之策	从之。灭栾氏，是以没平公之身无内乱也
33	晋语八	訾祐等——范宣子	对争和田之得失	从之，乃益和田而与之和
34	晋语八	叔向——赵文子	对解国难之策	从之。自是没平公无楚患
35	晋语八	张老——赵文子	对饰室之弊	从之
36	晋语八	叔向——赵文子	对死者之能者	
37	晋语八	叔向——韩宣子	对均秦楚二公子赋禄之策	从之
38	晋语八	子产——韩宣子	对君疾之由	从之。赐之莒鼎
39	晋语九	壮驰兹——赵简子	对赞问士	
40	郑语	史伯——郑桓公	对析避难之所	从之。预言皆验
41	楚语上	申叔时——士亹	对教太子内容	
42	楚语上	伍举——楚灵王	对章华之台之弊	
43	楚语上	范无宇——子皙	对城陈、蔡、不羹之弊	不从。三国纳弃疾而弑灵王
44	楚语上	白公子张——楚灵王	对言拒谏之弊	不从。乃有乾谿之乱，灵王死之
45	楚语下	观射父——楚昭王	对重、黎神职由来	
46	楚语下	观射父——楚昭王	对祭祀之礼	
47	越语下	范蠡——勾践	对伐吴之时	从之。兴师伐吴，至于五湖

表十八　《左传》对问史料一览

	出处	对问主体	对问内容	对问结果
1	隐公七年	众仲——鲁隐公	对羽舞人数	从之。于是初献六羽，始用六佾
2	隐公八年	众仲——鲁隐公	对命氏族之礼	公命以字为展氏
3	桓公六年	申繻——鲁桓公	对命名之法	从之
4	桓公十年	曹刿——鲁桓公	对伐齐之时机	从之。齐师败绩
5	桓公十四年	申繻——鲁庄公	对蛇妖之由	六月傅瑕杀郑子及其二子，而纳厉公
6	庄公三十二年	内史过——周惠王	对神降于莘之由	从之。虢亡
7	闵公元年	仲孙湫——齐桓公	对伐鲁之问	
8	闵公八年	卜偃——晋献公	对伐虢之时	冬十二月丙子朔虢亡

	出处	对问主体	对问内容	对问结果
9	僖公六年	逢伯——楚成王	对许男面缚衔璧之策	从之
10	僖公九年	荀息——献公	对臣奚齐之态度	
11	僖公十三年	子桑、百里——秦穆公	对晋饥之策	从之
12	僖公十六年	内史叔兴——宋襄公	对陨石六鹢之吉凶	
13	僖公二十二年	怀嬴——太子圉	对拒从归晋	从之
14	僖公二十四年	寺人披——晋文公	对君臣之礼	公见之，以难告
15	僖公二十四年	介之推——其母	对身将隐	遂隐而死
16	僖公二十四年	皇武子——郑伯	对享宋公之礼	从之
17	僖公二十七年	芮贾——子文	对不贺子文之由	应验
18	僖公二十七年	赵衰——晋文公	对荐郤縠之由	乃使将中军
19	僖公二十七年	子犯——晋文公	对用民之术	一战而霸，文之教也
20	僖公三十二年	蹇叔——秦穆公	对阻伐秦之由	不听，应验
21	僖公三十三年	臼季——晋文公	对荐冀缺之由	乃以为下军大夫
22	文公五年	宁嬴——其妻	对不从阳处父之由	
23	成公元年	郤克、范文子、栾书——晋景公	对鞌之战功	
24	成公五年	绛人——伯宗	对梁山崩之由	
25	成公六年	韩献子——晋景公	对迁都之看法	公说，从之
26	成公十年	桑田巫——晋景公	对公梦问	验
27	成公十六年	伯州犁——楚共王	对晋军战事	
28	成公十八年	臧武仲——季文子	对出兵之数	从之
29	襄公三年	祁奚——晋悼公	对存嗣之问	从之
30	襄公四年	魏绛——晋悼公	对和戎之由	公说，使魏绛盟诸戎
31	襄公九年	士弱——晋悼公	对宋火之由	
32	襄公十二年	晏桓子——齐灵公	对齐侯嫁女之问	从之
33	襄公十四年	师旷——晋悼公	对卫人出君之态度	
34	襄公十四年	中行献子——晋悼公	对卫亡君态度	
35	襄公二十一年	臧武仲——季孙	对鲁多盗之由	
36	襄公二十五年	然明——子产	对为政之策	子产喜
37	襄公二十五年	子产——子太叔	对为政之策	
38	襄公三十一年	子产——然肯	对不毁乡校之由	
39	襄公三十一年	北宫文子——卫侯	对令尹围将难之由	

续表

	出处	对问主体	对问内容	对问结果
40	昭公元年	叔向——赵孟	对令君将难之由	
41	昭公元年	子产——叔向	对晋侯之疾	
42	昭公元年	医和——晋侯、赵孟	对晋侯之疾、良臣	
43	昭公四年	申丰——季武子	对御雹之道	
44	昭公五年	女叔齐——晋侯	对鲁侯知礼之态度	
45	昭公七年	士文伯——晋侯	对日食之灾	
46	昭公七年	子产——韩宣子	对晋侯疾之态度	从之，赐莒二鼎
47	昭公七年	子产——子太叔	对伯有之患	
48	昭公七年	伯瑕——晋平公	对不能常据日食之由	
49	昭公八年	师旷——晋侯	对石言之由	
50	昭公九年	裨灶——子产	对陈兴亡之由	
51	昭公十一年	苌弘——周景王	对诸侯吉凶	
52	昭公十一年	申无宇——楚灵王	对勿使弃疾为蔡君之由	
53	昭公十二年	子革——楚灵王	顺对楚灵王问	
54	昭公十七年	郯子——昭子	对少皞氏以鸟名官之由	
55	昭公二十年	晏子——齐景公	对勿杀祝史而修德	公说，使有司宽政
56	昭公二十年	晏子——齐景公	对和同之异	
57	昭公二十一年	梓慎——鲁昭公	对日食之灾	
58	昭公二十五年	子大叔——赵简子	对礼之内涵	
59	昭公二十六年	晏子——齐景公	对陈氏将有此国	赞之
60	昭公二十九年	史墨——范献子	对龙见于绛郊之由	
61	昭公三十一年	史墨——赵简子	对日食之灾	
62	昭公三十二年	史墨——赵简子	对鲁人不伐季氏之由	
63	哀公元年	逢滑——陈怀公	对以晋辞吴之策	从之
64	哀公六年	周太史——楚昭王	对赤鸟夹日飞之由	
65	哀公九年	史龟、史墨、史赵——赵鞅	对救郑卦象	从之

第三节　《国语》《左传》君臣谏言[①]

据上述周代听政制度，对君王的言行举止进行监督，尤其是对其不当

---

① 此节部分内容，笔者以《论〈国语〉〈左传〉的谏体文学特征》为题发表于《殷都学刊》
2008 年第 2 期。

或错误的言行或决策进行规谏是为臣义不容辞的义务。据《国语·周语上》"天子听政"的一段记载,可知当时对国君规谏的方式是多种多样的,如"箴""赋""诵""谏""传语""尽规""补察""教诲""修之"等。但是,从《国语》《左传》的应用频率来看,"谏"的出现次数最多,并形成"骤谏""固谏""谏臣"等固定用语。这表明,以"谏"来指称臣下对国君的匡政行为,已是两周时期普遍的、习惯性的称谓。荀子也将这种匡政行为径直定义为"谏","大臣父兄有能进言于君,用则可,不用则去,谓之谏"①,并指明"谏"在先秦的应用范围不仅局限于君臣之间,还用于父兄等家庭场合,这是合乎事实的。在等级分明、家国一体的宗法社会,凡是下级对上级寓有规劝意味的言语均可称之为"谏",故班固《白虎通义》说:"谏也者,谓事有不当指而言之。上指君父,下及朋友,论之不疑,必有所益。故孔子称'君有争臣,父有争子,士有争友',此之谓也"②。因此,笔者将《国语》《左传》中发生在下级与上级之间面对面的规劝语言记载,统称为君臣谏言。

一　《国语》《左传》的谏言艺术

据笔者统计,《国语》中独立成章的谏言有 44 则,《左传》有 70 则。这些谏言大都情辞激切,理据充分,逻辑性强,字里行间充溢着强烈深切的使命感与责任感,分明映现了一个个以"道"自任、以社会良知自负的浩然谏臣形象,呈现出独特而鲜明的谏体艺术特征。

1

同行人辞令委曲达意、婉而有致的言说风格不同,《国语》《左传》中的谏言明显地呈现出疏直激切、怨而不怒的风格特征和深谋远虑、见微知著的理性色彩。春秋时期王道衰微、诸侯争霸的社会局面,加速了传统礼乐制度的崩坏,因而君不君、臣不臣的失序现象频频发生,如晋灵公、陈灵公、齐庄公、楚灵王、吴王夫差等就是当时有名的昏君;至于臣弑君,

---

① （清）王先谦:《荀子集解·臣道》,中华书局,1988,第 250 页。
② （汉）班固:《白虎通义》,上海古籍出版社,1990,第 437 页。

"陪臣执国政"更是春秋后期普遍的现象了。《国语》《左传》的编者出于劝善惩恶的史鉴意图,记载了大量"功臣""圣臣"① 匡君之过、矫君之失的言论,并时而借他人之口对他们的勇气与卓识给予热烈的歌颂。在笔者统计的 113 则谏言中,绝大多数是针对当时君王的不当言行进行劝谏或就某事件提出合理性的建议,如《周语上》"芮良夫谏周厉王勿宠荣夷公","仲山父谏周宣王勿料民",《左传》僖公十九年"司马子鱼谏宋公勿以人祭祀",僖公二十三年"蹇叔谏秦穆公勿伐郑"等。由于这些谏言都是为了进善卫道、匡救君失、拯世济民,故谏辞疏直激切,词气慷慨,义正词严,充分体现了进谏者胸怀坦荡、光明磊落、无所畏惧的大丈夫品格。如《周语下》太子晋谏阻周灵王为护卫王宫而壅堵谷水、洛水一事,就从古之圣王、民之宪言、前哲令德之则等多个角度上下比度,据理力争,慷慨陈辞,充分阐述了壅堵两河的错误与危害,指出此举实乃"章祸且遇伤""亡王之为也"。谏辞古今事言,汩汩滔滔,挥洒自如,渊懿茂美,气盛言宜,颇显纵横之风。如列举伯禹以史为鉴疏川导滞、合通四海、嘉祉万物之功时,太子晋说:

> 其后伯禹念前之非度,厘改制量,象物天地,比类百则,仪之于民,而度之于群生,共之从孙,四岳佐之,高高下下,疏川导滞,钟水丰物,封崇九山,决汩九川,陂鄣九泽,丰殖九薮,汩越九原,宅居九隩,合通四海。故天无伏阴,地无散阳,水无沈气,火无灾燀,神无间行,民无淫心,时无逆数,物无害生。帅象禹之功,度之于轨仪,莫非嘉绩,克厌帝心。皇天嘉之,祚以天下,赐姓曰"姒",氏曰"有夏",谓其能以嘉祉殷富生物也。祚四岳国,命以侯伯,赐姓曰"姜"、氏曰"有吕",谓其能为禹股肱心膂,以养物丰民人也。此一王四伯,岂繄多宠?皆亡

---

① "功臣""圣臣""态臣""篡臣"是《荀子·臣道》据臣下的德行高下所做的划分:"内不足使一民,外不足使距难,百姓不亲,诸侯不信,然而巧敏佞说,善取宠乎上,是态臣者也;上不忠乎君,下善取誉乎民,不恤公道通义,朋党比周,以环主图私为务,是篡臣者也;内足使以一民,外足使以距难,民亲之,士信之,上忠乎君,下爱百姓而不倦,是功臣者也;上则能尊君,下则能爱民,政令教化,刑下如影,应卒遇变,齐给如响,推类接誉,以待无方,曲成制象,是圣臣者也。"[(清)王先谦:《荀子集解》,中华书局,1988,247 页]

王之后也。唯能厘举嘉义，以有胤在下，守祀不替其典。①

接连用了24个动宾式的四言短句，节奏紧凑，意脉促迫，一气呵成，极具"决汨九川""合通四海"之气势；而且谏辞频频运用反问句，如"今吾执政无乃实有所避，而滑夫二川之神，使至于争明，以妨王宫，王而饰之，无乃不可乎？""王将防斗川以饰宫，是饰乱而佐斗也，其无乃章祸且遇伤乎？""《诗》云'殷鉴不远，在夏后之世'，将焉用饰宫？"等，更是一针见血，辞激意切，不容置疑。

但是，森严的等级制度要求人臣的首要品格便是对君王忠贞顺从，如僖公二十四年寺人披说："君命无贰，古之制也。"《周语上》内史兴说："敬王命，顺之道也。"当然，这里的忠、顺不仅意味着对君命的顺从信守，还包含着"谏过而赏善，荐可而替否"②的义务。但这一职能却又常常令人臣处于一种尴尬的境地：一旦君王言行出现失误，人臣若不谏阻，便是失职；但若谏阻，纳谏与否终由君王自己定夺，自己又往往因此而罹罪。鉴于此，《国语》《左传》谏言往往又呈现出"险而不怼，怨而不怒"③的风格特征，即对于君王的违礼行为，心中虽然怨恨不满，却也不会情绪冲动以致怒形于色。如《左传》僖公八年著名的"宫之奇谏假道"，虞公目光短浅，想法幼稚，居然仅凭"晋，吾宗也"和"吾享祀丰洁，神必据我"就欲轻易假道于晋以伐虢。面对关系国家命运的这一重大决定，宫之奇据理力争，极力以谏。他首先分析了虢国对于自己国家的重要性，可谓"辅车相依，唇亡齿寒"；然后又以史为鉴，深刻地指出晋国出兵的真实意图和神灵信仰的实质。辞恳意切，一言三叹，冀君一寤，但遗憾的是，虞公刚愎自用，"弗听，许晋使"。国难临头，宫之奇心灰意冷，失望至极，只好携族离去，临行前的一声叹息——"虞不腊矣！在此行也，晋不更举矣！"——透露出为臣的万般无奈。

2

尽管《国语》《左传》中的谏言因人因事各不相同，各具风格，但从

---

① 徐元诰：《国语集解·晋语九》，中华书局，2002，第95～96页。
② 徐元诰：《国语集解·晋语九》，中华书局，2002，第452页。
③ 徐元诰：《国语集解·周语上》，中华书局，2002，第15页。

论证结构或表达方式的角度看，它们却存在较为普遍的谏言范式。首先，这些谏言大都在一开始就针对执政者的具体言行提出个人明确的观点，开门见山，言简意赅，基本表达式为"不可"。接着，作为主体部分的论据一般由两个基本判断组成。一个是经过先人长期反复实践而积累下来的知识经验，它不需要被证明，毋容置疑，是肯定判断，也是做出新判断的依据或前提。它或者表现为历史知识，如"吾闻之……""昔……"等极其普遍的标志性词句；或者表现为格言警句，主要是征引相关《诗》《书》《志》《训》《语》等典籍中的句子。另一个就是据此"古训"做出的新判断，即君王当前的言行不符合上述公认的判断，故要进行谏正。这恰如逻辑学中三段论的大前提和小前提，前一判断即大前提，后一判断为小前提，并且也符合三段论有效推理的基本规则，如《国语·晋语四》叔詹谏郑文公礼遇重耳一事：

> 公子过郑，郑文公亦不礼焉。叔詹谏曰："臣闻之：亲有天，用前训，礼兄弟，资穷困，天所福也。今晋公子有三祚焉，天将启之。同姓不婚，恶不殖也。狐氏出自唐叔。狐姬，伯行之子也，实生重耳。成而隽才，离违而得所，久约而无衅，一也。同出九人，唯重耳在，离外之患，而晋国不靖，二也。晋侯日载其怨，外内弃之；重耳日载其德，狐、赵谋之，三也。在《周颂》曰：'天作高山，大王荒之。'荒，大之也。大天所作，可谓亲有天矣。晋、郑兄弟也，吾先君武公与晋文侯戮力一心，股肱周室，夹辅平王，平王劳而德之，而赐之盟质，曰：'世相起也。'若亲有天，获三祚者，可谓大天，若用前训，文侯之功，武公之业，可谓前训。若礼兄弟，晋、郑之亲，王之遗命，可谓兄弟。若资穷困，亡在长幼，还轸诸侯，可谓穷困。弃此四者，以徼天祸，无乃不可乎？君其图之。"弗听。[1]

这里，叔詹劝谏郑文公礼遇晋文公重耳的大前提是"臣闻之：亲有天，用前训，礼兄弟，资穷困，天所福也"一句话；小前提是郑文公的行为"弃此四者，以徼天祸"，故"无乃不可乎？"这是一个典型的三段论推

---

[1]　徐元诰：《国语集解·晋语九》，中华书局，2002，第330～331页。

理。虽然这样的两个前提在具体谏言中的表现形式并非千篇一律，但类似的推理形式在《国语》《左传》所有的君臣谏言中却是具有普适性的。

3

面对"君命无贰"、掌有生杀予夺权力的君王，为人臣者深深懂得"干人之怒，必获毒焉"[①]和"犯顺不祥"[②]的道理，为保全自身，一些人往往怀智藏能，顺从王命，偷合苟容，与主为乐，此即《荀子·臣道》篇中所谓的"态臣"或"篡臣"；而敢犯龙颜、逆主视听、竭忠尽智、舍生取义的"功臣""圣臣"，则实属凤毛麟角。《国语》《左传》虽尚未有意识地塑造人物形象，但透过这些疏直激切而又怨而不怒的谏言说辞，无意间彰显了一批忠心耿耿、敢于直言、光明磊落而又温文尔雅的谏臣形象。他们或赤胆忠心，忠贞不贰；或冒死进谏，大义凛然；或博通古今，洒脱自如，表现出与众不同的清醒意识和强烈的社会责任感。如《左传》僖公三十二年秦晋崤之战前，年过花甲的蹇叔在谏阻秦穆公侵郑失败后，文章通过"望师而哭"和"送子而哭"以及秦穆公战前战后对其态度的变化等情节，将一位忧国忧民而又怀才不遇的谏翁形象栩栩如生地呈现于读者面前，给人留下了深刻的印象。《国语·吴语》伍子胥多次劝谏吴王乘时灭越，而勿远伐齐国，他深知越国国内正励精图治，振兴国力，以图复仇，实乃吴国当前最大的威胁，可谓知己知彼，深谋远虑，居安思危，表现出与众不同的清醒意识和深切的忧患意识。无奈吴王鼠目寸光，刚愎自用，贪才好利，恣意妄为，终为越所灭。伍子胥也因屡忤龙颜，终被赐死。其临死时的一声叹息——"吴其亡乎！三年，其始弱矣！盈必毁，天之道也"，道出了自己忠心事君却终遭厄运的无限凄凉以及对吴国命运的深深忧虑，而这也恰恰与越王勾践虚心纳谏，尤其重用谏臣越大夫种的行为形成鲜明的对比。宣公二年，面对晋灵公不君的种种丑行，晋大夫赵盾继士季之后"骤谏，公患之，使鉏麑贼之"，虽然《国语》《左传》没有详细记载有关赵盾的谏言，但他的耿耿忠心却已在当时闻名遐迩，他也被视为忠君的典型，如《国语·晋语六》智武子在谏赵文子时说："夫宣子（赵

---

① 徐元诰：《国语集解·晋语五》，中华书局，2002，第381页。
② 徐元诰：《国语集解·鲁语上》，中华书局，2002，第165页。

盾）尽谏于襄、灵，以谏取恶，不惮死进，可不谓忠乎！"《左传》成公八年韩厥谏晋景公时也说："成季之勋，宣孟（赵盾）之忠，而无后，为善者其惧矣。"他同周之富辰、晋之狐突、陈之洩冶、卫之宗鲁、吴之伍员一样，都是因直言进谏、触忤龙颜而视死如归、终遭杀身的大丈夫形象，他们为匡救君恶、进善卫道而置生死于度外，唱出了一曲曲扬善除恶、扶正祛邪的正气之歌。与此相应，《国语》《左传》中还对那些善于纳谏、仁而下士的君王进行了热烈的颂扬。其中最为鲜明的就是秦穆公和越王勾践。秦穆公是一个勇于承认错误并改正错误的贤君。僖公三十二年崤之一战，秦穆公曾因拒纳蹇叔谏言而吃了败仗，战后他对自己的行为悔恨不已："秦伯素服郊次，乡师而哭，曰：'孤违蹇叔，以辱二三子，孤之罪也。'""孤之罪也，大夫何罪？且吾不以一眚掩大德。"在以后的文公元年、文公二年、文公三年，秦穆公都曾提及此事，《左传》借君子之口对其悔过行为给予颂扬："秦穆之为君也，举人之周也，与人之壹也……"越王勾践在鲁定公十四年、鲁定公十七年两次败于吴后，卧薪尝胆，励精图治，以图复仇。其中，他重用"勇而善谋"的大夫种，多次欣然采纳他的建议，使国富民强，百姓戮力同心、同仇敌忾，最终灭吴，这同刚愎自用的吴王夫差形成了鲜明的对比。在王道衰微、君王力弱的春秋时期，像秦穆公、越王勾践这样如此真诚悔过、自新革政的君王实属少见。在笔者统计的113则谏言中，最终被采纳的仅48则，大多数则以"王弗听"而遭拒斥。这同二书编者的史鉴目的相呼应，即用则利国，否则危国，在一定程度上起着预言的作用，呈现出鲜明的惩劝意图。

二　《国语》《左传》的进谏方式

在周代的君臣关系中，虽然君王的权力受到天命、民意的监督与制约，但随着人们对天命信仰的怀疑与动摇以及君臣权力、地位的悬殊，高高在上的君王实际上完全处于一种道德自律状态。而且从心理意义上来说，无论君王心胸宽狭与否，他们都更希望看到臣民无条件地感恩戴德和驯顺效力。而一旦君王失缺了道德自律，变得任欲而行、刚愎自用，那些直言诤谏、进善卫道的良臣则无异于飞蛾扑火，自取灭亡。《左传》成公十七年郤至所云"君实有臣而杀之，其谓君何"一语充分道出了君主制度的根本缺陷和为臣的无奈。韩非深察此理，曾形象地将处于至尊地位的君主比喻为龙："夫龙之为虫也，柔可狎而骑也；然其喉下有逆鳞径尺，若人有婴之者，则必杀人。人主亦有逆鳞，说者能无婴人主之逆鳞，则几矣！"① 故作《说难》《难言》。在知悉了解了宦海仕臣因直言净谏、忤逆龙颜而上演的一幕幕人生悲剧后，一些有识之士不得不主动反思调整进谏效忠的方式和策略，以期既能尽为臣之责，又能免杀身之祸。

较早对为臣的规谏方式自觉进行反思的是荀子。他首先将君王按道德高下分为"圣君""中君""暴君"，然后又将进谏方式分为"直道"和"曲道"，以针对不同类型的君主。大体上，侍奉"中君"，可以采取"直道"："有谏争，无诡谀"，"是案曰是，非案曰非"；而侍奉"暴君"则须采用技巧性的"曲道"："因其惧怕也，而改其过；因其忧也，而辨其故；因其喜也，而入其道；因其怒也，而除其怨。曲得所矣。"② 至于韩非子《说难》中所罗列的种种"诡媚心法"③，则是对现实生活中的佞臣小人丑行的集中曝光，也是对造成强谏多悲剧真实现状的"孤愤"之辞。这类奴颜婢膝、曲意逢迎的"拍马"之术，当然不是笔者所论的谏君之过、禁君之非的正谏艺术。

至汉代，随着士人日益被纳入一统体制的统辖和规范，他们不仅充分认识到它的威严和力量，也主动寻求和探索恰当的谏政方式。与"主文而谲谏"④ 的"诗谏"一样，汉代学者对"言谏"策略更是做出了缜密分析，提出了"五谏说"。

"五谏说"，首见于刘向《说苑》："谏有五：一曰正谏，二曰降谏，三曰忠谏，四曰戆谏，五曰讽谏。"⑤ 但未做出相应的解释。至东汉，班固大概不满意刘向过于含混的分类，据人有五常之礼，进而将此"五谏"予以重新命名，认为"人怀五常，故有五谏：谓讽谏，顺谏，窥谏，指谏，伯谏"，并分别做出了明确的解释。

---

① 陈奇猷校注《韩非子集释》，上海人民出版社，1974，第223、224页。
② （清）王先谦撰，沈啸寰、王星贤点校《荀子集解·子道》，中华书局，1988，第251、252、253页。
③ 参见《韩非子·说难》，《韩非子集释》，上海人民出版社，1974。
④ （汉）毛亨传，郑玄笺，（唐）孔颖达正义《毛诗正义》，《十三经注疏》，中华书局，1980，第271页。
⑤ （汉）刘向撰，赵善诒疏证《说苑疏证·正谏》，华东师范大学出版社，1985，第239页。

讽谏者，智也，患祸之萌，深睹其事，未彰而讽告，此智性也。

顺谏者，仁也，出辞逊顺，不逆君心，仁之性也。

窥谏者，礼也，视君颜色，不悦且却，悦则复前，以礼进退，此礼之性也。

指谏者，信也，指质相其事也，此信之性也。

伯谏者，义也，恻隐发于中，直言国之害，励志忘生，为君不避丧身，义之性也。①

此后，这一说法相继为何休《春秋公羊传》庄公二十四年注、《孔子家语·辨政》、《唐六典》卷八《门下省·谏议大夫》等典籍相引用，名称大同小异，影响较大。下面，笔者根据班固所说的这五种言谏方式，结合《国语》《左传》中君臣谏言的实际情形，将其规谏行为分为正言直谏、婉言讽谏、因势顺谏和犯颜强谏四种方式，其中，"正言直谏"是《国语》《左传》中最主要的进谏方式，因为它开门见山、直言不讳、痛陈时弊，最能体现谏臣的本色，这在上一节已有涉论，兹不赘述。下面仅就其余三种进谏方式分别予以论述。

1. 婉言讽谏。《说文·言部》："讽，诵也。"② 讽谏，本指以诵诗、歌诗的形式批评、干预时政，从而达到规箴王阙、裨补王政的政治目的。《国语·周语上》邵公所云的"师箴，瞍赋，矇诵"的内容主要就是指此以韵语形式言志抒情的诗歌，故《诗经》中大量以讽刺现实为主题的诗被称为"讽谏诗"，如《陈风·墓门》"夫也不良，歌以讯之"，《大雅·板》"犹之未远，是用大谏"，《大雅·民劳》"王欲玉女，是用大谏"，《小雅·节南山》"家父作诵，以究王讻"等，都明确表明是为讽谏王政而作诗，这与《国语》《左传》中的言谏功能是一致的。《国语》《左传》中的讽谏是与直谏相对而言的，指那些为远罪避害而采取类似《诗经》托物起兴、婉曲致意的进谏方式。唐徐坚《初学记》卷十八《讽谏》解释说："讽也者，谓君父有阙而难言之，或托兴诗赋以见乎词，或假托他事以陈

---

① （清）陈立撰，吴则虞点校《白虎通疏证》，中华书局，1994，第235～236页。
② （汉）许慎撰，（清）段玉裁注《说文解字注》，上海古籍出版社，1988，第90页。

其意，冀有所悟而迁于善。"① 如《左传·昭公九年》"屠蒯谏撤酒"一事。

> 晋荀盈如齐逆女，还，六月，卒于戏阳。殡于绛，未葬。晋
> 侯饮酒，乐。膳宰屠蒯趋入，请佐公使尊，许之。而遂酌以饮
> 工，曰："女为君耳，将司聪也。辰在子卯，谓之疾日。君彻宴
> 乐，学人舍业，为疾故也。君之卿佐，是谓股肱。股肱或亏，何
> 痛如之？女弗闻而乐，是不聪也。"又饮外嬖嬖叔曰："女为君
> 目，将司明也。服以旌礼，礼以行事，事有其物，物有其容。今
> 君之容，非其物也，而女不见。是不明也。"亦自饮也，曰："味
> 以行气，气以实志，志以定言，言以出令。臣实司味，二御失
> 官，而君弗命，臣之罪也。"公说，彻酒。②

鲁昭公九年（前533），晋卿荀盈到齐国迎娶齐女，返晋途中，死于戏
阳（今河南内黄县北），停棺在绛地，没有安葬。本来，"丧礼唯哀为
主"③，但是，晋平公闻卿丧并不悲哀，反而继续喝酒奏乐。对此违礼背情
之举，④ 身为膳宰的屠蒯实在难以容忍，决意进行谏阻。但他并没有采取
惯常的直言进谏法，而是根据自己的职业和身份特点，以帮助斟酒为由趁
机劝谏。他先是给在场的乐工斟酒并将其喻为司聪之"君耳"，置君奏乐
而不闻；接着又给宠臣嬖叔斟酒并将其喻为司明之"君目"，视君悦容而
不见；最后又自罚一杯，自责因司味不当而致君"弗命"。这里，屠蒯的
三次劝酒之言并无一语直斥晋侯，而实则旁敲侧击、含沙射影，一切酒语
皆谏语，句句是为晋侯而发，语言诙谐幽默，形式轻松活泼，"说者有心，
听者有意"，晋侯尴尬难安之态，即可想见。诸如《国语·晋语九》和
《左传》昭公二十八年同载阎没女宽"一食三叹"谏魏献子拒贿、隐公元
年颍考叔"舍肉遗母"谏郑庄公母子和好等，皆采取移花接木、迂回曲折
的方式，将某些不便直言的想法间接表达出来，既让人易于接受，达到谏

---

① （唐）徐坚等：《初学记》，中华书局，1962，第437页。
② （晋）杜预注，（唐）孔颖达正义《春秋左传正义》，《十三经注疏》，中华书局，1980，
　　第2657~2658页。
③ （清）孙希旦：《礼记集解·问丧》，中华书局，1989，第1353页。
④ 事实上，诸侯大夫丧葬之礼在春秋时期已破坏殆尽，故顾栋高《春秋大事表》卷十六
　　《春秋凶礼表》有"天子诸侯丧礼已废绝于春秋时论"（《春秋大事表》，中华书局，
　　1993，第1558页）。

说目的，也能保全自我免受伤害，实可谓两全其美。

2. 因势顺谏。《白虎通义·谏诤》云："顺谏者，仁也。出辞逊顺，不逆君心，此仁之性也。"①《孝经·事君》也说："将顺其美，匡救其恶，故上下能相亲也。"故顺谏就是指顺君之意、因势利导、欲擒故纵终至君王幡然醒悟的一种进谏方式。如《左传》昭公十二年"子革谏楚灵王"，便是"顺谏"的典范之作。② 与中原诸侯外饰仁义、号尊周王以争强图霸的方式不同，楚国自春秋一开始便自称为"王"，露骨地以凌驾于诸侯之上的"尚力"态势模仿周王当雄天下。宣公三年，楚庄王观兵周疆，问"鼎之轻重"，公开宣示其欲取周室而代之的野心。这种明目张胆、纵欲逞强的争霸图谋在经历庄王初霸的楚灵王那里得到了淋漓尽致的发挥。春秋后期，晋国因内乱而衰弱，给早就梦想大国复兴的楚灵王带来了绝好的机遇，他先是弑君自立，接着大会诸侯于申；起兵伐吴、灭赖、亡陈、并蔡；迁许、胡、沈等国人民于楚，俨然一时的霸主。直到昭公十二年乾溪之难前夕，他还亲自率军围徐拒吴，做着称霸中原的美梦。在他和右尹子革的这次对话中，无论是一开始对他极尽豪奢的外貌描绘，还是接下来他那"求鼎于周""索田于郑"和如何使"诸侯畏我"的三次问话，都集中而鲜活真实地映现了他当时那种踌躇满志、骄蛮狂傲的心理状态。客居异国的子革③当然深深懂得，若在此时直言谏阻利令智昏的楚灵王，无异于火上浇油甚至引火烧身。于是机智的子革将计就计，顺水推舟，"与王言如响"，以致引起大臣工尹路对其人格的怀疑和责难。对此，子革做比喻解释说，他正在"磨厉以须"，只要时机一到，便即刻手起刀落。终于，在三问三答致楚灵王于欲望膨胀的癫狂状态之后，子革话题一转，借讨论熟谙历史的左史倚相为契机，将楚灵王带入遥远的时空隧道，思接与其有同样梦想且带传奇色彩的周穆王。这无疑令楚灵王更加激奋神往，但子革至此戛然而止，借深情吟诵祭公谋父讽谏穆王的《祈招》一诗，将楚庄王从沉迷于称雄天下的醉幻状态一下子拉回到现实中来。周穆王贪欲无厌、贻笑天下的历史教训和诗中对仁德之王的热切召唤，不啻一剂猛药，令其

---

① （清）陈立撰，吴则虞点校《白虎通疏证》，中华书局，1994，第 235～236 页。
② 此节内容，作为项目阶段性成果以《"顺谏"的典范之作：〈左传·子革对灵王〉赏析》为题发表于《名作欣赏》2014 年第 8 期。
③ 据襄公十九年载，子革因子孔之乱逃至楚国避难。

惊醒冷静，"馈不食，寝不寐，数日，不能自克"，但无奈为时已晚，借用他自己的话来说："余杀人子多矣，能无及此乎？""大福不再，只取辱焉。"① 终至众叛亲离，自缢而死，正所谓"刺骨语，断肠声，读之如闻夜雨芭蕉。总之极写汰侈人末路"②。尽管如此，孔子还是借"克己复礼"之古语，对楚灵王回心思仁之举予以肯定和同情："信善哉！楚灵王若能如是，岂其辱于乾溪？"

但要说明的是，顺谏绝不同于那种逢迎拍马、一味献媚讨好的"谀谏"，其区别之关键在于进谏者的思想动机是否纯正。尽管顺谏看似"不逆君心"，实则旨在审时度势，将计就计，暗藏玄机，冀望受谏者回心转意，改邪归正。客居楚国的子革不愧为一个老谋深算、沉稳冷静而又不失忠贞的难得辅臣。他深知以楚灵王好大喜功、愚顽难化的性格，若是在其陈兵疆场、剑拔弩张、志在必得的时候劝其鸣锣收兵、敬德保民，简直堪比蚍蜉撼树、对牛弹琴，甚至还有飞蛾扑火、自取灭亡之危险。因此，面对楚灵王索要天下如同小孩子要糖果一样的天真提问，以及他公开叫嚣、侮辱自己国家的挑衅行径，子革一再"与王言如响"，隐忍敷衍，将计就计，待时而动。他似乎深谙"两极相通"之道：先是将处于醉心梦霸状态的楚灵王一步步推向欲望的顶峰，令其逞雄欲望在幻想世界中得到最大程度的膨胀和释放，然后在恰当时机，借古喻今，借诗攻心，致其幻想破灭，回归自然清醒状态，实可得"四两拨千斤"之妙谛。这种效果，正是"顺谏"的独特魅力所在。这正如《吕氏春秋·顺说》篇所言："善说者若巧士，因人之力以自为力，因其来而与来，因其往而与往，不设形象，与生与长，而之与响，与盛与衰，以之所归。"③ 当然，它需要进谏者淡定的胸怀、超群的智慧和对话题的精心设计、巧妙引导。

3. 犯颜强谏。《礼记·曲礼下》载："为人臣之礼，不显谏，三谏而不听，则逃之。"《国语·晋语九》史黡说："夫事君者……听则进，否则退。"中行穆子也说："夫事君者，量力而进，不能则退。"《论语·先进》孔子说："所谓大臣者，以道事君，不可则止。"这些言论都充分体现了春

---

① （晋）杜预注，（唐）孔颖达正义《春秋左传正义》，《十三经注疏》，中华书局，1980，第 2069 页。
② 韩席筹编注《左传分国集注》引"周大璋语"，江苏人民出版社，1963，第 690 页。
③ 陈奇猷校释《吕氏春秋校释》，学林出版社，1984，第 905 页。

秋时期普遍流行的一种君臣观，即臣下对于君主的批评和对国政的干预是有限度的，要量力而行，适可而止，也就是说，进谏是臣下应尽的义务，而纳谏与否则是君主的权利。《国语》《左传》中的大部分谏言都体现了这个特点。

但是，《国语》《左传》中还有一部分进谏者，或出于忠君，或出于爱国，或出于卫道而置个人生死于不顾，大义凛然，不避祸难，犯颜强谏。这种进谏行为即《说苑》所说的"戆谏"或《白虎通义》所说的"伯谏"："伯谏者，义也。恻隐发于中，直言国之害，励志忘生，为君不避丧身。此义之性也。"① 如《左传·庄公十九年》记载的鬻拳对楚文王的极端进谏行为。

> 十九年，春，楚子御之，大败于津。还，鬻拳弗纳，遂伐黄。败黄师于踖陵。还，及湫，有疾。夏，六月庚申，卒。鬻拳葬诸夕室。亦自杀也，而葬于绖皇。初，鬻拳强谏楚子。楚子弗从。临之以兵，惧而从之。鬻拳曰："吾惧君以兵，罪莫大焉。"遂自刖也。楚人以为大阍，谓之大伯。使其后掌之。君子曰："鬻拳可谓爱君矣！谏以自纳于刑，刑犹不忘纳君于善。"②

这就是著名的"鬻拳兵谏"的故事。鬻拳本为楚国贵族大臣，引文以倒叙的形式补充了鬻拳曾经强谏楚文王，遭拒后，一度实行"兵谏"，胁迫楚文王。事成之后，鬻拳深感罪大，主动自刖谢罪。庄公十九年，楚文王御巴败归，鬻拳耻之，闭关拒入。但至楚文王伐黄得胜，返回途中病死，鬻拳乃自杀殉之。

不过，对于鬻拳来说，以兵强谏不但没有遭到杀身之祸，反而任官扬名，实属万幸。因为纵观历史上犯颜极谏者的命运，强谏多悲剧几乎成为一个历史必然，仅在《国语》《左传》中就有宣公二年赵盾骤谏晋灵公不君而背弑名，哀公二十年庆忌屡谏吴王革政而被杀，定公十年公若藐数谏叔孙成子勿立武叔而被杀，《吴语》伍子胥数谏吴王夫差勿伐齐而被投江，

---

① （清）陈立撰，吴则虞点校《白虎通疏证》，中华书局，1994，第236页。
② （晋）杜预注，（唐）孔颖达正义《春秋左传正义》，《十三经注疏》，中华书局，1980，第1773页。

等。对此,《说苑·杂言》载有孔子一番无可奈何的彷徨"天问":"子以夫知者为无不知乎,则王子比干何为剖心而死?以谏者为必听乎,伍子胥何为抉目于吴东门?子以廉者为必用乎,伯夷、叔齐何为饿死于首阳山之下?子以忠者为必用乎,则鲍庄何为而肉枯?荆公子高终身不显,鲍焦抱木而立枯,介子推登山焚死。……"① 屈原更是对这一沉痛现实表示坦然接受:"接舆髡首兮,桑扈裸行。忠不必用兮,贤不必以,伍子逢殃兮,比干菹醢。与前世而皆然兮,吾又何怨乎今之人!"②

对于造成强谏多悲剧的原因,孔子曾深沉地感叹道:"故夫君子博学深谋,不遇时者众矣,岂独丘哉!"③ 他认为徒负博学而壮志难酬实乃生不逢时、不遇明主之使然,这与《韩非子·难言》"世之仁贤忠良有道术之士也,不幸而遇悖惑暗乱之主而死"④ 一说不谋而合。这一说法一针见血地点出了君主专制体制下忠臣与暗主间不可调和矛盾的根本症结之所在。对此,刘泽华先生将其具体归纳为两个方面,即进谏的民主精神与君主个人专断的矛盾、谏议的求实精神与君主个人专断的矛盾。⑤ 不过,就思想层面上来说,这种悲剧背后还内隐着君子"敬德保民"的卫道理想和君主纵欲逞强的"独夫"现实之间的巨大反差。一般来说,如若权力与地位都占绝对优势的君主昏庸专断、残民以逞,臣下为保躯全生,大多选择同流合污、隐忍苟活,如《国语·晋语一》郤叔虎对翼祖的国情评论道:"夫翼祖之君,好专利而不忌,其臣竞谄以求媚,其进者壅塞,其退者拒违。其上贪以忍,其下偷以幸,有纵君而无谏臣,有冒上而无忠下。君臣上下各餍其私,以纵其回,民各有心而无所据依。以是处国,不亦难乎!"但国之幸运的是,尚有一部分有识之臣已充分认识到君主与社稷国家并不能画等号,在两者发生矛盾时,应把社稷利益放在第一位。《左传》襄公二十五年,晏子云:"君民者,岂以陵民?社稷是主。臣君者,岂为其口实,社稷是养。"这便是鲜明地提出了一种区别于愚忠或谀君的新的君臣观。从此,"从道不从君"便成为历代仁人志士敢于抗御强权甚至视死如归的

---

① (汉)刘向撰,赵善诒疏证《说苑疏证·正谏》,华东师范大学出版社,1985,第493页。
② (宋)朱熹撰,蒋立甫校点《楚辞集注》,上海古籍出版社,2001,第79页。
③ (汉)刘向撰,赵善诒疏证《说苑疏证·正谏》,华东师范大学出版社,1985,第493页。
④ 陈奇猷校注《韩非子集释》,上海人民出版社,1974,第50页。
⑤ 刘泽华:《先秦时代的谏议理论与君主专制主义》,《南开大学学报》1982年第1期。

强大精神动力。而这些敢于谏君之过、格君之非、进善卫道的正直君子，才是真正的"社稷之臣也，国君之宝也"①。也正因如此，上面引文中借君子之口评论鬻拳自刖行为"鬻拳可谓爱君矣！谏以自纳于刑，刑犹不忘纳君于善"。这里，鬻拳的"爱君"与爱"社稷"是统一的，要知道，真正能够做到胁遭兵谏而不计前嫌的君王能有几人呢！

但是，传统政治观念下对于强谏者的评价，却在此陷入了左右为难的困境。一方面，从维护"君君、臣臣"的封建等级秩序来说，强谏者的行为无疑既是对神圣君权的极大挑战和极端蔑视，也是对"委质为臣，无有二心"②之臣道的背离和僭越。如对于"比干强谏而死"一事，《韩诗外传》卷六借箕子之口批评其为"知不用而言，愚也。杀身以彰君之恶，不忠也。二者不可，然且为之，不祥莫大焉"③，认为强谏既是一种无自知之明的愚蠢行为，也是一种自扬"家丑"的非忠之举，将其视为莫大之"不祥"。即使如凛然之鬻拳，其在兵谏胁君之后，也曾陷入深深的自责之中，其刖脚自残之举，便是对自己鲁莽行为的一种惩罚，这与僖公三十三年晋先轸因"逞志于君""不顾而唾"而战死"自讨"如出一辙。另一方面，君过而不谏，政失而不正，更是失掉为臣忠君利国的最重要天职。鉴于此，婉言讽谏、谏而不争便成为后世君臣最为认可的谏政方式。

三 《国语》《左传》谏言文体的影响

关于臣对君言论的名称，最早见于《尚书》中以"训"名篇的《伊训》《高宗之训》。其中，《高宗之训》亡佚，《伊训》是商之老臣伊尹教导太甲如何做好一个国君的诫辞。孔颖达将《尚书》中凡是臣下训导君王内容的篇章皆归为"训体"："《太甲》《咸有一德》，伊尹训道王，亦训之类"；"《旅獒》戒王，亦训也"；"《无逸》戒王，亦训也。"④ 这里的"训"皆为臣下为君王"说释而教之，必顺其理"之意，以辅助、引导君

---

① （清）王先谦：《荀子集解·臣道》，中华书局，1988，第 250 页。
② 徐元诰：《国语集解·晋语九》，中华书局，2002，第 445 页。
③ （汉）韩婴撰，许维遹校释《韩诗外传集释》，中华书局，1980，202 页。
④ （汉）孔安国传，（唐）孔颖达正义《尚书正义·尧典》，《十三经注疏》，中华书局，1980，第 117 页。

王更好地行政，这大概源于古老的长老辅政传统。

　　自西周至春秋时期，随着文化的渐趋普及和书写工具的逐渐便利，臣下参政议政的热情也空前高涨，献言献策的方式也多种多样，如《周语上》"瞽献曲，史献书，师箴，瞍赋，矇诵，百工谏，庶人传语"等，但其主要内容已不再是对君王的谆谆训导，而是对君王不当言行的批评和规劝。在这个意义上，《国语》和《左传》中的一部分言论可以视为对两周臣下谏言的汇编。汉代《说苑·正谏》《新序·节士》《韩诗外传》《白虎通义·谏政》都有意将君臣谏言单独汇编，应是受到了《国语》《左传》谏言体的影响。

　　至秦，始将君臣献言改称为"奏"。汉代，随着国家策试制度的逐步完善，君臣进谏类文体日渐成熟和细化。对此，刘勰《文心雕龙·章表》说："汉定礼仪，则有四品：一曰章，二曰奏，三曰表，四曰议。章以谢恩，奏以按劾，表以陈情，议以执异。"① 奏疏类文体的体系由此初步形成。

---

① （南朝梁）刘勰著，王运熙、周锋译注《文心雕龙译注》，上海古籍出版社，1998，第199 页。

第三章　行人辞令

　　行人，"言使人也"①，即先秦时期各诸侯国外交使节的通称。《周礼·秋官·司寇》载有"大行人""小行人"等官，其中"大行人，中大夫二人"，"掌大宾之礼及大客之仪，以亲诸侯"；"小行人，下大夫二人"，"掌邦国宾客之礼籍，以待四方之使者。……协九仪宾客之礼"。②据《春秋》《左传》，各诸侯国也设有专职行人，如晋国行人子员、子朱，③郑国行人子羽，④陈国行人干征师，⑤鲁国行人叔孙婼，⑥宋国行人乐祁犁，⑦卫国行人北宫结，⑧吴国行人且姚⑨等。可见，行人是周朝及各封国设置的主管天子和诸侯之间朝觐聘问等礼仪事务的"外交官"，他们位居大夫，地位并不是很高。

　　东迁以后，周王朝国运衰颓、王权式微，代之而兴的是各诸侯国之间此起彼伏的征伐会盟。据统计，仅《鲁春秋》240余年间所载各国间的军事行动就达483次，朝聘会盟达450次。⑩各国间的交往活动空前频繁，仅靠专职的行人已远远不能应对如此错综复杂、风云变幻的国际关系。为

---

① 《春秋》襄公十一年经文："楚人执郑行人良霄。"《左传》释之曰："书曰行人，言使人也。"《谷梁传》释之曰："行人，掣国之辞也。"范宁进一步释之曰："行人是传国之辞命者。"

② （汉）郑玄注，（唐）贾公彦疏《周礼注疏》，《十三经注疏》，中华书局，1980，第890、893页。

③ 《左传》襄公二十六年："春，秦伯之弟针如晋修成，叔向命召行人子员。行人子朱曰：'朱也当御。'三云，叔向不应。"

④ 《左传》襄公三十一年："文子入聘。子羽为行人，冯简子与子大叔逆客。"

⑤ 《春秋》昭公八年经："楚人执陈行人干征师杀之。"

⑥ 《春秋》昭公二十三年经："晋人执我行人叔孙婼。"

⑦ 《春秋》定公六年经："秋，晋人执宋行人乐祁犁。"

⑧ 《春秋》定公七年经："齐人执卫行人北宫结以侵卫。"

⑨ 《左传》哀公十二年："卫人杀吴行人且姚而惧。"

⑩ 范文澜：《中国通史简编》，河北教育出版社，2000。

适应形势的需要，越来越多的握有政治实权的公卿大夫（"执事"）临时受命，或解决国际纷争，或增强国际交往，一批善于辞令的杰出外交人才应运而生，如楚国的屈完，郑国的子产、子太叔、烛之武，晋国的叔向、解扬、阴饴甥，卫国的祝佗，吴国的瞒由等。他们凭借善辩的口才、超凡的智慧和良好的素养，应对诸侯、顺应时势、灵活机动，最大可能地争取国家利益，维护国家荣誉。他们承继宗周礼辞之余绪，周旋在暴力与强权的缝隙之间，撑拒于欲望的狂澜之上，凭借着捍卫礼乐文明的高贵人性与道德操守，生动全面地展现了春秋行人的风采，从而演绎了一篇篇典美博奥、刚柔相济的精彩外交辞令。

对于《左传》外交辞令的语言艺术，唐代的刘知几就曾予以激赏说："寻《左氏》载诸大夫词令、行人应答，其文典而美，其语博而奥。""春秋之世，有识之士莫不微婉其辞，隐晦其说。"[1] 这准确而精当地点出了《左传》行人辞令"委婉""博奥"的艺术特征。此后，学者们虽然对于《左传》行人辞令的语言艺术屡有详论，但其核心观点大都不出此论，如胡安顺《〈左传〉外交辞令的语言特色》将左传辞令之美概括为含蓄委婉、曲回有致、雍容典雅、辞简意深、刚柔相济、绵里藏针、雄辩阔论、辞锋犀利、幽默机智、妙趣横生。[2] 陈彦辉《春秋辞令研究·行人辞令的语言艺术》则概括为揣摩心理、设意迎合，委婉其辞、隐晦其说，言近而旨远、辞浅而意深，柔中带刚、刚柔相济四个方面;[3] 郭丹《左传国策研究》更为详细地概括了18个方面：委婉含蓄、借言达意、文缓旨远、针锋相对、折之以理、服之以巧、绵里藏针、以屈求深、正话反说、意在刺讥、夸张虚构、巧用比喻、排比对偶、铺张扬厉、拟人为物、引经据典、曲指代称、巧用隐语。[4] 至于《国语》，其记言侧重于各国臣士就本国国内问题所发表的"嘉言懿语"，因此所录行人辞令较少。就仅有的10余则行人辞令来看，"委婉""博奥"也同样可以概括它们的语言艺术特征。因此，本书不再对《国语》《左传》行人辞令自身的审美特征或论说艺术重复论述，而是重点从大国逞欲的争霸风气、小国敬强的求存心态、朝聘往来的礼仪

① （唐）刘知几撰，（清）浦起龙释《史通通释·申左》，上海古籍出版社，1978，第419页。
② 胡安顺：《〈左传〉外交辞令的语言特色》，《文史知识》1997年第5期。
③ 陈彦辉：《春秋辞令研究·行人辞令的语言艺术》，中华书局，2006，第120~124页。
④ 郭丹：《左传国策研究》，人民文学出版社，2004，第133~145页。

文化三个方面对《国语》《左传》行人辞令及其"委婉"的言说方式形成的深层原因进行多维探讨。

第一节　大国逞欲争霸的政治野心

孟子"《诗》亡而《春秋》作"一语，委实高度概括了西周至春秋社会转型时期两种迥然不同的时代精神风貌的骤然递变：伴随着一个天子穆穆、和乐锵锵、上下睦洽的雅颂时代的黯然退场，一个群雄继起、尚力逞欲、弱肉强食的诸霸迭兴时代悄然登场。"是后或力政，强乘弱，兴师不请天子。然挟王室之义，以讨伐为会盟主，政由五伯，诸侯恣行，淫侈不轨，贼臣篡子滋起矣。"① 这里所谓的"盟主"，绝不是因其德臻圣境而令人诚服，而是以其强大的经济、军事实力为后盾，颐指气使，睥睨周室。《国语》《左传》有意选录的某些精英阶层奔走相告、孜孜以求的复礼明德等思想崇尚，实则正是从另一侧面反映了当时奢汰之风日甚、礼乐道德渐坏的社会现实。对此，我们可以选录几位《左传》《国语》所载这一时期当事人亲历其境后的真实感受加以验证。

1. 《左传·桓公六年》季梁曰："今民馁而君逞欲，祝史矫举以祭，臣不知其可也。"

2. 《左传·宣公十一年》郑子良曰："晋、楚不务德而兵争，与其来者可也。晋、楚无信，我焉得有信。"

3. 《左传·成公十二年》晋郤至曰："……及其乱也，诸侯贪冒，侵欲不忌，争寻常以尽其民，略其武夫，以为己腹心股肱爪牙。"

4. 《左传·成公十六年》申叔时曰："……今楚内弃其民，而外绝其好，渎齐盟，而食话言，奸时以动，而疲民以逞。民不知信，进退罪也。"

5. 《左传·昭公三年》齐晏婴曰："……民参其力，二入于公，而衣食其一。公聚朽蠹，而三老冻馁。国之诸市，屦贱踊

---

① 《史记·十二诸侯年表序》，中华书局，1959，第509页。

贵。民人痛疾，而或燠休之。"

……

可见，君弃德而肆欲兵争，民遭凌而无力生存，是春秋各国普遍存在的社会现实。《国语》《左传》中所叙述的种种君不君、臣不臣的"非礼"之事正是乱世春秋的真实映现，即使在深得周礼嫡传浸润的鲁国，也是如《左传》昭公五年晋女叔齐所云之"奸大国之盟，陵虐小国。利人之难，不知其私。公室四分，民食于他。思莫在公，不图其终"。不过，在春秋240余年的历史长河中，不同历史时期所涌现出来的大国诸侯都拥有一个共同的"大欲"，那就是极力争夺并掌控当时本国之于诸侯国的政治主导权。这种主导权主要通过两种途径获得：另一种是以温情脉脉的和平方式进行，如结盟、尊王、朝聘等；一种是以疾风骤雨的战争形式进行，春秋时期发生近500次的战争，绝大多数都是围绕大国争霸展开。

郑庄公是春秋时期的第一个争霸者。他在鲁隐公元年平定了其弟叔段的叛乱后，通过伐卫、伐宋、伐许一系列战争，特别是鲁桓公五年周郑缟葛一役，周军大败，标志着郑庄公霸主地位的确立，也开启了诸侯挑战周王室权力的先例。战前"王夺郑伯政，郑伯不朝"一语，正道出了郑庄公对王室主导权的觊觎和争夺野心。但郑国自身有限的军事实力、地缘政治以及当时势均力敌的国际形势，决定了郑庄公无法与后起的大国霸主相比肩。

正当郑庄公汲汲于争霸之时，"秦、晋、齐、楚代兴，秦景、襄于是取周土，晋文侯于是定天子，齐庄、僖于是乎小伯，楚蚡冒于是乎启濮"。随着秦、晋、齐、楚四个强国的日益崛起，各诸侯国力量均衡、交相攻伐的混战局面慢慢被打破，新的战略格局也将被势大力强的霸主所奠定。这一使命历史性地落到了齐桓公的肩上。齐桓公即位伊始便"欲从事于诸侯"[1]，后在管仲的辅佐下，"兵车之会三，乘车之会六，九合诸侯，一匡天下"[2]。鲁僖公九年，齐桓公两次在葵丘会盟，周襄王也派大臣参加，达成"凡我同盟之人，既盟之后，言归于好"的宣言，标志着齐桓公霸业的顶峰。

"齐桓公始霸，楚亦始大。"[3] 地处南方的楚国，身为异族，僻在蛮荒，

---

① 徐元诰：《国语集解·齐语》，中华书局，2002，第223页。
② 《史记·齐太公世家》，中华书局，1959，第1491页。
③ 《史记·齐太公世家》，中华书局，1959，第1696页。

屡遭歧视，恶劣的国内外环境强烈激发了楚人奋发有为的强国梦想，加之楚国法纪肃严、戮力同心，国势日上，觊觎中原之心也日强。自武、文崛起于江汉之间，成王大胆进取，后来居上；至庄王饮马黄河，观兵周疆，问鼎周室，"示欲逼周取天下"①。争霸之心，昭然若揭。鲁宣公十二年，邲之一战，楚大败晋军，宣告着楚庄王霸业的功成名就。

晋文公早在流亡期间，面对楚成王咄咄逼人的图报追问，以"晋楚治兵，遇于中原，其辟君三舍。若不获命，其左执鞭弭，右属櫜鞬，以君以周旋"数语，道出了重耳志在挫楚称雄的远大志向。即位第二年，晋文公就迫不及待地"欲用其民"，虽然在子犯的谏阻下暂缓用兵，但此后的知人善任、发展经济、增强军力、勤王定乱等一系列措施，都无不为实现其全面霸业做准备。最终在僖公二十八年城濮一役中，晋文公战胜强楚，取威定霸，一时间"天下翕然宗晋"②，晋国独霸中原的局面由此形成。此后的近一百年内，晋楚两国南北对峙，相互对抗，互不妥协，进入全面争霸的拉锯状态。

春秋后期，中原一带你争我夺，战乱频仍，加之各诸侯国内部争权夺利，内讧不断，因此以晋、楚为首的两大军事集团国力消耗很大，争霸势头渐衰。与此同时，吴、越的兴起使争霸战逐渐转向南方。公元前506年，吴楚柏举之战，吴几亡楚的事实标志着晋楚争霸格局的终结和吴越争霸的开始。吴、越两国所处的"三江环之，民无所移，有吴则无越，有越则无吴"的狭促地理环境，决定两国争霸较此前更为激烈、血腥，直至惨烈的身死国灭。公元前496年吴、越檇李之战后，吴王夫差立志复仇，经过三年的养精蓄锐，终在夫椒大败越国。此后吴王夫差自恃强悍，开凿邗沟，北略中原，先后征服鲁、卫，大败齐国，黄池盟晋，与昔日不可一世的超级霸主——晋国一争先后。但螳螂捕蝉，黄雀在后，正在吴国肆意争雄达到巅峰之时，卧薪尝胆、韬光隐晦达十年之久的越王勾践趁吴国北上会盟诸侯于黄池之机，率兵而起，大败吴师。此后接连伐吴，三战三捷，在公元前473年灭吴称霸，成为春秋时期最后一位霸主。

孟子在见齐宣王时曾直言不讳地指出他的真正"大欲"是"欲辟土

---

① （晋）杜预注，（唐）孔颖达正义《春秋左传正义》，《十三经注疏》，中华书局，1980，第1868页。

② （清）顾栋高：《春秋大事表》，中华书局，1993，第1951页。

地，朝秦、楚，莅中国，而抚四夷也"①。其实，春秋 240 余年间的诸侯争霸何尝不是如此？顾栋高在论及春秋列国疆域时，以晋国由小变大、由弱渐强的发展过程为例，做了一段精彩的总结。他说："晋之始封太原，百里之地耳。其后献公灭耿、灭霍、灭魏，拓地渐广，而最得便利者莫如伐虢之役。自渑池迄灵宝以东，崤函四百余里，尽虢略之地，晋之得以西向制秦。秦人抑首而不敢出者，以先得虢扼其咽喉也。至文公启南阳，奄有覃、怀，后经营中原，迫逐戎狄。凡卫河以北，殷墟之境之没于狄。及邢之灭于卫，滑之灭于秦者，晋尽取之。于是东及朝歌，北尽邯郸，自河南之彰德、卫辉，至直隶之大名、广平、顺德，悉为晋有，而谓晋犹昔日之晋乎？"②晋国如此，其他大国亦大同小异。鲁襄公二十五年，郑子产在如晋献陈俘时，面对士庄伯"何故侵小"的责难，一针见血地指出"今大国多数圻矣，若无侵小，何以至焉"。以强有力的反问，直斥大国以众暴寡、以强凌弱的贪欲实质，使士庄伯无言以对，顾左右而言他。因此，无论大国尊王攘夷还是会盟征伐，究其实质，都是对国家之间主导权力的争夺，而对这一核心问题的展开便构成了春秋政治的主线。

有什么样的政治理念，就会有什么样的政治行动。春秋大国这种肆欲逞雄的政治野心在其"奉辞伐罪"的外交辞令中表现得尤为明显。一般说来，提及春秋外交辞令，人们更多地指向那些弱小国家在大国威逼的情势下有理有节、化险为夷地进行抗争的行人辞令，它们大都委婉有力、不卑不亢、妙趣横生，堪称辞令典范。殊不知，这些典范辞令的生成往往是强权政治凌逼威压的结果。因此，在这类巧妙周旋的精彩辞令之外，还存在一类较少引起人们注意的志在逞雄、骄横无礼的大国辞令。它们居高临下、咄咄逼人，带有强烈的权力话语特色。

如晋国，自文公称霸后，修明政治，任贤使能，国势日强，在一系列外交活动中处处体现晋国"取威定霸"的战略目标。僖公二十五年晋文公勤王定乱后，挟威恃功，竟然直接向周襄王提出"请隧"的要求，即要求葬礼规格与天子并肩，以此试探周襄王的态度。周襄王深知其中利害，予以严辞拒绝，说："王章也。未有代德，而有二王，亦叔父之所恶也。"大

---

① （汉）赵岐注，（宋）孙奭疏《孟子注疏》，《十三经注疏》，中华书局，1980，第 2671 页。
② （清）顾栋高：《春秋大事表》，中华书局，1993，第 495 页。

意是此事事关王朝纲纪，还没有改朝换代就出现两个天子，恐怕连叔父您也会厌恶的吧。绵里藏针，坚决捍卫王朝尊严。对此，《国语》记载得更详细，连用七个反问句，义正词严，委婉周密，终令"文公遂不敢请，受地而还"。僖公二十八年城濮之役后，晋文公不去朝觐述职，竟以臣召君，召周襄王河阳赴会，名为尊王攘夷，实为拥兵自重，故《史记·孔子世家》云："践土之会实召周天子，而《春秋》讳之曰'天王狩于河阳'，推此类以绳当世。"① 其后更是以超级大国的身份恃强凌弱，四处干涉他国内政。文公十七年，其竟以"尔未逞吾志"为辞讨伐"郑伯贰于楚"。成公二年，晋执政郤克为报使齐受辱之私仇，② 擅兴师旅，侵凌天子甥舅之国，鞌之一战，几致覆亡。战后竟向齐国提出"必以萧同叔子为质，而使齐之封内尽东其亩"的无礼要求：前一条件纯为泄愤辱齐，后一条件实欲齐国臣服于己。凌人之盛，可见一斑。对此，齐使宾媚人一针见血地指出晋国真实意图是"求合诸侯，以逞无疆之欲"。成公八年，晋景公出尔反尔，"使韩穿来言汶阳之田，归之于齐"，责成鲁国将成公二年从齐国手中获得的汶阳之田归还齐国，一予一夺，蛮横至极。昭公十三年，邾、莒二国不堪鲁之频伐，向晋求救，一向以正直贤明著称的叔向也恃仗武力震慑鲁国说："寡君有甲车四千乘在，虽以无道行之，必可畏也。况其率道，其何敌之有？牛虽瘠，偾于豚上，其畏不死？南蒯、子仲之忧，其庸可弃乎？若奉晋之众，用诸侯之师，因邾、莒、杞、鄫之怒，以讨鲁罪，间其二忧，何求而弗克？"当时晋国族大多怨，"政在多门"，霸势日衰，但叔向仍以"瘦死老牛强如猪"为喻，警告鲁国即使自己无道理亏，但凭借强大的军事实力及霸主影响力，仍能无敌于天下，一套强盗理论说得振振有辞。

特别值得一提的是成公十三年著名的《吕相绝秦书》。吕相这篇绝交书，历数秦穆、康、桓三王和晋献、惠、文、襄、景五君之事，博古通今，知己知彼，行文纵横捭阖，笔力阳刚雄健，被誉为"后世檄文之祖"③。究其实质，秦、晋两国由姻亲之好到分道扬镳正是双方势力消长、争夺霸权的结果。秦穆公问鼎霸业早在殽之战前就已着手实施。"终穆公

---

① 《史记·齐太公世家》，中华书局，1959，第1943页。
② 宣公十七年，郤克出使齐国，"郤子登，妇人笑于房。献子怒，出而誓曰：'所不此报，无能涉河！'"妇人，即齐顷公之母萧同叔子。
③ 吴闿生撰，白兆麟校注《左传微》，黄山书社，1995，第445页。

之世，未尝一日忘东向。其援立惠公也，实贪河外列城之赂，盖欲图虢之故地，以为东出之谋；既而韩之战，秦始征晋河东。未几，复属于晋，秦之不得志于晋可知也；迨初立文公，秦欲纳王而晋辞秦师独下。文公枭雄，赖秦之力而实阴忌之，必不使勤王之举得分其功，晋之抑秦又可知也；至其季年，日暮途远，背晋与郑盟。已复袭郑，悬师深入，年老智昏而穆公之始终不忘东向，其情盖汲汲矣。其后绝晋，日寻干戈，少梁北征，彭衙刳首，迭有胜负，然终不能越河以东一步。"① 这次发生在鲁成公十三年的秦晋绝交，不仅仅是因为令狐之盟的缺乏互信，更重要的是因为秦桓公向北怂恿狄族伐晋，向南又联楚抗晋，极大地威胁了晋国独霸中原的战略格局。这是晋国最不愿看到的，也是最不能容忍的。晋国深知要维持自己的霸主地位，必须压制、打击秦楚联盟。爱之深，亦恨之切，自己"戮力同心，申之以盟誓，重之以婚姻"的昔日盟友，竟然如此反复无常、见利忘义、两面三刀，晋厉公忍无可忍，怒不可遏，提出绝交并予以征伐。这封《吕相绝秦书》，从晋献公时期的秦晋相好说起，历数秦国引发两国争端的八大罪状②，历责秦国背信弃义、居心叵测、耍尽花招，使秦国无所逃其咎。大量叠用"我"型的排比句式犹如连珠排炮，气势凌厉，咄咄逼人，不容辩驳，真正达到了"声如冲风所击，气似欃枪所扫，奋其武怒，总其罪人，征其恶稔之时，显其贯盈之数；摇奸宄之胆，订信顺之心，使百尺之冲，摧折于咫书；万雉之城，颠坠于一檄"③ 的效果。虽然言辞真假搀杂甚至强词夺理，但语出锋利，又含蓄深沉；指向明确，又无所不包；气盛言宜，又处处逼人：说辞的力量被发挥到了极致，开战国纵横家利口剧谈、骋辞善辩之先河。

如果说中原诸侯争霸往往高举王命大旗，给自己的肆欲兼并行为披上合法、神圣的面纱，那么对于身处蛮夷的楚国而言，其一贯的大国梦想，则是依凭自己强大的军事优势，模仿周王实现兼并天下的雄心壮志。因此，相比

---

① （清）顾栋高：《春秋大事表·秦疆域论》，中华书局，1993，第 541 页。

② 秦之八大罪状：公元前 645 年，韩原之战，为德不终；公元前 630 年，围郑私盟，背信弃义；公元前 627 年，屡犯晋地，欲意倾覆；公元前 626 年，合楚伐晋，阴谋败露；公元前 620 年，拥雍返晋，挑拨离间；公元前 615 年，伐晋河曲，翦晋羁马；公元前 594 年，入晋河县，虔刘边陲；公元前 579 年，唆狄楚伐晋，两面三刀。

③ （南朝梁）刘勰著，王运熙、周锋译注《文心雕龙译注·檄移》，上海古籍出版社，1998，第 181 页。

来说，楚国对中原霸权的争夺自始至终围绕着激烈、血腥的战争，直至惨烈灭国的主线进行。鲁襄公十八年，楚康王曾面对令尹子庚深怀自责："不穀即位，于今五年，师徒不出，人其以不穀为自逸，而忘先君之业矣。"五年之内不对外发动战争，楚人便觉得贪图享受、自甘堕落，对不起先人图霸大业，好战图强之性表露无遗。在整个春秋时期，楚国由"筚路蓝缕，以启山林"，局促于丹阳一隅的蛮夷之邦，一跃成为"地方五千里"的最大之国，这与楚国尚武崇兵、南征北战的政治图谋是分不开的。顾栋高在论及楚国疆域时也不无感慨地说："余读《春秋》至庄六年灭申，未尝不废书而叹也，曰：'天下之势尽在楚矣！'"① 楚国这种争强好胜、志在图霸的政治野心，体现在其外交辞令上，也呈现出咄咄逼人、锋芒毕露的凌厉之势。如僖公四年，以齐国为首的诸侯之师来势汹汹，兵临城下，面对齐桓公"以此众战，谁能御之！以此攻城，何城不克"的恫吓与逼问，楚使屈完针锋相对，毫不示弱："君若以德绥诸侯，谁敢不服？君若以力，楚国方城以为城，汉水以为池，虽众，无所用之！""以德""以力"两层分说，先礼后兵，有理有节。"虽众，无所用之"一句结语，将楚国誓死抗争、毫不妥协的鲜明态度和盘托出，铿锵有力，掷地有声，迫使齐桓公盟于召陵。屈完不费一刀一卒，退却八国联军，充分显示了楚国的争霸实力，大大提高了楚国的声威。僖公二十三年，在宴飨晋公子重耳时，楚成王屡次追问"何以报我"，其真实意图一方面是观重耳之心志，另一方面是欲令其臣服于己。然而羽翼渐丰的重耳的"与君周旋"之语也直接透露了其争霸逞雄之野心，清人储欣对此惊讶道："栖惶大路人，胸中却打算此事。"吴曾祺也说："处患难之中不肯作一乞怜语，自是英雄本色。"② 与恼羞成怒的令尹子玉形成鲜明对比的是，楚成王不但没有怪罪，反而激赏重耳的气盛言宜、真情洒脱，终将其护送入秦。对此，韩席筹"英雄相怜，自有默契"③ 一语，可谓深得成王之心。这一幕，在成公三年楚共王送归晋知罃时再次上演，充分体现出中原文明的威慑力量。僖公二十八年，楚子玉为泄私愤，④ 执意与晋决战城濮，观其临战

① （清）顾栋高：《春秋大事表·楚疆域论》，中华书局，1993，第525页。
② 韩席筹编注《左传分国集注》，江苏人民出版社，1963，第269页。
③ 韩席筹编注《左传分国集注》，江苏人民出版社，1963，第269页。
④ 指《左传·僖公二十七年》蒍贾曾有意中伤子玉一事："子玉刚而无礼，不可以治民，过三百乘，其不能以入矣。"

前的挑战之辞"请与君之士戏,君冯轼而观之,得臣与寓目焉",嚣张狂妄之态,跃然纸上。成公十二年,刚刚弭兵会盟后的楚子反竟然在宴飨晋行人郤至之时露骨地说:"如天之福,两君相见,无亦唯是一矢以相加遗,焉用乐?"意谓晋楚两君相见之日即战火弥漫之时,何谈礼乐相让?透露了楚假和平、真争雄、无时不觊觎北方的图谋。故范文子在听说此事后预言晋楚必有一战:"无礼必食言,吾死无日矣夫!"至楚灵王,适逢晋国日衰,吴越待起而楚国犹竟的战略机遇,灵王更是雄心勃勃,念念不忘图复霸业。《左传》昭公十三年载,楚灵王篡逆得国之初即问卜天下,不吉,"投龟诟天而呼曰:'是区区者而不余畀,余必自取之'",足见霸欲之盛。昭公四年,楚灵王趁"晋君少安,不在诸侯"之机,遣椒举赴晋,"愿假宠以请于诸侯",明示欲会诸侯为盟主。

特别是《左传》昭公十二年楚灵王在围徐拒吴时与子革的一番对话,最为集中而生动地映现了楚灵王由最初志欲称雄、汰奢骄蛮到英雄末路、如梦方醒的完整心路历程。楚灵王念念不忘先王先祖未能实现的夙愿:"昔我先王熊绎与吕汲、王孙牟、燮父、禽父并事康王,四国皆有分,我独无有";"昔我皇祖伯父昆吾,旧许是宅。今郑人贪赖其田,而不我与";"昔诸侯远我而畏晋"。从中可以分明感受到楚灵王的楚国复兴梦想不仅仅源于骄横狂妄的个性,更源于他潜意识中对周王歧视异族的强烈复仇意识。因此,他直言不讳地吐露自己欲再次求鼎于周以雪庄王"问鼎未遂"之耻。楚灵王这次围徐拒吴之战,实际上正是其争霸计划的关键一役。沉稳冷静而又不失忠贞的子革面对楚灵王索要天下如同小孩子要糖果一样的天真提问,先是隐忍敷衍,将计就计,待时而动,最后借深情吟诵祭公谋父讽谏穆王的《祈招》一诗作为契机,巧转话锋,将楚灵王从沉迷称雄天下的醉幻状态一下子拉回到现实中来,令其如梦初醒,这深得"四两拨千斤"之妙谛。司马迁对其评论说:"楚灵王方会诸侯于申,诛齐庆封,作章华台,求周九鼎之时,志小天下;及饿死于申亥之家,为天下笑。操行之不得,悲夫!"① 韩席筹也说:"斯人不死,中原未得高枕而卧也。"② 其实,在整个春秋大国争霸的历史氛围中,励精图治、志欲称雄,是各国诸

---

① 《史记·楚世家》,中华书局,1959,第 1737 页。
② 韩席筹编注《左传分国集注》,江苏人民出版社,1963,第 696 页。

侯不约而同的共同心态，也是恃强凌弱、弱肉强食的时代使然。

当然，所谓大国与小国皆是相对而言。除了当时公认的大国，如《国语·郑语》提及的"秦、晋、齐、楚代兴"之外，由于各中、小诸侯国综合实力的不均衡，它们之间也普遍存在恃强凌弱的现象。如郑国对许国而言，又俨然一大国，早已对其虎视眈眈，垂涎已久。隐公十一年，郑庄公入许，"无刑而伐之"，后迫于齐、鲁压力，采取以许治许、严加监视之控制策略。许灵公在位三十四年，遭郑国征伐达十余次，被迫迁都于叶。郑乘机侵占旧许。此后，许又四次迁都，国穷财尽，居无宁岁，直至定公六年，卒为郑所灭。再如宋国，处于晋楚两大国之间，本来也和郑国一样，时常处于战战兢兢、朝不保夕的境地，但宋国却不甘心示弱，常常以霸主的姿态，对比它更为弱小的国家采取强硬的武力政策迫使其臣服。尤其是在宋襄公时期，随着齐桓公霸业的衰歇，宋国实力增强，更是肆欲扩张、"以人从欲"。僖公十九年，执滕宣公；这年夏天，居然用杀"鄫子于次睢之社"的办法来恐吓东夷，使之归附。对这两件事，宋司马子鱼也难以容忍，说："今一会而虐二国之君，又用诸淫昏之鬼，将以求霸，不亦难乎？得死为幸。"同年秋，曹不服宋，宋襄公又出兵伐曹。僖公二十一年，宋襄公一意孤行，不自量力，发起鹿上之盟，"以求诸侯于楚"，始与楚争霸。对此，公子目夷忧心忡忡，指出其深藏危机："小国争盟，祸也。宋其亡乎！"至僖公二十二年，泓之战败，宋襄公本人也被射伤，不久死去。宋襄公不能正视自己的弱者身份，贪恋虚荣而又不守本分，盲目以强者自居，结果众叛亲离，民心丧尽，毫无霸业可言。对此，童书业一针见血地指出："所谓'宋襄霸业'，实楚成霸业。"[1] 表现在外交辞令方面，宋国亦乏善可陈，仅存一则史料见于隐公五年，涉及宋强夺邾田，郑以王师救之。

> 宋人使来告命。公闻其入郛也，将救之，问于使者曰："师何及？"对曰："未及国。"公怒，乃止。辞使者曰："君命寡人同恤社稷之难，今问诸使者，曰'师未及国'，非寡人之所敢知也。"

王师兵临城下，国家危在旦夕，宋使向鲁求救，却为保全面子，仍佯

<hr />

[1]　童书业：《春秋左传研究》，上海人民出版社，1980，第54页。

称敌兵尚远，国无战事，以致鲁蒙骗动怒，为之不耻。宋之不度德量力，爱慕虚荣，于此可见一斑。

《风俗通义·皇霸》曰："霸者，把也，驳也，言把持天子政令，纠率同盟也。"[1] 《白虎通义》曰："霸，犹迫也，把也，迫胁诸侯，把持王政。"《孟子·公孙丑上》曰："以力假仁者霸，霸必有大国。"这都清楚地表明，春秋时期，无论大国诸侯侵伐的理由多么冠冕堂皇、至仁至义，其最终目的都是希望最大化地获得当时诸侯国之间政治体系的主导权，并成为霸主。因为，在周王朝金字塔式的层层分封体制内，若作为天下共主的周天子德高望重，举世称颂，那么这样的体制则会如众星捧月，上下和谐，固若磐石；但是，一旦周天子威仪不振，王道衰微，天下又极易陷入群雄逐鹿、争权夺利的混乱局面。这一点，在上述春秋大国肆欲逞雄、兼并鲸吞的争霸战争中表现得尤为突出。襄公二十五年，郑子产在面对晋"何故侵小"的无理责问时，一针见血地指出："……昔天子之地一圻，列国一同，自是以衰。今大国多数圻矣！若无侵小，何以至焉？"春秋时期"弑君三十六、亡国五十二"的残酷事实，无不清晰地昭示了群雄力争、弱肉强食的时代本质。

第二节　小国敬强的求存心态

覆巢之下，岂有完卵。在国际政治中，主宰政治秩序的永远都是大国，小国从来都是大国手中的棋子。春秋大国旺盛的争霸欲望、频繁的兼并和掠夺战争，使各诸侯小国清醒地认识到唯有主动或自觉地依附于某个大国才能求得生存的希望，否则便会遭到亡国厄运。襄公八年，季武子曾对晋国和鲁国的关系做过一个生动的比喻："今譬于草木，寡君在君，君之臭味也。欢以承命，何时之有？"如将晋国喻为草木，那么鲁国就是草木所散发出来的气味而已，除了欢喜地接受命令，别无选择。[2] 哀公七年，季康子欲伐邾，鲁大夫们总结国运兴亡之道说："禹合诸侯于涂山，执玉帛者万国。今其存者，无数十焉。唯大不字小，小不事大也。"哀公九年

---

[1] （汉）应劭著，赵泓译注《风俗通义译注》，贵州人民出版社，1998，第28页。

[2] 襄公二十二年，郑国子产也曾对郑国与晋国的关系做过同样的比喻："谓我敝邑，迩在晋国，譬诸草木，吾臭味也，而何敢差池？"

郑国甚至将"唯强是从"写进了与晋楚的盟约中，表示无条件地服从大国的命令。"小事大""唯强是从"，正是诸侯小国在长期被大国裹挟的争战中总结出来的求生法则，也是对春秋时期残酷的弱肉强食"丛林法则"的无奈认可和明智选择。下面笔者着重以郑国为例分析小国在大国夹缝中生存的尴尬处境以及由此而形成的敬强守弱、机智灵活的辞令风格。

郑国处于中原腹心地带，"西有虎牢之险，北有延津之固，南据汝、颍之地，恃其险阻，左右支吾"①，地理位置至关重要，为历来兵家必争之地。顾栋高征引卓尔康对郑等中原诸国战略意义的评价说："陈、郑、许皆在河南为要枢，郑处其西，宋处其东，陈其介乎宋、郑之间。得郑则可以致西诸侯，得宋则可以致东诸侯，得陈则可以致郑、宋。"② 春秋初期，郑国依凭在王室中的独特优势和较强的军事实力，一度作为"小霸"出现，成为当时最强的国家。但是，自郑庄公去世后，国内走马灯似的政权更迭和郑宋间长期的兵争消耗，致使郑国很快衰落下去。与此同时，齐、晋、秦、楚等大国相继兴起，特别是晋、楚长达近一个世纪的争霸战争，使身陷其中的郑国成为两国争夺的最重要"棋子"。晋、楚两国都力图将郑纳入自己的势力范围，从晋，楚伐之；从楚，晋则讨之。郑国奔命周旋于两国之间，始终无法摆脱任人摆布、被动挨打的尴尬局面。襄公二十二年，郑子产面对晋人"征朝"的蛮横责难，罗列郑简公即位以来"无岁不聘，无役不从"的历史事实，郑国在大国面前战战兢兢、如临深渊的艰难处境由此可见一斑。

> 夏，晋人征朝于郑。郑人使少正公孙侨对曰："在晋先君悼公九年，我寡君于是即位。即位八月，而我先大夫子驷从寡君以朝于执事。执事不礼于寡君。寡君惧，因是行也，我二年六月朝于楚，晋是以有戏之役。楚人犹竞，而申礼于敝邑。敝邑欲从执事而惧为大尤，曰晋其谓我不共有礼，是以不敢携贰于楚。我四年三月，先大夫子蟜又从寡君以观衅于楚，晋于是乎有萧鱼之役。谓我敝邑，迩在晋国，譬诸草木，吾臭味也，而何敢差池？楚亦不竞，寡君尽其土实，重之以宗器，以受齐盟，遂帅群臣随于执事以会岁终。贰于楚者，子侯、

---

① 顾栋高：《春秋大事表》卷四《春秋列国疆域表·郑疆域论》，中华书局，1993，第536页。
② 顾栋高：《春秋大事表》卷二十八《春秋晋楚争盟表》，中华书局，1993，第1997页。

石盂，归而讨之。渠梁之明年，子蟜老矣，公孙夏从寡君以朝于君，见于尝酎，与执燔焉。间二年，闻君将靖东夏，四月又朝，以听事期。不朝之间，无岁不聘，无役不从。以大国政令之无常，国家罢病，不虞荐至，无日不惕，岂敢忘职？大国若安定之，其朝夕在庭，何辱命焉？若不恤其患，而以为口实，其无乃不堪任命，而翦为仇雠，敝邑是惧。其敢忘君命？委诸执事，执事实重图之。"

从子产回顾自郑简公元年（前565）至"晋人征朝"（前551）共十六年间郑国的诸侯交往历史中，可以清晰地看到郑国夹在晋楚两大国之间的尴尬局面：简公元年因晋"不礼于寡君"，叛晋朝楚，遂遭到了晋国"戏之役"和"萧鱼之役"两次攻伐；萧鱼之役后，郑离楚从晋，"尽其土实"以事晋，"无岁不聘，无役不从"，如草木臭味，须臾不离，可谓殷勤至极，然而晋国政令无常，郑动辄得咎，若长此以往，郑国将难以忍受，"翦为仇雠"。撇开子产高超的辞令艺术不谈，让我们细细体味在群雄争霸的乱世，小国在大国裹挟下的那种艰难生存处境。

首先，面对大国尚力崇霸、肆欲争雄的政治野心，众小国深谙"柔弱者生之徒"① 的自然规律，普遍选择了示弱顺从、委曲求全的政治策略，以作为乱世生存之道。处于南北要冲及晋楚夹缝中的郑国，自公元前632年城濮之战前后直至前546年第二次弭兵休战，一直是两大国最重要的争夺目标，生活在从晋则楚讨、从楚则晋伐的无休止的梦魇之中。因此，此时的郑国虽然也时有以强制强的外交举措，但总体上还是无法摆脱弱国无外交的残酷现实，只能采用随人俯仰、敬强守弱的外交策略。上引子产这段辞令中频频出现的"惧""何敢""不敢""岂敢""其敢"等词语，不仅仅是外交辞令中的谦恭用语，更是郑国在晋楚长期交侵处境中战战兢兢、如履薄冰犹恐动辄得咎心理状态的真实流露。子产所云"不朝之间，无岁不聘，无役不从"的晋郑关系，也正是这一敬强守弱外交策略的真实体现。这种反正不仁、焦灼难堪的小国心态，在郑国大夫辞令中屡有流露。如《左传》文公十七年郑子家在与晋赵宣子书中说："……古人有言曰：'畏首畏尾，身其余几？'又曰：'鹿死不择音。'小国之事大国也，

---

① 陈鼓应：《老子注译·七十六章》，中华书局，1984，第342页。

德，则其人也；不德，则其鹿也。铤而走险，急何能择？"襄公八年，楚子囊伐郑，郑国内部围绕从晋还是从楚产生了两派，"子驷、子国、子耳欲从楚，子孔、子蟜、子展欲待晋"，对此，子驷指出："姑从楚以纾吾民。晋师至，吾又从之。敬共币帛，以待来者，小国之道也。牺牲玉帛，待于二竟，以待强者，而庇民焉。"襄公十一年子展曰："与宋为恶，诸侯必至，吾从之盟。楚师至，吾又从之，则晋怒甚矣！"更为甚者，文公十二年，因郑国背楚向晋，楚庄王亲率大军围郑三个月，郑都沦陷，国难当头，郑襄公竟"肉袒牵羊"以祈求楚国宽恕。其言辞更是卑弱到无以复加的地步："孤不天，不能事君，使君怀怒以及敝邑，孤之罪也，敢不唯命是听？其俘诸江南，以实海滨，亦唯命；其翦以赐诸侯，使臣妾之，亦唯命。若惠顾前好，徼福于厉、宣、桓、武，不泯其社稷，使改事君，夷于九县，君之惠也，孤之愿也，非所敢望也。敢布腹心，君实图之。"接连三个"唯命"，一幅摇尾乞怜、任人摆布的弱国求生图景毕现眼前。最后郑襄公表示，即使沦为楚之附庸郡县，也甘愿如臣妾般俯首听命。在如此政治高压下，不仅郑国委曲求全，其他小国也是如影随形，亦步亦趋。《左传》襄公十九年鲁国季武子说："小国之仰大国也，如百谷之仰膏雨焉。"襄公二十七年宋国子罕也说："凡诸侯小国，晋楚所以兵威之，畏而后上下慈和，慈和而后能安靖其国家，以事大国，所以存也。"可见，在大国长期拉锯般的争夺战中，众诸侯小国在亲身经历了抗争无力、无果甚至招致国破家亡祸事的残酷现实之后，清醒地认识到要想在强国夹缝中生存下去，唯有面对现实，当卑则卑，当逊则逊，当忍则忍，素位而行，守分安命，方为小国万全之策。

其次，小国对大国的归顺，不仅是政治上的臣服听命，在经济上也要承担相应的贡赋义务。此即《左传》襄公八年郑子驷所云："敬共币帛，以待来者，小国之道也。"在上引材料中子产所云"尽其土实，重之以宗器，以受齐盟"，便是指郑国"萧鱼之役"后为讨得晋国欢心，倾其土地之全部出产，加上宗庙的礼器，以接受盟约。此后，郑国几乎"无岁不聘，无役不从"。春秋时期，小国对大国的贡纳义务主要来源于三个方面。

一是按照朝聘礼法的规定，诸侯小国对大国的朝聘也仿效朝聘天子之制遵循一定的时限，此即鲁昭公十三年晋叔向所说："是故明王之制，使诸侯岁聘以志业，间朝以讲礼，再朝而会以示威，再会而盟以显昭明。"①如《左传》鲁襄公八年，襄公"如晋，朝，且听朝聘之数"。随着春秋时期诸侯会盟频率的加大，各小国朝聘的时间和贡赋的数量也就没有了固定的要求。襄公二十九年，晋女叔齐针对晋鲁关系说："鲁之于晋也，职贡不乏，玩好时至，公卿大夫相继于朝，史不绝书，府无虚月。"这清楚地表明，小国为求得大国保护，大多竭尽全力来满足大国的要求。

二是按照盟约规定缴纳相应的贡赋。如《左传》襄公八年，晋悼公召集盟国"会于邢丘，以命朝聘之数，使诸侯之大夫听命"。襄公二十七年，在晋楚第二次弭兵达成和解的时候，条件之一便是"晋楚之从，交相见也"，就是要原来依附晋楚的小国同时向两大国进贡，这大大加重了郑、宋等会盟小国的经济负担。至昭公十三年，子产在平丘之会上对晋国吁请说："诸侯靖兵，好以为事。行理之命，无月不至，贡之无艺。……贡献无极，亡可待也。"小国的负担沉重到了几乎要亡国的地步。

三是大国权臣往往凭借权势，明目张胆地对小国敲诈勒索，巧取豪夺，中饱私囊。如《左传》宣公元年："晋荀林父以诸侯之师伐宋，宋及晋平，宋文公受盟于晋。又会诸侯于扈，将为鲁讨齐，皆取赂而还。"这里补充说明了发生在文公十五年的诸侯扈之盟和文公十七年的诸侯伐宋两次事件，为首的晋国分别向宋国和齐国强行收取了"保护费"；鲁成公二年齐晋鞌之战后，面对晋军的追逼，"齐侯使宾媚人赂以纪甗、玉磬与地。不可，则听客之所为。宾媚人致赂"。

由此可见，春秋时期，霸国对其盟国虽负有保护之责，但小国却为此付出了沉重的代价。地处晋楚二强之间的郑国，对此纳贡求存之道的体会尤为深刻。襄公八年，郑国执政子驷"敬共币帛，以待来者，小国之道也。牺牲玉帛，待于二竟，以待强者，而庇民焉"数语，非常直白地说出了小国的生存之道就是准备足够的贡赋求得大国的手下留情。襄公三十一年，子产相郑伯如晋，也表达了相似的意思："以敝邑褊小，介于大国，诛求无时，是以不敢宁居，悉索敝赋，以来会时事。"无论谁来讨伐，都

---

① 这里，叔向所陈与昭公三年郑子产所说有所不同。子产说："昔文、襄之霸也，其务不烦诸侯。今诸侯三岁而聘，五岁而朝，有事而会，不协而盟。"张聪咸《杜注辨证》说："叔向之语盖举文、襄时法而托言明王之制耳。"转引自杨伯峻《春秋左传注》，中华书局，1990，第1356页。

要随时准备好贡纳的礼品，立即纳贡、结盟。对于春秋大国对小国这种政治和经济上的双重控制，张荫麟先生有过深刻的总结："这八十多年的国际政治史表面虽然很乱，却有它井然的条理，是一种格局的循环。起先晋楚两强，来一场大战；甲胜，则以若干附乙的小国自动或被动地转而向甲；乙不肯干休，和它们算账；从了乙，甲又不肯干休，又和它们算账，这种账算来算去，越算越算不清，终于两强作直接地总算账，又来一场大战。这可以叫作'晋楚争霸的公式'。晋楚争取小国的归附就是争取军事的和经济的势力范围。因为被控制的小国对于所归附的霸国大抵有两种义务：一是当它需要时，出定额的兵车助它征伐。……二是以纳贡或纳币的形式对霸国作经济上的供应。"① 大国之强横与小国之无奈，于此可见一斑。正因如此，各诸侯小国为争取较好的生存空间，改善自己的艰难处境，都积极想方设法采取应对的策略、智谋。

郑国自郑庄公势衰后，面对国内政权更迭、国外大国威逼的现状，一反郑庄公时期锐气方刚、亟欲争强，甚至公然与王室对抗的外交行为，转而采取"朝晋暮楚""唯强是从"的基本外交方针，试图以这种灵活多变的外交策略牵制、消耗强国，维持势力均衡，从而有效地保证国家的安全与完整。早在齐桓初衰、晋文未兴之时，郑国审时度势，看出南方楚国有势不可挡的发展态势，于是主动倒向楚国。对此，顾栋高评论道："郑于僖公元、二、三，三受楚伐而不肯即楚者，以有齐桓在也。至是齐桓死，宋力不能抗，郑之于楚亦无如何耳。"② 此后，晋楚实力此消彼长，互有胜负，均将郑国视为必争"棋子"。郑国也随即见风使舵，"唯强是从"，不一味地依附于某一个国家。正如宣公十一年郑大夫子良所说："晋楚不务德而兵争，与其来者也。晋楚无信，我焉得有信。"既然晋、楚兵争多出于逞雄争霸的私欲，你不仁，我亦不义，郑国自然选择"与其来者"以明哲保身。鲁襄公九年，在晋郑戏之盟会上，晋士庄子宣读盟书说："自今日既盟之后，郑国而不唯晋命是听，而或有异志者，有如此盟！"郑公子騑对其中的"唯晋命是听"不满意，随即发表声明说："天祸郑国，使介居二大国之间，大国不加德音，而乱以要之，使其鬼神不获歆其禋祀，其

① 张荫麟：《中国史纲》，上海古籍出版社，1999，第63页。
② 顾栋高：《春秋大事表》卷二十八《春秋宋楚争盟表》，中华书局，1993，第1976页。

民人不获享其土利，夫妇辛苦垫隘，无所底告。自今日既盟之后，郑国而不唯有礼与强可以庇民者是从，而敢有异志者，亦如之！"这样，郑国就明确、正式地将"唯有礼与强可以庇民者是从"定为周旋于大国之间的基本方针。果然，盟约刚刚缔结，楚国兴师讨伐，郑子驷随即据"吾盟固云：唯强是从"，又与楚国结盟。自此，"唯强是从"、随机应变的思想成为郑国长期以来处理国际关系的基本外交方针。

　　郑国这种"唯强是从"的外交策略和外交实践，直接影响了郑国行人在同大国交往时的言说方式和言说语气，从而形成了鲜明的敬强守弱、以柔克刚、机智灵活的辞令风格。如《左传》僖公三十年，秦晋联合伐郑，郑国危在旦夕。烛之武临危受命，寥寥数语，兵退国安，遂成千古绝响。察其说辞，对于秦国不可谓不敬矣："若亡郑而有益于君，敢以烦执事"，如果灭亡郑国而对您有利，那就冒昧烦请灭了我们吧。试想，还有什么样的辞令能比甘愿亡国以待更为卑恭的呢？如此示弱的辞令在郑国春秋史上比比皆是，如僖公三十三年皇武子辞秦使说："吾子淹久于敝邑，唯是脯资、饩牵竭矣，为吾子之将行也"；文公十七年，郑子家告晋赵宣子书中说："命之罔极，亦知亡矣，将悉敝赋以待于鯈，唯执事命之"；宣公十二年，楚子围郑，郑襄公甚至"肉袒牵羊以逆"，并谢罪说："孤不天，不能事君，使君怀怒以及敝邑，孤之罪也，敢不唯命是听？其俘诸江南，以实海滨，亦唯命；其翦以赐诸侯，使臣妾之，亦唯命。"这些辞令真是屈卑到了无以复加的地步。弱国无外交，足见被列强视为"掌中玩物"的郑国，其忍辱负重已至何种程度！

　　但是，毫无原则地一味示弱反而会为自己树立自暴自弃、任人宰割的羔羊形象，丝毫不会赢得他人同情。"弱而不振，人辱之"①，面对强国，小国唯有时时处处既能够尊重对方、委曲求全但又不放弃原则立场才叫圆通。《韩非子·说难》云："凡说之难，在知所说之心，可以吾说当之。"②《孙子兵法》亦云："不战而屈人之兵，善之善者也。"③ 真正有效的对话，是心与心的沟通，是思想的对撞。言说的力量在于充分了解对方心理，然后揣摩运用相应的策略予以回应，从而感动之，转变之，臣服之。烛之武

---

①　（晋）杜预著，马树全注译《守弱学》，南方出版社，2005，第 175 页。
②　陈奇猷校注《韩非子集释》，上海人民出版社，1974，第 221 页
③　李零注译《孙子兵法注译·谋攻》，巴蜀书社，1991，第 14 页。

接下来的言辞正是巧妙地利用秦穆公对晋既惧又恨的复杂心理以及地理情势、历史恩怨等多种因素，处处设身处地为对方着想，可谓善攻心者也："越国以鄙远，君知其难也"，动之以情；"邻之厚，君之薄也"，晓之以理；"若舍郑以为东道主……"，诱之以利；"且君为晋君赐矣……"，警之以史；"阙秦以利晋"，恫之以害。烛之武深谙秦穆公争霸的矛盾心理，从秦的利益出发，声声关情，句句至理，丝丝入扣，直至其幡然警醒，欣然易盟。郑国这种以柔克刚、以变求存的外交策略在子产执政时被发挥得尤为淋漓尽致。除上文所引襄公二十二年"子产对晋人征朝"外，还有襄公二十五年"子产戎服献捷"、襄公三十一年"子产坏晋馆垣"、昭公元年"子产令公子围馆于外"、昭公十六年"子产弗与宣子环"、昭公十八年"子产对晋问驷乞之立"等典型事例，无不鲜明地体现了子产作为卓越外交家的气度与风范。他凭借睿敏的智慧、渊博的学识、出色的辩才和"苟利社稷，死生以之"的深厚爱国情怀，在各种不同的外交场合，既从容不迫、谦恭有礼，又不卑不亢、机智周全地维护郑国的利益和尊严，使原本内忧外患、风雨飘摇的郑国局势重新稳定下来，并最大限度地获得发展空间，在当时列国君臣之间赢得了广泛的赞誉。如襄公三十一年晋叔向由衷赞叹子产以柔克刚的外交成就："辞之不可以已如是夫！子产有辞，诸侯赖之，若之何其释辞也！《诗》曰：'辞之辑矣，民之协矣；辞之绎矣，民之莫矣'，其知之矣！"的确，这种不靠固城险隘、不费一兵一卒而能折冲樽俎、化险为夷的言说效果，是那些长期恃强凌弱、肆欲称雄的大国所难以想象的。《左传》襄公二十五年，孔子也非常钦佩子产刚柔相济、文采斐然的辞令艺术，不无感慨地说："《志》有之：言以足志，文以足言。不言，谁知其志？言之无文，行而不远。晋为伯，郑入陈，非文辞不为功。慎辞哉！"近代史家韩席筹也对子产辞令之得体赞叹说："其于晋楚也，不亢不卑，折之以礼，动之以诚。以楚灵之汰侈，而虚心问礼；以晋平之骄惰，而称为君子。下至赵武、韩起、椒举诸人，直仰之若严师，而敬之如畏友，无敢以非礼诛求者，而外交善矣。"①

在春秋行人辞令中，唯有像烛之武、子产这样面对大国凌厉之势，既能顺时适势、委曲求全，又能不失立场、据理力争从而达到刚柔相济、以

① 韩席筹编注《左传分国集注》卷九《子产相郑》，江苏人民出版社，1963，第548页。

柔克刚之效的外交辞令，才能称得上辞令上品。这样的典范辞令在其他诸侯国家也屡有出现，如《左传》僖公二十六年，齐孝公伐鲁，鲁大夫展喜同烛之武一样，临危受命退师。不同的是，展喜不是在兵临城下、被动挨打的情况下陈辞说敌，而是在齐师入境之前主动犒师相迎。面对齐侯不可一世的"室如悬罄，野无青草，何恃而不恐"之呵问，展喜通过重温成王之命、缅怀齐桓丰功、冀望齐侯嗣业等理由，娓娓叙来，从容不迫。尤其是最后假托"诸侯之望"和自问自答之语，更是巧妙而有力地讥刺了齐侯当前这种弃命背祖的侵略行径，令其自惭形秽、无地自容，从而收兵"乃还"。昭公五年，楚、越等国联合攻吴，吴亦派蹶由犒师。面对楚人将杀之以衅鼓的威胁，蹶由淡定自若，机智灵活，弃个人安危而不谈，转而设身处地、婉曲巧妙地警醒楚国此举可能带来的灾难性后果，并进而提出"一臧一否，其谁能常之"的天道循环规律以增强说服力，变不可能为可能，从而在强国交迫的情势下游刃有余，最终令楚人放下屠刀，"无功而还"。

  小国这种"敬强守弱"的生存智慧在春秋后期越国对吴国的报复性战争过程中表现得尤为明显。据《国语·越语下》，越王勾践采纳文种、范蠡等人"卑辞尊礼"、以退为进的外交谋略，投吴王之所好，满吴王之所欲，谦恭至极，甚至到了卑躬屈膝、任意驱使的境地："寡君之师徒不足以辱君矣，愿以金玉、子女赂君之辱，请勾践女女于王，大夫女女于大夫，士女女于士。越国之宝器毕从，寡君帅越国之众，以从君之师徒，唯君左右之。"辞令之卑，无以复加。不过，越国事吴若至此而止，则勾践实乃奴颜婢膝、丧权辱国之徒，毫无可陈之处。弱须待时。勾践深谙"将欲取之，必固予之"[①]之道，藏匿其机，旨在"广侈吴王之心"，麻痹对手，使其放松警惕，以赢得充分的发展时机。同时在国内富国强兵、吊民伐罪、励精图治，暗中积极积蓄力量，待时而动。经过十年"卧薪尝胆"，养精畜锐，时机成熟，终于一举灭吴，进而争霸中原，将韬光养晦的外交战略演绎得淋漓尽致。

  古希腊有名言云："大使没有军舰，没有重兵，没有碉堡，他的武器

---

  ① 陈鼓应：《老子注译·三十六章》，中华书局，1984，第205页。

就是语言和机遇。"① 春秋时期的行人，尤其是小国、弱国的行人，面对大国、强国"侵欲不忌"、咄咄逼人的凌人气焰，从容不迫，淡定自若，以婉曲谦恭、理直气壮的语言艺术和善体人情、潜心忖度的"攻心"谋略，来最大限度地避免言语的刺激性所招致的灾难性后果，从而变被动为主动，变不可能为可能，既保护了自己，也保全了国家。这种在霸主逼压下迸发出来的敬强守弱、以柔克刚的生存智慧，也正是此后道家"柔弱者生之徒"②"常胜之道曰柔"③等哲学思想生成的前奏。那么，支撑柔顺外交辞令的刚性力量究竟是什么呢？

第三节　朝聘往来的礼仪套语

提及春秋战国时期的思想文化，人们常用"礼崩乐坏"一词来形容当时社会对西周礼乐制度的严重背离、破坏状况，但这绝不意味着浸润四五百年之久的礼乐制度会如地层塌陷般轰然断裂与崩溃。这是因为，西周礼乐制度作为人们从天命蒙昧时代进入"自求多福"人文时代的标志，长期以来，其所含蕴的人之为人的精神内核随着礼乐的制度化、规范化、仪式化而渐渐浸润到人们的灵魂、血液中，成为"百姓日用而不知"的文化积淀，代代传承，经久不息。因此，礼，在春秋时期，一方面表现为霸主之间尚力逞雄、肆欲争霸，从而对礼造成严重破坏和践踏；另一方面也表现为各诸侯国有强烈社会责任感和深沉忧患意识的"君子们"极力崇礼尚德、劝善惩恶的"弘道"行为。刘向在《战国策书录序》中谈及春秋时期"礼"的变化时也说："五伯之后，时君虽无德，人臣辅其君者，若郑之子产，晋之叔向，齐之晏婴，挟君辅政，以并立于中国，犹以义相支持，歌说以相感，聘觐以相交，期会以相一，盟誓以相救。天子之命，犹有所行。会享之国，犹有所耻。小国得有所依，百姓得有所息。故孔子曰：'能以礼让为国乎，何有？'周之流化，岂不大哉！"④ 明确道出了"礼"在春秋政治格局中所呈现出来的变与不变的双重因素。这一点，在旨在加

---

① 转引自靳文《折冲于口舌之间的外交官》，《世界知识》（半月刊）1989 年第 23 期。
② 朱谦之：《老子校释·七十六》，《新编诸子集成》，中华书局，1984，第 294 页。
③ 杨伯峻：《列子集释·黄帝篇》，中华书局，1979，第 82 页。
④ （清）严可均辑《全汉文》，商务印书馆，1999，第 379～380 页。

强周天子与各国诸侯以及列国诸侯之间联系的朝聘礼制中体现得尤为明显，即一方面，揖让升降、彬彬有礼的朝聘礼仪和外交辞令在诸侯国空前频繁的往来中得到淋漓尽致的展现；但另一方面，王室既卑、霸主迭兴的社会现实，也令看似热闹繁荣的朝聘礼仪在功能、方式、对象、时间等方面都呈现出一些新的变化。

一　周代朝聘礼制在春秋外交辞令中的体现

关于朝聘，《礼记·王制》说："天子无事，与诸侯相见，曰朝。考礼，正刑，一德，以尊于天子。"① 《礼记·聘义》又说："故天子制诸侯，比年小聘，三年大聘，相厉以礼。……此天子所以养诸侯，兵不用，而诸侯自为正之具也。"② 可见，朝聘是天子与诸侯、诸侯与诸侯之间交互友好往来的重要礼仪制度，旨在通过这种密切往来，严肃上下礼仪和刑罚，同心同德，以"尊天子""正诸侯"，从而加强和巩固周代的统治秩序，故孔颖达称之为"周公制礼之正法"③。因此，在《仪礼·聘礼》中，自朝聘出发前的各种准备工作至正式朝聘过程中的种种礼仪，直至使者最后复命于朝并归家告庙，这一完整典礼无不规制得周详细密、谨严有序，验之《国语》《左传》也大都真实可信。④ 这里仅以《国语》《左传》外交辞令为例来考察、验证周代朝聘礼仪在春秋行人应对酬答间的传承与应用。

根据《仪礼·聘礼》记载，诸侯之间朝聘的仪节大致遵循以下固定礼程。

---

① （汉）郑玄注，（唐）孔颖达正义《礼记正义》，《十三经注疏》，中华书局，1980，第1332 页。

② （汉）郑玄注，（唐）孔颖达正义《礼记正义》，《十三经注疏》，中华书局，1980，第1693 页。

③ （汉）郑玄注，（唐）孔颖达正义《礼记正义·王制》，《十三经注疏》，中华书局，1980，第1328 页。

④ 从严格意义上来说，朝聘之礼虽然同属周礼"宾礼"，但在行礼对象和身份等方面却存在差异。《周礼·秋官·司寇》："朝、觐、宗、遇、会、同，君之礼也；存、覜、省、聘、问，臣之礼也。"前者为诸侯朝见天子之礼，后者为诸侯之间相互聘问之礼。至春秋时期，朝聘之间的差别渐趋缩小，时常混为一谈，如《左传》襄公八年："春，公如晋，朝，且听朝聘之数。"哀公十三年："自王以下，朝聘玉帛不同。"因此，本书所言"朝聘"是泛指周王与诸侯之间以及诸侯之间的国家交往所遵循的礼节。

1. 备礼、受命：使者出行之前，由国君检视礼品，确认齐备无误后，将清单交给使者；出行之日，使者率领众介到朝中接受国君授予的圭璋，并听取君的辞命。

2. 郊劳、致馆：使者到达使国近郊，国君派卿带着束帛前来慰劳。国君夫人也派下大夫带着枣、栗等物前来慰劳。入境后，由卿为使者安排馆舍，并馈赠所需食物。

3. 聘享：正式会见之时，国君派下大夫到宾馆迎请使者，命卿为"上摈"，自己在庙门内等候。会见时，使者向主国君授圭并传达君命。然后，再次入门行享礼，并向国君赠送币帛等礼品。

4. 归饔饩：主国君向使团赠送驻访期间的食物，包括饪一牢、腥二牢、饩二牢。此外还有米、柴薪、草料等物品。

5. 还玉、送宾：使者归国之前，国君派卿将使者赠送自己的圭璋再返还给使者，并向使者国君赠送束纺、币帛等礼物。同时，国君还要亲往宾馆送别即将归国的使者，并派士一直送使者出境。

6. 反命：使者归国后向国君详细汇报出使经过，并向国君进献出使国君赠送之礼品。国君慰问使者和随行人员，并分别赐给币帛以示酬谢。

《仪礼·聘礼》所载的这种仪节，验之《国语》《左传》，则完全符合。如《左传》僖公三十三年，齐国庄子来鲁国聘问："自郊劳至于赠贿，礼成而加之以敏。"昭公五年，鲁昭公到晋国聘问："自郊劳至于赠贿，无失礼。"特别是《国语·周语上》载周襄王派遣太宰文公和内史兴至晋国赐命晋文公时，详细记载了晋文公的接待礼仪："上卿逆于境，晋侯郊劳，馆诸宗庙，馈九牢，设庭燎。及期，命于武宫，设桑主，布几筵，太宰莅之，晋侯端委以入。太宰以王命命冕服，内史赞之，三命而后即冕服。既毕，宾、飨、赠、饯如公命侯伯之礼，而加之以宴好。"晋文公自入境郊劳直至宴飨赠贿的礼节，与《仪礼·聘礼》记载若合符契，一一相应，真实可信。

与流程完整、形式固定的外交仪节相对应，春秋行人在朝聘时的外交辞令也并非自由随意、即兴发挥的，而是要运用礼典所规定的言辞，有一定的套语和格式，此即"礼辞"①。这也是朝聘礼仪的重要内容。《礼记·

---

① "礼辞"一词，见于《左传》襄公十二年："灵王求后于齐，齐侯问对于晏桓子。桓子对曰：'先王之礼辞有之。'"指举行各种典礼时所使用的言辞，这类言辞在措辞、语气、结构和风格等方面均表现出相对的稳定性和一致性，类似于今天的公务文书。

冠义》云：“凡人之所以为人者，礼义之始，在于正容体，齐颜色，顺辞令。”其中，“顺辞令”即指合乎各种典礼场合的、约定俗成的“礼辞”。《仪礼》一书便存录了许多这类礼辞。兹以《仪礼·聘礼》为例。

1. 过境借道之辞曰“请帅”。

2. 使者至所聘国，主人曰：“不腆先君之祧，既拚以俟矣。”宾曰：“俟闲。”

3. 使者私见国君时，降阶拜送币帛，国君降阶一等辞谢，摈曰：“寡君从子，虽将拜，起也。”出使结束，使者反命曰：“以君命聘于某君，某君受币于某宫，某君再拜。以享某君，某君再拜。”并执贿币告国君曰：“某君使某子贿。”

4. 使者汇报结束，本国国君赞曰：“然。而不善乎。”如果对方还有其他礼物进献，使者则曰：“某君之赐也，君其以赐乎？”

此外，《仪礼·聘礼·记》还记载了赞者拜谢使者聘享国君、夫人、大夫之辞，曰：“子以君命在寡君，寡君拜君命之辱。”“君以社稷故在寡小君，拜。”“君贶寡君，延及二三老，拜。”使者对主国超出常礼的赐予或言语，当辞曰：“非礼也，敢。”“非礼也，敢辞。”使者受饔饩而祭祀先人时，祝辞曰：“某孙某，孝子某，荐嘉礼于皇祖某甫，皇考某子。”①

旨在加强国家交流、联络感情的朝聘礼仪，在展示代表本国国家修养与形象气度的彬彬仪节的同时，必须有一套共同认可的与该国家礼仪性质、主题和特征相协调的外交礼辞，方可完成此重大使命。

虽然如此，对于像朝聘这样重大而常见的外交礼仪，《仪礼·聘礼》所载礼辞显然少得可怜。但值得庆幸的是，在《左传》《国语》所载各种典礼中，以聘礼最为完备，其中所载大量的聘礼礼辞恰可弥补《仪礼》记载的不足。对此，笔者拟以《左传》昭公三年齐景公“使晏婴请继室于晋”一事为典型案例，对《左传》《国语》所载外交礼辞在措辞、结构、语气等方面所表现出来的模式化特征予以分析。原文如下。

　　齐侯使晏婴请继室于晋，曰：“寡君使婴曰：‘寡人愿事君朝夕
不倦，将奉质币以无失时，则国家多难，是以不获。不腆先君之适

---

① 以上《聘礼》引文见于杨天宇《仪礼译注》，上海古籍出版社，2004，第 222～267 页。

以备内官，焜耀寡人之望，则又无禄，早世陨命，寡人失望。君若不忘先君之好，惠顾齐国，辱收寡人，徼福于大公、丁公，照临敝邑，镇抚其社稷，则犹有先君之适及遗姑姊妹若而人。君若不弃敝邑，而辱使董振择之，以备嫔嫱，寡人之望也。'"

　　韩宣子使叔向对曰："寡君之愿也。寡君不能独任其社稷之事，未有伉俪，在缞绖之中，是以未敢请。君有辱命，惠莫大焉。若惠顾敝邑，抚有晋国，赐之内主，岂唯寡君，举群臣实受其贶，其自唐叔以下实宠嘉之。"

　　这里须先明确一个问题，即"命"与"辞"。《公羊传》庄公十九年："聘礼，大夫受命不受辞，出竟，有可以安社稷利国家者则专之可也。"①学者一般认为，因行人出使所遇事情多难以预料，措辞难以提前确定，所以专对多为即兴而发、随机应变之辞，此即"受命不受辞"。如唐贾公彦《仪礼注疏》云："谓受君命聘于邻国，不受宾主对答之辞。必不受辞者，以其口及则言辞无定准，故不受之也。"②事实并非尽然，如上引晏婴"请继室于晋"时所转述的便是齐景公之完整书面命令。这类命令当即《周礼·外史》"若以书使于四方，则书其令"及《仪礼·聘礼》"若有故，则卒聘，束帛加书将命"中提到的书面"令"或"命"，类似于后世之国书。《左传》哀公十一年记载鲁哀公派大史固送还齐国子首级时，"置之新箧，褽之以玄纁，加组带焉。置书于其上，曰：'天若不识不衷，何以使下国？'"依据其中提到的国书及内容，国君命语的书面性质可得确证。《论语·宪问》"为命，裨谌草创之，世叔讨论之，行人子羽修饰之，东里子产润色之"，便完整地记录了国书的起草过程。对此，刘宝楠《论语正义》云："命者，凡聘问会盟所受于主国之命，其语皆有一定。故《聘记》云'辞无常'，明命有常也。"③因此，"命"与"辞"虽同属于外交辞令，但还是有区别的："命"乃经过"草创""讨论""修饰""润色"而成的较为正式的书面文辞，有固定的格式套语，故"有常"；而"辞"则为行

---

① （汉）何休解诂，（唐）徐彦疏《春秋公羊传注疏》，《十三经注疏》，中华书局，1980，第2236页。

② （汉）郑玄注，（唐）贾公彦疏《仪礼注疏》，《十三经注疏》，中华书局，1980，第1073页。

③ （清）刘宝楠：《论语正义》，《诸子集成》本，上海书店，1986，305页。

人根据具体情况随机应变、独立决断的临时"专对",多即兴而为,故"无常"。不过,由于人们长期受礼乐文化的熏染和陶冶,即便是行人的自由专对,也往往在措辞、语气和结构方面表现出与命书相似的模式化倾向。上述引文中韩宣子对叔向的答辞便鲜明地印证了这一点。

首先,在措辞用语方面,朝聘双方礼辞最明显的表现便是对自己的谦称和对对方的敬称。这种"自卑而尊人"的称谓模式在《国语》《左传》中俯拾即是,如王侯自称为"寡人""孤""不谷",称对方君主为"君";大臣自称为"臣""陪臣""下臣""累臣",尊称对方为"执事""吾子""子";称自己国家或器物为"敝邑""小国""敝器""敝赋""敝车""敝庐";等等。除称谓外,还有一些表示自谦的用语如"敢""贱""忝""不腆"和表示敬称的用语如"请""惠""玉""辱""闻命""承命"等。上引齐景公致晋侯的国书中便频繁用了五个"寡人"以自称,用了三个"君"以敬称晋方。

其次,在句式结构方面,朝聘双方礼辞有固定的行文格式。这类行文格式在《国语》《左传》中最突出地表现为以下两大类型。

1. "君若惠顾(不忘)先君之好,徼福于某公,照临敝邑,镇抚其社稷"

如例文中"寡人失望。君若不忘先君之好,惠顾齐国,辱收寡人,徼福于大公、丁公,照临敝邑,镇抚其社稷";其他如《左传》僖公四年屈完语:"君惠徼福于敝邑之社稷,辱收寡君,寡君之愿也。"文公十二年襄仲语:"君不忘先君之好,照临鲁国,镇抚其社稷,重之以大器,寡君敢辞玉。"宣公十二年郑襄公语:"若惠顾前好,徼福于厉、宣、桓、武,不泯其社稷,使改事君,夷于九县,君之惠也,孤之愿也。"昭公二十年卫灵公语:"君若惠顾先君之好,照临敝邑,镇抚其社稷,则有宗祧在。"《国语·晋语四》梁由靡语:"君若惠顾社稷,不忘先君之好,辱收其逋迁裔胄而建立之,以主其祭祀。"这些外交辞令虽然分别出自鲁、齐、卫、楚、晋等不同诸侯国大臣之口,但其行文格式却极为相似,似乎都是按照当时的国家公文规范礼辞来书写的。

2. "君若……;君若不……"

在春秋外交辞令中,如若涉及对方君主做出对本国有重大影响的决定,使者常常使用"若"字句从正反两个角度表明该决定将带来的截然不同的结果,委婉暗示对方谨慎从事、择善而从,既表达出己方尊重对方所做抉择之意，又巧妙引导对方对己方意见进行慎重考虑，从而达到一举多得的效果。如《左传》僖公四年屈完对齐桓公语："君若以德绥诸侯，谁敢不服？君若以力，楚国方城以为城，汉水以为池，虽众，无所用之！"僖公七年郑文公对齐桓公语："君若绥之以德，加之以训，辞，而帅诸侯以讨郑。郑将覆亡之不暇，岂敢不惧？若惣其罪人以临之，郑有辞矣，何惧？"成公四年楚子反对郑皇戍语："君若辱在寡君，寡君与其二三臣共听两君之所欲，成其可知也。不然，侧不足以知二国之成。"成公十三年晋吕甥对秦桓公语："君若惠顾诸侯，矜哀寡人，而赐之盟，则寡人之愿也，其承宁诸侯以退，岂敢徼乱？君若不施大惠，寡人不佞，其不能以诸侯退矣。"《国语·晋语四》秦公子縶对秦穆公语："君若求置晋君而载之，置仁不亦可乎？君若求置晋君以成名于天下，则不如置不仁以猾其中，且可以进退。"《晋语三》晋韩简对秦穆公语："君若还，寡人之愿也。君若不还，寡人将无所避。"

此外，《左传》《国语》还有许多此类正反对比结构的变体，如《左传》庄公二十六年，齐孝公伐鲁，面对齐侯"鲁人恐乎"之恫吓，展喜对曰："小人恐矣，君子则否。"《国语·晋语三》晋惠公被秦俘虏，晋吕甥至秦为之求情，面对秦穆公"国谓君何"之试探，吕甥对曰："小人曰不免，君子则否。"很明显，这类假托"君子""小人"之言，实则与上述行人正反对比模式如出一辙。

须指出的是，例文中"先君之适及遗姑姊妹若而人"也应是周代婚礼固有的礼辞。《左传》襄公十二年，周灵王向齐国求娶王后，晏桓子于是举出周先王的礼辞以应对王使。晏桓子说："先王之礼辞有之。天子求后于诸侯，诸侯对曰：'夫妇所生若而人，妾妇之子若而人'；无女而有姊妹及姑姊妹，则曰：'先守某公之遗女若而人。'"据此可知，晏桓子对周代聘礼礼辞非常熟悉，而且，"先君之适及遗姑姊妹若而人"与"先守某公之遗女若而人"措辞相近，故为周礼固有礼辞无疑。

最后，在行文语气方面，朝聘外交礼辞也呈现出鲜明的模式化特征。其中，较为常见的礼辞有以下两种。

1. "敢""弗（不）敢""敢不"

《仪礼·聘礼·记》曰："辞曰：'非礼也，敢。'对曰：'非礼也，敢辞。'"这句话的意思是说，假如主国对使者有超出常礼的赏赐，使者应推辞说："这不符合礼的规定,不敢不辞。"假如主国问何处不合于礼,宾就回答说:"所有惠赐予臣的礼物不合于礼,不敢不辞。"其中的"敢",犹言不敢,作为表辞之意,直接承袭西周金文"敢对扬某休"之套语,被更广泛地用作表示敬意、谦虚的语气词。这在《左传》《国语》外交礼辞中被普遍地应用。如《左传》僖公十二年,管仲朝周,周天子以上卿之礼宴飨管仲。管仲辞曰:"臣,贱有司也。有天子之二守国、高在,若节春秋来承王命,何以礼焉?陪臣敢辞。"管仲认为此礼的规格超出了自己的身份,故曰"敢辞",表示自己不敢接受,正是《聘礼》"非礼也,敢辞"之礼辞的实际运用。《国语·晋语四》载秦穆公以宴飨王侯之礼来为重耳送行,这种超规格的大礼也是重耳不敢接受的,因而赵衰立即推辞曰:"君以天子之命服命重耳,重耳敢有安志?敢不降拜?""敢有""敢不"两个程度副词的连用,便将重耳明礼守礼、谦卑谨慎的个人修养展现了出来。礼,旨在让人际关系变得和谐有序,特别是在春秋时期的外交场合,大量"敢""敢不"等礼辞的频频运用,无疑会让原本紧张严肃的气氛变得彬彬有礼、和缓优雅。

2. "无乃……乎"

在外交场合,当对方的观点或行为与自己的主张不一致甚至相违背时,若直接表达不满或进行抗议,则显得生硬、草率,不易被人接受,甚至事与愿违。因此,表达自己观点的语气和言辞将直接影响外交的成败。《左传》《国语》频频出现的"无乃……乎"("恐怕……吧")这种带有揣测商讨语气的固定表达方式,与坚决的论断相比,语气就委婉缓和得多,也更容易营造一种温和的气氛,以便顺利达成交往目的。如《左传》成公二年晋军主帅郤克在鞌之战打败齐军后,提出要以齐顷公之母萧同叔子做人质,并要求齐国将境内所有的田埂修成东西向。针对晋人傲慢无礼的威胁,齐使宾媚人对曰:"……若以不孝令于诸侯,其无乃非德类也乎?先王疆理天下,物土之宜,而布其利。故《诗》曰:'我疆我理,南东其亩。'今吾子疆理诸侯,而曰'尽东其亩'而已,唯吾子戎车是利,无顾土宜,其无乃非先王之命也乎?"接连运用两个"无乃……乎"句式,委婉地提醒晋人的要求既与道德相悖,也违反先王之命,语气舒缓,不卑不亢,合情合理,令原本剑拔弩张之紧张气氛顿时缓和下来,也令晋人在冷静理智的状态下意识到了自己的错误,并心甘情愿地接受了齐使建议。又如《国语·鲁语下》，在平丘之会上，晋昭公因鲁国在会前讨伐邾国、莒国而拒绝鲁昭公与盟，并扣留了季平子，叔孙惠伯从勿因小失大的利害角度劝说晋正卿韩宣子道："……若以蛮、夷之故弃之，其无乃得蛮夷而失诸侯之信乎？"处处为对方得失着想，终使"宣子说，乃归平子"。除此之外，还有"其……乎""唯……图之"等带有大量测度商讨语气的句式也频频出现在《国语》《左传》之中。这些委婉语柔中带刚、谦而不谄，含蓄而确切，优雅而有力，充分适应了不同外交场合的特殊需要，生动地显示了春秋行人高超的语言艺术。

　　总之，言语的文明程度决定了一个人或一个民族的修养水平。春秋行人外交辞令中大量出现的谦辞敬辞、卑己尊人的结构句式和委婉测度的言辞语气，无不处处表明作为固定套语形式出现的礼辞已如空气、阳光般融进人们的血液、骨髓之中，成为"百姓日用而不知"的惯常表达方式。《左传》襄公二十六年，晋国派韩起聘于周，周灵王赞其"辞不失旧"，即指其辞令符合周礼规定及道德规范；《左传》昭公五年，鲁昭公朝晋，"自郊劳至于赠贿无失礼"，就是指其外交辞令及揖让进退之礼仪皆契合诸侯朝礼之规定，晋平公叹为"知礼"。"失辞""不敬"为外交之大忌，甚至有可能招致身灾国祸。正如《礼记·乐记》所云："礼也者，理之不可易者也。"[1] 这些礼辞之所以成为人们约定俗成的表达方式，是因为其背后承载的是一种不可移易的道理，即《礼记·曲礼下》所云："夫礼者，自卑而尊人。"《礼记·坊记》亦引孔子语："君子贵人而贱己，先人而后己，则民作让。"[2] 即与人应对，谦卑自处、敬扬对方，是礼的一贯精神。个中因由，《道德经》第三十九章解释说："贵以贱为本，高以下为基，是以侯王自称孤、寡、不谷，此非以贱为本邪？"以贱为本，即以道为本。作为有常、永恒、普遍的大道并不会因人的位高权重而傲视一切，也不会因人的默默无闻而不屑一顾，它在自然而然、独立不改的运行法则中循环往复，周行不殆，生化万物。而低贱谦卑的最大好处就在于能破掉人坚固的傲慢心理和潜在的名利执着，从而让人回到本真的状态。

---

① （清）孙希旦：《礼记集解》，中华书局，1989，第1009页。
② （清）孙希旦：《礼记集解》，中华书局，1989，第12、1285页。

二　周代朝聘礼制在春秋时期的蜕变

时移世易，平王东迁以后，随着天子式微、霸主迭兴局面的出现，宗法制度亦由盛转衰，直至破坏殆尽。而建立在周代"尊尊""亲亲"的宗法基础之上的朝聘制度，一旦离开了对天子虔敬的尊崇，放弃了对血缘宗族的亲附，就会徒具形式，名存实亡。因此，与西周时期相比，春秋时期的朝聘礼制在貌似兴盛不衰的背后，无论是朝聘的对象、目的，还是朝聘往来的方式等实际上都发生了重大变化。

首先，在朝聘的对象上，由以朝聘天子为主转向以朝聘诸侯大国为主。西周时期有一套完整的朝聘制度，《周礼·大行人》云："凡诸侯之邦交，岁相问也，殷相聘也，世相朝也。""时聘以结诸侯之好。"[1]《礼记·聘义》云："故天子制诸侯，比年小聘，三年大聘。"[2] 可是，到了春秋时期，这套制度却发生了巨大变化。据统计，《左传》出现的朝聘事件共 175起，其中天子与诸侯国之间的朝聘事件仅 18 起，其余都是在诸侯国之间进行的。[3] 以鲁国为例，"终春秋之世，鲁之朝王者二，如京师者一，而如齐至十有一，如晋至二十，甚者旅见而朝于楚焉。天王来聘者七，而鲁大夫之聘周者仅四，其聘齐至十有六，聘晋至二十四，而受其列国之朝则从未尝报聘焉"[4]。被誉为"周礼尽在"的鲁国尚且如此，其他诸侯国对王室的怠慢程度就可想而知了。然而，此时小国、弱国为了能在复杂多变的形势下求得生存空间和机会不得不转而依附大国，将"轻王重霸"奉为朝聘外交的重心，这是当时"亲亲"日疏、霸权迭兴的形势使然。

其次，春秋朝聘主体转变的根本因素是诸侯朝聘动机的改变。《周礼·春官·大宗伯》云："以宾礼亲邦国。"郑玄注："亲，谓使之相亲附。"[5] 西周时诸侯与天子之间的朝聘，作为宾礼的重要内容，其根本目的是达成一种君臣间的等级认同，实现王侯间的依附亲爱，故而重礼轻财。

---

① （汉）郑玄注，（唐）贾公彦疏《周礼注疏》，《十三经注疏》，中华书局，1980，第 893、890 页。
② （汉）郑玄注，（唐）贾公彦疏《礼记正义》，《十三经注疏》，中华书局，1980，第 1693 页。
③ 郑春生：《朝聘礼制管窥》，《上海师范大学学报》1991 年第 3 期。
④ 顾栋高：《春秋大事表》卷十七上《春秋宾礼表序》，中华书局，1993，第 1561 页。
⑤ （汉）郑玄注，（唐）贾公彦疏《周礼注疏》，《十三经注疏》，中华书局，1980，第 760 页。

至春秋时期，无论大国还是小国，其朝聘的根本目的都是维护本国利益或争取更大利益，以确保本国在春秋乱世中立于不败之地，故而重利轻礼。大国，主要是通过朝聘争取盟国，以扩大自己的势力范围；小国，主要是通过朝聘取得大国政治和军事上的庇护与支持。《左传》文公十七年，郑卿子家在给赵宣子的书信中这样描述郑国对晋的朝聘。

> 寡君即位三年，召蔡侯而与之事君。九月，蔡侯入于敝邑以行。敝邑以侯宣多之难，寡君是以不得与蔡侯偕。十一月，克减侯宣多，而随蔡侯以朝于执事。十二年六月，归生佐寡君之嫡夷，以请陈侯于楚而朝诸君。十四年七月，寡君又朝以蒇陈事。十五年五月，陈侯自敝邑往朝于君。往年正月，烛之武往朝夷也。八月，寡君又往朝。以陈、蔡之密迩于楚，而不敢贰焉，则敝邑之故也。虽敝邑之事君，何以不免？在位之中，一朝于襄，而再见于君。夷与孤之二三臣相及于绛。虽我小国，则蔑以过之矣。今大国曰："尔未逞吾志。"敝邑有亡，无以加焉。

在这封信中，郑子家以具体清晰的史实逐年逐月历数自郑穆公执政以来朝晋的活动，仅穆公亲往就"一朝于襄，而再见于君"，大夫们朝聘往来更是"相及于绛"。不仅如此，郑国还游说蔡侯、陈侯叛楚朝晋，朝聘之殷勤，可谓无以复加。但即使如此，晋国还责备郑国"未逞吾志"，不能满足其无厌欲望。对此，郑子产在襄公二十二年也说："不朝之间，无岁不聘，无役不从。以大国政令之无常，国家罢病，不虞荐至，无日不惕，岂敢忘职？"这种借朝聘之机以权势频繁地进行敲诈勒索、巧取豪夺之行为，对于鲁国又何尝不是如此？襄公二十九年晋女叔齐说："鲁之于晋也，职贡不乏，玩好时至，公卿大夫相继于朝，史不绝书，府无虚月。"因此，旨在强固诸侯与天子之间"尊尊""亲亲"关系的朝聘之礼，尽管在春秋诸侯之间仍然按照以往的礼仪程序进行，但已发生了质变，甚至一度成为大国欺凌小国、小国讨好大国的外交手段。《左传》昭公五年，晋女叔齐所云礼之"质"和礼之"仪"的割裂，正是对朝聘之礼在春秋时期的存续状态进行冷静观察后所做出的高度概括和允当评述。

最后，在朝聘方式方面，春秋时期"赋诗言志"蔚为风尚，成为行人外交辞令的一项重要内容，而且这些赋诗大多与朝聘宴飨之礼密切相关。

据统计，《左传》共计赋诗 68 则，其中有 62 则与宴飨有关；《国语》共计赋诗 6 则，其中有 2 则与宴飨有关。① 与西周宴飨歌诗仅取其固定乐章义以强化等级观念、增强庄重气氛不同，春秋宴飨赋诗大多对诗句的比兴象征内涵按照个人的需要进行随意的阐发。这样，以断章取义为主要特征的"赋诗言志"便逐渐取代了西周"歌诗娱宾"的固有程式，从而成为春秋外交辞令中一种独特的言志达意手段，故《汉书·艺文志·诗赋序》云："古者诸侯卿大夫交接邻国，以微言相感。当揖让之时，必称《诗》喻其志，概以别贤不肖而观盛衰焉。"② 它与上述春秋时期朝聘往来重利轻礼的时代风气一样，在看似揖让进退、典雅优裕的礼仪包装中也含有极强的功利色彩。

概括地说，春秋赋诗断章主要实现以下三个方面的功用。

一是通过赋诗探测赋诗者的思想意图。如《左传》襄公二十七年，郑国君臣在垂陇（今河南荥阳市东北）宴飨晋国大臣赵文子，郑"七子"分别借所赋诗中的某些章句表达了对赵文子的恭维和奉承，赵文子也分别对他们进行了评论。如伯有所赋《鹑之贲贲》，本为刺卫宣姜之淫乱，伯有赋此诗实取"人之无良，我以为君"两句，借以发泄对郑伯的怨恨、不满，赵文子也由此窥知伯有"志诬其上"，故预言其将有难。

二是通过赋诗进行国家交流，从而巧妙委婉地达成有利于本国的政治协定。孔子所云"诵《诗三百》，授之以政，不达；使于四方，不能专对，虽多，亦奚以为"③ 主要是就此外交赋诗功用而言的。据统计，《左传》赋诗涉及外交场合的有 27 例，《国语》有 4 例。④ 如《国语·晋语四》载录了秦穆公宴飨晋公子重耳的一段赋诗。秦穆公赋《采菽》，借此以表达对重耳的敬重和欢迎；子余使重耳答赋《黍苗》，取其首句"芃芃黍苗，阴雨膏之"，借以表达"重耳之仰君也，若黍苗之仰阴雨"之情，并期盼秦穆公能够"庇荫膏泽之，使能成嘉谷，荐在宗庙"。秦穆公接着赋《鸠飞》，即《小雅·小宛》首章，表示愿"念晋先君泪穆姬不寐，以思安集

---

① 刘丽文：《春秋时期赋诗言志的礼学渊源及形成的机制原理》，《文学遗产》2004 年第 1 期。
② 《汉书·艺文志》，中华书局，1964，第 1755 ~ 1756 页。
③ （魏）何晏注，（宋）邢昺疏《论语注疏·子路》，《十三经注疏》，中华书局，1980，第 2507 页。
④ 俞志慧：《君子儒与诗教——先秦儒家文学思想考论》，生活·读书·新知三联书店，2005，第 139 ~ 149 页。

晋之君臣"① 之意；重耳答赋《河水》②（杜预注曰"义取河水朝宗于海，海喻秦"之意），表示对秦国的归顺。秦穆公最后赋《小雅·六月》，取其首章"王于出征，以匡王国"和次章"以佐天子"之意，表达对重耳复霸的美好祝愿；重耳亦赶紧降阶再拜。就这样，一次重要的秦晋之盟就通过这种既合乎礼仪又巧妙委婉的断章赋诗活动得以达成，托诗谕意，婉曲传情，令诗化的语言发挥了独特的政治功用，收到微言相感、折冲樽俎之功效。

三是通过赋诗对对方进行讽喻或讥刺。如《左传》襄公十六年，鲁国不堪忍受齐国侵凌，遂使穆叔聘晋求助，在遭到拒绝后，穆叔赋《圻父》首章"祈父！予王之爪牙。胡转予于恤？靡所止居"，意在讥刺中行献子不恤鲁难、助纣为虐，终令其"知罪"并应允援鲁。又如范宣子赋《鸿雁》之卒章曰："鸿雁于飞，哀鸣嗷嗷。唯此哲人，谓我劬劳。"意在讽喻晋能救鲁于危难，终亦令宣子答应出兵。其他如襄公十四年，戎子驹支赋《青蝇》讽喻晋人"无信谗言"；襄公二十七年、二十八年齐庆封两次如鲁，鲁人先赋《相鼠》，后诵《茅鸱》，都是讥刺庆封的不敬和失礼；襄公二十九年荣成伯赋《式微》劝谏襄公归国，皆属此类。

总之，朝聘宴飨中的赋诗言志，和其他语境中的行人辞令（主要指小国行人辞令）一样，都是在自觉或不自觉地遵守、践行周代礼制的前提下，不贻人口实，不强词夺理，最大限度地将个人的心志、情感、才气发挥到极致，既机智灵活，又婉而有致，既置自己于不败之地，又有力地捍卫了国家的尊严，从而将外交礼仪的艺术化与政治利益的最大化完美结合起来，为后世留下了诸多精妙绝伦的外交辞令典范。

---

① 徐元诰：《国语集解》韦昭注，中华书局，2002，第 340 页。
② 韦昭注云："河当为沔，字相似误也。"以为即《小雅·沔水》（《国语集解》，中华书局，2002，第 340 页）。《左传》杜预注则云："《河水》，逸诗。"2001 年上海博物馆公布的楚简《孔子诗论》中有逸诗《河水》，证明杜注为优。

第四章　君子评论[*]

　　周代听政制度的确立，不仅直接激发了春秋时期贤臣良士积极献言献策、匡正君失的干政激情，也开启了社会各阶层的贤达名流批评政治得失、追求理想政治的议政传统。他们以一种"冷眼看人生"的清醒理智和客观立场，品评人物、清议国政、关念民生、善善恶恶，并将其视为一种苦心孤诣、孜孜以求的神圣文化使命和人格陶养精神。这一议政风尚集中体现在《国语》《左传》大量的人物评论之中。

　　人物评论，也称"品藻"。"品藻"一词，出自扬雄《法言·重黎》："或问《周官》，曰'立事'；或问《左传》，曰'品藻'；或问《史记》，曰'实录'。"[①]《汉书·扬雄传》引颜注曰："品藻者，定其差品及文质。"[②] 可见，"品藻"即评判人物的优劣高下。扬雄通过与《周官》《史记》相互比较，将《左传》特性直接界定为"品藻"，可谓别开生面。《国语》《左传》的确载录了为数众多的人物评论。对于《国语》《左传》二书中的评论，传统上一般专指以"君子曰"为标志的议论文字，将其视为史书的编纂者对于所选录的具体事件表达的个人主观态度，并与后世史书之论赞相提并论。如杨向奎先生说："《左传》中亦有所谓'君子曰'，其性质与诸子、《国策》等书同，皆作者对于某事某人所下之论断也。"[③] 郑良树先生也说："我们可以这么说，《国语》《左传》的作者们，都有一个共同的嗜好，他们喜爱在自己的著作里加上案语或评语。"[④] 张东光先生直接将《左传》80 则"君子曰"及"君子谓""君子是以知""君子以

---

[*]　此章部分内容，作为阶段性成果以《先秦吉凶裁决思维与〈左传〉预言的模式化》为题发表于《中国文学研究》2014 年第 4 期。

①　汪荣宝：《法言义疏》，《新编诸子集成》，中华书局，1987，413 页。

②　《汉书·扬雄传下》，中华书局，1964，第 3582 页。

③　杨向奎：《论〈左传〉之性质及其与〈国语〉之关系》，《史学集刊》1936 年第 2 期。

④　郑良树：《论左传"君子曰"非后人所附益》，《书目季刊》1974 年第 2 期。

为"等内容视为传统史学衡评模式之"权舆"。① 事实上,《国语》《左传》中的评论性话语,绝不仅指这些冠名"君子"的评论,除此以外,尚有大量有名有姓的人物评论,它们既不同于以解疑答惑为主旨的君臣对问,也不同于以匡正君恶为主旨的君臣谏言,而是以局外人或旁观者的身份对从政者言行的吉凶祸福和政治事件本身的是非曲直做出理性的评说和预言式的论断,并且评论方式、评论标准、评论风格基本一致,共同构成了《国语》《左传》人物的评论体系。由于这些评论者大都是既有道德修养又高瞻远瞩的"君子"们,故本书将他们所做的具有道德劝惩意义和吉凶裁决功能的评说、论断统称为"君子评论"。这些评论的主体、内容、根据及结果都有着鲜明的时代特征,并与当时社会吉凶评判观念的变迁息息相关,亦对以后史书、小说的撰写模式及文体的生成产生了深远的影响。

第一节 《国语》《左传》评论要素

一般来说,一则完整的人物评论应包括五个要素,即评论事由、评论者、评论话语、评论依据和评论结果。如《国语·晋语一》:

> 伐虢之役,师出于虞。宫之奇谏而不听,出,谓其子曰:"虞将亡矣!唯忠信者能留外寇而不害。除暗以应外谓之忠,定身以行事谓之信。今君施其所恶于人,暗不除矣;以赂灭亲,身不定矣。夫国非忠不立,非信不固。既不忠信,而留外寇,寇知其衅而归图焉。已自拔其本矣,何以能久?吾不去,惧及焉。"以其孥适西山,三月,虞乃亡。

其中,"评论事由"即宫之奇谏虢君勿假道于晋而不听,"评论者"即虢国忠臣宫之奇,"评论性话语"即"虞将亡矣","评论依据"即"唯忠信者能留外寇而不害","评论结果"即"三月,虞乃亡"。下面笔者拟就《国语》《左传》人物评论的几个要素分别做详细分析。②

---

① 张东光:《传统史学的衡评模式与衡评标准》,《河南教育学院学报》1995 年第 1 期。
② 因"评论事由"一项多为简短的介绍性文字,姑从略。

一

从评论者的角度来看，《国语》《左传》的评论者主要有两大类型。

一是专门的占卜人员，主要是指当时的巫史阶层。他们虔诚地信奉自上古延续下来的天命鬼神宗教，认为自然界的一些征兆或象数会对人们的某些行为产生某种影响。一般来说，谈及"天人感应"，人们总会将之与汉代董仲舒倡导的神权政治联系在一起。事实上，一种思想或学说的创立绝不是某一天才的突发奇想、顿悟灵感，而是深深植根于人们"日用而不知"的普遍知识和思想的土壤之中。从《国语》《左传》的众多评论来看，天人感应的观念早就存在于春秋时期人们对天、地、人之间互动关系的认识之中，并且形成了专门的占卜阶层。他们大多由当时的巫史来担任，这从他们的称谓中也可明显看出，如内史过、史嚚、史苏、史墨、史赵、卜楚丘、卜偃、卜徒父、巫皋等。除此之外，申廖、伯廖、梓慎、裨灶、裨谌、苌弘等也属于这一阶层。本来，中国史官的原生形态是巫史合一的，其主要职能是卜筮祭祀、沟通天人，他们是当时具有广博知识的高级思想家、宗教家群体，具有浓厚的宗教品格。虽然至殷末周初，史官渐渐取代了原来统称作"巫"的祝、宗、卜、史等的职能，巫的地位越来越低，但在春秋时期，巫史主祭祀、卜筮、占星和推知各种灾异的功能基本没变。因此，他们对当时的政治问题依然保持着传统的宗教判断并在必要时为君王提供咨询。如昭公八年载楚灭陈后，"晋侯问于史赵曰：陈其遂亡乎？对曰：陈，颛顼之族也。岁在鹑火，是以卒灭，陈将如之。……"这里，史赵判断陈不会因此而卒亡，是宗教性的判断。他的根据有二：一方面是根据日月星辰的运行情况来预测人事的吉凶祸福；另一方面是道德的报应说，这是史赵把历史经验与个人美好愿望混合在一起所构成的价值判断。此类判断，在当时是相当流行的。此处的史官，实际正是以"代天行道"的宗教精神来执行他们善善恶恶的庄严使命。

二是一些具有理性判断的开明人士。他们凭借着一定的历史经验、广博知识和理性分析，谨小慎微，深谋远虑，对某些事件或人物的未来命运做出较为理智的判断。他们的评论不再单纯依凭对自身之外神灵的盲目崇奉和一些龟卜梦异的兆示象征，而是重在关注执政者或个人自身的道德修养水平和道德实践能力，从而由"违天不祥""天周必复"的天命论转向了"多行不义必自毙""无礼必亡"的道德自律。这些人是《国语》《左传》评论的主体。其中，鲁孔子、晋叔向、郑子产、齐晏子、楚穆叔、沈尹戍等就是典型的评论家，他们常常对某一国家或人物的前途命运多次做出评论。如子产就曾对郑国、蔡侯、陈国、楚灵王、单成公等的前途命运做出过七次预测，其主要预测根据就是看其言行是否合乎"忠、信、笃、敬"的礼制原则。又如襄公十八年，同样是评论楚围郑"必无功"而返，师旷是依据音乐律调来推测出兵之吉凶，故说"南风不竞，多死声，楚必无功"；董叔则依据此年木星运行在西北方向，出征不合天时，故云"南师不时，必无功"；叔向根据此时晋为盟主，"诸侯方睦于晋"，故强调"在其君之德也"，即民心之向背。对此，杜预注曰："言天时、地利不如人和"，可谓是对三种不同评论的精彩总结。此外，叔向的其他评论，也主要是根据君主的务德、修义与否来判断、衡量他们的前途命运。如襄公二十一年因齐侯、卫侯在商任之会中"不敬"，即怠礼、失政，不合乎大国礼制而预言"二君必不免"；襄公二十七年因楚使蓮罢如晋莅盟时"敏以事君，必能养民"，预言其将"有后于楚国也"；等等。同时，这些评论者往往居安思危，察近知远，表现出独立而冷静、敏锐而深邃的理性判断能力。如《左传》襄公八年，郑国侵蔡，获蔡公子燮，郑人皆喜，唯子产不乐，曰："小国无文德而有武功，祸莫大焉。楚人来讨，能勿从乎？从之，晋师必至。晋楚伐郑，自今郑国不四五年弗得宁矣。"类似的还有僖公二十七年蒍贾在国老皆贺子文之时，庄公二十年郑伯在王子颓宴飨大夫之时，哀公十一年伍子胥在吴受贿于越而众人皆贺之时等，评论者均深明祸福互转之理，未雨绸缪，处乐思忧，表现出与众不同的清醒意识和长远眼光。

二

从评论内容上看，《国语》《左传》的评论主要有两大类型。

一类是对国家或人物的前途命运做出评论，这类评论比重最大。如桓公二年师服评论"晋国危矣"，庄公三十二年内史过评论"虢必亡矣"，僖公五年宫之奇评论"虞不腊矣"，闵公元年卜偃评论"毕万之后，必大"，文公十五年季文子评论齐侯"其不免乎"等。这些评论在句式上普遍采用

"其……乎""……必……矣""……必……"等结构,语气果断,充分体现了评论者的远见和自信。而且,对同一内容的评论往往在不同的场合多次出现,如"三家分晋"的评论从闵公元年卜偃评论晋大夫"毕万之后,必大"开始,中间又经闵公元年辛廖占筮评论"公侯之子孙,必复其始"、襄公二十九年吴季札适晋观乐言"晋国其将萃于三族乎"、昭公二十八年魏献子分封大夫引仲尼言"其长有后于晋国乎",直至鲁悼公四年韩、赵、魏灭掉智伯氏,前后197年,共4次评论。又,田氏代齐的评论自庄公二十二年懿氏为嫁女于敬仲而卜曰"八世之后,莫之与京"开始,中间也先后经庄公二十二年周太史在敬仲年轻时为之占曰"此其代陈有国乎"、昭公三年齐晏子对叔向言"齐其为陈氏矣"、昭公八年晋史赵言"陈氏得政于齐而后陈卒亡"、昭公二十六年晏子对齐侯言"陈氏将有齐国"四次预测评论。

另一类是对一些重大历史事件的结局所做出的预测评论,这主要表现为对关系国家前途命运的战争结局的预测,如著名的崤之战,这是秦晋间进行的第一次战争,也是晋国图霸成功的一次关键战争。对于战争胜负,早在战前,《左传》编者就通过卜偃卜战、蹇叔哭师、王孙满观兵等几则评论预示了战争结局;战后又通过秦孟明"三年将拜君赐"的评论为两国下一次交兵即文公二年的彭衙之役埋下了伏笔。再如晋楚城濮之战也是晋国阻止楚国北伐,战败力敌成为盟主的一次关键战争。战前楚芴贾评论子玉将败兵和晋赵衰评论郤谷为帅也基本预设了战争结局。事在人为,重大历史事件的成败胜负总是和某些人物,特别是事件决策者的谋划筹备密不可分,因此,这一类评论有时又和第一类评论内容是一致的。

三

从评论依据来看,《国语》《左传》对上述人物或事件的命运、前途做出预测、评论的主要依据,概括言之,不外乎三种类型。

1. 根据某些自然征兆或龟筮象数进行预测,这是当时巫史等职业预测者的主要预测依据。在其心目中,自然界发生的一些变异现象不是孤立或偶然出现的,而是上天意志的呈现。天命是人类自上而下的最高法则,也是终极的、不可怀疑的权力意志。"违天不祥"是人们行为处事的人生信条和终极解释依据,而上天的意志又往往通过自然灾异或人事更迭的方式呈现出来。如僖公十四年沙鹿发生山崩，卜偃因谓"期年将有大咎"；昭公二十三年南宫极发生地震，苌弘预言"王必大克"；昭公十七年有慧星出现，梓慎论诸侯将火；昭公二十四年发生日食，昭子评论将大旱；等等。同时，诸侯在举行重大的祭祀活动或发动军事战争时往往要进行龟筮占卜，然后根据卜筮象数以察吉凶。这一类记载在《左传》中尤多。如文公十七年卜楚丘据龟有咎预言齐侯必死，闵公元年卜偃、辛廖等据数、名、卦象言"毕万之后，必大"等。

2. 根据普遍的道德行为准则——"礼"进行评论。春秋时期，礼即法，即制度，为当时贵族阶级一切生活之方式，《左传》昭公二十五年："礼，上下之纪，天地之经纬也，民之所以生也"；昭公二十六年："礼之可以为国也久矣，与天地并"，故大至国家盟会外交、小至个人修身养性，都必须在"礼"的规范之中进行，否则，"无礼，必亡"（昭公二十五年），"多行无礼，弗能在也"（文公十五年）。"礼"为人们的言行举止提供了基本的评价标准，也为评论者的预测提供了较为合理的判断尺度，这是《左传》评论最为主要的判断依据。较之巫史据神的判断，这种依据个人行为因果关系对当事者所做的判断更为理性而深刻。就个人修养而言，"礼"主要表现在德、义、信、敬等方面，一旦个人言行突破了"礼"的约束，则定会受到相应的惩罚，以此显示道德的决定作用，如隐公四年众仲据"不务令德"言卫州吁必亡，闵公十三年舟之侨据"无德而禄"言虢难将至，隐公元年郑庄公据"多行不义"论共叔段必亡，定公元年卫彪傒据"大事奸义"言魏子必有大咎等。对于当时的执政者来说，其言行往往左右着国家的政局变化，尤其要"务德""亲民""主民"，否则，即使仅仅为了满足个人的私欲也会终遭祸害。如襄公二十八年子太叔因楚王"不修其政德而贪昧于诸侯"而评论其将死，昭公二十年沈尹戍据楚王"不抚民而劳之"而评论楚必败于吴，襄公三十年申无宇因楚公子围"绝民之主，去身之偏"而评论其"必不免"等。至于因君王公子汰侈纵欲、哀乐失时而言必亡的评论更是不胜枚举。

3. 还有一部分评论则是根据个人的经验知识、才能智慧加以冷静分析判断而得出的，显示了评论者非凡的谋略，个性化色彩浓厚。如僖公五年著名的宫之奇谏假道，主要建立在历史经验（如"辅车相依，唇亡齿寒""鬼神非人实亲，惟德是依"）和现实利害（如"虢，虞之表也；晋不可启，寇不可玩"）交相印证的基础上，显示了鉴往知远的预测才干；又如成公十六年苗贲皇原为楚国斗椒之子，后逃奔晋国，故鄢陵之战时，他熟知楚国军情，说"楚之良，在其中军王族而已"，并提出了"诱敌深入，集中歼灭"的作战方针，即"栾范易行以诱之，中行、二郤必克二穆。吾乃四萃于其王族，必大败之"，充分体现了"知己知彼"的战略自信；襄公二十五年赵文子根据当时诸侯国形势特点，即"齐崔、庆新得政，将求善于诸侯。武也知楚"，高瞻远瞩，评论说"自今以往，兵其少弭矣"，遂调整了外交策略；哀公十一年吴伍子胥深谙祸福盈毁转化之理，在吴受越贿、众人皆喜之时，清醒地认识到越国此举是"豢吴也"，在伐越之谏遭拒后亦断言："吴其亡乎！三年，其始弱矣！"但这类评论在《国语》《左传》评论中的比例极小。

四

从评论结果来看，《国语》《左传》评论有一个突出的特点，那就是评论者所做的关于春秋史事的预测式评论绝大多数是应验了的，而且文中多附有相应的验辞记载。有些预测结果随事而发，一般在评论的当年或数年内得到验证；有时甚至对事件发生的时间、地点也进行细致的预测，并且亦应验如神。如僖公五年卜偃评论虢灭在"丙子旦，日在尾，月在策，鹑火中，必是时也"，昭公十年郑裨灶评论"七月戊子，晋君将死"，僖公三十二年秦蹇叔评论儿子将战死在崤之二陵之间等。对此，杜预在注《左传》时常常以"为××年××事传"或"为××年××事张本"的格式标注出来，以示此评论是为后面相关事件预先做的交代。有些评论时间跨度长达数十年之久，也仍会得到应验，如昭公九年，郑裨灶评论"五年陈将复封，封五十二年而遂亡"，结果，陈亡于鲁哀公十七年，即公元前478年，从当时陈复封的公元前529年至亡年恰历五十二年；又如昭公三十二年，晋史墨评论："不及四十年越其有吴乎！"果然，哀公二十二年楚灭掉了吴。

不可否认，这一类评论在叙事结构上往往与以后事件的发展有着密切的联系，在一定程度上起到铺垫、暗示的作用，但绝不能据此而轻易判定其皆为《左传》编者借口代言而设置的一种叙事技巧，若果真如此，《国语》《左传》编者能够反复变换众多名姓俱实的历史人物以代言传声，岂能称为信史！事实上，正如吕祖谦《东莱先生左氏博议》在评论《左传》预言时所说："左氏起隐迄哀二百四十二年之间，若天子，若诸侯，若卿大夫，若士庶人，窃意其卜筮之数，约而计之，犹不啻数万也。左氏载其验于书者才数十事耳。是数十事者聚于左氏之书，则多散于二百四十二年，则希阔寂寥，绝无而仅有也。乃若诞漫无验，不传于时，不录于书者，吾不知其几万矣。"[1] 因而这些人物的评论事先经过编者的精心提炼、加工是可以肯定的。

第二节　吉凶裁决思维的延续与嬗变

优秀的史学评论家绝不仅仅停留在"述往事"上，更是通过对"往事"的解析与反思，究明事理、记善彰恶，以揭示其发生发展的必然性和规律性，从而为后人提供有益的启示和鉴戒。综观《国语》《左传》的这些评论，无论是评论主体、评论内容还是评论根据，都共同指向春秋时期原始宗教与人文精神互相交错乃至交替消长的显著思想变化，简言之，便是"人神并重"的双重信仰体系。这在上编第一章已有所论述，兹不重复。令人感兴趣的是，为什么如此众多的人物评论，其评论内容竟然绝大部分是通过预言的方式来表达对所评对象的褒贬态度和吉凶前景？这种预言式评论方式又究竟旨在传递一种什么样的训诫理念呢？下面，笔者拟结合吉凶裁决的传统思维方式对此做动态考察。

1. **卜以决疑**。对未来美好前景的期盼与憧憬是人类永恒的心理诉求，也是人生价值和意义最为生动集中的体现。因此，如何趋吉避凶、祈福远祸，也就成为人类自古至今最为关心的核心命题。在崇奉"万物有灵"的上古时代，朴素的人们真诚地相信自己的命运为冥冥之中的神灵所操纵驱使，于是"家为巫史"，人们日常最重要的活动便是以祭祀、占卜的方式虔敬地祈祷神灵赐福禳灾。及至重、黎"绝地天通"，巫觋集团垄断祭祀天神的权力，"卜以决疑"[2] 也仍是王室最重要的政事活动。一般来说，殷代龟卜的主要程序，先是将卜问之事告之甲骨（代指神灵），此谓之"命

---

① （宋）吕祖谦：《东莱先生左氏博议》（卷一），《丛书集成初编》，商务印书馆，1936，第74页。
② （晋）杜预注，（唐）孔颖达正义《春秋左传正义》"桓公十一年"，《十三经注疏》，中华书局，1980，第1755页。

龟";然后灼龟视兆以定吉凶;最后依吉凶决定事情的可行性。但卜辞中视兆坼所作出的兆辞大都仅为简单的判断语,如"吉""大吉""引吉""不吉""无祸"等,此即《礼记·月令》所说的"龟策占兆,审卦吉凶"[①]。通过甲骨卜辞事无巨细、逢事皆卜这一事实,可以分明感受到当时人们在吉凶未卜之前的那种战战兢兢、如履薄冰的焦灼与惶恐心理,也可以感受到占卜者在神灵威压之下的那种唯神是问、唯命是从的敬畏与期待。这在那些反复占卜同一内容的重贞卜辞、正反占卜的对贞卜辞和并列若干对贞卜辞的对选卜辞中体现得尤为明显。这是一个神学信仰弥漫、人的价值隐而未彰的时代。这种在天命信仰时代所形成的依凭占卜来决定吉凶的思维方式,对春秋时期流行的预言式评论方式无疑有着直接的影响。

2. **观象系辞**。一般来说,完整的甲骨卜辞最后都有"验辞"一项,以证实此项占卜应验与否。《周礼·春官·占人》也说:"凡卜筮既事,则系币以比其命,岁终则计其占之中否。"就在这种长期的占卜实践中,"筮人将其筮事记录,选择其中之奇中或屡中者,分别移写于筮书六十四卦卦爻之下,以为来时之借鉴,逐渐积累,遂成《周易》卦爻辞之一部分矣"[②]。可以说,《周易》卦爻辞,是周初之前无数卜筮者集体经验和智慧的结晶。

《周易》占筮,虽然和龟甲占卜的性质一样,也是乞灵带有神明意旨的卦象或运数对未来的人事吉凶祸福进行预测,带有浓厚的天命决定论的色彩,但在具体的操作实践和解释理念方面,较之龟甲占卜有很大的不同。

首先,《周易》占筮的"密码"不再完全垄断在集神权与王权于一身的巫卜集团手中,任凭他们自负的"通天"本领代天宣言,而是形成了一套稳定的、标准的卦画符号以及与此相对应的卦辞、爻辞。这样,神秘"天机"的文本化、规范化,无疑大大加速了《周易》古经及其吉凶占筮理念的传播与普及。仅就《国语》《左传》中存录的以《周易》或其他类似筮书筮占、论事的实例来看,其占筮人员已不再局限于专门的巫史阶层,一般的大臣也都熟谙占筮,如齐国的崔武子、陈文子,鲁国费邑宰南蒯和子服惠伯,卫国的孔成子,晋国的毕万,晋国的重耳、司空季子,秦国的董因等,甚至包括一些女性如鲁穆姜、卫定姜等。

---

① (汉)郑玄注,(唐)孔颖达正义《礼记正义》,《十三经注疏》,中华书局,1980,第1831页。
② 高亨:《周易古经今注》,中华书局,1984,第11页。

其次，与周初诸王用"以德配天"改造殷代天命观的思想变革相一致，周人也将"德"的观念置入对卦爻辞的文字诠释与喻示之中，强调道德理性在占筮事件乃至人生进程中的决定性作用，也初步彰显了人的主体性地位。"夫'易'者，变化之总名，改换之殊称。"① "生生不息"之变化，正是《周易》含蕴的实质哲理内核。在每一卦中，六爻之中任何一爻变化即可生成新卦，而且其卦辞和爻辞自身也有着多义和可变的象征意蕴，甚至整个六十四卦自身的排列组合便是一个循环往复、不断运动着的庞大动态系统，故《系辞》说："圣人设卦观象，系辞焉而明吉凶，刚柔相推而生变化。""《易》之为书也不可远，为道也屡迁，变动不居，周流六虚，上下无常，刚柔相易，不可为典要，唯变所适。"② 尤为重要的是，《周易》启示人们：人，才是驱使和推动这些变化的最主要动力，唯有积极开掘和发挥人自身的价值和作用，凸显和张扬人性之中"善"的光辉，才是占筮领域乃至整个人生过程中有效趋吉避凶的唯一真实可靠的途径。《乾》卦九三爻辞"君子终日乾乾，夕惕若厉，无咎"③，提示人们要时时刻刻存有一种戒惧心理、一种忧患意识，不骄不馁，防微杜渐，才能不致招灾逢凶，从而走出一条刚健有为、理性而充实的人生。这是《周易》首卦发出的谆谆人生忠告，也是《周易》通篇所含藏的深刻的人生哲理。由此形成的见微知著、察近知远的吉凶裁决思维对春秋时期人物的品评标准产生了重要的影响。

3. **以德代占**。春秋时期，卜筮承袭三代之余波，依然在一定程度上影响着人们的思想，左右着人们的行为。据统计，《国语》《左传》中以《周易》和其他筮书筮占、论事的记载共有 22 则。④ 然而，随着天命信仰的动摇和王权的衰落，笼罩于人们心灵上空的神性权威逐渐退隐，蕴含于《周易》中的"德行"品格得以空前彰显，一股蔑视神权、尚德重民的理性思潮在一批有识之士的极力倡扬中悄然兴起。《左传》僖公十六年，周

① （魏）王弼注，（唐）孔颖达正义《周易正义·卷首》，《十三经注疏》，中华书局，1980，第 7 页。
② （魏）王弼注，（唐）孔颖达正义《周易正义》，《十三经注疏》，中华书局，1980，第 76、89 页。
③ （魏）王弼注，（唐）孔颖达正义《周易正义·乾卦》，《十三经注疏》，中华书局，1980，第 13 页。
④ 刘大钧：《周易概论》，齐鲁书社，1986，第 109 页。

内史叔兴明确提出的"吉凶由人"一语，① 正是来自巫史阶层内部对长期"神降祸福"虚空信仰的自我戳穿和彻底颠覆，也标志着"人的觉醒"时代的正式来临，直至放言无惮、唯我独尊的"诸子百家"的闪亮登场。为此，只需要考察一下这一时期人们对《周易》传统占筮思维的反拨和吉凶裁决理念的延展，就可以清楚地认识到《周易》新的诠说方式是如何影响《国语》《左传》中的评论方式和评论意旨的。

首先，这一影响表现在具体的占筮实践方面，"以德代占"空前兴起，德行成为决定一个人祸福指数的最重要因素。如襄公九年，鲁宣公妻子穆姜将《随》卦中原本表示吉利占卜结果的"元亨，利贞"② 之卦辞，做了新的诠释："元，善之长也；亨，嘉之会也；利，义之和也；贞，事之干也。体仁足以长人，嘉会足以合礼，利物足以合义，贞固足以干事"，即以仁德为元，以礼德为亨，以义德为利，以信德为贞。③ 这就是著名的元亨利贞"四德"说。这是穆姜从道德伦理的角度，对《随》之卦辞做出的新解说，而且穆姜据此反思自己先前的所作所为，④ 认为即使是吉卦，但由于自己失德取恶，也"必死于此"。又如昭公十二年，鲁大夫季平子的费邑宰南蒯欲叛乱降齐，筮得《坤》卦六五爻辞"黄裳，元吉"⑤。这本是一个大吉之卦，但子服惠伯警告他说："吾尝学此矣，忠信之事则可。不然，必败。……犹有阙也，筮虽吉，未也。"也就是说，获得吉卦结果的前提是必须有"忠信"等美好的德行，否则其筮虽吉，举事也必败。南蒯欲行不义之事，果然未取得成功。此外，僖公十五年，秦晋韩原之战，晋惠公战败被俘，验证了先前史苏"不吉"之筮。大臣韩简鉴于献公宠信

---

① "吉凶由人"的观点，在内史叔兴之前有庄公三十二年史嚚所说的"国将兴，听于民；将亡，听于神。神，聪明正直而壹者也，依人而行"；之后，有襄公二十三年闵子马所说的"祸福无门，唯人自召"。

② 对于元、亨、利、贞的具体内涵，高亨先生考辨后说："元，大也；亨，即享祀之享；利，即利益之利；贞，即贞卜之贞也。""凡云'元亨利贞'者，'元亨'为句，'利贞'为句，'利贞'非承'元亨'而言也。"《周易古经今注·元亨利贞解》，中华书局，1982，第110、125页。

③ 《易·文言》："贞，信也。"故引文所云"贞，事之干也"，即表示贞信为做事之本。

④ 主要指《左传》成公十六年，穆姜与大夫叔孙侨如私通，并共同谋划废成公、兼并孟孙氏和季孙氏，结果阴谋失败，侨如逃奔齐国，穆姜迁往东宫等事情。

⑤ 所引《左传》原文是说"遇《坤》之《比》"，但据筮法"五爻变，则以之卦不变爻占"，此卦当从《坤卦》所变的六五爻来断占。

骊姬、惠公恩将仇报等失德政治行为，深有感慨地说："先君之败德，及可数乎？史苏是占，勿从何益？"宣公十二年，晋国知庄子引用《师卦》初六爻说明虁子违反军队纪律必然失败且遭祸。襄公二十八年，子大叔据楚康王"不修其政德而贪昧于诸侯"和《复卦》上六爻辞预言"楚子将死矣"。昭公三十二年，史墨据鲁昭公庸碌无为和《大壮》卦"雷乘乾"之象论其薨于乾侯之必然等，皆是如此。

卜筮，从其本来意义上说，是卜筮者借助兆象向超能的神灵征询其对现实事物发展前景的吉凶意见，它的价值和意义是建立在对神灵的绝对信仰和宗教膜拜基础之上的。但是，春秋时期的这些《易》占事例已充分表明，作为最高信仰的天神已越来越失缺往日的神圣光环，渐渐被虚置或悬空，而原来唯神是从的"人"开始"僭越""神"的地位来张扬或申诉自己的话语权，以至于敢于索谈条件、擅改筮命甚或指天诟詈。这里，人们实际上是"把《易经》与卜筮过程进行分离，把《易经》作为直接阅读的文本。《易经》在这个历史过程中被经典化，最终被彻底文本化，为'文本—解释'的纯粹精神活动开辟了道路"①。这样，卜筮的吉凶已不仅仅局限于象辞的本身，更多的在于占筮者对它的主观解释，也正是在这种对《易经》"文本化"解读的过程中，卜筮自身也慢慢走向了衰落，而以"德"为核心的、彰显"人"的主体性价值和意义的道德理性批评正代之而起，直至《易传》全面地以德释占。

其次，《易经》以德代占的"文本化"解说方式和吉凶裁决理念令原本掌控在极少数巫史阶层的预测特权，已不再那么神秘和玄虚，变得更为切近和平实，这不但将预测的主体由原来的巫史扩大至普通臣民，而且将预测的领域由传统对未然事件的预测扩展至对已然事件的评论，体现在《国语》《左传》中便是上述大量预言式或吉凶裁决式评论的出现。也正因此，上述人物评论中或吉或凶、或善或恶的论断内容，以德为主的评论依据，应验如神的论断结局等要素，与《易经》卦爻辞的结构方式基本一致，而且，在人物评论的功能层面，二者也都在极力凸显修身示警、谨言慎行、惧以终始的人生哲理。《周易》几乎每一卦都反复出现吉、吝、凶、咎等醒目断语，意在时时刻刻警示人们只有生于忧患，才能身安国泰，

---

① 吴前衡：《春秋〈易〉文本》，《周易研究》1997 年第 1 期。

《系辞传》鉴于此故说："作《易》者其有忧患者乎?"同样,由于《国语》《左传》中的人物评论很大一部分是根据人物的言行举止而做出的吉凶裁决,如"××必亡""××将死""××无后"等;而且大都被此后事件的结局——验证,也是意在警示后人"积善之家必有余庆,积不善之家必有余殃。臣弑其君,子弑其父,非一朝一夕之故,其所由来渐矣"①,这都鲜明地体现了《国语》《左传》《周易》的编者有着共同的思想倾向。

因此,《国语》《左传》预言式的评论方式和崇礼尚德的论断依据,实际上正是《周易》古经去神圣化的"观象系辞"占筮方式和"以德代占"论断理念的延续和扩展。在这里,《国语》《左传》中的评论者(或说占筮者)以"德"为媒介架起了一座天人沟通、礼神合一的桥梁,既为此后理性高扬、人文彰显、百家争鸣的诸子时代的到来揭开了序幕,也为后来人物评论体和论赞体的兴盛奠定了良好的基础。

第三节　《国语》《左传》评论体的影响

《国语》《左传》中众多品评人物、综论史实的"君子评论",对后世最直接的影响就是为史家、文人开启了总结论赞、"卒章显志"体例的先河。尤其是司马迁有意借鉴这种"君子评论"体式,于每篇传文的前或后附一段现身说法的"太史公曰",共137则,约3万字,② 言简意赅,情深旨远,由此"形成一种固定的衡评模式"③,此后,"班固曰赞,荀悦曰论,《东观》曰序,谢承曰诠,陈寿曰评,王隐曰议,何法盛曰述,扬雄曰譔,刘昞曰奏,袁宏、裴子野自显姓名,皇甫谧、葛洪列其所号"④,皆沿袭不断,名称虽异,其实揆一。关于这一方面的专论有不少,兹不赘述。

如上节所述,受卜筮吉凶裁决思维方式的影响,《国语》《左传》以德代占、美刺或褒贬人物的评论方法也对后代人物品评方式产生了重要影响。孔子生当春秋,关于他对时人或历史人物的评论在《左传》中共载有

① (魏)王弼注,(唐)孔颖达正义《周易正义·文言传》,《十三经注疏》,中华书局,1980,第19页。
② 周一平:《司马迁史学批评及其理论》,华东师范大学出版社,1989,第195页。
③ 张东光:《传统史学的衡评模式与衡评标准》,《河南教育学院学报》1995年第1期。
④ (唐)刘知几撰,(清)浦起龙释《史通通释·论赞》,中华书局,1978,第83页。

30 则,① 可谓"君子评论"的代表。如文公二年,鲁宗人夏父弗忌欲主持享祀升僖公于闵公之上,这显然有违当时昭穆之礼,故左氏先引"君子"之言"以为失礼",然后又引"仲尼曰"批评臧文仲身为四朝元老,对此事纵容不禁,② 故为"不仁""不智"。这种以德论人的品评方式在《论语》中有进一步发展。其中,孔子将"德行"列于"四科"之首,作为评论人物的指导思想,其余三科"言语""政事""文学"均为此思想之外在的具体行为显现,以便"视其所以,观其所由,察其所安,人焉廋哉?"③ 据此德行之高下,孔子将所评人物分为四个层次:圣人,仅尧、舜、禹、稷、周公五人;仁人,如泰伯、伯夷、叔齐、子产、管仲、微子、箕子、比干等;贤人,如颜渊、子贡、冉有、子夏等;小人。在《论语》中,涉及具体的人物评论 200 多则,从而牢固地树立了儒家以德论人、育人、取人的人才观,也成为中国历代论人、育人、取人的"衡评"标准。此后的《韩诗外传》《说苑》《新序》《列女传》等,鉴于汉代大一统政权的威严与高压,与"诗谏"一样,也专借美刺、褒贬历史人物以作"谏书",宣扬儒家修齐治平之理想,"冀以感悟时君,取足达意而止"④。班固《汉书·古今人表序》多次称引孔子的话,明确标明自己品评古今人物的标准是直接承继孔子而来,如"若圣与仁,则吾岂敢""中人以上,可以语上也""唯上智与下愚不移""生而知之者,上也;学而知之者,次也;困而学之,又其次也;困而不学,民斯为下矣"等。⑤ 据此,班固进而将上自伏羲,下至陈胜、吴广的 2000 多名历史人物分为上上至下下九品,并以表格形式序列定位。他的品评旨意也和《国语》《左传》一样,意在"显善昭恶,劝戒后人"⑥。这里,班固不仅强调道德为智慧之上乘,

---

① 姚曼波:《春秋考论》,江苏古籍出版社,2002,第 134 页。
② 臧文仲自庄公时仕鲁,继仕闵、僖、文,故为四朝元老,《左传》多次征引其评论,故知其言论足以左右当时。对于此事,《国语·鲁语》载"君子曰"之言为"有司之言"。《礼记·礼器》云:"孔子曰:'臧文仲安知礼?夏父弗继逆祀而弗止也。'"此事也从进一步证明"君子曰"与"仲尼曰"并非一回事,一为时评,一为史评。
③ (魏)何晏注,(宋)邢昺疏《论语注疏·为政》,《十三经注疏》,中华书局,1980,第 2462 页。
④ (清)朱一新《无邪堂答问》卷四:"……至刘子政作《新序》《说苑》,冀以感悟时君,取足达意而止,亦不复计事实之舛误。"(中华书局,2000,第 161 页)
⑤ 《史记·古今人表序》,中华书局,1964,第 861 页。
⑥ 《史记·古今人表序》,中华书局,1964,第 861 页。

亦申发才智在衡定人物优劣中的决定作用，善恶之间，智为关键，这也预示了此后人物品评标准多元化的发展趋向。

东汉政治上选官用人采取"察举"和"征辟"制度，两者都须经过考察人物品行加以衡定，然而此制度日渐为世家所垄断，名不副实。汉末大乱，群雄并起，积极网罗人才，如魏建立后采取"九品中正制"，通过州、郡大小中正品评士人高下，以供朝廷择用。由此可见，汉末魏晋以来，才性品鉴与拔选人才极受关注。刘劭的《人物志》也正是在此社会大背景下应运而生的。这是一部全面系统的、总结和改造传统品评人物的理论著作。一方面，作者将人的筋、骨、血、气、肌等生理表征纳入当时盛行的五行理论，并与儒家义、仁、智、礼、信等传统伦理纲常相对应。这是因为"五质内充，五精外章"①，人外在的各种生理表征可以显现其内在德行的充盈状态。基于此，《人物志》详细总结了品鉴人物的各种方法，如"三谈法""五视法""八观法""九征法"等。这是基于长期以来《周易》以象辞占人和《国语》《左传》《论语》等以人之形相论人实践的理论总结，这在《人物志·自序》中也有明确说明："圣人着爻象则立君子小人之辞。""是故，仲尼不试无所援升，犹序门人以为四科，泛论众材以辨三等。又叹中庸以殊圣人之德，尚德以劝庶几之论。训六蔽以戒偏材之失，思狂狷以通拘抗之材；疾悾悾而信，以明为似之难保。又曰：察其所安，观其所由，以知居止之行。人物之察也，如此其详。"② 另一方面，与立足德化而警诫人们谨言慎行、内敛自制的传统道德说教不同，刘劭《人物志》充分张扬人物本身的性情、才能、智慧、形神、风貌等品性对个体价值的彰显、释放作用，认为外在才性的多姿展现正是内在修养的自然流露。他承认"夫人材不同，能各有异"③，依照不同的才性，又将人物分为"十二才"，即清节家、法家、术家、国体、器能、臧否、伎俩、智意、文章、儒学、口辩、雄杰，从而赋予了个体才性前所未有的独立价值和审美意义。"故顺《人物志》之品鉴才性，开出一美学境界，下转而为风流清谈之艺术境界的生活情调，遂使魏晋人一方面多有高贵的飘逸之气，一方

---

① （汉）刘劭：《人物志·九征》，中华书局，1990，第6页。
② （汉）刘劭：《人物志·九征》，中华书局，1990，第2页。
③ （汉）刘劭：《人物志·九征》，中华书局，1990，第1页。

面美学境界中的贵贱雅欲之价值观念亦成为评判人物之标准。"① 《世说新语》，正是这一时期重才情、尚思理、赏容貌的生动人物品藻之荟萃，其品评人物所钟爱的"姿容""风神""神采""器宇""气韵"等词语的应用及视角的转换，分明昭示了一个讲求个性、欣赏自我、追求主体精神自由的"人的自觉"时代的来临。

---

① 牟宗三：《才性与玄理》，广西师范大学出版社，2006，第43页。

结　语

　　言语，是人的精神世界的表现，是心灵的图画，正所谓"言为心声"。唐徐彦伯《枢机论》曰："夫言者，德之柄也，行之主也，志之端也，身之文也，既可以济身，亦可以覆身。"[①] 人的言语具有强大的生命力量，一句话可以改变一个人的命运，能让一个人功成名就，也能让一个人身败名裂。先秦典籍存录了为数众多的人物言论。它们既分布在专门以记言为主的典籍中，如《尚书》《国语》《论语》《孟子》《庄子》等；也分布在言事相兼、交织并录的典籍中，如《左传》《战国策》等。本书择取《国语》《左传》两部史籍中大量涌现的记言史料作为研究对象，透过这样一个看似浅显且熟悉的记言形式表层，层层追问，静静聆听其背后所含蕴的丰富文化信息。

一

　　《国语》《左传》记言类文献的形成与商周时期特有的记言制度有着密切的关系。据商代甲骨文和金文记载，早在商代中晚期已出现了专司载录的"作册"史职，负责记录、保存商王和贞人的命龟之辞以及商王在其他政事活动中所发布的各种言论。他们与专司占卜的贞人集团各有分工。20世纪以来陆续出土的大量甲骨卜辞，便是他们当时刻录的重要内容。这些卜辞大都以占卜吉凶、人神问对为主要内容和形式，因此可以被视为最早的史官记言。至周代，随着政事内容的滋繁和载录条件的渐趋便利，史官制度也进一步得到完善和成熟，逐渐形成了以内史和太史为中心的两大史官系统。其中，内史（即左史）以其随侍周王、主书王命和代宣王命的特殊权力，获得了冠领群僚的特殊地位。周王的各类政命，也因其特殊的意

[①] 《旧唐书·徐彦伯传》，中华书局，1975，第3005页。

识形态和话语性质而被书诸简策。现存《尚书·周书》诸诰命便是这一时期被记载得最为频繁的记言内容。春秋时期，虽然王权衰落，霸政迭兴，史官地位也一落千丈，但各诸侯国史官记言的热情却空前高涨，这不但体现为他们由先前被动机械记言到此时主动记言的史学意识转变，而且体现为他们记言的内容和方式发生了很大的变化，既有对事件当事人言论的即时记录，也有对人们传诵的格言训语的追记转录，而且为适应保存和传播文化的需要，还时时对这些记言史料进行汇编修纂。现存于《国语》《左传》中的大量记言内容便主要来自这一时期的史官载录。其中，《国语》为各国"语"料的汇编，其记言性质自不待言；《左传》虽然编年系事，但记言史料仍是其主要内容，呈现出"言事相兼"的新特征。

先秦典籍中的史官记言内容总体上经历了由"代天立言"到"为民立命"的转变过程，将这些记言史料置放到整个先秦这样一个更为宏大的历史背景中去考察，则会发现，其变化可与每一历史阶段社会思想观念的发展变化一一对应。商代是一个天命至上、君权神授的时代，商王事无巨细，逢疑必卜，由此形成了众多以人神问对为主要内容的甲骨卜辞；周人已清醒地认识到，最大限度地开发和激活人性自具的德行品质及邦国之本的民众意愿是维系政权的重要因素，并将它们注入传统天命观（包括自然神和祖宗神信仰）的信仰之中，形成了民神并重的二元思想体系，周初"诸诰"便是周公或周王这一思想的具体表现，它们与甲骨卜辞一样，均为帝王"代天立言"，是记言的"正体"；进入春秋时期，随着天命信仰观念的逐渐淡褪及诸侯争霸的迭兴，周王凭借其"天子"的独特身份独享话语权的时代一去不复返了，此时，一大批春秋君子凭借弘扬王官之学之崇德尚礼、以民为本的思想资源和立言不朽的自觉追求，积极献言献策、规箴王阙、出使应对、纵论国是，表现出前所未有的对现实政治的深厚关怀和参政热情，此之谓"为民请命"，是记言的"变体"，直至诸子百家以"道"自居，著书立说。

历史虽是对过去发生事情的记载，但其旨意却是面向现在和未来的，否则历史乃一堆故纸而已。春秋之初，王纲解纽，礼乐征伐自诸侯出；及至末叶，陪臣擅权，礼乐征伐自大夫出。在这样一个敌国相争、上下相凌的动荡时代，一批饱受王官之学熏育的有识之士，自觉承担起重构社会意识形态的责任和使命。他们承继宗周礼乐文化传统，以为王者师、为民立命的高度责任感和救世情怀，以清醒的道德理性精神，顽强地周旋在强权的缝隙之间，撑拒于欲望的狂澜之上，积极建言献策、进善卫道、褒贬时政、出使专对。同时，时人出言，史官入记，考察《国语》《左传》所载240余年形形色色众多人物言辞，无不充分彰显春秋史官据实直书的实录传统与裁决天下、昭法经世的不懈努力和良苦用心，他们崇德尚礼、本乎惩劝，褒善以宏正气，贬恶以诫后世。从这个意义上说，言即心志，即典法，与《诗经》《春秋》一样在先秦起着同等重要的经世致用之效能。此外，《国语》《左传》词令之妙，"或折以理，或动以情，或惧以势，或服以巧，或挫以法，可谓尽词令之大观矣"①，变化多端，气象万千，实为后世史籍记言之典范。

《国语》《左传》存录了大量的人物言谈话语。这些记言类型多样，形态不一，大致可以分为独体式记言和组接式记言两大类型。独体式记言是指《国语》《左传》中那些相对独立、自成一体的记言单元，它们大多具有明显的"背景 + 言语 + 结果"的结构模式，是《国语》《左传》最基本、最主要的记言类型。《国语》共有 152 则，《左传》共有 476 则，它们主要来源于记言史官的原始档案汇编。组接式记言是指《国语》《左传》中由某一特定历史事件紧密联系起来的一系列记言单元所组成的"记言群"，它们犹如串联在一条链条上的珍珠，既各自独立，又有内在的逻辑性，环环相扣，次第展现。这类记言《国语》共有 14 则，多集中在《晋语》《吴语》《越语》中；《左传》共有 47 则。两相比较可以发现，《国语》记言大都详细完整，更接近史官记言原貌；《左传》记言大都简洁省净，紧凑条理，具有明显的对原材料删改、润饰的特征。此外，《左传》还有一类《国语》所无的叙事性记言，共有 75 则。它们多点缀分布在某一历史事件的叙述之中，或推动情节发展，或增强历史叙事的生动性，因机而发，长短不拘，言与事已合二为一，极尽属辞比事之能事。仔细对比分析《国语》和《左传》的记言史料，则会得出以下结论。

1. 尽管《国语》《左传》二书的记言史料在内容上简略各异、千差万别，在形式上长短不一，但万变不离其宗，它们皆来自同一母体——史官记言。《国语》《左传》编者正是根据不同的编写宗旨，将各自见到的不同

---

① 张高评：《〈左传〉之文学价值》，文史哲出版社，1982，第 184 页。

记言或记事史料编纂成书。正本才能清源，认请周代史官记言类史料乃《国语》《左传》共同的史料来源，方能正确认识二书的关系，它们犹如开放在同一树干上的两朵"姊妹花"，同根并生，又各有千秋，异彩纷呈。

2. 唐人刘知几在《史通·载言》中指出先秦史籍在编纂方式上存在由言、事分立到言、事相兼的变化过程。这一转变在《国语》《左传》二书中便得到鲜明体现。《国语》作为各国语料汇编，其记言性质显而易见。《左传》在现存"分传入经"之前的古本中，为进行更为有效的"《春秋》教"，第一次打破先秦史书言、事分立的形态，经过有意地属辞比事、融言入事，形成一个个因果分明、叙事完整的历史故事，从而开创了"言事相兼，烦省合理"的史书编纂新体例，开后世史书纪事本末体的先河。

3. 司马迁在《史记·十二诸侯年表序》中明确指出，孔子所修《春秋》实包括《春秋经》和《孔子史记》两大部分。其中，《春秋经》即孔子"《春秋》教"时的教学大纲，《孔子史记》则是孔子"《春秋》教"时的翔实教案。孔子对于史料的这种编排工夫，通过《国语》《左传》记言史料的对比分析可以得到进一步更加清晰的印证。明确孔子既作《春秋经》也作《孔子史记》（即《左传》古本）的观点，有助于人们重新评价和认识孔子在《春秋》学史乃至经学史上的贡献。

俗语云："到什么山上唱什么歌。"谈话对象的不同直接直接影响了谈话的性质和风格。因此，《国语》《左传》中载录的大量人物言论，因言说主体和言说语境的不同，又具体呈现出不同的记言类型，而且每一记言类型都具有各自生成的文化背景、言说方式和文体影响。

首先，东迁以后，随着天命观念的淡化和君王自身道德修养的懈怠，周王诰命的合法性和权威性受到极大的冲击，甚至遭到轻视，矫命和僭越之事时有发生。因此，自西周以来带有浓厚的君权天授色彩的王之命辞随着王权的衰落，在春秋史官的记言中也已失去了绝对优先的地位，无论数量、风格还是功能都发生了很大变化，总体上呈现出由繁富到简省、由古奥到平实、由王命崇拜到政令衰颓的式微态势。王道的衰微与王命的无力现状，呼唤一种新的道义力量出场来整合、匡救濒临崩溃的春秋政治秩序，诸侯之间频繁的会盟便应运而生，旨在约束、协调、统一各诸侯国的政治行为。与此相应，作为协调和规整各盟国之间的共同行动纲领的"誓辞"蓬勃兴起。不过，尽管誓辞大肆张扬对天王的效忠、对盟约的信守和对鬼神的敬畏，但事实上，盟主们真正崇尚的是"力政"，以控制国家秩序、争夺国家霸权为行动准则。这种骨子里恃强凌弱的争霸思维从根本上决定了春秋盟约自始至终存在效忠与背叛、明信与阴谋、神权与强权的两面性。春秋时期各诸侯国道德、神灵信仰与社会现实政治之间的矛盾关系也由此得到鲜明体现。

其次，与《国语》《左传》所载王命式微形成鲜明对比的是，春秋时期臣民参政议政的政治热情空前高涨，他们一方面凭借广博的学识积极为君王解疑答惑、献计献策，形成君臣问对的参政议政形式。他们既为君主解释各种自然灾异现象并提出应对策略，也为君王提供为政治国的政策性建议或典礼知识，开后世"对问体"先河。另一方面，他们也以承传王官之学为使命，勇于对君王的不当言行或决策进行规谏，或正言直谏，或婉言讽谏，或因势顺谏，或犯颜强谏，从而形成数量众多、赤胆忠心的君臣谏言。这些谏言大都情辞激切，理据充分，逻辑性强，具有鲜明的艺术特征，开后世"奏疏"文体之先河。

再次，春秋时期各诸侯国之间空前频繁的朝聘会盟活动为各国行人提供了充分施展智慧、才能的广阔政治舞台。他们凭借善辩的口才、超凡的智慧和良好的素养，或解决国际纷争，或增强国际交往，从而产生了大量典美博奥、刚柔相济的精彩外交辞令，生动全面地展现了春秋行人的风采。这些带有强烈的权力话语特色的行人辞令，既是当时大国肆欲逞雄、凌逼威压的结果，也是小国在霸主逼压下所迸发出来的敬强守弱、以柔克刚的生存智慧，以借此适应当时弱肉强食的残酷"丛林法则"。此外，行人辞令的形成与周代揖让升降、彬彬有礼的朝聘礼制有着密切关系，并且行人辞令在此基础上进一步调整、变化，因此二者在朝聘功能、方式、对象、时间等方面存在一定的差异性。

最后，周代宽松开明的听政制度，不仅直接激发了春秋时期的贤臣良士积极献言献策、匡正君失的参政激情，也开启了社会各阶层的贤达名流批评政治得失、追求理想政治的议政传统。他们以局外人或旁观者的身份对从政者言行的吉凶祸福和政治事件本身的是非曲直进行理性评说和预言式论断，褒贬人事，系念国运，这些评说和论断共同构成了《国语》《左传》人物的评论体系。这些评论无论是在评论主体、评论内容、评论根据还是评论结果方面都有着鲜明的时代特征，如巫史占筮与士人明察的并重、国运家命的深切关注、礼神并重的双重信仰、应验如神的评论模式等，不仅与当时社会吉凶评判观念的变迁息息相关，也对以后史书、小说的撰写模式及文体的生成产生了深远的影响。

二

《中庸》云："君子动而世为天下道，行而世为天下法，言而世为天下则，远之则有望，近之则不厌。"① 指出一个真正的君子，其道德品格、行为功绩、言谈话语，都要经得起时间的检验，成为世人永久效法的典范。话虽如此，不禁要问：君子言行凭什么就能成为世人信赖与效仿的样板呢？换句话说，是什么赋予了君子言行以道德标杆的神奇魔力呢？让我们静下心来，再次屏息聆听《国语》《左传》中众多嘉言懿语所异口同声传达出来的共同意旨：《国语·周语上》穆王将征犬戎，祭公谋父谏以"耀德不观兵"；厉王杀谤者，邵公谏以"防民之口甚于防川"；樊穆仲以"鲁侯孝"而荐鲁孝公于宣王；《周语中》富辰以"七德"② 谏襄王勿纳狄女；周定王论"先王之宴礼"以折服晋随会；《周语下》单襄公据"十一德"③预言晋周将得晋国……《左传》隐公三年石碏以教子"义方"谏卫庄公而被誉"纯臣"；桓公二年臧哀伯以"昭德"谏桓公置鼎而被誉"有后于鲁"；庄公二十三年曹刿以"礼"谏庄公勿如齐观社；僖公二十五晋文公围原明"信"；僖公三十三年臼季以"敬"荐冀缺于晋文公；文公十三年邾文公以"利民"而迁都于绎……这些言论散则各抒己见、各有千秋，合则异口同声、殊途同归，无不指向人性深处本自具备的"性德"品格，所列人物言说的根据——"民""孝""礼""义""信""敬""七德""十一德"等，全都是这种"性德"的具体体现。宋人吕祖谦告诫说，读《左传》要"先立乎其大者"，然后看"一代之所以升降，一国之所以盛衰，一君之所以治乱，一人之所以变迁"④。同样，我们聆听、感悟《国语》《左传》众多人物的苦心立言，不仅仅要着眼于该言论对于当时历史事件

① 朱熹：《四书集注章句·中庸章句》，中华书局，2011，第38页。
② "七德"指尊贵、明贤、庸勋、长老、爱亲、礼新、亲旧。
③ "十一德"指敬、忠、信、仁、义、智、勇、教、孝、惠、让。
④ 吕祖谦：《左氏传说》卷首《看左氏规模》，《丛书集成初编》本，商务印书馆，1937。

的影响，更要着眼于这些言论在礼崩乐坏的动荡乱世中集体呐喊、异口同声所释放出来的匡正祛邪、存亡继绝的正义力量。这股如洪流般的正义力量，源自人性深处与生俱来的"性德"品格，源自《国语》《左传》中的先哲们时时呼吁要践履的"人道"基因。

中国文化之所以恢宏博大、亘古常新，最重要的一点就是它将"人"置于天地万物所组成的伟大模板之中。《周易》云："立天之道，曰阴与阳；立地之道，曰柔与刚；立人之道，曰仁与义。"《左传》昭公二十五年："夫礼，天之经也，地之义也，民之行也。""则天之明，因地之性，以象天明，以从四时。……故能协于天地之性。"《左传》成公十三年刘康公曰："民受天地之中以生，所谓命也。"《尚书》云："天地，万物父母，人，万物之灵。"人之所以是天地万物之中最有灵性、最为高贵者，就是因为人能效法天地自然的阴阳、柔刚特性以尽其仁义之德。天地自然，实乃中华道德的真实源泉与最终目标。行文至此，让我们再次聆听《国语》《左传》中的先哲们对天地自然的惶恐敬畏与虔诚膜拜：《左传》僖公十年秦穆公反省说："我食吾言，背天地也。"僖公二十二年臧文仲引《诗经》语云："敬之敬之！天惟显思，命不易哉！"僖公二十三年郑叔詹论公子重耳"天子所启，人弗及也"。僖公三十三晋原轸论崤之战云："违天不祥。"宣公三年王孙满以"周德虽衰，天命未改"抗议楚成王问鼎中原……天地，以其"至诚无息""博也，厚也，高也，明也，悠也，久也"①的特性，成为中国人最真诚、最虔敬的顶礼对象。中国人的道德就是牢牢依托和寄寓在这个最宏伟、最稳固、最永恒的天地自然秩序即"天道"之中。德者，得也。得天地之道，得天地自然之性。中国道德的最高境界就是"与天地合其德，与日月合其明"，最高的人格就是"顶天立地"。人，作为"天地之性最贵者"，来到世上便赋有一种特殊的使命，那就是志于道德，行于仁义，存心养性，自强不息，最终尽性知天，通于天道，方为真人、圣人。

不过，"人心之动，物使之然也"②。人之本来纯净纯善之心，极易因外物之感而生种种情欲，进而牵引之、蒙蔽之、亏损之，渐离初心，循物

---

① （宋）朱熹：《四书集注章句·中庸章句》，中华书局，2011，第35页。
② （清）孙希旦：《礼记集解·乐记》，中华书局，1989，第976页。

逐情，往而不返。君子与世人最根本的区别，就在于对此清净本心，君子存之，世人失之；君子养之，世人悖之；君子充之，世人损之。因此，考量《国语》《左传》所载君子言行之所以载于史籍并成为世人效法学习的准则，就在于他们虽身处诸侯力争、陪臣执政、道德日衰的春秋乱世，仍能以清醒的理智随事省察，积德固本，以为天地立心、为生民立命的担当和勇气积极献言献策、进善卫道、褒贬时政，自觉地承担起监督政治和重构社会意识形态的责任、使命。这实质上就是在污浊的乱世之中仍能秉持做人的尊严、气节、操守、人格，并以仁义之德存之养之，使其沛然充塞天地之间，以德合天，尽人事以达天道。从这个意义上来说，春秋君子们反复申明的仁义之德，正是沟通人与天之间的唯一纽带和桥梁。只要积德累功，立言行善，既是践行人道，更是替天行道，彰显天道。中国人的道德已蕴含在天、地、人三者组成的伟大宇宙格局中，天地生养万物，就是天地之德；人效法这种生养之德，就是仁；回报这生养之德，就是义。以此来存养天地间的浩然正义，成就圣贤品格，便成为中国人任重道远、义不容辞之使命。这就是中国人之天命。

　　当然，想得到，未必都能写得出；想得好，也未必能够写得好。由于个人学力与时间的限制，《国语》《左传》记言的研究尚存在许多不尽如人意或需要进一步拓展研究的地方，如先秦史官创造了蔚为大观的"记言"文化，它包含了极为丰富的文化信息，对于了解先人的思想观念、生活理想、精神风貌都有着重要意义。同时，这一记言形式处在文献学、语言学、修辞学、史学、文学、传播学等多个学科研究的交界位置，如能结合起来进行综合考察，定能为这些领域提供一些新的认识角度和研究空间。本书主要对史官载录制度、记言功能和记言体式等方面进行着重考察，在其他方面，尤其是在语言观的探讨、言辞修饰的技巧等方面尚缺乏更为深入细致的分析。又如战国时期，士人兴起，百家争鸣，大量的人物对话或独白更是成为此时典籍最主要的文体形态。考虑到课题的研究对象，战国时期的这些言语活动及文章体式未能纳入本书论述范围。这虽然是个遗憾，但犹如登山一样，笔者将其视为下一个攀登目标，以激励自己继续前行。学术的探索没有止境，期盼在诸位方家的斧正和惠教之下，拙作能够趋近理想。

附　录

附录表一　《国语》记言资料

出处	序号	记言背景	记言内容	记言结果	记言形态
周语上	1	穆王将征犬戎	祭公谏穆王征犬戎	王不听，遂征之。……自是荒服者不至	独
	2	恭王游于泾上，密康公从，有三女奔之	密康公母论小丑备物终必亡	康公不献。一年，王灭密	独
	3	厉王虐，国人谤王	邵公谏厉王弭谤	王不听。于是国莫敢出言，三年乃流王于彘	独
	4	厉王说荣夷公	芮良夫论荣夷公专利	既，荣公为卿士，诸侯不享，王流于彘	独
	5	彘之乱，宣王在邵公之公，国人围之	邵公谏以其子代宣王死 *	乃以其子代宣王，宣王长而立之	独
	6	宣王即位，不籍千亩	虢文公谏宣王不籍千亩	王不听。三十九年，战于千亩，王师败绩于姜氏之戎	独
	7	鲁武公以括与戏见王	仲山父谏宣王立戏	王卒立之。……诸侯从是而不睦	独
	8	宣王欲得国子之能训导诸侯者	穆仲论鲁侯孝	乃命鲁孝公于夷宫	独
	9	宣王既丧南国之师，乃料民于太原	仲山父谏宣王勿料民	王卒料之。及幽王乃废灭	独
	10	幽王二年，西周三川皆震	伯阳父论周将亡	是岁也，三川竭，岐山崩。十一年，幽王乃灭，周乃东迁	独

出处	序号	记言背景	记言内容	记言结果	记言形态
周语上	11	惠王三年，王子颓饮三大夫酒，子国为客，乐及徧舞	郑厉公论乐祸与纳王 *	虢叔许诺。……杀子颓及三大夫，王乃入也	独
	12	十五年，有神降于莘	内史过论神	十九年，晋灭虢	独
	13	襄王使邵公过及内史过赐晋惠公命。吕甥、郤芮相晋侯不敬，晋侯执玉卑，拜不稽首	内史过论晋惠公必无后	襄王三年而立晋侯，八年而陨于韩。十七年而晋人杀怀公，怀公无胄。秦人杀子金、子公	独
	14	襄王使太宰文公及内史兴赐晋文公命。……如公命侯伯之礼	内史兴论晋文公必霸	王从之。使于晋者，道相逮也。……于是乎始霸	独
周语中	15	襄王十七年，郑人伐滑。……王怒，将以狄伐郑	富辰谏襄王以狄伐郑	王不听。十七年，王降狄师以伐郑	独
	16	王德狄人，将以其女为后	富辰谏襄王以狄女为后	王不听。十八年，黜狄后，狄人来诛，杀谭伯	独
	17	晋文公既定襄王于郑，王劳之以地，辞，请隧焉	襄王拒晋文公请隧	文公遂不敢请，受地而还	独
	18	王至自郑，以阳樊赐晋文公。阳人不服，晋侯围之	仓葛力辩退晋师 *	乃出阳民	独
	19	温之会，晋人执卫成公归之于周。晋侯请杀之	襄王拒杀卫成公	晋人乃归卫侯	独
	20	二十四年，秦师将袭郑，过周北门。……王孙满观之	王孙满论秦师必败 *	是行也，秦师还，晋人败诸崤，获其三帅丙、术、视	独

出处	序号	记言背景	记言内容	记言结果	记言形态
周语中	21	晋侯使随会聘于周，定王享之肴烝……王召士季	定王论不用全烝之故	武子遂不敢对而退。归乃讲聚三代之典礼，于是乎修执秩以为晋法	独
	22	定王使单襄公聘于宋。遂假道于陈……单子归	单襄公论陈必亡	六年，单子如楚。八年，陈侯杀于夏氏。九年，楚子入陈	独
	23	定王八年，使刘康公聘于鲁……归	刘康公论鲁大夫俭与侈	十六年，鲁宣公卒。赴者未及，东门氏来告乱，子家奔齐。简王十一年，鲁叔孙侨伯亦奔齐，成公未殁二年	独
	24	简王八年，鲁成公来朝，使叔孙侨如先聘且告。见王孙说，与之语	王孙说请勿赐叔孙侨如	王遂不赐，礼如行人	独
	25	晋既克楚于鄢，使郤至告庆于周。……君以为奚若？	单襄公论郤至佻天之功	郤至归，明年死难。及伯舆之狱，王叔陈生奔晋	独
周语下	26	柯陵之会，单襄公见晋厉公视远步高。……言及晋难及郤犨之潜	单襄公论晋将有乱。	简王十一年，诸侯会于柯陵。十二年，晋杀三郤。十三年，晋侯弑，于翼东门葬，以车一乘。齐人杀国武子	独
	27	晋孙谈之子周适周，事单襄公……襄公有疾，召顷公而告之	单襄公论晋周将得晋国	及厉公之乱，召周子而立之，是为悼公	独

出处	序号	记言背景	记言内容	记言结果	记言形态
周语下	28	灵王二十二年，谷、洛斗，将毁王宫。王欲壅之	太子晋谏灵王壅谷水	王卒壅之，及景王，多宠人，乱于是乎始生	独
	29	晋羊舌肸聘于周，发币于大夫及单靖公。靖公享之，俭而敬，宾礼赠饯，视其上而从之；燕无私，送不过郊；语说《昊天有成命》。单之老送叔向	晋羊舌肸聘周论单靖公敬俭让咨		独
	30	景王二十一年，将铸大钱	单穆公谏景王铸大钱	王弗听。卒铸大钱	独
	31	二十三年，王将铸无射，而为之大林	单穆公谏景王铸大钟	王不听。卒铸大钟。……二十五年，王崩，钟不和	独
	32	王将铸无射，问律于伶州鸠	景王问钟律于伶州鸠		独
	33	景王既杀下门子。宾孟适郊，见雄鸡自断其尾	宾孟论雄鸡自断其尾 *	王弗应，田于巩，使公卿皆从，将杀单子，未克而崩	独
	34	敬王十年，刘文公与苌弘欲城周。……卫彪傒适周	卫彪傒论刘文公与苌弘城周 *	二十八年，杀苌弘。及定王，刘氏亡	独
鲁语上	35	长勺之役，曹刿问所以战于庄公	曹刿论战 *		独
	36	庄公如齐观社	曹刿谏庄公如齐观社	不听，遂如齐	独

出处	序号	记言背景	记言内容	记言结果	记言形态
鲁语上	37	庄公丹桓宫之楹，而刻其桷	匠师庆谏庄公丹楹刻桷	公弗听	独
	38	哀姜至，公使大夫、宗妇觌用币	夏父展谏宗妇觌哀姜用币	公弗听	独
	39	鲁饥……文仲以鬯圭与玉如齐告籴	臧文仲谏庄公如齐告籴	齐人归其玉而予之籴	独
	40	齐孝公来伐鲁，……展禽使乙喜以膏沐犒师	乙喜膏沐犒齐师*	齐侯乃许为平而还	独
	41	温之会，晋人执卫成公归之于周，使医鸩之，不死，医亦不诛	臧文仲说僖公请免卫成公	公说，行玉二十瑴，乃免卫侯	独
	42	晋文公解曹地以分诸侯。僖公使臧文仲往，宿于重馆	重馆人谏臧文仲速行亲晋*	从之，获地于诸侯为多	独
	43	海鸟曰"爰居"，止于路东门之外三日，臧文仲使国人祭之	展禽论祭爰居非政之宜	是岁也，海多大风，冬暖	独
	44	文公欲弛孟文子之宅	孟文子论鲁文公更宅*	臧文仲赞之"善守"	独
	45	公欲弛郈敬子之宅，亦如之	郈敬子论鲁文公更宅*	公亦不取	独
	46	夏父弗忌为宗，蒸将跻僖公	宗有司谏夏父弗忌跻僖公改昭穆*	弗听	独
	47	莒太子仆弑纪公，以其宝来奔。……仆人以里革对	里革更书逐莒太子仆	公执之，乃舍之	独

出处	序号	记言背景	记言内容	记言结果	记言形态
鲁语上	48	宣公夏滥于泗渊，里革断其罟而弃之	里革谏鲁宣公勿罟鱼 *	公闻之曰："吾过而里革匡我，不亦善乎！是良罟也，为我得法。使有司藏之，使吾无忘谂。"	独
	49	子叔声伯如晋谢季文子，郤犨欲予之邑，弗受也	子叔声伯辞邑		独
	50	晋人杀厉公，边人以告，成公在朝	里革论君之过		独
	51	季文子相宣、成，无衣帛之妾，无食粟之马	季文子论妾马	自是，子服之妾衣不过七升之布，马饩不过稂莠	独
鲁语下	52	叔孙穆子聘于晋，晋悼公飨之，乐及《鹿鸣》之三，而后拜乐三。晋侯使行人问焉	叔孙穆子论宴享之乐 *		独
	53	季武子为三军	叔孙穆子谏季武子为三军	弗从。遂作中军，自是齐、楚代讨于鲁	独
	54	诸侯伐秦，及泾莫济。晋叔向见叔孙穆子	叔孙穆子赋《匏有苦叶》 *	是行也，鲁人以莒人先济，诸侯从之	独
	55	襄公如楚，及汉，闻康王卒，欲还	叔仲昭伯谏鲁襄公如楚 *	乃遂行	组（襄公如楚）
	56	及方城，闻季武子袭卞，公欲还，出楚师以伐鲁	荣成伯谏鲁襄公以楚师伐鲁	乃归	
	57	襄公在楚，季武子取卞，使季冶逆，追而予之玺书	季冶致禄		

出处	序号	记言背景	记言内容	记言结果	记言形态
鲁语下	58	虢之会，楚公子围二人执戈先焉。蔡公孙归生与郑罕虎见叔孙穆子	叔孙穆子论楚公子必死 *	公子围反，杀郏敖而代之	独
	59	虢之会……楚人将以叔孙穆子为戮。晋乐王鲋求货于穆子，曰："吾为子请于楚。"穆子不予	叔孙穆子论不予货免身 *	楚人乃赦之	独
	60	平丘之会，晋昭公使叔向辞昭公，弗与盟。……执平子	子服惠伯说韩宣子 *	宣子说，乃归平子	独
	61	季桓子穿井，获如土缶，其中有羊焉。使问之仲尼	仲尼对季桓子使者之问 *	独	
	62	季康子问于公父文伯之母曰："主亦有以语肥也。"	公父文伯之母对季康子问	子夏闻之，曰："善哉！商闻之曰：'古之嫁者，不及舅、姑，谓之不幸。'夫妇，学于舅、姑者也。"	
	63	公父文伯饮南宫敬叔酒，以露睹父为客。羞鳖焉，小。睹父怒，相延食鳖	公父文伯之母怒斥其子 *	遂逐之。五日，鲁大夫辞而复之	独
	64	公父文伯之母如季氏，康子在其朝，与之言，弗应，从之及寝门，弗应而入	公父文伯之母论内朝与外朝		独

出处	序号	记言背景	记言内容	记言结果	记言形态
	65	公父文伯退朝，朝其母，其母方绩。文伯曰："以歇之家而主犹绩，惧秆季孙之怒也。其以歇为不能事主乎！"	公父文伯之母论劳逸	仲尼闻之曰："弟子志之，季氏之妇不淫矣。"	独
	66		公父文伯之母别于男女之礼	仲尼闻之，以为别于男女之礼矣	独
	67		公父文伯之母欲室文伯*	师亥赞之	独
	68	公父文伯卒，其母戒其妾	公父文伯之母戒公父文伯之妾*	仲尼闻之曰："女知莫若妇，男知莫若夫。公父氏之妇智也夫！欲明其子之令德。"	独
	69		谓公父文伯之母知礼	仲尼闻之曰："季氏之妇可谓知礼矣。爱而无私，上下有章。"	独
	70	吴伐越，堕会稽，获骨焉，节专车。吴子使来好聘，且问之仲尼	仲尼论大骨		独
	71	仲尼在陈，有隼集于陈侯之庭而死，楛矢贯之，石砮其长尺有咫。陈惠公使人以隼如仲尼之馆问之	仲尼论楛矢	使求，得之金椟，如之	独
	72	齐闾丘来盟，子服景伯戒宰人曰："陷而入于恭。"闵马父笑，景伯问之	闵马父论"恭"*		独
	73	季康子欲以田赋，使冉有访诸仲尼。仲尼不对，私于冉有	仲尼非难季康子以田赋		独

出处	序号	记言背景	记言内容	记言结果	记言形态
齐语	74	桓公自莒反于齐，使鲍叔为宰	管仲对桓公以霸术	是故士莫敢单一朝之便，皆有终岁之计；莫敢以终岁之议，皆有终身之功	组（管仲相桓公争霸）
	75		管仲对桓公政事之问*		
	76	正月之朝，五属大夫复事。桓公择是寡功者而谪之	五属大夫对桓公之问*	有司已于事而竣。五属大夫于是退而修属，属退而修县，县退而修乡，乡退而修卒，卒退而修邑，邑而退而修家。是故匹夫有善，可得而举也；匹夫有不善，可得而诛也。政既成矣，以守则固，以征则强	
	77		管仲教桓公亲邻国		
	78		管仲教桓公足甲兵	甲兵大足	
	79		管仲对桓公所征四方诸侯之问*	四邻大亲	
	80	葵丘之会，天子使宰孔致胙于桓公	宰孔致襄王命*	遂下拜，升受命。赏服大辂，龙旗九旒，渠门赤旂，诸侯称顺焉	
晋语一	81	武公伐翼，杀哀侯，止栾共子	栾共子拒从武公之诱*	遂斗而死	（骊姬设计陷害太子申生）
	82	献公卜伐骊戎，史苏占之	史苏、郭偃论晋将及难*	既，骊姬不克，晋正于秦，五立而后平	
	83	献公伐骊戎，克之，灭骊子，获骊姬以归，立以为夫人，生奚齐	史苏论骊姬必乱晋	骊姬果作难，杀太子而逐二公子。君子曰："知难本矣。"	
	84	骊姬生奚齐，其娣生卓子。公将黜太子申生而立奚齐。里克、丕郑、荀息相见	太子明志		

续表

出处	序号	记言背景	记言内容	记言结果	记言形态
晋语一	85	献公田，见翟柤之氛，归寝不寐。郤叔虎朝，公语之	郤叔虎谏伐翟 *	遂克之	组（骊姬设计陷害太子申生）
	86	公之优曰施，通于骊姬	优施教骊姬远太子	骊姬既远太子，乃生之单，太子由是得罪	
	87	十六年，公作二军，公将上军。太子申生将下军以伐霍	士芮谏献公以太子从军 *	太子遂行，克霍而反，谗单弥兴	
	88	优施教骊姬	优施教骊姬谮申生	申生胜狄而反，谗单作于中	
	89	十七年冬，公使太子伐东山	众臣论申生伐东山	果败狄于稷桑而反。谗单益起，狐突杜门不出	
	90	反自稷桑，处五年	骊姬谮杀太子申生	骊姬退，申生乃雉经于新城之庙。……居二年，骊姬使奄楚以环释言。四年，复为君	
	91	虢公梦在庙，有神人面白毛虎爪，执钺立于西阿，公惧而走	舟之侨论虢将亡 *	将行，以其族适晋。六年，虢乃亡	独
	92	伐虢之役，师出于虞。宫之奇谏而不听	宫之奇论虞将亡 *	以其孥适西山，三月，虞乃亡	独
	93	献公问于卜偃曰："攻虢何月也？"	卜偃论攻虢之日 *		独
	94	葵丘之会，献公将如会，遇宰周公	宰孔谏献公与葵丘之会 *	是岁也，献公卒。八年，为淮之会。桓公在殡，宋人伐之	独

出处	序号	记言背景	记言内容	记言结果	记言形态
晋语三	95	二十六年，献公卒。里克将杀奚齐	里克杀奚齐而秦立惠公	是故先置公子夷吾，单为惠公	组（惠公归国）
	96		冀芮答秦穆公问	君子曰："善以微劝也。"	
	97	惠公入而背内外之赂	郭偃论舆人之诵 *		
	98	惠公既即位，出共世子而改葬之	郭偃论国人之诵 *		
	99	惠公既杀里克而悔之	郭偃论冀芮、惠公之行为 *	及文公入，秦人杀冀芮而施之	
	100	惠公既即位，乃背秦赂。使丕郑聘于秦，且谢之	惠公杀丕郑	是故杀丕郑及七舆大夫	
	101	晋饥，乞籴于秦	丕豹、公孙枝辩籴晋 *	是故泛舟于河，归籴于晋	
	102	秦饥，公令河上输之粟	虢射、庆郑辩籴秦 *	遂不予	
	103	六年，秦岁定，帅师侵晋，至于韩	吕甥逆惠公于秦		
	104		惠公斩庆郑	丁丑，斩庆郑，乃入绛	
晋语四	105	文公在狄十二年	狐偃论适齐 *	皆以为然	组（重耳之亡及归国称霸）
	106	过五鹿，乞食于野人。野人举块以与之，公子怒，将鞭之	狐偃论受野人土 *	遂适齐	
	107	齐侯妻之，甚善焉。有马二十乘，将死于齐而已矣	齐姜劝重耳勿怀安	公子弗听	
	108	姜与子犯谋，醉而载之以行	齐姜与子犯谋返重耳	遂行	

出处	序号	记言背景	记言内容	记言结果	记言形态
晋语四	109	过卫，卫文公有邢、狄之虞，不能礼焉	宁庄子谏卫文公礼遇重耳 *	公弗听	组（重耳之亡及归国称霸）
	110	自卫过曹，曹共公亦不礼焉，闻其骈胁，欲观其状	僖负羁谏曹伯礼遇重耳 *	公弗听	
	111	公子过宋，与司马公孙固相善	公孙固谏宋襄公礼遇重耳 *	襄公从之，赠以马二十乘	
	112	公子过郑，郑文公亦不礼焉	叔詹谏郑文公礼遇重耳 *	公弗听	
	113	遂如楚，楚成王以周礼享之	重耳对楚成王问 *	于是怀公自秦逃归。秦伯召公子于楚，楚子厚币以送公子于秦	
	114	秦伯归女五人，怀嬴与焉。……公子欲辞	司空季子谏重耳纳怀嬴 *	乃归女而纳币，且逆之	
	115	他日，秦伯将享公子，公子使子犯从	秦伯与重耳赋诗言志 *		
	116	公子亲筮之	司空季子论重耳将得国 *		
	117	董因迎公于河	董因论重耳将得国 *	公子济河……刺怀公于高梁	
	118	初，献公使寺人勃鞮伐公于蒲城，文公逾垣，勃鞮斩其袪。及入，勃鞮求见	寺人勃鞮求见文公	公遽出见之	
	119	文公之出也，竖头须，守藏者也，不从。公入，乃求见，公辞焉以沐	文公遽见竖头须	公遽见之	

出处	序号	记言背景	记言内容	记言结果	记言形态
晋语四	120	冬,襄王避昭叔之难,居于郑地氾。使来告难,亦使告于秦	子犯谏文公纳襄王 *	公说,乃行赂于草中之戎与丽土之狄,以启东道	组(重耳之亡及归国称霸)
	121	二年春,公以二军下,次于阳樊。……阳人不服	仓葛力辩退晋师 *	乃出阳人	
	122	文公伐原,令以三日之粮。三日而原不降	文公论信去原 *	及孟门,而原请降	
	123	文公立四年,楚成王伐宋,公率齐、秦伐曹、卫以救宋。宋人使门尹班告急于晋	文公救宋败楚于城濮	至于城濮,果战,楚众大败。君子曰:"善以德劝。"	
	124	文公诛观状以伐郑,反其陴。郑人以名宝行成,公弗许	叔詹论事君 *	乃命弗杀,厚为之礼而归之。郑人以詹伯为将军	
	125	晋饥,公问于箕郑	箕郑对文公问信	公使为箕。及清原之蒐,使佐新上军	
	126	文公问元帅于赵衰	文公任贤与赵衰举贤	公从之	
	127	文公学读书于臼季	臼季劝学 *		
	128	文公问于郭偃曰:"始也,吾以治国为易,今也难。"	郭偃论治国之难易		
	129	文公问于胥臣曰:"吾欲使阳处父傅讙也而教诲之,其能善之乎?"	臼季论教诲之力		
	130	文公即位二年,欲用其民	子犯谏文公使民 *	遂伐曹、卫,出谷戍,释宋围,败楚师于城濮,于是乎遂伯	

出处	序号	记言背景	记言内容	记言结果	记言形态
晋语五	131	臼季使，舍于冀野。冀缺耨，其妻馌之，敬，相待如宾	臼季举冀缺	公见之，使为下军大夫	独
	132	阳处父如卫，反，过宁，舍于逆旅宁赢氏	宁赢氏论阳处父将有难*	期年，乃有贾季之难，阳子死之	独
	133	赵宣子言韩献子于灵公，以为司马	赵宣子论比与党		独
	134	宋人弑昭公，赵宣子请师于灵公以伐宋	赵宣子请师伐宋	乃使旁告于诸侯，治兵振旅，鸣钟鼓，以至于宋	独
	135	灵公虐，赵宣子骤谏。公患之，使鉏麑贼之	灵公使鉏麑杀赵宣子	触庭之槐而死。灵公将杀赵盾，不克	独
	136	郤献子聘于齐，齐顷公使妇人观而笑之。……范武子退自朝	范武子嘱其子敬承君命*	乃老	独
	137	范文子暮退于朝。	范武子杖文子	击之以杖，折委笄	独
	138	靡笄之役，韩献子将斩人	郤献子分谤		独
	139	靡笄之役，郤献子伤	张侯勉献子忍病持战*	齐师大败，逐之，三周华不注之山	独
	140	靡笄之役，郤献子师胜而返，范文子后入	范文子论师胜后入*	武子曰："吾知免矣。"	独
	141	靡笄之役，郤献子见	郤献子、范文子、栾武子谦让军功*		独
	142	靡笄之役也，郤献子伐齐。齐侯来	苗贲皇论郤献子勇而不知礼		独
	143	梁山崩，以传召伯宗，遇大车当道而覆，立而辟之	车者论梁山崩	问其名，不告；请以见，不许。伯宗及绛，以告，而从之	独
	144	伯宗朝，以喜归	伯宗妻谓民不戴上难必死	及栾弗忌之难，诸大夫害伯宗，将谋而杀之。毕阳送宋州犁于荆	独

出处	序号	记言背景	记言内容	记言结果	记言形态
晋语六	145	赵文子冠	赵文子冠		组
	146	厉公将伐郑，范文子不欲	范文子谏勿伐郑*		独
	147	厉公六年，伐郑，且使苦成叔及栾黡兴齐、鲁之师。楚恭王帅东夷救郑	郤至力主伐楚*	于是败楚师于鄢陵，栾书是以怨郤至	独
	148	鄢之战，郤至以韎韦之跗注，三逐楚平王卒	郤至勇而知礼	君子曰：勇以知礼	独
	149	鄢之役，晋人欲争郑，范文子不欲	范文子论内睦而后图外		独
	150	鄢之役，晋伐郑，荆救之。大夫欲战，范文子不欲	范文子论外患与内忧		独
	151	鄢之役，晋伐郑，荆救之。栾武子将上军，范文子将下军。栾武子欲战，范文子不欲	范文子论胜楚必有内忧	栾武子不听，遂与荆人战于鄢陵，大胜之。……厉公之所以死者，唯无德而功烈多，服者众也	独
	152	鄢之役，荆压晋军，军吏患之，将谋	范文子论德为福之基		独
	153	反自鄢，范文子谓其宗、祝	范文子论私难将作	七年夏，范文子卒。冬，难作，始于三郤，卒于公	独
	154	既战，获王子发钩。栾书谓王子发钩	栾书发郤至之罪	既刺三郤，栾书弑厉公，乃纳孙周而立之，单为悼公	组（三郤之难）
	155	长鱼矫既杀三郤，及胁栾、中行	长鱼矫谏杀栾书、中行*	三月，厉公弑	
	156	栾武子、中行献子围公于匠丽氏，乃召韩献子	韩献子不从栾、中行召	中行偃欲伐之……乃止	

出处	序号	记言背景	记言内容	记言结果	记言形态
晋语七	157	既弑厉公，栾武子使智武子、彘恭子如周迎悼公	悼公即位之诰 *	乃盟而入	组（悼公复霸）
	158	二月乙酉，公即位	悼公任贤令 *		
	159	四年，会诸侯于鸡丘，魏绛为中军司马。公子扬干乱行于曲梁，魏绛斩其仆	魏绛论斩晋悼公之弟 *	令之佐新军	
	160	祁奚辞于军尉，公问焉	祁奚荐祁午以自代	公使祁午为军尉，殁平公，军无秕政	
	161	五年，无终子嘉父使孟乐因魏庄子纳虎豹之皮以和诸戎	魏绛谏悼公伐诸戎	公说，故使魏绛抚诸戎，于是乎遂伯	
	162	韩献子老，使公族穆子受事于朝	韩献子荐穆子受事于朝 *	使掌公族大夫	
	163	悼公使张老为卿	张老荐魏绛为卿 *	使魏绛佐新军	
	164	十二年，公伐郑。……公赐魏绛女乐一八、歌钟一肆	悼公赐魏绛女乐歌钟		
	165	悼公与司马侯升台而望	司马侯荐叔向	乃召叔向使傅太子彪	

出处	序号	记言背景	记言内容	记言结果	记言形态
晋语八	166	平公六年，箕遗及黄渊、嘉父作乱，不克而死。公遂逐群贼	阳毕谏平公赏善惩恶*	是以没平公之身无内乱也	独
	167	栾怀子之出，执政使栾氏之臣勿从，从栾氏者为大戮施。栾氏之臣辛俞行，吏执之，献诸公	辛俞论从栾氏出奔*	君知其不可得也，乃遣之	独
	168	叔鱼生，其母视之	叔向母谓羊舌氏必灭		独
	169	鲁襄公使叔孙穆子来聘	叔孙穆子论死且不朽		独
	170	范宣子与和大夫争田，久而无成。宣子欲攻之	范宣子与和大夫争田	宣子说，乃益和田而与之和	组
	171	訾祐死	范献子答对为臣之道*		独
	172	平公说新声	师旷论乐		独
	173	平公射鴳，不死，使竖襄搏之，失。公怒，拘将杀之	叔向谏杀竖襄	君怩怩，乃趣赦之	独
	174	叔向见司马侯之子，抚而泣之	叔向论比而不别		独
	175	秦景公使其弟针来求成，叔向命召行人子员	叔向力辩用行人子员*	拂衣从之，人救之	独
	176	诸侯之大夫盟于宋，楚令尹子木欲袭晋军	叔向论论忠信而本固	自是没平公无楚患	独
	177	宋之盟，楚人固请先歃	叔向论务德无争先	乃先楚人	独

出处	序号	记言背景	记言内容	记言结果	记言形态
晋语八	178	虢之会，鲁人食单，楚令尹围将以鲁叔孙穆子为戮，乐王鲋求货焉不予	赵文子请免叔孙穆子	固请于楚而免之	独
	179	赵文子为室，斫其椽而砻之，张老夕焉而见之，不谒而归	张老谏赵文子勿富而忘礼 *	文子归，令之勿砻也	独
	180	赵文子与叔向游于九原	赵文子称贤随武子		独
	181	秦后子来奔	秦后子谓赵孟将死	冬，赵文子卒	独
	182	平公有疾，秦景公使医和视之	医和论晋平公疾 *	是岁也，赵文子卒，诸侯叛晋，十年，平公薨	独
	183	秦后子来仕，其车千乘。楚公子干来仕，其车五乘	叔向对均诸侯富之策 *	乃均其禄	独
	184	郑简公使公孙成子来聘，平公有疾，韩宣子赞授客馆	子产论公之黄熊梦 *	祀夏郊，董伯为尸，五日，公见子产，赐之莒鼎	独
	185	叔向见韩宣子，宣子忧贫，叔向贺之	叔向论忧德不忧贫	宣子拜稽首焉	独
晋语九	186	士景伯如楚，叔鱼为赞理。邢侯与雍子争田，雍子纳其女于叔鱼以求直	叔向论三奸同罪	邢侯闻之，逃。遂施邢侯氏，而尸叔鱼与雍子于市	独
	187	中行穆子帅师伐狄，围鼓。鼓人或请以城叛，穆子不受	中行穆子帅师伐狄围鼓	令军吏呼城，儆将攻之，未傅而鼓降	组（中行穆子克鼓）

出处	序号	记言背景	记言内容	记言结果	记言形态
晋语九	188	中行伯既克鼓，以鼓子苑支来。令鼓人各复其所，非僚勿从。鼓子之臣曰夙沙釐，以其孥行，军吏执之	夙沙釐论事君 *	乃使行。既献，言于公，与鼓子田于河阴，使夙沙釐相之	组（中行穆子克鼓）
	189	范献子聘于鲁，问具山、敖山，鲁人以其乡对	范献子诫人不可以不学		独
	190	董叔将娶于范氏，叔向曰："范氏富，盍已乎!"曰："欲为系援焉。"	叔向论求援得援 *		独
	191	赵简子曰："鲁孟献子有斗臣五人。我无一，何也?"	叔向对赵简子求勇士之问 *		独
	192	梗阳人有狱，将不胜，请纳赂于魏献子，献子将许之	阎没、女宽谏魏献子无受贿	乃辞梗阳人	独
	193	下邑之役，董安于多。赵简子赏之，辞，固赏之	董安于辞赵简子赏	乃释之	独
	194	赵简子使尹铎为晋阳	赵简子戒赵襄子 *		独
	195	赵简子使尹铎为晋阳，曰："必堕其垒培。吾将往焉，若见垒培，是见寅与吉射也。"尹铎往而增之	邮无正谏赵简子勿杀尹铎	简子说，曰："微子，吾几不为人矣!"以免难之赏赏尹铎	独

出处	序号	记言背景	记言内容	记言结果	记言形态
	196	铁之战	赵简子、卫庄公、邮无正三人夸功		独
	197		卫庄公祷	简子曰："志父寄也。"	独
	198	赵简子田于蝼，史黯闻之，以犬待于门	史黯谏赵简子田于蝼	简子乃还	独
	199		少室周知贤而让	简子赞之	独
	200	赵简子曰："吾愿得范、中行之良臣。"史黯侍	史黯论良臣	简子曰："善。吾单单过矣。"	独
	201	赵简子问于壮驰兹曰："东方之士孰为愈?"	壮驰兹论求贤 *		独
晋语九	202	赵简子叹曰："雀入于海为蛤，雉入于淮为蜃。鼋鼍鱼鳖，莫不能化，唯人不能。哀夫!"窦犫侍	窦犫论君子哀无人		独
	203	赵襄子使新稚穆子伐狄，胜左人、中人，遽人来告，襄子将食，专饭有恐色	赵襄子释忧 *		独
	204	智宣子将以瑶为后，智果曰："不如宵也。"	智果论智瑶必灭宗	弗听。智果别族于太史为辅氏。及智氏之亡也，唯辅果在	独
	205	智襄子为室美，士茁夕焉	士茁论智氏将亡 *	室成，三年而智氏亡	独
	206	还自卫，三卿宴于蓝台，智襄子戏韩康子而侮段规。智伯国闻之	智伯国谏智襄子	弗听。自是五年，乃有晋阳之难。段规反，首难，而杀智伯于师，遂灭智氏	独
	207		晋阳之围		独

出处	序号	记言背景	记言内容	记言结果	记言形态
郑语	208	桓公为司徒,甚得周众与东土之人	史伯为桓公论兴衰	公说,乃东寄帑与贿,虢、郐受之,十邑皆有寄地。……楚蚠冒于是乎始启濮	独
楚语上	209	庄王使士亹傅太子箴……王卒使傅之	申叔时论傅太子之道		独
	210	恭王有疾……子囊议谥	子囊议恭王之谥	大夫从之	独
	211	屈到嗜芰……屈建命去之	屈建论祭父之礼	遂不用	独
	212	椒举娶于申公子牟,子牟有罪而亡,康王以为椒举遣之,椒举奔郑,将遂奔晋	蔡声子论楚材晋用	乃使椒鸣召其父而复之	独
	213	灵王为章华之台,与伍举升焉	伍举论台美而楚殆		独
	214	灵王城陈、蔡、不羹,使仆夫子晳问于范无宇	范无宇论国为大城未有利者	三年,陈、蔡及不羹人纳弃疾而弑灵王	独
	215	左史倚相廷见申公子亹,子亹不出,左史谤之,举伯以告。子亹怒而出,曰:"女无亦谓我老耄而舍我,而又谤我!"	左史倚相儆申公子亹	子亹惧,曰:"老之过也。"乃骤见左史	独
	216	灵王虐,白公子张骤谏	白公子张讽灵王宜纳谏	七月,乃有乾谿之乱,灵王死之	独
	217	司马子期欲以妾为内子,访之左史倚相	左史倚相儆司马子期唯道是从	子期乃止	独

出处	序号	记言背景	记言内容	记言结果	记言形态
楚语下	218	昭王问于观射父，曰："《周书》所谓重、黎寔使天地不通者，何也？若无然，民将能登天乎？"	观射父论绝地天通		独
	219	子期祀平王，祭以牛俎于王，王问于观射父	观射父论祀牲		独
	220	斗且廷见令尹子常，子常与之语，问蓄货聚马	斗且论令尹将亡	期年，乃有柏举之战，子常奔郑，昭王奔随	独
	221	吴人入楚，昭王出奔，济于成臼，见蓝尹亹载其孥	蓝尹亹论儆君 *	王乃见之	组（昭王出奔）
	222	吴人入楚，昭王奔郧，郧公之弟怀将弒王，郧公辛止之	郧公辛与弟怀或礼于君或礼于父	王归而赏及郧、怀	
	223	子西叹于朝	蓝尹亹谏论吴将毙		独
	224	王孙圉聘于晋，定公飨之，赵简子鸣玉以相	王孙圉论国之宝		独
	225	惠王以梁与鲁阳文子，文子辞	鲁阳文子辞惠王所与梁	与之鲁阳	独
	226	子西使人召王孙胜，沈诸梁闻之	叶公子高论白公胜必乱楚国	不从，遂使为白公	独
吴语	227	吴王夫差起师伐越，越王勾践起师逆之	诸稽郢行成于吴		组（夫差争霸）

出处	序号	记言背景	记言内容	记言结果	记言形态
吴语	228	吴王夫差乃告诸大夫曰："孤将有大志于齐，吾将许越成，而无拂吾虑。若越既改，吾又何求？若其不改，反行，吾振旅焉。"	申胥谏夫差勿许越之行成 *	吴王乃许之，荒成不盟	组（夫差争霸）
	229	吴王夫差既许越成，乃大戒师徒，将以伐齐	申胥谏夫差勿伐齐 *	王弗听。十二年，遂伐齐。齐人与战于艾陵，齐师败绩，吴人有功	
	230	吴王夫差既胜齐人于艾陵，乃使行人奚斯释言于齐	奚斯行成于齐 *	归咎于齐	
	231		申胥自杀		
	232	吴、晋争长未成，边遽乃至，以越乱告	勾践袭吴 *		
	233	晋师大骇不出，周军饬垒，乃令董褐请事	吴欲与晋战得为盟主	吴公先歃，晋侯亚之。吴王既会，越闻愈章，恐齐、宋之为己害也，乃命王孙雒先与勇获帅徒师，以为过宾于宋，以焚其北郛焉而过之	
	234	吴王夫差既退于黄池，乃使王孙苟告劳于周	王孙苟告于周		
	235		勾践灭吴，夫差自杀	越灭吴，上征上国，宋、郑、鲁、卫、陈、蔡执玉之君皆入朝。夫唯能下其群臣，以集其谋故也	
越语上	236		勾践灭吴		组

出处	序号	记言背景	记言内容	记言结果	记言形态
越语下	237	越王勾践即位三年而欲伐吴	范蠡进谏勾践持盈定倾节事		组（勾践灭吴）独
	238	四年，王召范蠡而问焉	范蠡劝勾践无早图吴		
	239	又一年，王召范蠡而问焉	范蠡谓人事至而天应未至		
	240	又一年，王召范蠡而问焉	范蠡谓先为之征其事不成		
	241	又一年，王召范蠡而问焉	范蠡谓人事与天地相参乃可以成功		
	242	又一年，王召范蠡而问焉	范蠡谏兴师伐吴而弗与战 *		
	243	居军三年，吴师自溃。吴王帅其贤良，与其重禄，以上姑苏。使王孙雒行成于越	范蠡谏勾践勿许吴成	遂灭吴	
	244	反至五湖，范蠡辞于王	范蠡乘轻舟以浮于五湖	遂乘轻舟以浮于五湖，莫知其所终极	

说明：

1. 表中带"＊"号的史料表示称名不同于"上海师范大学古籍整理研究所校点本《国语》"称名；

2. "独"代指"独体式记言"；

3. "组"代指"组接式记言"。

附录表二　《左传》记言史料一览

		记言主体	记言内容	记言结果	记言形态
隐公元年	1	祭仲——郑庄公 公子吕——郑庄公 颍考叔——郑庄公	谏除姜氏 谏除姜氏 建言母子相见之法	勿从 勿从 遂为母子如初	叙（郑伯克段于鄢事）
三年	2	宋穆公——孔父	嘱其让位于与夷（殇公）	八月庚辰，殇公即位。君子评之	独
	3	石碏——卫庄公	谏勿立州吁	勿从	独
四年	4	众仲——鲁隐公	据州吁无德预言其将死		独
五年	5	臧僖伯——鲁隐公	谏勿如棠观鱼	勿从	独
	6	众仲——鲁隐公	答对羽舞之人数	从之	独
	7	鲁隐公——宋使	辞宋使者		独
六年	8	五父——陈桓公	谏其许成于郑	勿从。君子评之	独
	9	周桓公——周桓王	谏善待郑		独
八年	10	陈针子	据公子忽违夫妇礼预言其将无育。		独
	11	众仲——齐使	对齐告成三国（宋、卫、郑）事		独
	12	众仲——隐公	问谥法	从之	独
九年	13	公子突——郑伯	论御戎之术	从之	独
十一年	14	羽父——薛侯	斡旋滕、薛之矛盾	薛侯许之，乃长滕侯	独
	15	郑伯——百里（许） 郑伯——公孙获	使其居许城东部 使其居许城西部	从之。君子评之	独
桓公二年	16	臧哀伯——鲁桓公	谏勿置大鼎于大庙	勿从。周内史评之	独
	17	师服	评论晋姜氏为子命名		独
	18	师服	评论封桓叔于曲沃事	惠之四十五年，曲沃庄伯伐翼，弒孝侯	独
五年	19	郑子元——郑庄公	建议拒周王室阵法	从之	独
六年	20	斗伯比——楚子	建言以羸师诱随侯	从之	独

		记言主体	记言内容	记言结果	记言形态
	21	季梁——随侯	谏修政、和兄弟之国	随侯惧而修政，楚不敢伐	独
	22	大子忽	释辞齐昏之由	君子评之	独
	23	申繻——桓公	答对命名之法	从之	独
七年	24	斗伯比——楚子季梁——随侯	建言伐随陈伐楚之策	从之。勿从	叙（楚随速杞战事）
十年	25	虞叔	论虞公之请璧与剑	遂伐虞公	独
十一年	26	楚斗廉——屈瑕	献谋伐郧	遂败郧师于蒲骚	独
十二年	27	屈瑕	献谋伐绞	从之。大败之	独
十三年	28	斗伯比——其御者邓曼——楚武王	据屈瑕傲预言其必败谏镇抚莫敖屈瑕		叙（楚屈瑕伐罗事）
十七年	29	鲁桓公——疆吏	告之勿需请示战齐		独
十八年	30	申繻——鲁桓公	谏勿携文姜如齐	勿从	独
十八年	31	辛伯——周公黑肩	谏勿纳王子克	周公弗从，故及	独
庄公四年	32	邓曼——楚武王	据王心荡预言其将死	王遂行，卒于樠木之下	独
六年	33	三甥（骓甥、聃甥、养甥）——邓祁侯	谏杀楚子	勿从。十六年，楚复伐邓，灭之	独
八年	34	鲁庄公——仲庆父	释不伐齐之由	君子评之	独
八年	35	鲍叔牙	预言齐将乱		叙（鲍叔荐管仲事）
八年	36	鲍叔牙——齐桓公	谏以管仲为相	公从之	独
十年	37	曹刿——桓公	对战之策	从之	叙
十年	38	公子偃——庄公	谏先击宋	勿从	独
十一年	39	宋公——鲁使	对鲁使灾问	臧文仲评之	独
十一年	40	宋公——宋万	讥讽宋万	病之	独
十四年	41	申繻——鲁庄公	对蛇妖之问		叙（郑厉公入郑事）
十四年	42	原繁——郑厉公	明忠君之志		
十九年	43	鬻拳	自责逼君一事	君子评之	独
二十年	44	郑伯——虢叔	建言纳王	从之	独

		记言主体	记言内容	记言结果	记言形态
二十二年	45	敬仲（完）——齐侯敬仲妻周史	辞卿位 据占卜预言陈氏将兴 据筮预言陈氏将兴	及陈之初亡也，陈桓子始大于齐	组（陈桓子奔齐事）
二十三年	46	曹刿——庄公	谏其勿如齐观社		独
	47	士蒍——晋献公	建言去富子	从之	独
二十四年	48	御孙——庄公	谏其勿刻宫桷		独
	49	御孙——庄公	谏勿使宗妇以币见哀姜		独
二十七年	50	士蒍——晋献公	谏勿伐虢		独
二十八年	51	二五——晋献公	谏分封群公子	从之	独
三十二年	52	内史过——周惠王	对惠王问神事	从之	独
	53	史嚚	据神居莘事预言虢必亡		独
闵公元年	54	管敬仲——齐桓公	谏其救邢伐狄	齐人救邢	独
	55	仲孙湫——齐桓公	对桓公问除掉庆父、攻取鲁国之策		独
	56	士蒍卜偃辛廖	据太子申生名位预言其不得立。据毕万之名预言其将为侯。据占卜预言毕万将为侯		组
二年	57	舟之侨	据无德而禄预言虢将遭祸	遂奔晋	独
	58	卜楚丘	据占卜预言成季族将与鲁始终		独
	59	里克——晋献公先友、狐突、梁余子养、罕夷、先丹木 狐突——申生	谏勿使申生伐狄 评论太子偏服、金玦事 谏勿与狄战	勿从	组（申生之难事）
僖公二年	60	荀息——虞公	请假道	从之	独
	61	卜偃	据虢之骄预言其必亡		独
三年	62	孔叔——郑文公	谏勿与楚讲和		独
四年	63	楚使——管仲屈完——齐桓公辕涛涂——郑申侯	斡旋齐楚战事 巧驳桓公衅语 诈齐出师东夷	屈完与诸侯盟。执辕涛涂	组（齐楚召陵之盟事）叙

		记言主体	记言内容	记言结果	记言形态
五年	64	士蒍——晋献公	释置薪之由	及难	独
	65	辕涛涂——郑申侯	劝其美城而治其罪	申侯由是得罪	独
	66	孔叔——郑文公	谏其勿逃归	弗听	独
	67	宫之奇——虞公 卜偃——晋献公	谏假道于晋 据天象预言晋灭虢		组（晋人执虞公）
六年	68	郤芮——夷吾	谏之梁	乃之梁	独
	69	逢伯——楚成王	对楚王问许事	楚子从之	独
七年	70	孔叔——郑伯	谏其乞服齐以救国		独
	71	楚文王——申侯	建其出奔大国	奔郑。子文评之	独
	72	管仲——桓公	谏其修礼、德	修礼于诸侯	独
	73	管仲——桓公	谏其勿听郑子华之言		独
八年	74	梁由靡、里克、虢射	辩追伐狄人与否	夏，狄伐晋	独
	75	子鱼——宋桓公	辞君位	遂走而退	独
九年	76	宰孔——齐桓公 宰孔——晋献公	赐胙及命劝其叛齐	下拜，登受。晋侯乃还	组
	77	荀息——献公 荀息——里克	对忠、贞之问明忠君志	荀息死之。君子评之	组（荀息死事）
	78	郤芮——秦伯	对秦伯夷吾之事问		独
十年	79	里克——晋惠公	对惠公欲致己罪问	伏剑而死	独
	80	申生之灵——狐突 丕郑——秦伯 丕豹——秦伯	告秦将出惠公 谋纳重耳谋伐晋	许之	组
十一年	81	内史过——周襄王	据受玉惰预言其将无后		独
十二年	82	管仲——周襄王	辞让上卿之礼	受下卿之礼而还。君子评之	独
十三年	83	仲孙湫——桓公	预言王子带返周时间		独
	84	子桑、百里——秦穆公	谏其救饥灾于晋	秦于是输粟于晋	独
十四年	85	卜偃	据沙鹿山崩预言晋将有咎。		独
	86	庆郑、郭射	建议赈秦灾	弗听	独

		记言主体	记言内容	记言结果	记言形态
十五年	87	卜徒父 庆郑——晋惠公 韩简——晋惠公 韩简——公孙枝 秦伯——晋大夫 穆姬——秦伯 晋侯、公子縶、子桑、吕甥 史苏	据占筮预言秦胜晋 谏勿以郑马作战 释秦军斗士多由 交战辞令 约誓以死相胁救惠公 就是否归惠公事辩 为惠公谋	弗从。乃舍诸灵台。乃许晋平。晋于是作州兵	组（惠公二次归国）
		阴饴甥——秦伯	妙对秦伯问	改馆晋侯，馈七牢焉	
		庆郑——鹈析	表白心志	杀庆郑而后入	
		秦伯	释再赈晋由		
十六年	88	叔兴——宋襄公	对陨石宋五兆之问		独
十七年	89	卜招父	据卜预言梁嬴双胞胎及前途	故名男曰圉，女曰妾	独
十九年	90	子鱼——宋襄公	谏勿以鄫子祭神		独
	91	宁庄子——卫文公	谏伐邢	从之。师兴而雨	独
	92	子鱼——宋襄公	谏释曹修德		独
二十一年	93	子鱼	评论宋盟之事		独
	84	臧文仲——鲁僖公	谏其勿焚巫	从之	独
	95	子鱼	评论盂盟事		独
	96	成风——鲁僖公	谏封须句		独
二十二年	97	子鱼	评论宋伐郑		独
	98	野人	预言伊川将被戎化	秋，秦、晋迁陆浑之戎于伊川	独
	99	怀嬴——大子圉	拒从大子圉归晋	遂逃归	独
	100	富辰——周襄王	谏其召回大叔	王说	独
	101	臧文仲——鲁僖公	谏其设备而御邾	弗从	独
	102	子鱼——宋襄公 宋襄公——国人 子鱼	谏弗与楚战 释不趁机伐楚之由 评论宋襄公之言	弗从	组（楚宋泓之战事）
	103	叔詹	据楚成王无礼预言其将亡	诸侯是以知其不遂霸也	独

续表

		记言主体	记言内容	记言结果	记言形态
二十三年	104	子文——叔伯	释任得臣为令尹之由		独
	105	狐突——晋怀公	释拒召二子之由	乃杀之。卜偃评之	独
二十三年 二十四年	106	重耳——蒲城人 重耳——季隗 子犯——重耳 姜氏——重耳 僖负羁妻——夫 叔詹——郑文公 重耳——楚成王 怀嬴——重耳 重耳——子犯 寺人披——重耳使 竖头须——重耳仆 介之推——其母	释不战晋人之由 相约二十五年 劝重耳受野人土 劝其走齐 劝其臣重耳 谏其礼重耳 对其报问 怒斥之 指河盟誓 对君臣之礼 讽嘲重耳对居者 明志偕隐	遂奔狄 处狄十二年而行 稽首受而载之 醉而遣之 乃馈盘飧 弗听 乃送诸秦 公子惧 投其璧于河 公见之，以难告 公遽见之 遂隐而死	组（重耳 之亡事）
	107	富辰——周襄王	谏勿伐郑	弗听	独
	108	富辰——周襄王	谏勿纳狄女	弗听	独
	109	皇武子——郑伯	对郑伯问礼	从之	独
	110	王使	告难		独
	111	礼至——卫文公	谏入邢为仕	乃往，得仕	独
二十五年	112	狐偃——晋文公 仓葛	建言勤王抗议晋围攻	从之。乃出其民	组
	113	晋侯——军吏	明信之重要	退一舍而原降	独
	114	寺人披——晋文公	建言以赵衰为原大夫	故使处原	独
二十六年	115	展喜——齐孝公	严辞齐侯	齐侯乃还	独
	116	夔子——楚成王	释不祀祝融和鬻熊由	秋，楚灭夔	独
二十八年	117	宁武子——卫人	请复卫侯	卫侯先期入	独
	118	侯獳——晋文公	说复曹伯	从之	独
二十九年	119	介葛庐	据牛叫经验判断其子用牲	问之而信	独
三十年	120	烛之武——秦穆公 晋文公——子犯	力劝其退兵释不击晋军之由	从之	组（烛之 武退秦师 事）
	121	周公阅——鲁僖公	释辞宴之由		独

		记言主体	记言内容	记言结果	记言形态
三十一年	122	重馆人——臧文仲	谏速往晋分田	从之	独
	123	宁武子——卫成公	谏勿祀相		独
三十二年 三十三年	124	卜偃——晋大夫 蹇叔——秦穆公 蹇叔——其子 王孙满 弦高——秦穆公 皇武子——杞子等 原轸、栾枝 文嬴——晋襄公 先轸——晋襄公 孟明——阳处父 秦伯 先轸	释柩声 谏勿袭郑 预言其将死于肴地 据秦师无礼预言必败 犒师婉劝其离开郑国就 是否攻秦而辩为三帅请 求怒斥晋襄公婉辞阳处 父之请悔过明死君志	勿从	组（秦晋 肴之战事）
	125	臼季——晋文公	荐冀缺	文公以为下军大夫	独
	126	阳处父——子上 大孙伯——子上 商臣——子上	建言作战方式 谏其缓兵 潜杀子上		组（子上 之死事）
文公元年	127	叔服——公孙敖	据相预言长子必有后于鲁		独
	128	秦穆公——秦大夫	悔过自责		独
二年	129	狼瞫——其友	释不与作乱之由		独
	130	赵成子——诸大夫	赞孟明念祖德		独
	131	夏父弗忌	释尊僖公之由	君子评之	独
四年	132	秦穆公——大夫	释为江国哀悼之由	君子评之	独
	133	鲁行人——宁武子	释不答赋诗之由		独
五年	134	臧文仲	评论六与蓼之速亡		独
	135	宁嬴——妻	评论阳处父之人		独
六年	136	季文子——其人	释求遭丧礼之由		独
	137	赵孟、贾季	就是太子事辩论	使先蔑、士会如秦逆公子雍	独
	138	臾骈——其臣	释不杀贾季之族之由		独

		记言主体	记言内容	记言结果	记言形态
七年	139	乐豫——宋昭公	谏勿去群公子	弗听	独
	140	秦康公——公子雍 穆嬴 穆嬴——赵宣子 荀林父——先蔑	释多与徒卫之由 哭诉太子不得立 责问宣子弃君之命 劝其勿外求君		组（秦公子雍返晋事）
	141	贾季——丰舒	评赵衰、赵盾		独
	142	叔孙仲伯——文伯	谏止内乱	从之	独
	143	郤缺——赵宣子	谏归卫田	从之	独
九年	144	范山——楚穆王	谏攻打北方	从之。楚伐郑	独
	145	叔仲惠伯	据越椒傲预言其将亡族		独
十年	146	巫隗似	预言成王子玉子西皆死		独
	147	子舟——或	释鞭笞宋公仆之由		独
十二年	148	襄仲——秦使	辞玉		独
十三年	159	邾文公——史、左右	释迁绎之由	遂迁于绎	独
十四年	150	公子元——公子商人	辞商人之让君位		独
	151	内史叔服	据星象预言宋齐晋之君将死乱		独
	152	邾人——赵盾	拒纳捷菑	赵盾评之	独
	153	襄仲——周匡王	求罪子叔姬	从之	独
十五年	154	华耦——鲁文公	辞公宴	鲁人以为敏	独
	155	季文子	据齐侯无礼预言其将亡		独
十七年	156	郑子家——赵盾	传书辩解贰于楚之由	晋使巩朔行成于郑	独
	157	襄仲——鲁文公	据齐侯语偷预言其将死		独
十八年	158	卜楚丘	据龟兆预言齐侯及文公皆死	二月丁丑，公薨	独
	159	公冉务人——惠伯	谏勿入朝见襄仲	弗听	独
	160	哀姜	哭诉襄仲无道	市人皆哭	独
	161	大史克（代季文子）——鲁宣公	释逐莒太子仆之由		独

		记言主体	记言内容	记言结果	记言形态
宣公元年	162	赵穿——晋灵公	建言侵崇以求成于秦	冬，赵穿侵崇	独
三年	163	王孙满——楚庄王	对楚庄王问鼎之大小		独
六年	164	荀林父——晋成公	建言灭狄之策		独
	165	王子伯廖——人	据公子曼满无德预言其将亡	间一岁，郑人杀之	独
九年	166	泄冶——陈灵公	谏勿宣淫于朝	遂杀之。孔子评之	独
	167	郑子良	预言郑将有祸		独
十一年	168	郑子良	建言跟随胜国	乃从楚	独
	169	郤成子——诸大夫	建以德来狄		独
	170	申叔时——楚庄王	建言复封陈	从之	独
十二年	171	郑襄公——楚庄王	请求赦国	退三十里而许平	独
	172	士贞子——晋景公	谏勿杀荀林父	晋侯使复其位	独
十三年	173	孔达	明死志	十四年春，孔达缢而死	独
十四年	174	中行桓子	建言示郑以师整		独
	175	晏桓子——高固	预言高家将逃亡		独
	176	孟献子——鲁宣公	建言亲楚送贿	公说	独
十五年	177	伯宗——晋景公 解扬——楚庄王 华元——楚子反	谏勿救宋 对君臣之义 转述宋君决战之命	从之	组（宋楚盟事）
	178	伯宗——晋景公	谏伐赤狄	从之	独
	179	羊舌职	评论晋侯赏桓子和士伯		独
	180	刘康公	据赵同不敬预言其将死		独
十六年	181	羊舌职	评论晋侯任士会为中军		独
	182	周定王——士会	告王室之礼	武子归而讲求典礼	独
	183	范武子——文子	嘱其敬命	乃请老	独

		记言主体	记言内容	记言结果	记言形态
成公元年	184	叔服——刘康公	勿伐茅戎	不听，遂伐茅戎	独
	185	臧宣叔	论守备之由		独
	186	范文子——范武子郤克、范文子、栾伯——晋景公	释师归后入之由 将战功归于君和统帅		组
	187	子重——楚共王	谏惠恤楚民	从之	独
	188	单襄公——巩朔	责其伐齐献捷	巩朔不能对	独
三年	189	知罃——楚共王	对楚共王问	重为之礼而归之	独
	190	臧宣叔——鲁成公	对答会盟位次		独
	191	郑贾人——知罃	言勿敢居功	遂适齐	独
四年	192	季文子	据晋侯不敬预言其将死		独
	193	季文子——鲁成公	谏勿叛晋即楚	从之	独
	194	子反——郑伯、许男	建议如楚争讼		独
	195	重人——伯宗	对梁山崩之问	从之	独
六年	196	士贞伯	据郑伯授玉卑预言其将死		独
	197	伯宗——夏阳说	释不能袭卫之由	乃止	独
	198	韩献子——晋景公	谏迁都于新田	从之	独
	199	知庄子、范文子、韩献子——栾书晋主战者——栾书	谏勿攻楚谏从众攻楚	从之	独
七年	200	季文子	评论吴伐郯一事	君子评之	独
八年	201	季文子——韩穿	私言归鲁田于齐之弊		独
	202	韩厥——晋景公	谏复立赵武	乃立武	独
	203	士燮——鲁成公	拒赂	季孙惧	独
九年	204	范文子——季文子	答对季文子之问		独
	205	穆姜——季文子	答拜之辞		独
	206	钟仪——晋景公范文子——晋景公	对晋侯问谏释钟仪	从之	组（钟仪返楚事）
	207	公孙申	建言使晋归君之策		独

		记言主体	记言内容	记言结果	记言形态
十一年	208	刘康公、单襄公——郤至	争讼温田	晋侯使郤至勿敢争	独
	209	范文子	论秦晋令狐之盟	秦伯归而背晋成	独
十二年	210		晋楚西门之盟		独
	211	郤至——子反	质疑子反无礼之宴		独
十三年	212	孟献子	据其无礼预言郤錡将亡		独
	213	刘康公	据成肃公祭礼不敬预言其将亡		独
	214	吕相——秦桓公	伐秦檄文	秦晋令狐之盟	独
十四年	215	定姜——卫定公	谏从晋景公见孙林父	从之	独
	216	宁惠子（殖）	据苦成叔傲预言其将亡		独
	217	定姜	据大子居丧不哀预言卫国衰败	孙文子自是不敢舍其重器于卫	独
十五年	218	子臧——诸侯	辞让君位	遂逃奔宋	独
	219	子囊——子反	就是否背盟辩	申叔时评之	独
	220	韩厥——栾书	谏与楚战		独
	221	韩献子	预言郤氏将亡		独
十六年	222	曹人——晋厉公	请释曹成公		独
	223	叔孙侨如——郤犨 子叔声伯——郤犨 范文子——栾书	请杀季孙行父 释去季孙仲孙之弊且辞邑赂 评季孙与子叔婴齐	乃许鲁平，赦季孙	组（季孙行父被执事）
	224	单子——诸大夫	据其积怨预言其将死		独
十七年	225	范文子——祝宗	祈死	六月，范文子卒	独
	226	声伯	占梦	言之，言暮而卒	独
十八年	227	晋悼公——诸大夫	即位宣言	庚午，盟而入	独
	228	西钽吾——宋人	释勿忧楚之由		独
	229	韩献子	释救宋之由	从之	独
	230	季文子——臧武仲	问出兵之数	从之	独

		记言主体	记言内容	记言结果	记言形态
襄公二年	231	郑成公——子驷	言不能背楚		独
	232	知武子——孟献子	同意虎牢筑城	遂成虎牢	独
三年	233	孟献子——知武子	释朝晋之由		独
	234	士匄——齐灵公	欲盟诸侯	从之	独
	235	祁奚——晋悼公	答对承嗣之问	君子评之	独
	236	魏绛——晋悼公	授书明死志	使佐新军	独
四年	237	韩献子	担心未能服楚		独
	238	臧武仲	预言陈将有祸	夏，楚侵陈	独
	239	穆叔——韩献子使	释舍大乐拜小乐之由		独
	240	匠庆——季文子	责其葬定姒不礼		独
	241	孟献子——晋悼公	言属鄪于鲁之利	从之	独
	242	魏绛——晋悼公	谏其和戎	公说，使魏绛盟诸戎	独
	243	国人	讽诵臧纥之伐邾败		独
五年	244	范宣子	预言子囊将伐陈国	冬，诸侯戍陈。子囊伐陈	独
七年	245	孟献子	评论既耕而卜郊事		独
	246	韩无忌	谏立韩起	晋侯谓韩无忌仁，使掌公族大夫	独
	247	穆叔	据卫孙文子过而无悔预言其将亡		独
八年	248	子产	预言郑将不宁		独
	249	子驷——子展子员（晋使）——王子伯骈（郑使）	就从楚还是待晋辩责郑即楚		组（郑及楚平事）
	250	范宣子——季武子	赋诗言伐郑之志	君子评之	独
九年	251	士弱——晋悼公	对宋火灾之问		独
	252	穆姜——筮史	论元亨利贞		独
	253	子囊——楚共王	谏勿与秦伐晋	秋，楚子师于武城以为秦援	独
	254	荀偃——知武子知武子——荀偃	就是否与楚战辩劝退而修德	乃盟而还	组（戏之盟事）

		记言主体	记言内容	记言结果	记言形态
	255	晋悼公——季武子	建行鲁襄公冠礼	从之	独
	256	子驷、子展——子孔、子蟜	释背晋盟之由	乃及楚平	独
十年	257	士庄子	据高厚会诸侯不敬预言其将死		独
	258	子展	建言伐卫	从之	独
	259	孟献子	据郑频征预言郑将有灾		独
	260	王叔之宰——瑕禽	争讼于王庭	王叔奔晋	独
	261	子展——诸大夫	谋求免于连遭兵患之策	夏，郑子展侵宋	独
	262		亳之盟誓		独
	263	晋悼公——魏绛	赏赐其和诸戎狄之功	魏绛于是始有金石之乐	独
十二年	264	晏桓子——齐灵公	对齐侯嫁女之问	齐侯许婚	独
十三年	265	诸大夫——晋悼公	让贤	君子评之	独
	266	楚共王——大夫 子囊——大夫	令谥为灵或厉改谥		组（改楚共王谥事）
	267	养由基——子庚	设计败吴	大败吴师	独
	268	石奠——子囊	建其归良霄以间郑	归之	独
十四年	269	戎子驹支——范宣子	辩晋之罪责	使即事于会	独
	270	季札——吴诸樊	辞君位	固立之	独
	271	师旷——晋悼公	评论卫人出其君一事		独
	272	周灵王——齐灵公	赐命		独
	273	荀偃——晋悼公	建言对卫因而定之		独
	274	子囊——子庚	遗言城郢	君子评之	独
十五年	275	孟献子——宋向戌	释室美之由		独
	276	师慧——其相	讽郑之无人	子罕固请而归之	独
	277	子罕——宋人	辞玉贿	子罕使复其所	独

		记言主体	记言内容	记言结果	记言形态
十六年	278	穆叔——中行献子、范宣子	乞师	从之	独
十七年	279	重丘人——孙蒯	骂其父子逐君		独
	280	臧坚——夙沙卫	责齐侯不礼己	杀之	独
十九年	281	子罕——或	释执扑筑台者由		独
	282	季武子——范宣子	赋诗言志		独
	283	臧武仲——季武子	谏勿铭鲁功		独
	284	仲子——齐庄公	谏勿废大子光	弗从	独
	285	孔成子	据石恶不哀父预言其死		独
二十年	286	宁惠子——宁悼子	嘱其召卫献公复国	悼子许诺	独
	287	臧孙纥——季孙	责难其引盗入室		独
二十一年	288	申叔豫——楚康王	谏勿以薳子冯为令尹	从之	独
	289	栾盈——周之行人	明死志	使司徒禁掠栾多少者	独
	290	叔向	据齐侯卫侯不敬预言其将亡		独
二十二年	291	御叔	评论臧武仲	穆叔评之	独
	292	子产——晋平公	责难晋之政令无常		独
	293	晏平仲——齐庄王	谏纳栾盈	弗听	独
	294	公孙黑肱——段	嘱其敬戒		独
	295	晏平仲	据齐不受晋命预言伐晋		独
	296	晏平仲、崔杼——齐庄公	谏勿伐晋	弗听	独
	297	杞梁妻——齐侯使	辞吊问	齐侯吊诸其室	独
	298	臧纥——齐庄公	评论齐伐晋事	孔子评之	独
二十四年	299	穆叔——范宣子	对死而不朽问		独
	300	子产——范宣子	劝其重德轻币	宣子说，乃轻币	独
	301	陈文子	评论齐使楚客观兵事		独
	302	薳子冯——楚康王	谏勿伐舒鸠	乃还	独

		记言主体	记言内容	记言结果	记言形态
	303	郑然明——子羽	据程郑失问预言其将亡		独
	304	孟公绰	据崔杼战行预言其野心	齐师徒归	独
	305	赵文子——穆叔	据国际形势变化预言战事将减		独
	306	子强——息桓等	献战吴之谋	从之	独
	307	子产——士弱	三对士弱之责难	士弱不能诘	独
	308	巢牛臣	献擒吴王计谋	从之	独
	309	然明——子产	对为政之策	子产评之	独
二十五年	310	子产——子太叔	对为政之策		独
	311	大叔文子	评论宁喜许卫献公一事		独
	312	叔向——子朱	激辩用子员与秦行成	平公、叔向评之	独
	313	子产——郑伯	释辞邑之由	公孙挥评之	独
	314	子西	如晋聘问	君子评之	独
	315	声子——子木	谏其自晋召回伍举		独
	316	子产——子展	谏不御楚寇	从之	独
	317	韩宣子——周灵王	对王问	周灵王评之	独
	318	叔孙——孟孙	评论齐庆封之车美		独
二十七年	319	赵孟——郑七子	赋诗观志	叔向评之	独
	320	子罕——左师	论兵	左师辞邑	独
	321	叔向	据楚蓮罢赋诗预其执政		独
	322	梓慎	据无冰之象言宋郑有灾		独
	323	陈文子、庆封	辩朝晋与否		独
	324	子产	据蔡侯不敬预言其死		独
	325	申无宇	论公子围将不免		独
二十八年	326	游吉——楚人 游吉——子展 裨灶	责难其违盟誓之言据楚子不修德预其将死据星象预言周王及楚子将死		组（游吉如楚）
	327	子产	释适楚不为坛之由		独
	328	穆叔 子服惠伯——襄公	据伯有不敬预其将获罪就襄公是否继续访楚辩		组（襄公如楚事）

续表

		记言主体	记言内容	记言结果	记言形态
二十九年	329	子羽	预言楚王子围将昌		独
	330	季武子——鲁襄公 公冶——其臣	托辞卜叛而取之 嘱其勿使季氏与葬		组（季武子取卞事）
	331	子展、伯有	就是否使印段如周辩	遂使印段如周	独
	332	叔向	评论郑之罕、宋之乐氏		独
	333	子大叔——文子	评论晋城杞一事		独
	334	司马侯——知伯	据齐高止、宋华定性格 预言其将不免		独
	335	司马侯——晋悼夫人	难晋悼夫人之诬		独
	336	季札——叔孙穆子 季札 季札——晏子 季札——子产 季札 季札 季札——叔向	据其不善择人预其遭祸 论周乐 劝其交还封邑和政权 劝其知政以礼 论戚地钟声 预言晋政将萃于三族 劝其自免		组（季札出聘事）
	337	裨谌	预言郑政将归子产		独
三十年	338	蘧罢——穆叔	对答不知政	穆叔评之	独
	339	子产——叔向	答对郑国之政		独
	340	公子慭期	论儋括有野心	括奔晋	独
	341	子产——大夫	据陈之人事预其将亡		独
	342	申无宇	据公子围杀善人预其死		独
三十一年	343	穆叔——孟孝伯	建言鲁早与韩起亲善	是以有平丘之会	独
	344	穆叔	评论"公作楚宫"一事	六月辛巳，公薨	独
	345	穆叔——襄公	谏勿立公子裯	武子不听，卒立之	独
	346	子服惠伯	据滕成公不敬预其将死		独
	347	子产——士文伯	责难晋之不礼遇	叔向评之	独
	348	屈狐庸——赵文子	释季札不得立之由		独
	349	北宫文子——卫侯	据郑有礼预言郑无患		独
	350	子产——然明	释不毁乡校之由	孔子评之	独
	351	子产——子皮	辩为政为学孰为先	子皮评之	独
	352	北宫文子——卫侯	论威仪		独

		记言主体	记言内容	记言结果	记言形态
昭公元年	353	伯州犁——子羽 赵文子——祁午 叔孙穆子、子皮、子家、伯州犁、国子、公子招、齐子、合左师、乐王鲋 子羽——子皮	论楚公子围娶于丰氏而有祸心事 对祁午之责难 众论楚公子围设服离卫事 评论众人之语		组（公子围事）
	354	叔孙穆子——梁其踁	拒贿卫国	乃免叔孙	独
	355	叔向——赵孟	论楚令尹不可久		独
	356	刘定公——周景王	据赵孟言偷预其将死		独
	357	徐吾犯女 子产——子南 子大叔——子产	评论子南与子晳 数子南之罪 谏其利国政则行之		组（子南获罪事）
	358	司马侯——晋侯 后子——赵孟 后子——人	预言秦后子必归论秦君 据赵孟偷预其将死		组（秦后子适晋事）
	359	子产——叔向 子羽——叔向 医和——晋侯	论晋侯之疾 论子晳 论晋侯之疾		组（晋侯有疾事）
	360	叔向——赵文子	论秦楚公子之序		独
	361	游吉	预言楚数年始合诸侯		独
二年	362	韩宣子——季武子	赋诗言志		独
	363	叔弓——晋使	辞郊劳和致馆之礼	叔向评之	独
	364	子产——子晳	数子晳之罪	七月，尸诸周氏之衢	独
	365	叔向——晋侯	谏释陈无宇	十月，陈无宇归	独
三年	366	子大叔——梁丙	解释上大夫吊丧之由		独
	367	晏婴——晋侯 叔向——晏婴 晏婴——叔向 晏子——齐景公	请继室如晋 答应齐之继室之请 论齐晋政 辞更宅		组（晏婴请继室于晋事）

		记言主体	记言内容	记言结果	记言形态
	368	晋侯——公孙段	赐其州田		独
	369	子服惠伯——叔弓	劝其不避己父忌而入滕	从之	独
	370	叔向——罕虎	论郑朝晋暮楚		独
	371	穆叔——季武子	谏礼敬小邾穆公	从之	独
	372	子雅——子尾	谏其勿纳庐蒲嫳	九月，放庐蒲嫳于北燕	独
	373	晏子——司马灶	预言齐姜族将弱		独
四年	374	椒举 司马侯——晋侯 子产——楚子	致命 谏许楚使会诸侯之请 答对楚子求诸侯之问		组（楚如晋求诸侯事）
	375	申丰——季武子	对御雹之问		独
	376	椒举——楚灵王 椒举——楚灵王 椒举——楚灵王 申无宇	谏其会诸侯以礼 谏其勿示诸侯侈 谏其勿杀庆封 据楚灵王不顾民预将祸		组（楚合诸侯事））
	377	子产——子宽	示不改志	子宽评之	独
五年	378	司马侯——晋侯	辩鲁侯知礼与否	君子评之	独
	379	薳启强——楚子	谏勿辱晋	从之	独
	380	范献子——晋侯	谏勿止鲁昭公	秋七月，公至自晋	独
	381	蹶由——楚灵王	言楚杀己之利害	乃弗杀	独
六年	382	叔向——子产 士文伯	遗书谤其刑书 据火见预言郑将火灾		独
	383	鲁行人——韩宣子	请撤加笾	从之	独
	384	叔向——晋侯	谏其礼敬公子弃疾	从之	独
	385	晏子——齐侯	谏其勿纳燕简公		独
七年	386	无宇——楚灵王	辩解"执人王宫"之无误	遂赦之	独
	387	薳启强——昭公 梓慎、子服惠伯 ——昭公	邀请昭公如楚就昭公是否如楚辩		组（襄公如楚事）
	388	士文伯——晋侯	据日食预言鲁卫将灾		独

		记言主体	记言内容	记言结果	记言形态
七年	389	季孙——谢息	辩是否与晋人成地	与之莱、柞	独
	390	蓮启强——昭公	责其还宝	从之	独
	391	子产——韩宣子	论韩宣子之疾	晋侯有间，赐子产莒之二方鼎	独
	392	子产——韩宣子	还韩宣子州田	宣子受之	独
	393	伯有——或 子产——子大叔 子产——赵景子	扬言杀人 解释立公孙泄及良止由 解释厉鬼成因		组（伯有为祸事）
	394	子产——韩宣子	建言罕朔位事	宣子为子产之敏也，使从嬖大夫	独
	395	晋大夫——范献子	谏晋友善卫	从之	独
	396	孟僖子——大夫	嘱其子事孔子	孔子评之	独
	397	士文伯——晋平公	对据日食预言事之问		独
	398	史朝——孔成子	谏立公子元	孔成子立灵公	独
八年	399	师旷——晋侯	释石言之问	叔向评之	独
	400	子大叔——史赵	释贺宫成之由		独
	401	史赵——晋平公	据世数预言陈将复国		独
九年	402	詹桓伯——晋平公	责难晋连戎抗周	从之	独
	403	裨灶——子产	据天象预言陈复封		独
	404	屠蒯——晋平公	巧谏其撤乐	公说，撤酒	独
	405	叔孙昭子——季平子	谏其勿速成郎囿		独
十年	406	郑裨灶——子产	据星象预言晋平公将死		独
	407	臧武仲	评论季平子用人祭一事		独
	408	子产——子皮 子皮——子羽 叔向——诸侯大夫	谏勿以币行晋 论子产知度与礼 辞诸侯之见新君		组（晋平公卒事）

		记言主体	记言内容	记言结果	记言形态
十一年	409	苌弘——周景王 蔡大夫——蔡灵侯 叔向——韩宣子	据星象预言蔡楚将凶 谏其勿如楚 据史猷预言楚将凶	弗从	组（楚克蔡事）
	410	荀吴——韩宣子	叹晋之无能	秋，会于厥慭，谋救蔡也	独
	411	子产	据物极必反预楚将凶	晋人使狐父请蔡于楚，弗许	独
	412	叔向	据单子视下言徐预其死		独
	413	叔向	据鲁昭公表无戚容言鲁室将卑		独
	414	申无宇——楚灵王	谏其勿以人为殉		独
	415	申无宇——楚灵王	谏勿以弃疾为蔡公		独
十二年	416	子产——子大叔	请勿毁司墓之室	遂弗毁。君子评之	独
	417	叔孙昭子——华定	据华定不答赋预其必亡		独
	418	伯瑕——穆子	因投壶语辩齐晋执强		独
	419	南蒯——子仲 乡人——南蒯 子服惠伯——南蒯 乡人——南蒯	计出季氏 讽刺其图谋 释其贰辞 歌讽其里表不一		组（南蒯等谋季氏事）
	420	子革——楚灵王	顺对灵王问		组
十三年	421	冶区夫——季平子	谏勿威逼费人以来之	从之	独
	422	韩宣子——叔向	论子干不能拥楚		独
	423	屠伯——叔向 叔向——齐人 叔向——子服惠伯 子产——晋人	请其释乌尧者 斥责其有贰心 胁迫鲁服 争贡赋之标准		组（平丘之盟事）
	424	荀吴——韩宣子	谏其辞鲁朝聘	乃使士景伯辞公于河	独
	425	楚平王——子旗	释不伐吴由		独
	426	子服惠伯——中行穆子	建议释放季平子归	乃归季孙	组（季平子归事）

		记言主体	记言内容	记言结果	记言形态
十四年	427	叔向——韩宣子	叔向断案	仲尼评之	独
十五年	428	梓慎	据天象预言主祭者将死	叔弓莅事,篿入而卒	
	429	荀吴——左右	释伐鼓之惑	克鼓而反,不戮一人	独
	430	周景王——籍谈	责难其数典忘祖	叔向评之	独
十六年	431	叔孙昭子	论齐伐徐、徐赂齐一事		独
		子产——富子 子产——子大叔 子产——韩宣子	罪己失职 释不与韩宣子环之由 释不与韩子商人玉之由		组(韩宣子聘郑事)
	432	子服昭伯——季平子	据晋之君弱臣强预言晋将卑	季平子评之	独
十七年	433	昭子、大史——季平子	谏其救日食	弗从;昭子评之	独
	434	郯子——昭子	对昭子之以鸟名官之问	孔子评之	独
	435	苌弘——刘献子	谏其备戎	从之	独
	436	申须、梓慎神灶	据星象预言诸侯将火灾		独
十八年	437	苌弘	据其杀戮预言其将亡		独
	438	子产——子大叔	释不用裨灶言救火由		独
	439	闵子马	据原伯鲁不说学预周乱		独
	440	子产——晋边吏	释授兵登陴之由		独
	441	王子胜——楚平王	谏迁许	从之	独
十九年	442	叔孙昭子	评论楚政		独
	443	费无极——楚平王	谏置大子于城父	从之	独
	444	子产——晋使	抗议晋涉内政	晋人舍之	独
	445	沈尹戌——侍者	据楚人城州来预其败		独
	446	子产——国人	释不祭龙之由	乃止也	独
	447	子瑕——楚平王	谏其释放蹶由	乃归之	独

		记言主体	记言内容	记言结果	记言形态
二十年	448	梓慎	据氛预言宋蔡有乱		独
	449	费无极——楚平王 奋扬——楚平王 费无极——楚平王 伍尚——伍员	诬陷太子建 对楚王问 谏召伍员 谏其奔吴		组（伍员奔吴事）
	450	梁丘据、裔款——齐景公 晏子——齐景公	谏杀祝、史以辞宾 谏勿杀祝史而修德	公说	独
	451	虞人——齐景公	释不进见之由	乃舍之。仲尼评之	独
	452	晏子——齐景公	辩和同之异		独
	453	子产——子大叔	嘱其宽猛治国	仲尼评之	独
二十一年	454	伶州鸠	据天王铸无射钟预其死		独
	455	叔孙昭子	据蔡大子朱失位预其亡		独
	456	士鞅——季孙	斥鲁轻卑晋	鲁人恐，加四牢焉	独
	457	梓慎——昭公	据日食预言有水灾	八月，叔辄卒	独
二十二年	458	苑羊牧之——莒子	谏勿与齐战	弗听	独
	459	蓬越——宋元公	愿助宋讨凶		独
二十三年	460	吴公子光	谏与楚战	吴子从之	独
	461	苌弘——刘文公	据地震预王子猛立		独
	462	沈尹戌	据子常城郢预其亡郢		独
二十四年	463	苌弘——刘子	评论甘桓公见王子朝事	戊午，王子朝入于邬	独
	464	士伯——叔孙	致归叔孙	叔孙受礼而归	独
	465	梓慎、昭子	就日食后水灾还是旱辩	六月壬申，王子朝之师攻瑕及杏	独
	466	子大叔——范献子	论周王室形势	乃徵会于诸侯	独
	467	沈尹戌	据楚不抚民预其亡邑		独
二十五年	468	叔孙——其人 乐祁——其人	据乐大心卑大夫预其亡 据宋公与叔孙泣预其卒		组（叔孙婼聘于宋）
	469	乐祁——宋公	谏妻季平子		独
	470	子大叔——赵简子	对赵简子之问礼	简子评之	独

		记言主体	记言内容	记言结果	记言形态
二十五年	471	士伯——赵简子	据乐大心背盟预其将亡		独
	472	师己	据童谣预鲁将及祸		独
	473	仲几——宋元公	对事宋元公礼	宋公遂行	独
	474	子太叔	预言楚王将死		独
二十六年	475	子西——子常	拒绝立自己为大子	令尹惧，乃立昭王	独
	476	王子朝	告诸侯书欲专王权	闵马父评之	独
	477	晏子——齐景公	谏勿禳慧星	从之	独
	478	晏子——齐景公	论陈氏将有齐国	景公评之	独
二十七年	479	范献子——宋乐祁、卫北宫喜	替季氏逐君辩	二子惧，乃辞	独
	480	子家子	叹鲁昭公之难于天命	公徒败于且知	独
	481	沈尹戌——子常	谏其杀费无极以止谤	九月己未，子常杀费无极与鄢将师	独
二十八年	482	晋人——鲁昭公	责其安于齐而适晋		独
	483	叔向母——叔向	劝其勿娶申公巫臣氏	从之	独
	484	成鱄——魏献子 魏献子——贾辛 阎没、女宽——魏戊	论其举戊一事 嘱其有力于王室 释食间三叹之由	仲尼评之	组（魏献子为政事）
	485	史墨——范献子	对其龙之问		独
二十九年	486	游吉——士景伯	对其送葬礼之难	晋人不能诘	独
	487	子西——楚昭王	谏勿怒吴	弗听	独
	488	伍员——吴子	谏伐楚之策	从之	独
	489	史墨——韩简子	据日食及梦象预吴入郢		独
三十二年	490	史墨	据星象预言越将有吴		独
	491	富辛、石辛——晋定公	请城周	从之	独
	492	卫彪傒	据魏献子南面预其将死		独
	493	史墨——赵简子	释鲁人不伐季氏之由		独

续表

		记言主体	记言内容	记言结果	记言形态
定公元年	494	薛宰——宋仲几	辩是否从宋役	乃执仲几以归	独
	495	叔孙——子家子	请其从政		独
	496	荣成伯——季孙	谏勿为昭公墓挖沟、定谥	从之	独
四年	497	荀寅——范献子 祝佗——卫灵公 祝佗——苌弘	谏其辞蔡侯伐楚之请 婉拒出使之请 巧辞争先蔡献		组（召陵之盟事）
六年	498	公叔文子——卫灵公	谏其勿伐鲁	乃止	独
	499	孟懿子——范献子	强为阳虎请禄于晋		独
七年	500	公敛处父、苦夷——阳虎	谏其勿攻齐	从之	独
九年	501	鲍文子——齐景公	勿助阳虎伐鲁	从之	独
十年	502	孔丘 兹无还——齐人 孔丘——梁丘据	论齐侯以莱人兵劫鲁侯 要求归还汶阳之田 劝齐鲁国君勿享		组（齐鲁夹谷之会事）
	503	武叔——齐侯	对齐侯之问		独
十三年	504	邴意兹	谏伐晋河内		独
	505	史鳅——公叔文子	据其子富而骄预其子祸	及文子卒，卫侯始恶公孙戍，以其富也	独
十五年	506	子贡	据邾子和定公容预其死		独
哀公元年	507	伍员——夫差	谏其勿与越和	弗听	独
	508	逢滑——陈怀公	谏勿伐楚	从之	独
	509	子西——楚大夫	论吴不足惧		独
三年	510	季孙——正常	嘱其继承者	季孙卒，康子即位	独
五年	511	子思	论郑驷秦不守其位		独
六年	512	楚昭王	誓与吴战；拒移疾于臣；拒祭河	孔子评之	组

续表

		记言主体	记言内容	记言结果	记言形态
七年	513	子服景伯——吴人 子贡——太宰嚭	斥其微百牢为无礼 斥其不以礼命诸侯		组（公会吴于鄫事）
	514	子服景伯——季孙 诸大夫——孟孙 吴人——茅成子 茅夷鸿——吴子	谏勿伐邾 谏勿伐邾 拒救邾之请 请伐鲁救邾		组（季康子伐邾事）
九年	515	史赵、史墨、史龟——赵鞅	据卜筮预言伐宋不利	从之	独
十年	516	赵鞅——大夫	拒卜伐齐	于是乎取犁及辕	独
	517	延州来季子——子期	拒战楚而安民	乃还	独
十一年	518	伍子胥——吴王	谏其勿伐齐而伐越	弗从	独
	519	仲尼——冉有	论季孙田赋一事	弗听	独
十二年	520	子贡——太宰嚭	释不寻盟之由		独
	521	子贡——太宰嚭	言吴围卫之利害	太宰嚭说，乃舍卫侯	独
	522	仲尼——季孙	对虫灾之问		独
十四年	523	子路——冉有	释不与小邾射要约之由		独
十五年	524	芋尹盖——太宰嚭	责其拒纳君尸	吴人纳之	独
	525	仲由——陈瓘	劝其亲鲁		独
	526	子贡——陈成子	争取卫从鲁		叙
十六年	527	单平公——胼	承认蒯聩之为君		独
	528	哀公——孔子	诔文		独
十七年	529	子谷——子高	是否以右领差车和左师老为帅辩		独
二十三年	530	冉有——宋人	吊宋景曹之丧		独
	531	知伯——长武子	谏勿卜伐齐	从之。齐师败绩	独
二十四年	532	晋使 莱章——臧石	乞鲁师谏班师	从之	叙
	533	嬖夏——哀公	拒献夫人之礼	公卒立之	独
二十七年	534	子贡——卫使	言出公回国之难		独

　　说明：表中"独"指《左传》独体式记言类型，"叙"指《左传》叙事性记言类型。"记言结果"一栏中的内容均据《左传》原文补入。

附录表三　　《国语》《左传》共有语料统计比较

序号	共有语料名称	《国语》分布	《左传》分布	比较说明
1	郑厉公论王子颓歌舞不息	周语上	庄公二十年	基本相同
2	内史过论神	周语上	庄公三十二年	基本相同。《左传》略
3	内史过论晋惠公无后	周语上	僖公十一年	微同。来源不一
4	富辰谏襄王勿以狄伐郑	周语中	僖公二十四年	微同。《左传》详。来源不一
5	富辰谏襄王勿以狄女为后	周语中	僖公二十四年	微同。来源不一
6	襄王拒晋文公请隧	周语中	僖公二十五年	微同。《左传》略
7	仓葛力辩退晋师	周语中 晋语四	僖公二十五年	微同。《左传》略。《国语》两载
8	王孙满论秦师必败	周语中	僖公三十三年	基本相同
9	周定王论不用全烝	周语中	宣公十六年	微同。《左传》略
10	单襄公论郤至必亡	周语中	成公十六年	微同。《左传》略
11	伶州鸠论钟律	周语下	昭公二十一年	微同。来源不一
12	宾孟论雄鸡自断其尾	周语下	昭公二十二年	基本相同
13	卫彪傒论刘文公与苌弘城周	周语下	昭公三十二年 定公元年	微同。《左传》两载。来源不一
14	曹刿论战	鲁语上	庄公十一年	基本相同
15	曹刿谏庄公如齐观社	鲁语上	庄公二十三年	基本相同。删节《国语》
16	匠师庆谏庄公丹桓公之楹	鲁语上	庄公二十四年	微同。来源不一。《左传》为御孙曰
17	夏父展谏庄公使大夫、宗妇觌用币	鲁语上	庄公二十三年	基本相同。删节《国语》
18	臧文仲如齐告籴	鲁语上	庄公二十八年	《左传》无
19	乙喜膏沐犒齐师	鲁语上	庄公二十六年	基本相同
20	臧文仲说僖公请免卫成公	鲁语上	僖公三十年	《左传》无
21	重馆人谏臧文仲速行亲晋	鲁语上	僖公三十一年	基本相同。《左传》略
22	宗有司谏夏父弗忌侪僖公	鲁语上	文公二年	《左传》无
23	里革更书逐莒太子仆	鲁语上	文公十八年	基本相同。《左传》详
24	季文子论妾马	鲁语上	襄公五年	《左传》无
25	叔孙穆子论宴享之乐	鲁语下	襄公四年	基本相同
26	叔孙穆子谏季武子为三军	鲁语下	襄公十一年	微同。《左传》略
27	季冶致禄	鲁语下	襄公二十九年	《左传》无

序号	共有语料名称	《国语》分布	《左传》分布	比较说明
28	叔孙穆子等人论楚公子围必死	鲁语下	昭公元年	微同。《左传》评论者多
29	叔孙穆子论不予货免身	鲁语下、晋语八	昭公元年	微同。《左传》糅合《国语》两则材料
30	子服惠伯说韩宣子归季平子	鲁语下	昭公十三年	微同。《左传》之一
31	孔子非难季康子田赋	鲁语下	哀公十一年	微同。来源不同
32	栾共子拒从武公之诱	晋语一	桓公三年	《左传》无
33	二五谏晋献公使太子主曲沃	晋语一	庄公二十八年	基本相同。《国语》之一
34	士芄谏献公以太子从军	晋语一	闵公元年	微同。《左传》略
35	太子伐东山	晋语一	僖公二年	微同。《左传》详
36	骊姬之乱	晋语一	僖公四年	微同。《左传》略
37	宫之奇论虞将亡	晋语二	僖公二年	《左传》无
38	卜偃论攻虢之日	晋语二	僖公五年	基本相同
39	宰孔谏晋献公与葵丘之盟	晋语二	僖公九年	基本相同。《左传》略
40	里克杀奚齐而立惠公	晋语二	僖公九年	微同。《左传》略
41	冀芮谏秦穆公纳夷吾	晋语二	僖公九年	基本相同。《左传》之一
42	国人、郭偃论重耳将执政	晋语三	僖公十年	微同。言说对象、内容均不同
43	丕郑之死	晋语三	僖公十年	基本相同。《左传》略
44	丕豹、公孙枝辩粲晋	晋语三	僖公十三年	基本相同。来源不一
45	虢射、庆郑辩粲秦	晋语三	僖公十四年	基本相同。来源不一
46	秦晋韩之战	晋语三	僖公十五年	基本相同。《左传》增两情节
47	庆郑之死	晋语三	僖公十五年	异。《左传》略
48	子犯释野人与块	晋语四	僖公二十三年	基本相同。《左传》略
49	齐姜劝重耳勿怀安	晋语四	僖公二十三年	基本相同。《左传》略
50	僖负羁之夫妻论重耳	晋语四	僖公二十三年	基本相同。《左传》略
51	公孙固谏宋襄公礼遇重耳	晋语四	僖公二十三年	《左传》无
52	叔詹谏郑文公礼遇重耳	晋语四	僖公二十三年	基本相同。《左传》略
53	晋文公对楚成王问	晋语四	僖公二十三年	基本相同。《左传》略
54	重耳在秦	晋语四	僖公二十三年	基本相同。《左传》无司空季子之语

序号	共有语料名称	《国语》分布	《左传》分布	比较说明
55	董因论重耳将得国	晋语四	僖公二十三年	《左传》无，增子犯语
56	寺人勃鞮求见文公	晋语四	僖公二十三年	基本相同。《左传》略
57	竖头须求见	晋语四	僖公二十三年	基本相同
58	子犯谏文公纳襄王	晋语四	僖公二十五年	基本相同。来源不一
59	晋文公论信去原	晋语四	僖公二十五年	基本相同
60	晋楚城濮之战	晋语四	僖公二十八年	基本相同。《左传》详
61	赵衰荐贤	晋语四	僖公二十七年	微同。《左传》略
62	子犯谏文公使民	晋语四	僖公二十七年	基本相同
63	臼季举冀缺	晋语五	僖公三十三年	基本相同
64	宁赢论阳处父	晋语五	文公五年	基本相同。《左传》略
65	鉏麑庭叹	晋语五	宣公二年	基本相同
66	范武子嘱其子敬承君命	晋语五	宣公十七年	《左传》无
67	郤献子分谤	晋语五	成公二年	基本相同。《左传》之一
68	张侯勉献子忍病作战	晋语五	成公二年	基本相同。《左传》之一
70	范文子论师胜后入	晋语五	成公二年	基本相同。《左传》之一。
71	郤献子、范文子、栾武子谦让军功	晋语五	成公二年	基本相同
72	苗梦皇论郤缺勇而不知礼	晋语五	成公三年	微同。重点不一
73	重人论梁山崩	晋语五	成公五年	基本相同
74	伯宗妻戒夫	晋语五	成公十五年	微同。来源不一
75	范文子谏勿伐郑	晋语六	成公十六年	基本相同。《左传》之一
76	郤至力主伐楚	晋语六	成公十六年	基本相同。《左传》之一
77	郤至勇而知礼	晋语六	成公十六年	基本相同。《左传》之一
78	范文子论内睦而后图外	晋语六	成公十六年	微同。来源不一
79	范文子论外患与内忧	晋语六	成公十六年	微同。来源不一
80	范文子斥子	晋语六	成公十六年	基本相同
81	范文子祈死	晋语六	成公十七年	基本相同
82	栾书计害郤至	晋语六	成公十七年	基本相同
83	长鱼矫谏杀栾书、中行	晋语六	成公十七年	基本相同
84	韩献子拒从栾、中行之召	晋语六	成公十七年	基本相同
85	悼公即位之诰	晋语七	成公十八年	基本相同
86	悼公任贤	晋语七	成公十八年	《左传》无

序号	共有语料名称	《国语》分布	《左传》分布	比较说明
87	魏绛斩悼公之弟	晋语七	襄公三年	基本相同
89	祁午荐子	晋语七	襄公三年	《左传》无
90	魏绛谏悼公勿伐戎	晋语七	襄公四年	基本相同。《左传》详
91	韩无忌辞仕	晋语七	襄公七年	异。来源不一
92	魏绛辞赏	晋语七	襄公十五年	基本相同。《左传》详
93	阳华谏平公赏善惩恶	晋语八	襄公二十三年	《左传》无
94	叔向母论杨食我	晋语八	昭公二十八年	基本相同。《左传》之一
95	叔孙穆子论死且不朽	晋语八	襄公二十四年	基本相同。《左传》详
96	叔向力辩用行人子员	晋语八	襄公二十四年	基本相同
97	叔向论忠信而本固	晋语八	襄公二十七年	微同。《左传》之一
98	叔向论务德无争先	晋语八	襄公二十七年	微同。《左传》之一
99	秦后子谓赵孟将死	晋语八	昭公元年	基本相同。《左传》之一
100	医和论晋平公疾	晋语八	昭公元年	基本相同。《左传》详
101	叔向论赋禄	晋语八	昭公元年	微同。来源不一
102	子产论晋平公黄熊梦	晋语八	昭公七年	基本相同。《左传》略
103	叔向论三奸同罪	晋语九	昭公十四年	基本相同。《左传》详
104	中行穆子帅师伐狄围鼓	晋语九	昭公十五年	基本相同
105	阎没、女宽谏魏献子勿受贿	晋语九	昭公二十八年	基本相同
106	赵简子、卫庄子、邮无正夸攻	晋语九	哀公二年	基本相同。《左传》之一
107	卫庄公祷	晋语九	哀公二年	基本相同。《左传》之一
108	子囊议楚恭王之谥	楚语上	襄公十三年	基本相同
109	蔡声子请子木召椒举	楚语上	襄公二十六年	基本相同
110	范无宇论国有大城未有利者	楚语上	昭公十一年	基本相同。《左传》略
111	蓝尹亹求见楚昭王	楚语下	定公五年	《左传》无
112	郧公辛阻弟弑楚昭王	楚语下	定公四年	异。《左传》之一。来源不一
113	叶公子高谏勿用王子胜	楚语下	哀公十六年	异。《左传》之一，略
114	申胥谏夫差勿许越行成	吴语	哀公元年	异。来源不一
115	申胥谏夫差勿伐齐	吴语	哀公元年	微同。来源不一
116	申胥遗恨自杀	吴语	哀公元年	《左传》无

说明：语料以《国语》为序排列。

参考文献

一 论著类（以著者姓名音序排列）

C

陈汉平：《西周册命制度研究》，学林出版社，1986。

陈梦家：《尚书通论》，河北教育出版社，2000。

陈梦家：《殷虚卜辞综述》，中华书局，1988。

陈彦辉：《春秋辞令研究》，中华书局，2006。

陈奇猷校释《吕氏春秋新校释》，上海古籍出版社，2002。

陈立撰，吴则虞点校《白虎通疏证》，中华书局，1994。

陈骙著，刘彦成注译《文则注译》，书目文献出版社，1988。

陈其泰、郭伟川、周少川编《二十世纪中国礼学研究论集》，学苑出版社，1998。

陈戍国：《中国礼治史》，湖南教育出版社，1991。

晁福林：《先秦民俗史》，上海人民出版社，2001。

D

杜勇：《〈尚书〉周初八诰研究》，中国社会科学出版社，1998。

杜维运：《史学方法论》，北京大学出版社，2006。

董芬芬：《春秋辞令文体研究》，上海古籍出版社，2012。

杜预集解《春秋经传集解》，上海古籍出版社，1988。

董增龄：《国语正义》，巴蜀书社，1985。

戴维：《春秋学史》，湖南教育出版社，2004。

F

傅修延：《先秦叙事研究》，东方出版社，1999。

方向东:《大戴礼记汇校集解》,中华书局,2008。

方朝辉编著《春秋左传人物谱》,齐鲁书社,2001。

G

高亨:《周易古经今注》,中华书局,1984。

郭丹:《左传国策研究》,人民文学出版社,2004。

郭英德:《中国古代文体学论稿》,北京大学出版社,2005。

过常宝:《原史文化及文献研究》,北京大学出版社,2008。

过常宝:《先秦散文研究——早期文体及话语方式的生成》,人民出版社,2009。

过常宝:《制礼作乐与西周文献的生成》,中国社会科学出版社,2015。

顾栋高:《春秋大事表》,中华书局,1993。

顾颉刚讲授,刘起釪笔记《春秋三传及国语之综合研究》,巴蜀书社,1988。

顾颉刚、刘起釪:《尚书校释译论》,中华书局,2005。

顾立三:《〈左传〉与〈国语〉之比较研究》,文史哲出版社,1983。

郭沫若:《两周金文辞大系图录考释》,科学出版社,1957。

顾德融、朱顺龙:《春秋史》,上海人民出版社,2003。

顾炎武著、黄汝成集释《日知录集释》,岳麓书社,1994。

勾承益:《先秦礼学》,巴蜀书社,2002。

葛志毅:《谭史斋论稿续编》,黑龙江人民出版社,2004。

H

《汉书》,中华书局,1962。

韩席筹编注《左传分国集注》,江苏人民出版社,1963。

胡厚宣、胡振宇:《殷商史》,上海人民出版社,2003

黄丽丽:《左传新论》,黄山书社,2008。

黄怀信等:《逸周书汇校集注》,上海古籍出版社,1995。

何宁:《淮南子集释》,中华书局,1998。

贺汪泽:《先秦文章史稿》,河南大学出版社,1995。

黄宛风:《礼乐渊薮》,河南大学出版社,1997。

侯外庐:《中国古代社会史论》,河北教育出版社,2000。

J

蒋伯潜、蒋祖怡：《经与经学》，上海书店出版社，1997。

金毓黻：《中国史学史》，河北教育出版社，2001。

焦循撰、沈文倬点校《孟子正义》，中华书局，1987。

贾海生：《周代礼乐文明实证》，中华书局，2010。

姜广辉主编《中国经学思想史》，中国社会科学出版社，2003。

L

（唐）刘知几撰，（清）浦起龙释《史通通释》，中华书局，1978。

刘家和：《史学、经学与思想：在世界史背景下对于中国古代历史文化的思考》，北京师范大学出版社，2005。

刘大钧：《周易概论》，齐鲁书社，1986。

刘梦溪主编《中国现代学术经典·董作宾卷》，河北教育出版社，1996。

刘起釪：《尚书研究要论》，齐鲁书社，2007。

柳诒徵：《国史要义》，上海书店，1948。

李镜池：《周易探源》，中华书局，1978。

李山：《诗经的文化精神》，东方出版社，1997。

李零：《郭店楚简校读记》，中国人民大学出版社，2007。

李零：《简帛古书与学术源流》，生活·读书·新知三联书店，2004。

李春青：《诗与意识形态：西周至两汉诗歌功能的演变与中国诗学观念的生成》，北京大学出版社，2005。

梁启超：《中国历史研究法》，河北教育出版社，2000。

梁启超：《先秦政治思想史》，天津古籍出版社，2004。

吕静：《春秋时期盟誓研究》，上海古籍出版社，2007。

刘丽文：《春秋的回声·〈左传〉的文化研究》，北京燕山出版社，2000。

李学勤主编《十三经注疏》（标点本），北京大学出版社，1999。

李泽厚：《中国古代思想史论》，安徽文艺出版社，1994。

梁启超撰，汤志钧导读《中国历史研究法》，上海古籍出版社，1998。

柳诒徵：《中国文化史》，上海古籍出版社，2001。

劳孝舆撰，毛庆耆点校《春秋诗话》，广东高等教育出版社，1996。

刘泽华：《先秦士人与社会》，天津人民出版社，2004。

罗家湘：《〈逸周书〉研究》，上海古籍出版社，2006。

吕思勉：《先秦史》，上海古籍出版社，2005。

M

马承源主编《商周青铜器铭文选》，文物出版社，1988。

马承源：《中国青铜器》，上海古籍出版社，1996。

马银琴：《两周诗史》，社会科学文献出版社，2006。

缪文远：《战国策新校注》，巴蜀书社，1998。

P

潘万木：《〈左传〉叙述模式论》，华中师范大学出版社，2004。

Q

钱穆：《中国史学名著》，生活·读书·新知三联书店，2000。

钱穆：《国史大纲》，商务印书馆，1996。

钱钟书：《管锥编》（第一册），中华书局，1979。

R

（清）阮元校刻《十三经注疏》，中华书局，1980。

S

《史记》，中华书局，1959。

尚学锋等：《中国古典文学接受史》，山东教育出版社，2000。

尚学锋等：《国语译注》，中华书局，2008。

沈玉成、刘宁：《春秋左传学史稿》，江苏古籍出版社，1992。

孙诒让：《周礼正义》，中华书局，1987。

孙诒让：《墨子间诂》，上海书店，1988。

（清）孙希旦：《礼记集解》，中华书局，1989。

沈文倬：《宗周礼乐文明考论》，杭州大学出版社，1999。

T

童书业：《春秋左传研究》，上海人民出版社，1980。

童书业：《春秋史》，上海古籍出版社，2003。

童书业编，童教英辑校《春秋史料集》，中华书局，2008。

童书业：《春秋左传学史》，上海人民出版社，1980。

W

王国维：《观堂集林》，河北教育出版社，2001。

王晖：《商周文化比较》，人民出版社，2000。

王宇信、杨升南主编《甲骨学一百年》，社会科学文献出版社，1999。

〔美〕王靖宇：《中国早期叙事文研究》，上海古籍出版社，2003。

（明）吴讷著，于北山校点《文章辨体序说》；（明）徐师曾著，罗根泽校点《文体明辨序说》，人民文学出版社，1962。

吴闿生撰，白兆麟校注《左传微》，黄山书社，1995。

吴则虞：《晏子春秋集解》，中华书局，1982。

（清）吴楚材，吴调侯选《古文观止》，中华书局，1959。

王长华：《春秋战国士人与政治》，上海人民出版社，1997。

王国维撰，黄永年校点《今本竹书纪年疏证》，辽宁教育出版社，1997。

（清）王先谦：《荀子集解》，中华书局，1988。

王先慎撰，钟哲点校《韩非子集解》，中华书局，1998。

X

（汉）许慎撰，（清）段玉裁注《说文解字注》，上海古籍出版社，1988。

徐复观：《中国人性论史·先秦篇》，三联书店，2001。

徐元诰：《国语集解》，中华书局，2002。

徐杰令：《春秋邦交研究》，中国社会科学出版社，2004。

许兆昌：《先秦史官的制度与文化》，黑龙江人民出版社，2006。

徐鸿修：《先秦史研究》，山东大学出版社，2002。

席静涵：《周代史官研究》，福记文化图书有限公司，1984。

夏德靠：《先秦语类文献形态研究》，中华书局，2015。

夏德靠：《〈国语〉研究》，知识产权出版社，2014。

Y

杨伯峻：《春秋左传注》（修订本），中华书局，1990。

阎步克：《士大夫政治演生史稿》，北京大学出版社，1996。

姚曼波：《春秋考论》，江苏古籍出版社，2002。

余敦康：《中国宗教与中国文化》（第二卷），中国社会科学出版社，2005。

余英时：《士与中国文化》，上海人民出版社，2003。

杨宽：《西周史》，上海人民出版社，1999。

余诚编，吕莺校注《古文释义》，北京古籍出版社，1998。

（清）姚彦渠：《春秋会要》，中华书局，1955。

叶修成：《西周礼制与〈尚书〉文体研究》，中国社会科学出版社，2016。

Z

（清）章学诚著，叶瑛校注《文史通义校注》，中华书局，1985。

（清）朱彝尊：《经义考》，中华书局，1998。

赵伯雄：《春秋学史》，山东教育出版社，2004。

郑杰文：《战国策文新论》，山东人民出版社，1998。

张高评：《左传导读》，文史哲出版社，1982。

张高评：《左传的文学价值》，文史哲出版社，1982。

张高评：《春秋书法与〈左传〉学史》，上海古籍出版社，2005。

张素卿：《叙事与解释——《左传》经解研究》，书林出版有限公司，1998。

张以仁：《春秋史论集》，联经出版事业公司，1990。

赵生群：《春秋经传研究》，上海古籍出版社，2000。

曾勤良：《左传之文学价值》，文津出版社，1994。

褚斌杰、谭家健主编《先秦文学史》，人民文学出版社，1998。

二　论文类

丁波：《商代的巫与史官》，《中国社会科学院研究生院学报》2004 年第 3 期。

过常宝：《论尚书诰体的文化背景》，《北京师范大学学报》2008 年第 4 期。

胡念贻：《〈左传〉的真伪和写作时代问题考辨》，《文史》第 11 辑，中华书局，1981。

黄觉弘：《孔子作〈左传〉说源流考》，《武汉大学学报》2007 年第 5 期。

黄觉弘：《论汉代〈左传〉的两大传本及其显晦》，《南京社会科学》2005 年第 12 期。

贾红莲：《〈左传〉预言发微》，《安徽师范大学学报》2001 年第 1 期。

贾俊侠、赵静：《左史、右史之名考辨》，《唐都学刊》2006 年第 3 期。

赖长扬、刘翔：《两周史官考》，《中国史研究》1985 年第 2 期。

廖群：《"说"、"传"、"语"：先秦"说体"考索》，《文学遗产》

2006 年第 6 期。

刘桓：《殷代史官及其相关问题》，《殷都学刊》1993 年第 3 期。

刘丽文：《春秋时期赋诗言志的礼学渊源及形成的机制原理》，《文学遗产》2004 年第 1 期。

刘泽华：《先秦时代的谏议理论与君主专制主义》，《南开大学学报》1982 年第 1 期。

刘泽华：《天人合一与王权主义》，《天津社会科学》1996 年第 4 期。

罗军凤：《论〈左传〉的特殊叙事方式——记言》，《西安交通大学学报》2000 年第 6 期。

罗军凤：《〈左氏春秋〉的撰作与流传》，《聊城大学学报》2008 年第 4 期。

罗根泽：《战国前无私家著作说》，《古史辨》（四），上海古籍出版社，1982。

钱穆：《〈西周书〉文体辨》，《中国学术思想史论丛》（一），安徽教育出版社，2004。

沈长云：《〈国语〉编撰考》，《河北师范学院学报》1987 年第 3 期。

王和：《论〈左传〉预言》，《史学月刊》1984 年第 6 期。

王和：《〈左传〉材料来源考》，《中国史研究》1993 年第 2 期。

王启才：《奏议渊源略论》，《文学遗产》2006 年第 6 期。

王世舜：《〈春秋〉〈左传〉平议》，《聊城大学学报》2004 年第 6 期。

王世舜：《〈春秋〉〈左传〉再平议》，《聊城大学学报》2008 年第 4 期。

许兆昌：《试论春秋时期史官制度的变迁》，《烟台师范学院学报》1998 年第 2 期。

杨向奎：《论〈左传〉之性质及其与〈国语〉之关系》，《史学集刊》1936 年第 2 期。

俞志慧：《〈国语·周鲁郑楚晋语〉的结构模式及相关问题研究》，《汉学研究》2005 年第 2 期。

俞志慧：《〈国语〉的文类及八〈语〉遴选的背景》，《文史》2006 年第 2 辑。

于雪棠：《周易的占问与上古文学的问对体》，《东北师范大学学报》

2001 年第 2 期。

郑春生：《朝聘礼制管窥》，《上海师范大学学报》1991 年第 3 期。

张东光：《传统史学的衡评模式与衡评标准》，《河南教育学院学报》1995 年第 1 期。

张君：《〈礼记〉左、右史新考》，《社会科学辑刊》1988 年第 2 期。

赵诚、陈曦：《殷墟卜辞命辞性质讨论述要》，《古籍整理研究学刊》2001 年第 1 期。

赵光贤：《〈左传〉编撰考》，《古史考辨》，北京师范大学出版社，1987。

张政烺：《〈春秋事语〉解题》，《文物》1977 年第 1 期。

后　记

在写作该书的过程中，时时情不自禁地有这样的感慨：生活在今天的我们，居然能够近于逼真地"聆听"到数千年前先人们的言谈话语，何其幸也！何其福也！在那个既没有录音之具，又无速记之法的时代里，这些话语能够跨越千年，辗转流传到今天，我们有什么理由不珍惜，有什么理由不自信！每虑至此，对恪尽职守、镂诸金石和简帛的史官们的敬意便会油然而生。正是由于他们的秉笔实录甚至冒死直书，先人的言语方能穿越时空，在寰宇回响；东方的智慧方能历久弥新，其道大光；民族的精神方能薪火相传，光芒万丈。《周易·系辞》云："言行，君子之所以动天地也，可不慎乎？"诚哉斯言！

读书明理，著书识己。这部书稿是我在 2010 年博士学位论文《春秋史官记言研究》基础上进一步充实完善而成的，并获得国家社会科学基金项目的资助是早就完成了的。之所以迟迟没有出版，就是因为在充分认识到先人将言语视为"君子之枢机"及"言而世为天下则"的"立言"观之后，不愿再在驰说云涌、众声喧哗的世界里另添一片鸡毛。时感"十目所视，十手所指"，故噤若寒蝉，讷言敏行。但春华秋实，天道难违，忝列科研行伍，届不惑之秋，又岂能无果而终，尸位素餐，更何况受国之恩，倾力惠助呢？常言道：孩子总是自己的好。仔细把玩滑过指尖的每一个字符，扪心自问，尚感该书在以下几个方面颇有小得，俯仰无愧。

一是通过考察夏、商、周三代每一历史阶段社会思想观念的发展变化，揭示了战国之前的史官记言内容总体上经历了由"代天立言"到"为民立命"的转变过程。

二是通过对先秦语言观、史学观和文学观的考察，揭示出《国语》《左传》所载春秋士人立言垂教、经国不朽的价值理想，崇德尚礼、褒善贬恶的裁决精神和言文行远、声情并茂的审美追求。

　　三是将《国语》《左传》众多记言大致分为独体式记言和组接式记言两大类型。前者内容自成一体、相对独立，是《国语》《左传》最基本、最主要的记言类型，主要源自记言史官的原始档案汇编；后者是由某一特定历史事件串联起来的"记言群"，犹如串联在一条链条上的珍珠，既各自独立，又环环相扣，次第展现。由于编纂方式的不同，《国语》《左传》呈现出明显的由言、事分立到言、事相兼的变化过程。《左传》"言事相兼，烦省合理"的史书编纂体例，开后世史书纪事本末体的先河；《国语》《左传》言事并存的史料形态，清晰地表明孔子"春秋教"的内容，既包括类似教学大纲的《春秋经》，也包括类似详细教案的《国语》《左传》言事史料，对于这一点的明确，有助于人们重新评价和认识孔子在《春秋》学史乃至经学史上的贡献。

　　四是由于言说主体和言说语境的不同，《国语》《左传》又具体呈现出不同的记言体式，而且每一种记言体式都具有各自生成的文化背景、言说方式和文体影响。周王命诰，在王道衰微的春秋时期已渐失话语权，无论数量、风格还是功能都发生了很大变化，总体上呈现出由繁富到简省、由古奥到平实、由王命崇拜到政令衰颓的式微态势。诸侯盟誓，作为协调和规整各盟国之间共同行动纲领的"誓辞"，在春秋时期蓬勃兴起。盟主们崇尚的恃强凌弱的争霸思维从根本上决定了这类誓辞始终存在效忠与背叛、明信与阴谋、神权与强权的两面性，体现了春秋时期各诸侯国道德、神灵信仰与社会现实政治之间的矛盾关系。君臣问对，春秋士人一方面凭借广博的学识既为君主解释各种自然灾异现象并提出应对策略，也为君王提供为政治国的政策性建议或典礼知识，开后世"对问体"先河；另一方面也勇于对君王的不当言行或决策进行规谏，或正言直谏，或婉言讽谏，或因势顺谏，或犯颜强谏，从而形成数量众多、赤胆忠心的君臣谏言。这些谏言大都情辞激切，理据充分，逻辑性强，具有鲜明的艺术特征，开后世"奏疏"文体之先河；带有强烈权力话语特色的行人辞令，既是春秋时期大国肆欲逞雄、凌逼威压的结果，也是小国在霸主逼压下所迸发出来的敬强守弱、以柔克刚的生存智慧，同时也与周代揖让升降、彬彬有礼的朝聘礼制有着密切关系，并且行人辞令在此基础上进一步变化发展。另外，以局外人或旁观者的身份对从政者言行的吉凶祸福和政治事件本身的是非曲直进行理性评说和预言式论断，褒贬人事，系念国运。这些评论无论在评论主体、评论内容、评论根据还是评论结果方面都有着鲜明的时代特征，并与当时社会吉凶评判观念的变迁息息相关。

"树梢树枝树根根，亲山亲水有亲人；羊羔羔吃奶眼望着妈，小米饭养活我长大。"不知为什么，中学时期学过的贺敬之《回延安》这几句诗中的情景时时浮现在眼前，警醒着我不断回头看看自己走过的路，想想陪伴呵护自己一起走路的人，即使不能为他们做些什么，也要心怀感恩，将他们铭刻脑海，念想心田。如今拙作付梓在即，如果说有所创获的话，我首先要感谢润我心田、助我成长的北师大老师们。

导师尚学锋先生温文儒雅、教诲有方，既将治学的门径与方法充分融入内容丰富且极具启发性的教学之中，如春风化雨，润物无声；又尽量为学生创造宽松自由的学术环境，海阔鱼跃，任鸟高飞。每次遇到学术困境时，先生那句坚定的"行，没问题"，总给我以无尽的力量与自信；还有过常宝教授沟通天人的学术视野、李山教授磅礴大气的授课风格、于雪棠教授谦谦尔雅的君子风采……他们犹如一座座洪钟，无不启我心智，涤我心灵。他们是我前行路上的指路明灯，我感谢恩师。

君子赠人以言。西南大学毕业之时，硕士导师熊宪光先生潇洒挥毫、深情遗予的一副墨宝——为人要做真善美，治学莫要假虚空——至今依精心装裱，高挂在我的书房；兼之先生平素率真爽朗的处世风格及清通简要的文风，无不潜移默化，时时勉励自己向上向善，我感谢恩师。

我深信，人有第二故乡，也有再生父母。王世舜先生及师母韩慕君老师就是我的再生父母。最初是他们给我搭建了高水平的学术平台，让我享有了高起点的生命质量；是他们将我领进了浩翰的学术殿堂，为我打开了神奇美妙的学术世界；是他们二十年来在物质和精神方面时时予我以莫大的支持，不离不弃，为我提供了取之不尽的动力和营养，如春风般和煦，如冬阳般温暖，我感谢恩师。

学而无友，则致孤陋。备感幸运的是，在问学途中，我结识了善解人意的李克、急人所急的王瑜瑜、聪颖干练的罗慧、多才多艺的李澜澜、好学善辩的林志明等诸位好友。有了他们，在前行路上，既不感到孤独，也不感到寡陋，我感谢他们。

感谢聊城大学和文学院多年来一如既往的关怀和培养，感谢石兴泽教授、苗菁院长的时时教诲和鼓励，正是有了他们的支持与惠助，我的学业才得以顺利完成，我的工作才得以安心进行。

疫情肆虐之时，本书的出版得到社会科学文献出版社人文分社宋月华社长的鼎立惠助。责任编辑李建廷审校精当，一丝不苟，谨此深致谢忱！

感恩圣贤智慧令我们一家书香四溢，恩爱有加。忘不了和儿子一起欣赏先秦典籍历史故事的欢乐时光，如今他也已成为"历史迷"。妻子生活上是个贤内助，工作上是个多面手，没有她默默地付出与帮助，我也难以过得如此舒心。

谁言寸草心，报得三春晖。如此薄文，岂能载得起如此厚重的关爱？！

图书在版编目（CIP）数据

《国语》《左传》记言研究 / 宁登国著 . -- 北京：
社会科学文献出版社，2020.8
ISBN 978 - 7 - 5201 - 6858 - 8

Ⅰ . ①国… Ⅱ . ①宁… Ⅲ . ①中国历史 - 春秋时代 -
史籍 ②《国语》- 研究 ③《左传》- 研究 Ⅳ.
①K225.04

中国版本图书馆 CIP 数据核字（2020）第 121479 号

《国语》《左传》记言研究

著　　者 / 宁登国

出 版 人 / 谢寿光
责任编辑 / 李建廷

出　　版　社会科学文献出版社·人文分社（010）59367215
　　　　　地址：北京市北三环中路甲 29 号院华龙大厦　邮编：100029
　　　　　网址：www. ssap. com. cn
发　　行　市场营销中心（010）59367081　59367083
印　　装 / 三河市龙林印务有限公司

规　　格 / 开　本：787mm × 1092mm　1/16
　　　　　印　张：24.25　字　数：393 千字
版　　次 / 2020 年 8 月第 1 版　2020 年 8 月第 1 次印刷
书　　号 / ISBN 978 - 7 - 5201 - 6858 - 8
定　　价 / 89.00 元

本书如有印装质量问题，请与读者服务中心（010 - 59367028）联系